Kritik der zynischen Vernunft

Kritik der zynischen Vernunft
by Peter Sloterdijk

냉소적 이성 비판 1

초판 1쇄 발행일 2005년 5월 20일 **초판 2쇄 발행일** 2015년 7월 15일

펴낸이 박재환 | **편집** 유은재 | **관리** 조영란
펴낸곳 에코리브르 | **주소** 서울시 마포구 동교로 15길 34 3층(121-842) | **전화** 702-2530 | **팩스** 702-2532
이메일 ecolivres@hanmail.net | **블로그** http://blog.naver.com/ecolivres
출판등록 2001년 5월 7일 제10-2147호
종이 세종페이퍼 | **인쇄·제본** 상지사 P&B

ISBN 89-90048-45-1 04160
ISBN 89-90048-44-3 (세트)

책값은 뒤표지에 있습니다. 잘못된 책은 바꿔드립니다.

냉소적 이성 비판 1

페터 슬로터다이크 Peter Sloterdijk 지음 | 이진우 · 박미애 옮김

에코리브르

해제—시대정신으로서 '냉소주의'

"시대는 온통 냉소적이 되었다." 유명한 철학자는 지극히 단순한 명제 하나로 시대정신을 꿰뚫는다고 했던가. 우리에겐 조금 생소한 슬로터다이크란 철학자는 이 명제 하나로 현재 독일을 대표하는 사상가로 인정받게 되었다. 그러나 이러한 평가에도 냉소주의가 스며들어 많은 사람들은 여전히 그를 철학자로 인정하지 않으려 한다. 그는 어떤 사람들에겐 우리의 삶을 적나라하게 폭로한 철학자이고, 또 어떤 사람들에겐 언어의 마술사에 지나지 않는다. 우리가 그를 어떻게 평가하든, 슬로터다이크가 시대정신을 감지하는 예리한 통찰력으로 서구의 지성계에 커다란 영향을 미치고 있다는 점만은 쉽게 부인할 수 없는 사실이다.

제목 자체만으로도 독자의 눈길을 끌기에 충분한 《냉소적 이성 비판》이 출간되기 전까지 슬로터다이크는 잘 알려지지 않은 철학자였다. 이 책은 1983년 출간되자마자 베스트셀러로서 대단한 성공을 거두었으며, 세계의 다양한 언어로 번역되었다. 물론 베스트셀러라는 것이 이 책이 가진 문화적 의미와 철학적 적실성을 담보하지 않는다. 그것은 오히려 단순한 대중문화로 매도될 수 있고, 아도르노가 말하는 문화산업의 생산품일 수 있고, 부르디외가 말하는 대중적 취향에 지나지 않을 수도 있을 것이다. 그러나 1983년 이래 계속되고 있는 슬로터다이크 논쟁은 그의 명제가 시대정신을 반영하고 있음을 분명히 말해준다.

슬로터다이크란 이름은 이제 우리의 시대정신인 냉소주의를 상징하는 대명사가 되었다. 설령 슬로터다이크 논쟁 자체가 단순한 문화적 징후에 불과할지라도, 이 징후는 분명 냉소주의와 연결되어 있다. 우리가 슬로터다이크를 둘러싼 논쟁보다는 '시대정신으로서 냉소주의'에 주목하려는 까닭이 여기에 있다. 우리는 단순한 호기심으로 이 책을 잡을 수도 있고 이 책을 읽으면서 수사학적 현란함에 매료될 수도 있겠지만, 이 책을—어느 독일 신문이 적절하게 묘사한 것처럼—'철학적 추리소설'로 만드는 것은 두말할 나위 없이 우리 시대를 관통하고 있는 냉소주의다. 원문으로 950여 쪽에 달하는 이 책은 우리 시대에 냉소주의가 어떻게 나타나는지 또 그것이 철학적 전통인 계몽주의와 어떻게 연결되어 있는지를 한 편의 추리소설처럼 탐색하고 있기 때문이다.

여기서는 냉소주의가 우리의 시대정신이라는 점에서 출발하여 우선 그것이 어떤 현상으로 우리에게 나타나는지를 살펴보고, 다음에는 냉소주의가 계몽주의와 어떤 관계를 갖고 있는지를 알아본 다음, 끝으로 이 책의 강점이기도 한 수사학적 과정이 냉소주의의 철학적 원형인 견유주의와 어떻게 연결되는지를 간단히 서술하고자 한다.

냉소주의는 어떤 현상으로 우리에게 나타나는가? 다음의 간단한 인용문은 이 물음에 대한 답을 시사하고 있다.

"파멸이 다가오고 있다고 두려워하는 가운데 새로운 가치가 만병통치약처럼 인기를 얻고 있다. 하지만 시대는 냉소적이 되었고, 이 새로운 가치도 단명하리라는 것을 잘 알고 있다. 누구나 당사자가 될지 모른다는 당혹감, 시민 가까이 숨쉬는 것, 평화 보장, 삶의 질, 책임 의식, 환경 친화, 이 모든 것 가운데 그 어떤 것도 제대로 돌아가지 않는다. 물론 우리는 적절한 때를 기다릴 수는 있다. 냉소주의는 그런 우리 뒤에서 장황한 회담이 끝나고 사태가 진행될 때까지 기다리고 있다. 우리의 맥빠진 근대성도 '역사적으로 사유할' 줄 알지만, 우리 자신은 이미 오래 전부터 의미 있는 역사 속에서 살아간다는 사실을 의심하고 있다."

여기에서 슬로터다이크는 "우리 시대가 냉소적이 되었다"고 단언한다.

냉소는 분명 의심과 회의의 산물이다. 어떤 사물이나 사태에 대해 쌀쌀한 태도로 비웃는 태도를 냉소라 하지 않는가. 그렇다면 현대인이 모든 것을 믿지 않고 쌀쌀해진 까닭이 무엇인가? 오늘날 우리는 우리에게 삶과 목표와 의미를 제공했던 유토피아적 이상이 파국의 가능성으로 폭로되는 시대에 살고 있다. 인간에게 평등을 보장하리라던 공산주의는 인간의 원초적 자유를 말살하는 전체주의로 폭로되고, 인간에게 복지를 가져다주리라고 생각했던 기술 문명은 인간 삶의 조건인 생태계를 파괴하고 있다. 이러한 파멸을 막기 위하여 새로운 가치들이 만들어지고 도입되지만, 그것들 역시 뿌리를 내리지 못하고 사라질 것임을 우리는 이미 알고 있다. 우리가 주장하고 추구하는 모든 것이 궁극적으로는 아무런 의미가 없다는 것을—의식적으로든 무의식적으로든—알면서도 그것을 주장하고 추구하는 것이 바로 냉소주의다.

철저하게 계몽된 현대인은 어느 것도 믿지 않는다. 군대는 승리를 최고의 목표로 삼지만 핵폭탄이 엄존하는 시대에는 어떤 승자도 있을 수 없다는 인식과 결합하면, 군대는 승리를 위해서가 아니라 파멸을 위해 존재한다는 군사냉소주의가 출현한다. 어디 그뿐인가. 우리의 몸은 영혼의 이정표라는 플라톤적 사랑 이데올로기를 철저하게 실현하는 과정에서 나타난 성해방이 오늘날 사랑 없는 섹스를 만연시킨다면, 우리는 사랑을 하면서도 사랑을 믿지 않는 섹스냉소주의에 감염된다. 이렇게 슬로터다이크는 현대 사회에서 출현하는 다양한 형태의 냉소주의를 주로 《냉소적 이성 비판》 2권에서 상세하게 서술한다. 우리의 눈길을 끄는 다양한 사진자료들이 현란하고 과장된 문체와 어우러져 냉소주의의 여러 현상이 시대적 징후로서 감지되는 것이다.

슬로터다이크의 냉소주의 현상 분석은 근대의 계몽주의가 마침내 한계에 도달했다는 인식으로 이어진다. 이성의 빛을 신뢰하는 계몽주의는 결코 어두운 부분을 허용하지 않는다. 존재하는 모든 것은 밝혀져야 한다는 것이 바로 계몽주의의 이데올로기다. 그러나 이성 중심적 계몽주의는 결정적 부작용을 수반한다. 다시 한번 섹스냉소주의의 예를 들자면, 인간의 몸을 구석구석 밝히겠다는 근대의 과학적 계몽주의는 사진기술과 결합하여 포르노그라피를 만들어내고 그것은 결국 몸의 신비를 파괴함으로써 사랑의 무의미함을 산출한다는 것이다. 물론, 근대의 계몽주의는 우리가 궁극적으로 신뢰할 수 있는 최종적 근거를 찾기 위해 회의 방법을 사용했다. 이 지점에서 슬로터다이크는 묻는다. 만약 이성적으로 확인할 수 있는 최종 근거가 존재하지 않는다면 계몽주의는 어떻게 되는가? 근거에 대한 신뢰를 상실한 시대의 회의는 결국 냉소주의만을 가져올 뿐이다.

다음으로, 냉소주의는 계몽주의와 어떤 관계를 갖고 있는가? 슬로터다이크의 철학을 특징짓는 것은 두말할 나위도 없이 '냉소적 이성 비판'이다. 이 제목은 슬로터다이크가 칸트의 이성 비판에서 마르크스의 이데올로기 비판으로 이어지는 근대 계몽주의의 전통을 따르고 있다는 착각을 가지게 만든다. 그러나 슬로터다이크는 칸트보다는 계몽주의 자체를 철저하게 비판한 니체의 후예다. 냉소주의가 계몽주의의 산물일 뿐만 아니라 철저하게 계몽된 현대에서 현실에 대처할 수 있는 방편이라는 점을 인정한다면, 슬로터다이크는 냉소주의를 비판함으로써 실제로는 계몽주의를 비판하고 있는 것이다.

슬로터다이크는 철저하게 계몽된 현대 사회에서 철학적 사유의 가능성을 찾는다. 우리 사회가 철저하게 계몽되었다는 것은 무엇을 의미하는가? 그것은 한편 이성으로 밝혀질 수 없는 영역은 근본적으로 아무것도 없다는 믿음을 의미하며, 다른 한편으로 이성이 실제로 모든 영역을 철저하게 해명할 과학과 기술을 끊임없이 발전시킨다는 것을 뜻한다. 어둡고 신비로운 초월적 영역이 더 이상 존재하지 않는 것, 그것이 바로 철저하게 계몽된 시대의 핵심적 특징이다.

슬로터다이크는 근대 계몽주의의 문제점을 이렇게 서술한다.

"이제 개념의 활력이나 이해의 황홀경에서 타오르는 불꽃은 우리의 사유 속에 남아 있지 않다. 우리는 계몽되었고, 무감각해졌다. 진리에 대한 **사랑**이 문제가 아니다. 친구(필로스)가 될 수 있는 그런 지식은 이제 없다. 이제 우리는 알고 있는 것을 사랑한다는 생각은 꿈에서도 하지 않는다. 그 대신 어떻게 하면 그것을 돌처럼 굳게 하지 않으면서, 그것과 함께 살 수 있는지를 고민한다."

이 인용문은 대체로 세 부분으로 구성되어 있다. 첫째, 우리의 개념은 생명이 없다. 둘째, 우리는 계몽되었기 때문에 무감각해졌다. 셋째, 우리는 우리가 알고 있는 지식을 사랑하지 않는다.

철학은 정말 우리의 삶과 연관이 없는 죽은 개념의 납골당으로 변한 것인가? 니체가 '유동적인 한 무리의 비유, 환유, 의인관'으로 묘사했던 개념들은 이미 생명력을 잃은 것인가? 위의 명제들을 거꾸로 읽으면, 우리는 지혜에 대한 사랑으로서의 철학이 임종을 맞고 있음을 확인한다. 철학은 근대 계몽주의를 통해 삶과 분리되기 시작한 것이다. 삶과 분리된 지식이 보편화할수록 우리는 그만큼 더욱더 무감각해진다. 마찬가지로 이데올로기 비판이 진행될수록, 즉 계몽의 영역이 확대될수록 우리는 더욱더 냉소적이 된다. 우리가 알고 있는 것을 믿지 않는다면, 그것만큼 커다란 허위의식이 어디 있겠는가. 이데올로기 비판이 통상 허위의식의 계몽으로 이해된다면, 냉소주의는 '계몽된 허위의식'인 것이다.

끝으로, 슬로터다이크는 이러한 냉소주의(Zynismus)를 극복하기 위해서는 견유주의(Kynismus)의 전통을 회복해야 한다고 말한다. 그렇다면 어원상 동일한 근원을 가진 냉소주의와 견유주의는 도대체 어떤 공통점과 차이를 가지고 있는가? 냉소주의와 견유주의는 모두 이성을 믿지 않는다는 점에서 공통적이지만, 이러한 공통점은 지극히 표면적이다. 우리는 본질적 차이에 주목해야 한다. 냉소주의자는 어떤 자들인가? 슬로터다이크의 말을 들어보자. "그들이 자신에 대한 진리를 알고 있고 그럼에도 '하던 일을 계속한다면'—그들은 냉소주의의 **현대적** 정의를 완벽하게 실현하는 셈이다." 예컨대 현대의 과학과 기술로 대변되는 이성 중심주의가 파국을 야기할 수 있다는 사실을 알면서도 과학과 기술을 계속 발전시킨다면, 그것은 냉소주의다. 간단히 말해서, 냉소주의는 이성을 추구하면서 이성을 신뢰하지 않는 것이다.

이에 반해 견유주의는 근본적으로 이성을 신뢰하지 않기 때문에 이성 중심에 뻔뻔하게 저항한다. 따라서 슬로터다이크는 근대의 계몽주의가 추구하는 '머리의 지식'에 고대의 견유주의가 구현했던 '몸의 지혜'를 대립시킨다. 견유주의는 동물적인 인간 육체와 그의 몸짓을 논증거리로 발견하고, 무언극적인 물질주의를 발전시킨다. 견유주의를 대변하는 고대 그리스의 사상가 디오게네스는 철학자들의 언어를 광대의 언어로 반박한다. 한마디로 뻔뻔함은 이성의 위선적 언어에 대항하는 몸의 언어이다. "뻔뻔함은 근본적으로 위와 아래, 즉 지배 세력과 반대 세력이라는 두 가지 위치를 점유한다. 이를 고풍스럽게 표현하면, 주인과 종이라 할 수 있다. 고대의 견유주의는 아래에서 나오는 힘이 실린 반대파의 입장에서 '적나라한 논증'의 과정을 시작한다." 어떤 사람이 냉소적으로 사유하는가 아니면 견유적으로 사유하는가는 그가 어떤 편에 서 있는가에 따라 결정된다. 억압받는 자의 편인가 아니면 권력자의 편인가? 이성이 배척하는 사태의 입장인가 아니면 위선적 이성의 입장인가?

슬로터다이크는 이처럼 철학이 스스로 말하는 대로 살려면 위선적이 될 수밖에 없었다고 비판하면서 '뻔뻔함'을 새로운 철학적 사유 양식으로 제시한다. 그는 이렇게 말한다. "경화 현상을 겪고 있는 이상주의가 거짓을 삶의 양식으로 만드는 문화 속에서 진리의 과정은 진리를 말할 만큼 공격적이고 자유로운('염치없는') 사람들이 있는가의 여부에 좌우된다" 현대의 지성인들은 자신이 추구하는 것을 근본적으로 신뢰하지 않으며 자신이 말하는 삶을 살지 않는다. 냉소주의는 위선적 계몽주의의 산물이다. 슬로터다이크가 자신이 말한 것을 삶으로 구현할 뿐만 아니라 자신의 삶을 말하는 견유주의를 대안으로 제시하는 까닭이 여기에 있다. "철학자가 자신이 말하는 대로 살아야 한다는 소명을 받았다면, 그의 과제는 비판적 의미에서 그 이상의 것이다. 즉, 살아온 대로 말해야 한다는 것이다."

뻔뻔함은 바로 우리가 살고 있는 바를 말할 수 있는 표현 양식이다. 슬로터다이크의 수사학이 때때로 과장으로 치닫는 이유도 여기에 있다. 과장을 하지 않는 화가는 훌륭한 화가가 아니고 과장을 하지 않는 음악가가 훌륭한 음악가가 아닌 것처럼, 과장을 하지 않는 철학자는 진정한 철학자가 아니다. 여기서 과장은 물론 두 가지 기능을 한다. 하나는 시대정신을 겨냥하는 철학적 '진단'의 기능이고, 다른 하나는 사유의 새로운 가능성을 탐색하는 '비판'의 기능이다. 슬로터다이크 논쟁의 불씨를 다시 한번 지핀 그의 책 《인간농장을 위한 규칙》은 과장의 수사학을 구사한다. 우선 '동물농장'을 연상시키는 제목부터가 도발적이고 뻔뻔스럽다. 휴머니즘이 근본적으로 인간의 야만성을 잠재우고 길들이는 기능을 했다는 전제 아래, 인간을 유전학적으로 선별하고 사육할 수 있게 만든 생명공학이 포스트휴머니즘의 도래를 의미한다는 명제는 과장으로 들릴 수도 있다. 그러나 한편 이러한 과장이 문제의 본질을 겨냥하고 있음을 부인할 수 없다.

철학이 놀라움으로부터 시작했다면, 슬로터다이크는 과장을 통해 철학적 물음을 되찾고자 한다. 과장이 과장으로 이어진다는 것은 본질적인 물음이 꼬리를 문다는 것을 의미한다. 어쩌면 슬로터다이크는 이성에 대한 믿음이 너무나 과장되었기 때문에 이 믿음을 극복하려면 또 다른 과장이 필요하다고 생각했는지도 모른다.

아무튼, 과장의 수사학을 철학적 사유의 방법으로 사용하는 슬로터다이크의 글에서는 철학과 문학의 경계가 불투명하다. 이것이 우리에게 글 읽기의 즐거움을 선사한다. 물론 독자가 이러한 수사학에 매몰되거나 현란한 현상 분석에만 빠진다면, 과장을 통해 도전적 사유로 이끌겠다는 슬로터다이크의 본래 의도는 빗나갈 수도 있다. 이런 관점에서 보면 그를 단순한 베스트셀러 작가로 만들거나 우리의 시대정신을 꿰뚫어본 대표적 사상가로 만드는 것은 슬로터다이크 자신이기보다는 독자라고 할 수 있다. 이 책에는 세 가지 명제가 관통한다.

"우리 시대는 냉소적이 되었다."

"우리는 계몽되었지만 무감각해졌다."

"우리는 우리가 살고 있는 바를 말해야 한다."

다양한 색채로 그려진 이 명제들이 독자를 재미있는 사유의 모험으로 이끌길 기대해본다.

2005년 5월

이진우(계명대학교 · 철학)

차례

제1부 조감 – 다섯 가지 예비 숙고

제2부 세계 과정에서 냉소주의

1. 인상학적인 고찰

서론

북을 쳐라. 그리고 두려워하지 말라.
부대 내 매점 여주인에게 입을 맞추라!
그것이 학문이라네.
그것이 책 속에 담긴 가장 깊은 의미라네.

-하인리히 하이네, 《교의(Doktrin)》

독일 사상가들의 가장 큰 결점은 아이러니, 냉소, 그로테스크풍 경멸과 조롱에 대한 감각이 없다는 것.

-오토 플라케, 《독일적인 것-프랑스적인 것(Deutsch-Französisches)》, 1912

철학은 지난 한 세기 동안 임종의 순간을 맞이하고서도, 그 임무를 다 하지 못해 죽지도 못하고 있다. 마지막 작별을 고통 속에서 질질 끌고 있는 것이다. 단순한 사상 경영이라는 측면이 아직 몰락하지 않은 곳에서 철학은 불꽃 튀는 단말마의 비명을 지르며 겨우겨우 생을 이어가고 있다. 그리고 이렇게 마지막 고통을 겪으면서 자신이 평생 못다 한 말을 떠올린다. 철학은 죽음에 직면하고서야 비로소 마지막 비밀을 털어놓고 싶어진 것이다.

이제 철학은 고백한다. 거창한 주제는 모두 핑계였고, 반(半)진리였다고. 헛되고 헛된 아름다운 고공 비행—신, 우주, 이론, 실천, 주체, 객체, 몸, 정신, 의미, 무—이 모두 사실은 아무것도 아니라고. 그것은 청년, 이방인, 성직자, 사회학자를 위한 명사에 불과한 것이었다고.

"말들, 말들—명사들. 그것들이 날개만 펼치면 수천 년의 세월이 그

비상에 미끄러져 떨어진다"〔고트프리트 벤(Gottfried Benn), 《에필로그와 서사적 자아(Epilog und lyrisches Ich)》〕.

고백의 의지로 충만한 철학은 마지막 가는 길에 서게 되자 이런 주제를 젊은 날의 과오와 함께 역사에 묻어두려 하고 있다. 이런 주제의 시대는 이제 갔다. 이제 개념의 활력이나 이해의 황홀경에서 타오르는 불꽃은 우리의 사유 속에 남아 있지 않다. 우리는 계몽되었고, 무감각해졌다. 진리에 대한 **사랑**이 문제가 아니다. 친구(필로스)가 될 수 있는 그런 지식은 이제 없다. 이제 우리는 알고 있는 것을 사랑한다는 생각은 꿈에서도 하지 않는다. 그 대신 어떻게 하면 그것을 돌처럼 굳게 하지 않으면서, 그것과 함께 살 수 있는지를 고민한다.

위대한 전통을 넌지시 암시하는 표제하에 여기서 제시한 것은 "지식은 권력이다"는 명제에 대한 명상이다. 이 명제가 19세기 철학의 무덤을 팠던 장본인이다. 그것은 철학을 한마디로 축약한 명제이며, 동시에 철학이 최초로 내뱉은 고백이다. 이 고백과 더불어 철학은 100년간 끌어온 임종의 고통을 겪게 된 것이다. 또한 이와 동시에 그 이름이 말해주듯이 에로틱한 이론(진리 사랑과 사랑의 진리)이었던 지식의 전통이 종말을 맞는다.

19세기 근대 학문과 권력의 이론은 철학의 주검 위에서 새롭게 탄생했다. 정치학이나 계급 투쟁 이론으로서, 테크노크라시(technocracy: 기술자 정치)와 생기론으로서, 각각 철저하게 무장하여 부활했다. "지식은 권력이다." 이 명제는 사유의 불가피한 정치화를 결론짓는 말이다. 이 명제를 말하는 자는 진리를 폭로하는 것이고, 그와 동시에 진리 이상의 것을 얻으려 하는 것이다. 즉 권력의 게임에 개입하려는 것이다.

니체가 모든 지식 의지 속에 권력 의지가 있음을 밝힌 시점과 때를 맞추어, 옛 독일 사민당은 권력이기도 한 지식을 쟁취하기 위한 경쟁에 동참하라고 당원들에게 호소했다. 니체의 견해가 '위험하고', 차갑고 냉철하고자 하는 곳에서 사민당은 실용적으로 행동하면서 교양에 대한 소박한 기쁨을 밖으로 드러낸다. 니체나 사민당은 모두 권력에 관해 말한다. 이때 니체는 시민적 이상주의의 토대를 활력주의로 침식하고, 사회민주주의자는 '교양'을 통해 시민의 권력 기회에 동승하고자 한다.

니체는 사실주의를 가르치고 있다. 그것은 후세의 시민과 소시민 세대가 권력 의지를 꺾는 이상주의적 망상과 쉽게 결별할 수 있게 해줄 사실주의다. 사회민주주의는 여전히 권력을 기약하던 이상주의에 참여하고자 노력한다. 노동 운동이 아직 순박한 자신의 권력 의지에 어울리는 이상주의에 은밀히 눈독을 들이고 있을 때, 시민계급은 벌써 니체에게서 환상을 떨쳐버린 권력 의지의 교활함과 영리한 조악함을 연구할 수 있었다.

1900년경 좌파의 급진 진영은 우파의 주인냉소주의를 따라잡았다. 구권력자의 냉소적이고 방어적인 의식과 신흥 권력자의 유토피아적이고 공격적인 의식이 벌인 경쟁은 20세기의 정치적 · 도덕적 드라마를 연출했다. 엄격한 사실에 대한 가장 엄격한 인식을 얻기 위해 경쟁하면서 악마와 귀신 왕은 서로를 훈련한다. 의식의 경쟁으로부터 현재의 특징인 불투명성이 생겨난다. 그 불투명성은 이데올로기들의 상호 밀탐, 대립의 상호 동화, 사기 행각의 현대화 등에서 보인다. 간략히 말해 이것은 철학자를 무의미하게 만드는 상황, 거짓말쟁이가 거짓말쟁이를 거짓말쟁이라 부르는 상황이다.

최초의 파시스트적 니체 붐이 가라앉은 이후, 지금 다시 도처에 두 번째 니체 붐이 일고 있음을 느낀다. 다시금 분명히 확인할 수 있는 사실은 서구 문명이 기독교적 의상을 벗어던졌다는 것이다. 그것은 재건의 세월 그리고 유토피아와 '대안들'의 세월이 수십 년 흐른 후, 마치 순박한 열정이 갑자기 사라진 것과도 같다. 이제 모두 파멸이 다가오고 있다고 두려워하는 가운데 새로운 가치가 만병통치약처럼 인기를 얻고 있다. 하지만 시대는 냉소적이 되었고, 이 새로운 가치도 단명하리라는 것을 잘 알고 있다. 누구나 당사자가 될지 모른다는 당혹감, 시민 가까이 숨쉬는 것, 평화 보장, 삶의 질, 책임 의식, 환경 친화, 이 모든 것 가운데 그 어떤 것도 제대로 돌아가지 않는다. 물론 우리는 적절한 때를 기다릴 수는 있다. 냉소주의는 그런 우리 뒤에서 장황한 회담이 끝나고 사태가 진행될 때까지 기다리고 있다. 우리의 맥빠진 근대성도 '역사적으로 사유할' 줄 알지만, 우리 자신은 이미 오래 전부터 의미 있는 역사 속에서 살아간다는 사실을 의심하고 있다. 즉, "세계사에 대한 수요가 없다."

니체의 전복적 사상, 동일한 것의 영원 회귀(우주론적으로 근거 없지만 문화 형태론적으로 유익한) 사상은 인공두뇌적(사이버네틱) 주제들의 재등장을 의미한다. 이런 주제들은 로마 황제 시대에 최후로, 그리고 르네상스 때도 어느 정도 의식적인 삶을 전개했다. 동일한 것은 주어진 사실을 고려할 줄 아는 쾌락 지향적이고 냉정한 삶이 문을 두드리는 신호이다. 또 모든 일에 대처할 각오가 되어 있다는 것은 불사신처럼 영리하게 만들며, 역사 대신 삶, 실존적 축, 가정의 사회화, 정치에 대한 아이러니, '기획'에 대한 불신을 의미한다. 이것은 죽음 뒤의 삶을 믿지 않는 새로운 이교도적 문화이기에, 죽음 이전의 삶을 찾아야만 한다.

때때로 간과했지만, 니체의 결정적인 자화상은 '견유주의자'의 모습이다. **그렇기 때문에** 그는 마르크스와 함께 금세기의 가장 영향력 있는 사상가가 되었다. 니체의 견유주의에는 '진리를 말한다'는 것에 대한

신견유주의자 니체, 모순의 사상가.

변형된 관계가 나타난다. 그것은 전략과 전술, 의혹과 자제력 상실, 실용주의와 도구주의의 관계이다. 그리고 이 모든 것은 늘 자신만을 생각하는 정치적 자아, 내적으로 이리저리 교묘히 움직이지만 외적으로는 꿈쩍도 하지 않는 것처럼 보이는 정치적 자아의 손아귀에 들어 있다.

서구의 모든 국가에서 발견되는 강력한 반합리주의적 충동은 모든 사유가 전략이 되어버린 정신적 상태에 대한 반발이다. 그것은 특정한 형태의 자기 보존에 대한 혐오감을 드러낸다. 또한 지식이 권력이 되고, 권력이 지식이 되는 현실의 차가운 숨결에 민감하게 몸을 움츠리는 것이다. 나의 이 말을 이해하고 동감하는 독자라면, 앞으로 이 책이 하고자 하는 말에도 공감할 것이다.

옛 사민당은 "지식은 권력이다"는 구호를 실천적이고 이성적인 처방이라고 선언했다. 하지만 그 구호는 여러모로 깊이 생각한 끝에 한 말이 아니다. 그들이 전달하려는 메시지는 더 잘살고 싶으면 무언가를 올바르게 배워야만 한다는 정도였다. 이 말에는 학교에 대한 소시민적 믿음도 반영되어 있다. 그러나 오늘날은 이 믿음이 와해되는 중이다. 단지 냉소적인 청년 의사들만이 학업과 삶의 수준 사이를 이어주는 분명한 끈을 가지고 있을 뿐이다. 나머지 대다수 사람들은 아무 소용도 없이 배운다는 위험 부담을 안은 채 살고 있다.

권력을 추구하지 않는 이는 지식과 지식 장비를 원치 않으며, 이 둘을 거부하는 사람은 어쩌면 현대 문명의 시민이 아니다. 많은 사람들은 이미 나중에 한번 잘살아보기 위해 '무언가를 배워야 한다'는 것조차 믿지 않는다. 고대의 견유주의에서 하나의 확신이었던 것이 시민들 사이에서 하나의 예감으로 자라고 있는 것 같다. 즉, 무언가 이성적인 것을 배울 수 있기 위해서는 우선 잘살아야 한다는 것을 깨달은 것이다.

이제 학교 교육을 통한 사회화는 미래에 대한 전망을 제공하지 못하는 우민화 자체다. 삶과 배움의 관계에서 나타나는 전도 현상은 교육에 대한 믿음의 종말, 유럽적 학교 지식의 종말이 임박했음을 의미한다. 이것은 실용주의자나 보수주의자, 선의를 가진 사람이나 종말의 관음증 환자가 모두 똑같이 두려워하는 것이다.

이제 근본적으로는 아무도 오늘의 학습이 내일의 '문제'를 해결하리라 믿지 않는다. 오히려 학습이 문제를 야기하리라는 점은 거의 확실하다.

왜 '냉소적 이성 비판'인가? 두께가 얇은 책조차 부담되는 이 시대에 두꺼운 책을 쓴다는 비난에 대해 나는 어떻게 사과할 것인가? 우선 이 책을 쓰게 된 계기를 이유 및 동기와 구분해 서술해보겠다.

계기

올해(1981년)는 임마누엘 칸트의 《순수 이성 비판》이 출판된 지 200주년이 되는 해다. 그런데 막상 그 책의 출판 기념일은 전례가 없을 정도로 무미건조하게 지나갔다. 칸트 연구자 600명이 마인츠에 모여 담담한 축제를 즐겼을 뿐 시끌벅적한 카니발 집회는 연출되지 않았다.

기념 행사의 참가자들은 축하받을 주인공인 칸트가 무슨 일이 있어 못 오기를 바라는 심정으로 그 자리에 모인 것 같았다. 칸트를 자기 학문의 지주로 삼은 사람들이 부끄러워하며 칸트의 불참을 바란다면, 그것이 슬픈 축제가 아니고 무엇이겠는가? 칸트라는 대철학자의 예리하고 인간적인 눈 앞에 우리는 어떻게 서 있을 것인가?

어느 누가 칸트에게 그의 저서 《영구 평화론(Zum ewigen Frieden)》이 출판되었던 1795년 이후의 역사를 요약하여 설명할 강심장을 가지고 있겠는가? 어느 누가 그에게 계몽의 상태—'스스로 책임진 미성숙으로부터 인간의 해방'—를 알려줄 뱃심이 있겠는가? 어느 누가 그에게 마르크스의 포이어바흐 명제를 설명할 수 있을 만큼 뻔뻔스러울 수 있겠는가?

칸트가 실제로 살아 돌아온다면 그의 멋진 유머가 우리의 긴장을 풀어줄지도 모른다고 상상해본다. 어쨌든 그는 18세기 후반의 인물이 아닌가? 18세기에는 합리주의자조차 자유롭고 느슨한 척하는 오늘날의 많은 현대인들보다 덜 경직되어 있었다.

칸트를 연구하는 사람치고, 칸트의 외모가 가진 수수께끼를 언급하지 않은 사람은 없었다. 그러나 로마의 일반적인 규칙인 '건강한 신체에 건강한 정신이(mens sana in corpore sano)'를 들먹이며, 그의 외모를 비난하지는 않았다. '정신'이 적합한 육체를 찾는다는 말이 옳다면, 칸트의 경우에 그의 '정신'은 인상학적인 아이러니와, 정신과 신체 관계의 의학적인 역설에 재미를 붙였음에 틀림없다. 그 정신은 왜소하고 메마른 육체에 위대한 영혼을, 꾸부정한 자세에 곧은 걸음걸이를, 그리고 우울하고 강박적 정서에 사교적이면서도 진심어린 유머를 감추고 있었던 것이다. 활력 넘치는 근육질을 숭배하는 후세 사람을 비웃기라도 하듯이 말이다.

칸트의 인상학적 의문은 그의 인격으로 해결되지 않는다. 오히려 그의 정신사적 · 의미사적 위치를 살펴봄으로써 풀릴 수 있을지도 모른다. 계몽의 시대는 오성과 감성의 변증법이 갈기갈기 찢어질 정도까지 그것을 앞으로 밀어붙였다. 칸트의 작품 곳곳에 그런 긴장의 흔적이 보인다. 그의 주저하는 언어 속에는 사유 과정(특히 독일적인 사고 방식으로 전개되는)이 감각적인 것에 가하는 폭력의 모습이 드러난다.

자연과학적 세기의 정신에 깊이 영향받은 고트프리트 벤 같은 시인은 그런 식의 폭력에 대해 칸트야말로 '정신의 강간자'라고 비판했다. 이 비판은 늘 깨어진 관계로 악명 높은 지성과 감성의 관계를 겨냥했던 인식의 위대함에 대항하여 현대의 냉소주의가 적절한 통찰의 공명판이 될 수 있음을 보여준다. 합리성이 안심할 수 있는 영역 밖에서도 합리성의 보증인이라 할 수 있는 로베르트 무질(Robert Musil)도 칸트의 책을 읽은 경험에 대해 소설 《생도 퇴를레스의 혼란(Verwirrungen des

Zöglings Törleß)》에서 이렇게 쓰고 있다.

> "실제로 퇴를레스는 그날 아침에 교수의 방에서 보았던 책의 레클람문고판을 당장 사서, 첫 번째 휴식 시간에 읽기 시작했다. 그러나 이 책에는 괄호와 주석만 잔뜩 들어 있어 한 글자도 이해할 수 없었다. 그가 아무리 문장들을 정독해도, 마치 어떤 늙은이의 앙상한 손이 그의 뇌를 나선형 모양으로 빙빙 돌려 머리 밖으로 끄집어내는 듯한 느낌만 들었다.
> 반 시간쯤 후 그는 완전히 지쳐 책 읽기를 중단했는데, 그때까지 읽은 양은 겨우 두 쪽이었다. 어느새 그의 이마엔 땀이 송송 맺혀 있었다. 그러나 그는 이를 악물고 다시 책을 읽었고, 휴식 시간이 끝날 때까지 한 쪽을 더 읽었다.
> 저녁이 되자 그는 그 책을 만지고 싶은 생각조차 들지 않았다. 두려움? 구토? 잘 알 수가 없었다. 단지 별 볼일 없어 보이는 그 교수, 그 인간이 마치 일용할 양식이라도 되는 듯이 그 책을 방 안에 펼쳐 두고 있었다는 사실이 그를 몹시 괴롭혔다"(pp. 84~85).

이 글에 나타난 섬세한 경험담은 책의 매력과 그것이 감수성 강한 젊은 독자들에게 가하는 고통을 보여준다. 젊은 의식이 칸트의 사유, 아니 철학적 사유 자체와 스스럼없이 접촉할 때 안게 되는 위험은 격렬하고 급작스러운 노화 현상이 아닐까? 지식에 대한 혈기왕성한 젊은 의지는 지금 철학에 어느 정도 남아 있는가? 뼈만 앙상한 몸으로 나선 운동을 하면서 사람을 어지럽게 하는 철학 속에 남아 있는 것은 무엇인가? 우리가 알고자 했던 것이 나선의 맨 위에서 발견되었는가? 혹시 우리 스스로 나선의 꼭대기에서 함께 돌면서 이제 안다고 만족한 것은 아닐까? 칸트의 사유를 '일용할 양식'처럼 여기는 사람들이 '별

볼일 없어' 보인다는 것은 또 무슨 뜻인가? 그건 철학이 삶에 어떤 흔적도 남기지 못하며, 현실과 철학은 완전히 별개란 말인가?

철학자의 양식으로 우리를 마주하는 것은 인상학적 형상이다. 이성은 이 형상 안에 자기 본질적인 측면을 감추고 있다. '이성적'이라는 것은 감각적인 것과 결코 행복하다고 할 수 없는 특별한 관계를 맺는다는 것을 의미한다. "이성적이 되라"는 말은 실천적으로 "너의 충동을 신뢰하지 말아라, 너의 육체에 귀기울이지 말아라, 자제하는 법을 배워라, 너 자신의 감각에서 시작하라"를 의미한다.

《순수 이성 비판》을 두 쪽 읽은 후 퇴를레스가 흘린 땀은 칸트주의 전체만큼의 진리를 함축하고 있다. 이해를 바탕으로 한 몸(Physis)과 정신(Logos)의 상호작용이 철학이지, 그것에 대해 말하는 것이 철학은 아니다. 앞으로는 인상학자만이 거짓말하지 않는 철학자가 될 수 있을 것이다. 인상학자는 분열되었기 때문에 사악한 머리의 세계에서 탈출할 수 있는 기회를 제공한다. 새로운 이성 비판을 예고한다는 것은 철학적 인상학을 생각한다는 것을 의미하기도 한다. 그것은 아도르노에게서처럼 '미학적 이론'이 아니라 골수까지 속속들이 의식의 이론이라는 것이다.

상황이 그러하듯이 기념 논문에는 이유가 없고, 작가에 대한 호의로 그 계기를 언급하지 않은 출판 기념식에는 이유가 있을 것이다. "나는 사물이 어떻게 있는지를 말하지 않을 것이다. / 나는 사태가 어떠한지 네게 보여줄 것이다"〔에리히 케스트너(Erich Kästner)〕.

이유

문화에 대한 불쾌감이 비판을 충동질한다면, 지금 우리 시대만큼 비판을 자극하는 시대도 없을 것이다. 또한 음울한 분위기에 휩싸이고자 하는 비판적 충동의 경향이 지금보다 더 강한 적도 없었다. '비판하려'는 것과 '비판되어야' 할 것 사이에는 너무나 팽팽한 긴장감이 감돌고 있다. 그래서 우리의 사유는 정확하지 못하고, 까다롭고 무뚝뚝해질 확률이 훨씬 더 크다. 어떤 사유 능력도 문제가 있는 것과 보조를 맞추지는 못한다. 그러므로 비판이 자진하여 물러난다.

모든 문제에 대한 무관심 속에는 그 문제에 대처할 수 있을 경우 사태가 어떻게 될 것인가에 관한 최후의 예감이 들어 있다. 모든 것이 문제 있는 것으로 변하면, 어떤 점에서는 모든 것이 상관없어진다. 이 책에서는 그 흔적을 추적하려 한다. 그 흔적은 냉소주의와 '냉소적 이성'을 말할 수 있는 곳으로 이어진다.

냉소주의에 대해 말한다는 것은 비판의 정신적 · 도덕적 추문을 폭로하는 것이다. 그리고 추문이 가능한 조건들을 밝혀내는 것이다. 처음에 '비판'은 사태에 대해 긍정적이거나 부정적인 관심을 한껏 보인다. 하지만 마지막에 가서는 '선악의 피안에서' 언어로 표현될 수 있는 도덕적 의식의 근본적 구조와 충돌하게 된다.

이 시대는 온통 냉소적이 되었다. 따라서 냉소주의와 사실주의의 연관성을 기초부터 차근차근 살펴볼 시간이 된 것이다. 오스카 와일드가 권태에 지쳐 "나는 결코 냉소적이지 않다. 단지 그런 경험을 했을 뿐이다 . 그런데 이 둘은 거의 똑같다"고 주장했을 때, 그는 무슨 뜻으로 이런 말을 했을까? 또는 "어떤 냉소주의도 삶을 능가할 수 없다"고 음울하게 말했던 안톤 체호프는 어떤 의미로 이런 말을 했을까?

사유의 과정에서 비판 개념의 낯익은 이중성이 풀린다. 우선 그것은 판단하고, 근거를 세우고, 평가하고, 유죄 판결을 내린다는 뜻을 가지고 있다. 그 다음 비판은 판단 성립의 기초 연구를 한다는 것이다. 그러나 냉소적 '이성'이 문제가 될 경우 이 공식은 **우선** 아이러니 뒤로 숨는다.

비판은 무슨 일을 할 수 있는가? 이론에 지친 이 시대에 비판이 할 일이 아직도 남아 있는가? 먼저 발터 벤야민(Walter Benjamin)의 대답을 들어보자.

> "비판의 몰락을 탄식하는 바보들. 비판의 시간은 이미 오래 전에 끝났으니까. 비판은 적당한 거리 두기의 문제다. 비판은 '조망과 전망'이 중요하고, 하나의 관점을 가지는 것이 가능했던 세계를 고향으로 하고 있다. 그동안 문제는 고통스러울 정도로 인간 사회와 밀접해졌다. '공평 무사', '자유로운 시각'은 순전한 무자격의 천진난만한 표현은 아니더라도, 이제 거짓말이 되었다"〔《일방통행로(Einbahnstraße)》, 1928/1969, p. 95〕.

감옥과 혼돈의 중간쯤이라고 자처하는 체계 안에서는 이론의 여지없이 확실한 비판이란 것을 서술할 수 있는 관점도, 그 중심 시각도 없다.

다(多)시각적으로 흐트러진 세계 속에서 전체에 대한 거대한 '시각'은 실로 단순하고 소박한 사람들의 몫이다. 그것은 계몽된 사람들, 주어진 사물의 질서에 따라 교육받은 사람들의 것은 아니다. 어떤 계몽도 관점의 사유를 파괴하거나, 시각적 · 관습적 도덕의 해체 없이 이루어지지는 않는다. 심리적으로 계몽은 자아 분산을 수반하고, 문학적으로나 철학적으로는 비판의 몰락을 동반한다.

그런데 20세기의 가장 중요한 비판 르네상스가 발터 벤야민이라는 이름과 결합되어 있다는 모순을 어떻게 설명할 수 있을까? 그는 한편으로 비판의 시간은 이제 끝났다는 사실을 적절하게 논증했고, 다른 한편으로는 **비판 이론 학파**에 참여하여 이루 말할 수 없이 커다란 영향을 미쳤다.

그는 사물이 귀찮을 정도로 우리와 밀착되어 있기 때문에 하나의 '관점'을 가진다는 것은 불가능하다고 말한다. 그러나 비판은 무(無)관점의 관점으로부터—앞으로 이것이 무엇인지 좀더 상세하게 규정되어야 하겠지만—인상적인 발전을 이루었다. 그러면 비판은 어디에서부터 어떤 시각을 가지고 누구의 이름으로 진행되고 있는가?

내가 생각하기에 비판 이론은 비판의 잠정적 자아를 발견했고, 예리한 비판의 전망을 보장해주는 하나의 '위치(전통적인 인식론이 고려하지 않은)'를 발견했다. 나는 이를 **선험적 고통**이라 부르고 싶다. 그것은 거대한 조망을 얻을 수 있는 거리를 둔 고상한 비판의 토대가 아니라 바로 지척에서 보는 태도인 미시론이다.

사물이 우리를 귀찮게 치근거린다면, 이 불편함을 표현할 수 있는 비판이 있어야만 한다. 비판은 적당한 거리를 두어야 하는 문제가 아니라 적당한 가까움을 유지해야 하는 문제다. '당사자의 당혹'이란 말은 이런 풍토 위에서 만들어져 사람들에게 파고들었다. 그것은 오늘날 새로운 형태로, 그에 대해 들어보지도 못한 사람들에게까지 영향을 미치는 비판 이론의 씨앗이다.

'당사자들'이 비판의 전범을 어디에서 발견하는지 알아보는 것도 흥미로운 일이 아닌가. 그런데 잊혀졌던 기원의 결함이 '당했다'는 것의 매너리즘 속에 다시 등장하고 있다.

머리의 주권이란 늘 허위 주권이기 때문에, 새로운 비판은 머리에서 몸 전체로 재빨리 옮겨갈 태세다. 계몽은 이제 위에서 아래로 내려가려고 한다. 교육 · 정치적으로나 정신 · 신체 의학적으로 살아 있는 육체를 세계의 촉수로 재발견한다는 것은, 철학적 세계 인식에 현실적 토대를 마련해준다는 것을 의미한다. 이것이 바로 비판 이론이 약간 머뭇거리면서, 때때로 미학주의적 암호로 위장하고 가지각색의 괴팍함으로 정체를 은밀히 감추면서 시작했던 바로 그 일이다.

비판 이론의 기초는 우리가 '세계 고통'의 느낌 속에서 선험적으로 알고 있는 전제들 위에 마련되어 있다. 우리가 이 세계에서 지각하는 것은 고통과 쾌락의 정신 · 신체 의학적 조정 체계 속에 가지런히 정돈되어 있다. 고통이 우리에게 무엇이 '참이고 거짓인지'를 말해주는 한, 비판은 가능하다. 이때 비판 이론은 예나 지금이나 파괴되지 않은 감수성이라는 '엘리트적' 전제를 세운다. 바로 이것이 비판 이론의 강점이자 약점이다. 다시 말하면 그것은 비판 이론의 진리를 정당화하면서, 동시에 그 이론의 타당성 영역을 제한한다.

실제로 그 정도의 엘리트적 감각은 있어야 한다. 이 감각은 단단한 머리와 철갑의 영혼이 판치는 세상에서 정상적인 상태의 시체가 뿜어내는 독에 대한 반감을 먹고 자란다. 어떤 적은 설득하려 해서는 안 된다. 이해 부족의 알리바이가 되는 '진리'의 일반성이라는 것이 있다. 민감한 자기 성찰에 근거하지 않은 이성이 있는 곳에서는 어떤 논증도, 심지어 그토록 탄탄한 의사소통과 이론적 논증도 그런 파괴되지 않은 감수성을 가지게 할 수는 없을 것이다.

비판 이론은 반대자 가운데 특히 논리학자들과 이 '민감한' 부분에서 의견의 일치를 보지 못했다. 물론 개중에는 정력적인 머리에 단련된 신경구조를 가진 사상가도 있으므로 비판 이론의 전체적인 관점이 눈물겹고 애절한 것처럼 느껴졌을 수도 있다.

'감수성 강한' 이론이란 의심스러운 것이다. 실제로 그 창시자 중 아도르노는 감수성이라는 개념을 지극히 편협하게 이해했다. 즉, 그에게 감수성은 결코 합리화할 수 없는 최상의 영적인 민감성과 미학적 훈련이었다. 그리고 그들의 미학은 모든 것에 대해 구토를 일으키는 경계 지점 부근에 자리잡고 있었다. '실천적' 세계에서 일어나는 일 가운데 그들의 가슴을 아프게 하지 않은 것이 없었고, 잔인성의 의혹으로부터 안전한 것도 없었다. 그들에게는 모두가 '제대로 된 것이라고는 없는' '허위의 삶'에 공모자처럼 얽혀 있었다. 특히 그들은 쾌락과 화합하는 것처럼 보이는 모든 것에 '사기', '병의 재발', '거짓된 긴상 완화'의 혐의를 두었다.

비판 이론이 아도르노 개인에게서 과장에 대한 반동을 감지하는 것은 불가피한 일이었다. 그들이 극히 세심하게 신경써서 작업했던 이성의 구현은 경계에 이르러 제때 멈출 수 없었다. 그런데 그것이 비판 이론의 창시자들에게는 그 경계에서 이미 차단당했다. 오늘날 벌어지고 있는 일은 신체의 활력에서 유래하는 비판이 얼마나 많은 얼굴을 지닐 수 있는지를 보여준다.

아도르노는 감정 아프리오리를 계산에 넣는 갱신된 인식 비판을 개척한 선구자에 속한다. 그의 이론에는 비밀 불교 정신의 요소가 작용하고 있다. 고통을 당하면서도 그 때문에 냉혹하거나 무감각해지지 않은 사람은, 음악을 들을 수 있는 사람이 찰나 동안 세계의 다른 면을 본다는 사실을 이해할 것이다. 현실적인 것이 고통, 냉정함, 무정함의 필체로 쓰였다는 확신은 이 철학이 세계에 접근하는 방식을 결정한다. 물론 그들도 좀더 나아지는 쪽으로 변할 것이라 믿지는 않는다. 그러나 결코 무감각해지고 주어진 것에 익숙해지려는 유혹에 굴복하지도 않는다. 그들에게는 언제나 민감하다는 것이 가장 이상적인 태도로 여겨진다. 그들은 행복에 대한 감각을 늘 열어놓지만, 어쩌면 행복은 오지 않을 것이다. 그러나 행복을 맞이하려는 자세는 야만스럽게 최악의 상태로 변하는 것을 막을 수 있다는 것이다.

이 미학적 이론, 즉 이 '민감한' 이론의 신경을 건드리는 정치적 기

반은 **권력**을 가진 모든 것을 비난하는 태도이다. 거기에는 고통과 경멸 그리고 분노가 뒤섞여 있다. 그 이론은 스스로를 시민의 냉혹함, 지배의 원칙, 더러운 사업, 이윤 동기와 같은 세계악(惡)을 비추는 거울로 만든다. 남성적인 세계에 대한 단호한 거부도 있다. 그것은 아버지, 입법자, 사업가의 세계에 대한 고대의 부정에서 영감을 얻는다. 또한 이런 세계로부터 나올 수 있는 것은 살아 있는 것에 대항하는 사악한 권력이라는 선입관을 가지고 있다. 바로 여기에 비판 이론의 정체를 설명할 수 있는 근거가 들어 있다. 거부의 공격력은 이미 오래 전에 소진되었다. 마조히즘적 요소가 창의적 요소를 능가해버린 것이다.

비판 이론의 추진력은 부정주의의 괄호를 폭파할 수 있을 정도로 성숙할 것이다. 전성기의 비판 이론은, 이 이론의 고통 아프리오리에 본능적으로 공감한 사람들 가운데에서 추종자를 발견했다. 어쨌든 부모가 행하고 승인했던 것을 발견하기 시작한 세대들 가운데 여전히 그런 추종자가 많다. 그 덕분에 1960년대 중반부터 독일에서 올바른 삶에 대한 공적 논쟁이라는 정치 문화의 가느다란 끈이 다시 존재하기 시작한 것이다.

거대한 추진력의 부활 여부는 한때 그 이론에서 영감을 얻었던 지식인들의 자기 성찰에 달려 있다. 감수성 강한 비판 속에는 마비시킬 듯한 적의가 들어 있다. 거부는 '남성성'에 대한 원초적 분노, 즉 정치적 실증주의자와 학문적 실증주의자가 공표한 저 냉소적인 사실 감각에 대한 원초적 분노에서 양분을 흡수하여 자란다. 아도르노의 이론은 '실천적 태도'에 내포된 부역의 특성에 반기를 든 것이다. 그의 이론은 개념적 평형을 유지할 수 있는 기술을 가지고 권력이 되지 않을 지식을 구축하고자 한다. 그것은 어머니의 영역으로, 예술과 감추어진 동경들의 영역으로 도피한다. '우상 금지.' 그것의 양식적인 특징은 마구 짓밟지 않는 방어적 사유이다. 또 행복에 대한 기억이 오로지 여성적인 것의 유토피아와 결합되어 있는 예외법을 변호하려는 시도이기도 하다.

아도르노는 초기의 어느 저서에서 자신의 감정적 · 인식론적 비밀을 숨김없이 털어놓은 적이 있다. 가슴을 뭉클하게 하는 감동적인 몇몇 구절에서 그는 슈베르트 음악을 듣고 울었다는 말을 했고, 눈물과 인식이 어떻게 연관되는지를 말했다. 이 음악에 눈물을 흘리는 까닭은 우리가 상실한 삶의 달콤함을 지향하는 완벽한 음악, 거리가 먼 인용문 같지 않기 때문이라는 것이다.

행복은 언제나 잃어버린 것으로만, **아름다운 이방인**으로만 생각될 수 있다. 행복은 우리가 눈물을 글썽거리며 다가가지만 결코 도달할 수 없는 예감에 지나지 않는다. 그 외의 다른 모든 것은 어차피 '거짓 삶'에 속할 뿐이다. 지배하는 것은 아버지의 세계다. 체계로 굳어버린 추상의 화강암과 무섭게도 잘 화합하는 세계 말이다. 아도르노는 남성적인 것을 너무 강하게 부정해서 아버지의 이름에서 단 한 철자인 'W'만을 받았을 정도이다. 하지만 '목초지로 가는 길(Wiesengrund:아도르노의 가운데 이름)'이 반드시 잘못된 길이어야 하는 법은 없다.

학생 운동의 해체 이후 우리는 이론의 침체기를 겪고 있다. 물론 어느 때보다 풍부한 학식과 '수준'을 볼 수 있지만, 더 이상의 영감은 없다. 삶에 대한 관심과 사회 이론적 노력을 매개할 수 있다던 '당시'의 낙관주의는 시들어버렸다. 그런데 갑자기 분명해진 사실은 낙관주의 없이는 사회학이 무척 지루하다는 것이다. '좌익' 행동주의, 테러와 그 곱절의 반대 테러의 물결이 지나간 후 계몽주의 진영에서 바라본 세상은 그저 빙빙 돌고 있을 뿐이다. 계몽주의 진영은 모든 사람이 독일 역사에 애도를 표하게 만들고 싶었지만, 자신만의 멜랑콜리에 머물렀을 뿐이다.

벤야민의 생각처럼 이제 비판은 불가능해진 것처럼 보인다. 비판적 '기분'은 노스탤지어를 간직한 채 내면으로 방향을 돌려 문헌학적 정원 가꾸기에 몰두한다. 사람들은 그곳에서 벤야민 식의 아이리스, 파솔리니 식의 악의 꽃과 프로이트의 벨라도나를 키운다.

이제 비판은 우울한 나날을 보내고 있다. 다시 의상 비판의 시대가 시작하고 있다. 거기서 비판적 태도는 직업적인 역할에 종속된다. 유한 책임의 비판주의나 성공 요소로서 천박한 계몽주의는 새로운 순응주의와 옛 야망의 교차점에서 취할 수 있는 태도이다. 이미 투홀스키(Kurt Tucholsky)에게서도 '그 당시'에 자신의 환멸을 듣지 않으려고 일부러 큰 소리를 내는 비판의 공허함이 느껴졌다. 그런 비판은 성공이 아무런 효과가 없다는 것을 깨닫고 있었다. 비판은 눈부신 글들을 썼지만 아무 소용이 없었고, 사람들은 그것을 알아차렸다. 이런 경험이 일반화하면서 현재의 계몽주의자에게 잠재된 냉소주의가 자라나는 토양이 되었다.

파솔리니(Pier Paolo Pasolini)는 나태하고 축 처진 사이비 비판에 후추를 약간 뿌렸다. 누구에게나 명백한 의상, 해적의 의상(표절)을 고안하면서 말이다. 해적으로서의 지성인을 꿈꾸는 것은 그리 나쁜 것 같지 않다. 우리는 이제까지 우리 자신을 그런 식으로 보지 않았다. 그런데 한 동성연애자가 비판의 여성화에 반대하는 경고 신호를 보냈다. 더글러스 페어벵크스(Douglas Fairbanks)가 칼을 빼들고 문화의 범선 장비들 사이를 이리저리 뛰어다니며 한번은 승리자로, 또 한번은 패배자로 사회적 소외의 대양 위를 기분 내키는 대로 유랑하는 모습을 보라. 온 사방에 타격을 입힌다. 의상은 비도덕적이기 때문에 도덕적으로 맞춤

복처럼 잘 맞는다. 해적은 수시로 바뀌는 전선을 누비며 살기 때문에 탄탄한 위치를 유지하기 어렵다. 아마 해적 지식인이라는 파솔리니의 이미지는 브레히트에게 반영될 수 있을 것이다. 물론 이때의 브레히트는 악동 브레히트이지 공산주의 갤리선에서 수업을 해야 한다고 믿었던 브레히트가 아니다.

해적 신화에서 환영할 만한 것은 공격적 요소이다. 지식인층의 토대는 싸움질 자체에 있다는 환상만이 염려스러울 뿐이다. 실제로 파솔리니는 아도르노와 마찬가지로 싸움에서 얻어맞는 쪽이었다. 삶에서 가장 단순한 일조차 어떤 사람을 그토록 힘들게 한다는, 고통 아프리오리(선험적 고통)가 그의 눈을 비판적으로 열어준다. 위대한 비판치고 커다란 결점이 없는 것은 없다. 치료약을 찾으려고 애쓰면서 비판의 수레를 계속 돌리는 자는 문화의 중상자(重傷者)이다. 아도르노는 자신의 논문 '하이네라는 상처(Die Wunde Heine)'를 하인리히 하이네에게 헌정했다. 상처는 모든 주요한 비판에서 정곡을 찌르는 바로 그것이다. 근대의 위대한 비판 업적 아래 도처에서 상처가 입을 벌리고 있다. 루소의 상처, 셸링의 상처, 하이네의 상처, 마르크스의 상처, 키르케고르의 상처, 니체의 상처, 슈펭글러의 상처, 하이데거의 상처, 테오도르 레싱의 상처, 프로이트의 상처, 아도르노의 상처가 보인다. 깊은 상처에 대한 자기 치유로부터 비판이 생겨나고, 이 비판은 자기 경험의 집결지로 그 시대에 봉사한다. 모든 비판은 시대의 고통 속에서 이루어진 선구 작업이고 모범적 치유의 일부이다.

이 신성한 비판 이론의 야전 병원 역할을 확대하고 싶은 야망은 내게 없다. 이제 격렬한 기질을 가진 새로운 비판의 시대가 도래했다. 계몽이 '슬픈 학문'으로 보이는 곳에서 이 새로운 비판은 내키지 않는 마음으로 침울하게 침체된 분위기를 조장한다. 하지만 냉소적 이성 비판은 기분을 상쾌하게 만드는 청량 작업임은 약속할 수 있다. 이 작업이 노동이 아니라 노동의 피로를 푸는 긴장 완화라는 것은 애초에 정해진 사실이다.

동기

정당화 작업은 지나치게 신중하기 때문에 진실하기 어렵다는 점을 독자들은 이미 눈치챘을 것이다. 이 책에서 '계몽'과 비판 이론의 구조 작업이 이루어지고 있다는 인상을 받을지 모르지만, 나는 이를 감수할 것이다. 구조 방법의 역설이 첫인상에만 머물러 있게 하지 않을 테니 말이다.

처음에 계몽은 필연적으로 냉소적 실망으로 귀결될 것처럼 보인다. 하지만 곧 상황은 역전된다. 그리고 냉소주의에 대한 연구는 환상으로부터의 자유를 정초(定礎)하는 작업이 된다. 계몽은 긍정적인 의미에서 언제나 실망이었고, 계몽이 진척될수록 이성은 긍정을 시도해보라고 우리에게 말하는 순간이 가까이 다가온다. '예'의 정신에서 탄생한 철학은 '아니오'에 대한 '예'도 포함한다. 이는 냉소적 실증주의도 아니고, '긍정적' 태도도 아니다. 내가 여기서 말하는 '예'는 승리자의 그것이 아니다. '예' 안에 복종의 요소가 들어 있다면, 오로지 계몽된 인간에게 강요될 수 있는 복종, 즉 자신의 경험에 저항하는 복종이다.

유럽적인 노이로제는 행복을 목표로 정하고, 이것이 이성의 노력으로 도달할 수 있는 길이라고 생각한다. 그런데 그런 강박에서 이제 벗어나야 한다. 우리는 이제 더 좋은 것을 비판적으로 탐하는 중독증을 떨쳐버려야 한다. 그런 대로 좋은 것을 위해서라도 말이다. 오랫동안 행진하다보면 좋은 것에서도 너무나 쉽게 멀어져버리고 만다. 그런데 비판적 노력의 목표는 역설적이게도 공평무사하게 그대로 내버려두는 것이다.

아도르노가 죽기 바로 얼마 전이었다. 프랑크푸르트 대학의 한 강의실에서 지금 여기서 막 시작한 냉소주의 비판이 마치 해결의 실마리처럼 꼭 들어맞는 장면이 연출된 적이 있었다. 철학자가 막 강의를 시작하려는 순간, 한 무리의 시위대가 강단으로 올라서는 그를 막았다. 1969년 당시에는 예사로 일어나는 일이었다. 그런데 이 사건을 조금 더 자세히 들여다봐야 한다. 훼방꾼 가운데 몇몇 여학생은 철학자 앞에서 저항의 표시로 가슴을 풀어헤쳐 사람들의 주의를 끌었다. 한쪽에는 벌거벗은 살이 '비판을' 행하면서 서 있었고, 건너편에는 실망한 남성이, 그가 아니었으면 거기 모인 사람 가운데 어느 누구도 비판이 무엇을 의미하는지 알지 못했을 그런 남성이 쓰라린 심정으로 서 있었다.

비판의 행위 속에는 냉소주의가 있었다. 철학자의 말문을 막은 것은 적나라한 폭력이 아니라 적나라하게 벗은 이의 폭력이었다.[1] 이 장면 속에는 지극히 전형적인 방식으로 냉소주의의 정당함과 부당함, 진실함과 진실하지 못함이 마구 섞여 있었다. 냉소주의는 적나라한 진리와 함께 과감히 나아간다. 그런데 이 진리를 제시하는 방식 속에는 진실이 아닌 무엇인가가 들어 있다.

은폐가 어떤 문화의 구성 요소가 되고, 사회적 삶이 허구의 강요에 예속되는 곳에서는 진리의 발설 속에 공격적 요소, 즉 달갑지 않은 폭로가 들어 있다. 하지만 장기적으로 보아 밝히려는 충동이 강자가 된다. 과감한 노출과 사물의 개방성이야말로 불신에 가득 찬 억측을 강요하는 강박감에서 우리를 해방시킨다. '적나라한 진리'는 절망적 감각의 동기다. 절망적 감각은 문제의 핵심에 이르기 위해 관습, 허위, 추상과 비밀의 베일을 찢으려 한다. 나는 이 주제를 추적하고 싶다. 냉소주의, 성차별의 혼합, '객관성'과 심리주의가 서구의 상부 구조에 퍼져 있는 분위기다. 이것은 올빼미와 철학에게 좋은 황혼녘의 분위기다.

나는 내 정신 세계의 깊은 곳에서 철학에 대한 어린이다운 천진난만한 존경심(그리스적 의미에서)을 발견한다. 물론 그런 존경심이 생긴 것은 경외심에 대한 가족력적 대물림 때문이기도 하다. 학교 선생의 딸로 이상주의적 가정에서 자란 내 할머니는, 때때로 존경심에 가득 찬 어투로 자랑스럽게 《순수 이성 비판》을 쓴 사람은 칸트이고, 쇼펜하우어는 《의지와 표상으로서의 세계(Die Welt als Wille und Vorstellung)》를 썼다고 이야기하곤 했다. 아마 세상에는 너무 어려워 읽을 수 없지만, 위대한 인물을 감탄하듯이 그저 밖에서 감탄할 수밖에 없는 마법의 책들이 있을지도 모른다.

이제 '뼈만 앙상한 손'이 우리의 뇌를 나선형으로 돌려 머리 밖으로 끄집어내는 철학은 없는가? 내 꿈은 철학이라는 시들어 죽어가는 나무가 다시 한번 활짝 꽃피우는 모습을 보는 것이다. **테오리아**가 시작되었던 그때, 모든 명료한 것이 그렇듯이 믿을 수 없을 정도로 갑자기 이해라는 것이 자신의 언어를 발견했던 그때, 빨갛고 파랗고 하얗게 반짝거리는 눈부신 진귀한 사유의 꽃들로 가득 덮인, 실망 없는 꽃나무로 살아나는 것 말이다. 그런데 우리는 그런 경험을 반복하지도 못할 만큼 문화적으로 노쇠했단 말인가?

지금 이 책을 읽고 있는 독자는 원래 존재할 수 없는 이 나무 아래에 앉아 잠시 쉬어 가라는 초대를 받은 셈이다. 나는 어떤 것도 약속할 수 없다. 새로운 가치는 더더욱 그렇다. '냉소적 이성 비판'은, 하인리히 하이네가 규정한 아리스토파네스 희극의 특성을 인용하자면, 즐거운 학문의 주춧돌이 되는 '심오한 세계 파멸의 이념'을 좇고자 한다. 즐거운 학문은 “환상적이면서 역설적인 마법의 나무처럼, 활짝 핀 사유의 장식품과 지저귀는 나이팅게일의 둥지들, 또 기어오르는 원숭이들을 품에 안고 우뚝 솟아오른다”〔《루카의 목욕탕(Die Bäder von Lucca)》〕.[2)]

1981년 여름

뮌헨에서

제1부

조감

다섯 가지 예비 숙고

01

냉소주의—허위의식의 황혼

시절은 가혹하다. 그러나 현대적이다.

—이탈리아 속담

그 모든 것의 배후에는 한 사람도 보이지 않았다. 모든 것이 계속하여 제자리를 맴돌고 있었다. 관심은 시시각각 바뀌었다. 어디에도 목표는 없었다. ……지도자들은 이성을 잃었다. 그들은 노쇠할 때까지 온 정력을 다 쏟아부었고, 이제 굳어버렸다. ……그 나라 사람은 누구나 일이 잘 돌아가지 않는다는 사실을 알아차리기 시작했다. ……붕괴를 미룰 수 있는 길이 아직 하나 남아 있기는 했다…….

—프란츠 융, 《기계들의 정복(Die Eroberung der Maschinen)》, 1921

문화 속의 불쾌감은 하나의 새로운 특질을 얻었다. 그것은 보편적이고 불명료한 냉소주의로 나타난다. 전통적인 이데올로기 비판은 그 앞에서 어찌 할 바를 모르고 있다. 이데올로기 비판은 냉소적으로 깨어 있는 의식의 어느 곳에 계몽의 지렛대를 대야 할지 알 수 없다. 현대적 냉소주의는 스스로를 소박한 이데올로기와 그것의 계몽에 뒤이어 나타난 의식의 상태라고 표현한다.

이데올로기 비판이 세인의 주목을 끌 만큼 탈진하고 만 진정한 이유는 이 냉소주의 속에 들어 있다. 이데올로기 비판은 자신이 그 정체를 폭로하고자 했던 의식보다 더 순진했던 것이다. 이데올로기 비판은 그 얌전한 합리성 때문에 현대적 의식이 교활하고 복합적인 사실주의로 전환되는 과정에 동참할 수 없었다. 이제까지 허위의식이 취했던 형태의 목록인 거짓, 오류, 이데올로기 등은 완벽한 것이 아니었다. 즉, 현재의 심성 구조를 볼 때 네 번째 구조인 냉소적 현상을 첨가하지 않을 수 없다. 냉소주의를 언급한다는 것은 새 출입구를 통해 이데올로기 비판이라는 옛 건물 안으로 들어가려는 것이다.

냉소주의를 보편적이고 불명료한 현상으로 표현하는 것은 언어 사용법에 위배된다. 통념상 냉소주의는 불명료한 것이 아니라, 뚜렷하며 보편적이지 않고 주변부적이며 극히 개인적인 것이다. 흔히 쓰이지 않는 수식어들이 냉소주의의 새로운 표현 방식을 서술하고 있다. 냉소주의는 논란의 소지가 있는 동시에 불가항력적인 것이다.

고대에는 냉소주의자〔오히려 견유주의자(키닉 학파)가 더 타당한 개념이다〕를 외톨이 올빼미나 선동적인 고집불통 도덕주의자로 치부했다. 큰 나무통 안에서 살았던 디오게네스가 바로 이런 유형의 선조로 여겨진다. 그는 그때부터 거리를 두게 만드는 익살꾼, 신랄하고 사악한 사람, 아무도 필요 없다고 큰소리나 치는 사람, 거칠게 폭로하는 듯한 사나운 시선 때문에 아무에게도 사랑받지 못하는 개인주의자로 묘사되었다.

사회적 출신으로 볼 때 디오게네스는 도시적 인물이다. 고대 대도시의 번잡함 속에서 세련되어진 도시적 인물인 것이다. 우리는 그를 하류층으로 전락한 지식인이나 상민 계급 지식인의 가장 초기 형태로 본다. 그가 고급 문명의 오만과 도덕적인 사업 기밀에서 '냉소적'으로 등을 돌릴 수 있었던 것은 성공과 그늘을 모두 포함한 도시가 전제되어 있기 때문이었다. 도시의 부정적인 특징으로서 냉소주의자의 이미지는 도시에서만이 비로소 세상 공론과 일반적 애증의 압력을 받고 가장 예리한 모습으로 결정화한다. 오로지 도시만이 노골적으로 등을 돌린 냉소주의자를 도시의 기인 집단에 수용할 수 있다. 독특한 도회적 개성에 대한 도시의 호감이 그들에게 달려 있는 것이다.

냉소주의를 키운 근대의 토양은 도시 문화이기도 하지만, 궁정 영역이기도 하다. 이 두 곳은 사악한 현실주의를 만들어내는 장소이다. 사람들은 현실주의로부터 공공연하고 부도덕한 비웃음을 배운다. 적나라한 사실과 관습적인 외양 사이에서 우아하게 부유하는 세속적 지식이, 세상 경험이 풍부한 지적인 머릿속에 쌓여가기는 어느 곳에서나 마찬가지다.

저 아래 하류층으로 전락한 도시 지식인층에서, 또 저 위 관료적 의식의 정상에서 신호가 장중한 사유 속으로 뚫고 들어간다. 이 신호는 윤리와 사회 관습에 대한 극단적 풍자의 증거이다. 마치 보편적 법칙은 오로지 바보를 위해 존재하고, 이 사실을 알고 있는 자들의 입가에는 영악한 미소가 번지는 것과 같다. 더 자세히 말하자면 견유주의적 평민이 풍자의 웃음을 터뜨리는 동안, 권력자는 미소짓는다. 냉소적 지식의 광활한 영토 안에서 극단이 만난다. 예를 들어 오일렌슈피겔(독일 14세기의 유명한 장난꾼—옮긴이)이 리슐리외(프랑스 루이 13세 시대의 재상—옮긴이)를 만나고, 마키아벨리가 라모의 조카를 만난다. 르네상스의 시끄러운 용병 대장이 로코코의 우아한 냉소주의자와 조우하고, 무자비한 기업가가 환멸에 빠진 중도 탈락자를 만나며, 이상을 상실한 거부자와 후안무치한 제도전략가가 만난다.

시민 사회는 최상류층 사람들의 지식과 최하류층 인간들의 지식을 잇는 가교를 세우고, 자신의 세계상을 사실주의 위에 세우겠다는 의욕을 과시한다. 그리고 그 결과 극단은 서로 섞여˙용해된다. 오늘날 냉소주의자는 대중적 유형으로 등장한다. 즉, 상류층의 평균적인 사회 성격이 된 것이다. 냉소주의자가 대중 유형이 된 것은 전면에 등장한 산업 문명이 비뚤어진 외톨이라는 대중 현상을 생산했기 때문만은 아니다. 오히려 대도시들이 여기저기 흩어져 보편적으로 수용할 수 있는 **공공성**을 창조할 힘을 상실했다는 게 더 정확한 이유일 것이다.

개인화의 압력은 현대의 도시와 대중 매체의 풍토 안에서 느슨해졌다. 그러므로 현대적 냉소주의자는, 특히 제1차 세계대전 이후 독일에서 흔히 볼 수 있는 유형의 냉소주의자는 국외자가 아니다. 오히려 입체적인 유형으로 등장한다.

현대의 대중 냉소주의자는 개인적 신랄함을 잃었고, 공개 진열의 위험을 시도하지 않는다. 그들은 이미 오래 전에 유일무이한 원형으로서 타인의 관심과 조롱에 자신을 노출하기를 포기했다. '심술궂은 또렷한 눈초리'를 한 이 사람들은 군중 속으로 잠적해버렸다. 그리고 익명성이 비로소 냉소적 일탈의 본령이 되고 말았다.

현대의 냉소주의자는 사회에 통합된 반사회적 일탈자이며, 무의식적으로는 전혀 환상에 빠져 있지 않다는 점에서 어떤 히피와도 겨룰 만하다. 그는 자신의 심술궂고 또렷한 시선이 개인적 결함이나 사적으로 책임져야 할 비도덕적인 변덕이라고 생각하지 않는다. 본능적으로 그는 자신의 생존 방식이 사악함과 관련된 것이 아니라, 현실적으로 수준을 낮춘 집단적 관점에 관여하는 것으로 이해한다. 언제나 바보로만 살지 않겠다는 데 모든 주의를 기울이는 것이 계몽된 인간들에게 널리 퍼져 있는 일반적인 행동 방식이다. 심지어 거기에는 건강한 측면이 있는 것 같기도 하다. 일반적인 자기 보존 의지가 이를 증명하지 않는가. 그것은 바로 소박성의 시대가 지나갔다는 사실을 깨닫고 있는 사람들의 태도이다.

현대의 냉소주의자는 심리학적으로 자신이 경계선상의 우울증 환자라고 이해한다. 그는 우울증을 통제하면서 어느 정도의 작업 능력을 유지할 수 있다. 그렇다. 현대적 냉소주의의 근본 요소는 바로 그들의 노동 능력인 것이다. 불명료한 냉소주의는 이미 오래 전부터 기업의 이사회, 의회, 감사 기구, 기업의 경영진, **대학의 강사진**, 개인 병원, 대학 학부, 변호사 사무실과 언론 편집부 등 사회의 요직을 차지하고 있다. 그리고 다소 세련된 신랄함으로 그 행위의 배경을 이루고 있다.

냉소주의자는 바보가 아니다. 그들은 늘 만사의 궁극적 귀착점인 무(無)를 보기 때문이다. 그동안 그의 심리적 장치는 충분히 유연해져 생존 요소로서 자신의 활동에 대한 영구적 회의를 자기 내면에 설치했다. 그들은 자기들이 무엇을 하는지 알고 있다. 그러나 상황 논리나 자기 보존의 욕망이 그렇게 해야 한다고 말하기 때문에 그렇게 행하는 것이다. 그들은 자신이 하지 않으면 다른 이들이, 어쩌면 더 못난 사람들이 어차피 그렇게 할 것이라고 생각한다. 이렇게 새로이 통합된 냉소주의는 자신이 희생자이고 희생하고 있다고 생각하면서 스스로에게 이해심을 보인다. 그는 근면하게 동참하는 담담한 겉모습 속에 상처받기 쉬운 불행, 눈물을 쏟고 싶은 욕망을 잔뜩 지니고 다닌다. 그 안에는 '잃어버린 순결'에 대한 슬픔, 즉 자신의 모든 행위와 작업의 궁극적 목표였던 좀더 좋은 지식에 대한 일말의 애도가 들어 있다.

여기서 우리는 첫 번째 정의를 내릴 수 있다. 그 정의는 이렇다. "냉소주의는 **계몽된 허위의식이다.**"[1] 냉소주의는 현대화한 불행한 의식이다. 계몽은 거기에 매달려 일했지만, 절반의 성공과 절반의 실패를 거두었을 뿐이다. 냉소주의는 계몽에 대한 교훈을 배우긴 했으나, 실행에 옮기지 않았을뿐더러 아마 실행할 수도 없었을 것이다. 이 의식은 자신이 어떤 이데올로기 비판에도 해당되지 않는다는 사실에 안도감과 비참함을 동시에 느낀다. 그의 오류는 이미 반성의 깃털이라는 완충 장치를 달았던 것이다.

'계몽된 허위의식', 이런 표현을 한다는 것은 계몽의 전통에 타격을 가하는 것처럼 보일 것이다. 이 명제는 그 자체가 이미 냉소주의다. 그럼에도 이 명제는 객관적인 타당성을 근거로 하고 있음을 주장한다.

나는 이 책에서 그 내용과 필연성에 대해 이야기하고자 한다. '계몽된 허위의식'이라는 명제는 하나의 역설이다. 계몽된 의식은 허위의식일 수 없기 때문이다. 여기서 다루고자 하는 것이 바로 그런 문제다.

좀더 나은 지식에 반하는 행동은 오늘날 전 세계적인 상부 구조가 처해 있는 상황이다. 그것은 스스로 환상에서 깨어났다고 생각하지만, 사실은 '사물의 힘'에 끌려 내려와 있는 것이다. 그래서 논리학에서는 역설이고, 문학에서는 기지인 것이 현실에서는 사태로 나타난다. 그 결과, 의식은 '객관성'에 대해 새로운 태도를 취하게 된다.

'계몽된 허위의식', 이것은 신조어가 아니라 체계적 접근 방식이자 진단 모델로 이해해야 한다. 그러므로 이 공식은 계몽을 수정할 의무를 떠안게 된다. 또한 전통이 '허위의식'이라 부르는 것과 자신의 관계를 밝혀야 한다. 더 나아가 계몽의 진행 경로와 이데올로기 비판 작업을 검열해야 한다. 그런데 바로 이 이데올로기의 비판 작업 과정에서 '허위의식'이 계몽을 흡수하는 일이 발생한 것이다. 이 글이 역사적 의도를 가지고 있다면, 그것은 허위의식의 근대화를 서술하는 일일 것이다. 그러나 이 글에서 전체적으로 의도하는 바는 역사적인 것이 아니라 인상학적인 것이다. 따라서 여기서 다루는 것은 반성적으로 완화된 허위의식의 구조이다. 하지만 논쟁적 성찰[2)]의 정치사 속에 이 구조를 먼저 자리매김하지 않고는, 그것을 제대로 이해할 수 없을 것이다.

오늘날의 계몽은 조롱과 비꼼 없이 자신의 역사와 건강한 관계를 유지할 수 없다. 따라서 우리는 초기 의도에 '충성'을 바치고, 퇴폐의 기억을 불러일으키는 염세주의를 택하든가, 아니면 원래의 과제를 계승하면서 불경스럽고 명랑한 태도를 취해야만 한다. 상황이 이러하므로 계몽에 대한 충실은 불충실에서만 찾을 수 있다. 이는 일부 후계자의 위치 때문인데, 후계자는 보통 '영웅'의 시대를 회고하지만, 그 결과

앞에서는 더 회의적일 수밖에 없다. 후계자의 존재 속에는 늘 어떤 '위치냉소주의'가 함께 작용하는 법이다. 이는 가산(家産)의 상속사를 통해 잘 알고 있는 사실이다. 그러나 회고의 위치만이 현대적 냉소주의가 지닌 특수한 어조를 설명해주는 것은 아니다. 계몽에 대한 실망은 후예가 설립자보다 더 비판적 태도를 취해도 되고, 또 취해야만 한다는 사실을 표현하는 것만은 아니다.

현대적 냉소주의의 독특한 악취는 좀더 근본적인 성질의 것이다. 그것은 역사적 경험의 가르침을 받고 싸구려 낙관론에 심기가 상한 의식의 상태, 즉 계몽의 병을 앓는 의식의 상태인 것이다. "새로운 가치들? 아니오, 괜찮습니다" 하고 말하고 싶은 심정인 것이다. 고집스러운 희망 뒤에는 맥빠진 이기주의가 만연하고 있다. 새로운 냉소주의에는 경험으로 정화된 부정성이 함께 작용하고 있다. 그런데 이런 정화된 부정성은 기껏해야 약간의 아이러니와 동정을 가져올 뿐 자신에게 어떤 희망도 제공하지 못한다.

궁극적으로 여기서 문제되는 것은 계몽의 사회적 한계와 실존적 한계다. 살아남아 자신을 보존하겠다는 강박적인 소망은 계몽된 의식에게 굴욕감을 주었다. 계몽된 의식은 의심스럽지만 상황을 받아들여야 한다는 사실과, 그것에 적응하며 마침내 그 속에서 일을 처리해야 한다는 강압에 고통받고 있다.

살아남기 위해 우리는 현실 수업을 받아야 한다. 이를 좋게 생각하는 사람들의 말로 표현하면, 우리는 어른이 되어야 한다. 이 말에 한 톨의 진리는 들어 있지만 그게 전부는 아니다. 의식은 따라 하고 있지만 언제나 약간 불안한 듯 신경질적으로 주위를 두리번거리며 잃어버린 순박성을 찾는다. 하지만 거기로 돌아갈 길은 없다. 의식화는 돌이킬 수 없기 때문이다.

현대 냉소적 구조의 대변인 가운데 두각을 나타낸 사람인 고트프리트 벤은 냉소주의에 대해 세기적인 표현을 했다. 그는 투명하고 뻔뻔스러운 어조로, "멍청하면서 일을 가지고 있다는 것, 그것은 행운이다"고 했다. 이 문장을 뒤집을 때 비로소 그 온전한 내용이 드러난다. 즉, 똑똑하면서도 자기 일을 계속하는 것은 현대화하여 계몽의 병을 앓고 있는 불행한 의식이다. 의식은 과거처럼 다시 '멍청해지고' 순진해질 수 없다. 무구함은 재생될 수 없다. 의식은 상황의 중력에서 벗어날 수 없다. 자기 보존의 욕구가 의식을 이 상황에 묶어두는 것이다. 이왕 시작한 김에 끝을 보자! 한 달 순수입 2000마르크에 살며시 반대계몽이 시작된다. 반대 계몽은 무언가 잃을 게 있는 사람이 자신의 불행한 의식을 사적으로 잘 처리하거나 또는 '앙가주망'을 그 위에 덧씌울 것이라는 사실에 승부를 건다.

새로운 냉소주의는 바로 사적 상태로 살아가면서 세계 상황을 내면으로 흡수하기 때문에, 그 개념에 부합할 만한 방식으로 눈에 띄게 이목을 끌지 않는다. 그는 자기 주위에 사리 분별과 신중(곧 볼 테지만 이는 매혹적으로 전달된 소외의 부호이다)의 울타리를 둘러친다. 압박 때문에 더 나은 통찰을 희생했지만, 스스로를 잘 알고 있는 순응은 공격적으로, 시끌벅적하게 자신을 노출할 하등의 이유가 없다고 생각한다. 그런 노출은 폭로의 효과도 없고 '적나라한 사실'이 드러나지도 않기 때문이다. 적나라한 사실이 드러난다면, 그 토대 위에서 좀더 명랑한 사실주의를 택할 수 있을 텐데 말이다.

새로운 냉소주의가 주어진 사실을 처리하는 방식에는 어딘지 애처로운 면이 보인다. 그것은 더 이상 당당하게 벗는 것이 아니다. 그러므로 윤곽이 흐릿하고 불명료한 냉소주의가 스스로 토로하도록 유도하는 일은 방법론상 그리 쉽지는 않다. 냉소주의는 모든 것이 해명된 슬픈 정화의 상태로 은둔하여, 공격용으로 사용하기에 부적절한 지식을 하나의 오점인 양 내면화한다. 대반격을 위한 냉소적 불손의 과시는 이제 찾아보기 어렵다. 이제 냉소주의는 불쾌한 기분 때문에 빈정거릴 힘도 없다. 심지어 겔렌(Arnold Gehlen)은 오늘날에는 영국인조차 신랄할 수 없다고 생각한다. 저장되어 있던 불만족도 이제 모두 먹이치웠고, 재고량의 조사가 시작되었기 때문이라는 것이다. 공격 뒤에 오는 권태로 다물어진 입은, 계몽이 무언가 얻을 수 있을 만큼 크게 벌어지지 않는다.

이 책의 2부에서 좀 과하다 싶을 정도로 많은 '냉소적 자료'를 바이마르 공화국 시대에서 인용한 이유 가운데 하나가 바로 이것이다. **바이마르 증후**라는 표제가 붙은 역사적 고찰에서 나는 시대 인상학을 시도하고 있다. 여기에서는 어느 10년의 특징을 다루는데, 그 10년의 최초의 유산은 파시즘이고, 두 번째 유산은 오늘날의 우리다.

바이마르 공화국에 대해 말하는 것은 여전히 사회적 자기 경험과 관계 있다는 의미다. 바이마르 문화는 그 이전의 어떤 문화보다 냉소적 경향을 띠고 있으며, 이 냉소주의는 교과서적 본보기로 읽힐 수 있다. 바이마르 문화는 현대화의 고통을 누구보다 강하게 느꼈고, 어떤 현대 문화보다 더 냉철하고 예리하게 그 환멸감을 말했다. 거기서 우리는 불행한 현대 의식을 탁월하게 묘사한 표현들을 발견할 수 있다. 이 표현들은 오늘날까지도 시사적이고 유효할 뿐 아니라, 그것의 보편 타당성은 지금에야 비로소 제대로 이해될 수 있다.

냉소적 이성 비판은, 설령 그것이 생존 문제와 파시즘의 위험 사이의 연관성을 추적하지는 않더라도 학계의 유리알 유희로 머물지는 않을 것이다. 실제로 '생존', 자기 보존과 자기 주장의 문제에 대해 모든 냉소주의가 제각각 답을 제시하고 있는데, 이것들은 근대 국민 국가의 체제 수호와 미래 기획이라는 핵심 문제를 건드린다. 다양한 도움닫기를 시도하면서 나는 나사로 단단히 조여진 현대적·반성적 냉소주의의 어느 부분에 독일 파시즘의 논리적 은신처가 있는지 확인하려 할 것이다. 현재로서 미리 말할 수 있는 것은 그 안에 현대의 전형적인 역동성, 문화 심리적인 분열공포증, 퇴행적 자기 주장과 객관적이고 차가운 이성의 역동성이 오랜 과거로부터 도도히 흘러오는 군인냉소주의(독일, 특히 프로이센에서 소름끼치게 뿌리깊은 전통으로 자리한)의 흐름과 합류하고 있다는 사실이다.

아마 허위의식의 네 번째 유형으로 냉소주의에 대한 이런 견해는 철학 본연의 비판이 이른바 파시즘 이데올로기에 대해서는 이상하게도 함구하고 있는 상황을 극복할 수 있게 해줄지 모른다. '전공 학문'으로서 철학은 '이론적 파시즘'에 대해 자기 것이라 주장할 수 있는 명제가 없다. 파시즘은 원래 모든 종류의 비판에 등장할 수 있기 때문이다. 파시즘을 허무주의로(라우슈닝 등), 또는 '전체주의적 사유'의 산물로 설명하는 것은 너무 불분명하고 부정확하다. 파시즘 이데올로기의 '비본래적' 성질이나 끼워 맞춘 듯한 특성은 이제껏 충분히 강조되었다. 그리고 그것이 내용적 명제를 가지고 '강변하려'는 주장은 이미 오래전에 심리학·정치학·사회학·역사 서술 등의 개별 학문들에서 과격한 비판을 받았다.

파시즘의 강령적 발언은 철학에서는 진지하게 생각해야 할 본질적 이데올로기조차 되지 못한다. 즉, 반성적 비판이 정말 진지하게 탐구해야 할 대상이 되지 못하는 것이다. 그러나 바로 여기에 비판의 약점이 있다. 비판은 '점잖은' 대상에만 고착되고, 이런 입장에서 '점잖지 못한', 경박한 '체계'의 이데올로기적 원형을 파악하는 일을 소홀히 했다. 그러므로 비판은 오늘날까지 견해와 냉소주의의 현대적 혼합을 다룰 만한 능력을 보유하지 못하고 있다. 하지만 사회적·개인적 자기 보존의 문제는 바로 이런 혼합의 형태로 토론하기 때문에 그 조합 성분에 관심을 가질 만한 이유가 충분하다.

우리는 자기 보존의 문제를 자기 파괴의 문제와 동일한 언어로 논의해야 한다. 그 안에는 도덕 무효 선언의 논리와 동일한 논리가 작용하는 것처럼 보인다. 나는 그것을 '냉소적 구조', 즉 고급 문화적 윤리의 자기 부인 논리라 부르겠다. 그것을 해명해야만 삶을 선택한다는 것의 의미가 한층 더 명확해질 것이다.

02

대화로서 계몽–다른 수단과 실패한 대화를 지속하는 것이 이데올로기 비판이다

냉소주의를 언급하는 사람은 계몽의 한계를 기억한다. 이런 측면에서 바이마르 냉소주의의 요점을 다루는 일은 명료성의 장점뿐 아니라, 역사철학적으로도 전도유망한 일이다.

바이마르 공화국은 독일 역사의 전개 과정에서 지연된 국민 국가적 발전의 산물이며, 빌헬름 시대의 유산이다. 또한 냉소적으로 편협한 국가 정신의 무거운 부담을 안고 진행된 발전이기도 하다. 그런데 지금 그것은 '실패한 계몽'의 본보기로 간주되고 있다.

공화주의 계몽의 선구자가 당시 난공불락의 반대 세력과 맞선, 한심스러울 정도로 선의에 가득 찬 소수의 이성주의자일 수밖에 없었던 이유는 종종 서술되었다. 여기에서 반대 세력이란 반대 계몽과 지식인 증오의 거대한 물결을 말한다. 그것은 언론을 통해 효과적으로 조직할 줄 알았던 반민주적이고 권위주의적인 이데올로기들의 일치단결이고,

복수심에 불타는 공격적인 민족주의이며, 완고한 보수주의였다. 또 질질 끌려다니는 비더마이어, 메시아 신앙의 종교 종파들, 계시록의 예언을 암시하는 정치적 방향들, 불편한 현대의 무리한 요구에 대한 현실적인 거부와 정신병리적 거부 등이 풀릴 길 없이 뒤섞여 있는 상황을 말한다.

세계대전의 상처는 수그러들지 않는 위기 속에서 늘 덧나곤 했다. 또 그런 위기 속에서 니체주의가 무성하게 자라고 있다. 니체주의는 독일적 · 나르시시즘적 불쾌감이 가장 두드러진 사유 양식이자, '더러운 현실'과 오만하고 '개신교적'이며 기분에 좌우되는 관계를 가장 잘 보여주는 사유 양식으로서 계속 성장하고 있다. 위기와 동요의 분위기에서는 미래에 대한 불안과 적의, 불안한 사이비 현실주의와 영적 응급 처방의 예리한 정치심리학적 진동이 일어난다.

역사적 정신병리학을 갈구하는 시대가 있다면, 그것은 제국이 붕괴되고 나치의 민족사회주의가 설립되기까지 15년간일 것이다. 바로 여기서 첫인상이 정당했음이 밝혀진다. 이런 사회에서 계몽 작업을 하고자 하는 사람은 이미 길을 잘못 잡은 것이다. 계몽의 힘은 여러 이유에서 너무 약했다. 계몽은 언론 매체와 한번도 유효한 동맹을 맺어본 적이 없으며, 또 개인의 자율과 성숙이 독점 산업과 그 협회를 넘어선 적이 없었다. 그런데 어떻게 계몽이 가능한가?

계몽이 반대 세력의 저항에 꺾인 것은 분명하다. 그러나 이를 단지 권력 산술의 문제로 간주해서는 안 된다. 계몽은 적의 의식 속에서 전개되는 **질적**인 저항에도 무너지기 때문이다. 이 의식은 토론에 초대해도, 진리에 대해 '해체적' 대화를 나누자고 해도 불같이 화를 내며 거부한다. 그런 말을 꺼내는 것에 벌써 적대감을 보인다. 전래되어온 견해들, 가치들과 자기 주장의 형식들이 논의되는 과정에서 벌써 위험에 빠지기 때문이다. 이런 거부를 이데올로기의 토대로 해석하는 것이 바로 계몽의 주요 동기인 것이다.

계몽이 공략에도 끄떡없는 곳에 진지를 구축한 적의 의식을 상대해야 했던 것이 현대에 들어와 처음은 아니다. 이런 전선의 성립은 원칙적으로 종교 재판의 시대로까지 거슬러 올라간다. 노동 운동의 가르침처럼 지식은 권력이라는 말이 참이라면, 모든 지식이 환영받지 못한다는 말 역시 참이다. 투쟁 없이 점령할 수 있는 진리란 어디에도 없기 때문이다. 또한 모든 인식은 지배 세력과 반대 세력의 전체 구도 안에서 자기 자리를 선택해야 한다. 따라서 인식 자체보다 유력한 인식으로 만들어주는 수단이 더 중요하게 된다.

현대에 들어 계몽은 전략적 복합체로 나타난다. 이성적인 것을 보편화하라는 요구는 계몽을 정치 · 교육 · 선전의 소용돌이 안으로 끌어들였다. 그로써 계몽은 의식적으로 해묵은 진리론의 떫은 사실주의를 배척했다. 이 진리론에 따르면 대중은 어리석고, 이성은 단지 소수에게만 있다는 사실이 너무나 분명했다. 현대적 엘리트주의는 민주적으로 암호화해야 했다.

계몽의 암담해진 처지를 역사적으로 펼쳐보이는 것이 우리의 과제는 아니다. 계몽이 18세기와 19세기의 무수한 저항과 모순에도 불구하고, 자신의 업적과 계획을 늘 명심하면서 자기 회의의 효소를 생산적이고 발전적으로 다루었다는 사실을 우리는 알고 있다. 그 모든 가혹한 시련과 전세의 역전에도 불구하고, 계몽은 진보의 법칙이 자기 편에 있다는 것을 믿을 수 있었다. 시대의 위대한 이름들이 계몽의 위대한 과업을 보여주었다. 예를 들어, 와트(James Watt), 파스퇴르(Louis Pasteur), 코흐(Robert Koch), 지멘스(Ernst Warner von Siemens)가 그렇다. 그들의 업적을 투덜거리며 거부할 수 있다. 그러나 그것은 기분 내키는 대로 행하는 제스처이지 정의의 제스처는 아니다. 그들이 발명하거나 발견한 압축기, 기차, 사회 보장, 페니실린과 같은 주목할 만한 혁신들이 '인간성의 정원' 속에 있다는 점을 어느 누가 부인하겠는가.

그러나 베르됭에서 굴라크(소련의 강제수용소—옮긴이), 아우슈비츠에서 히로시마에 이르기까지 20세기에 발생한 기술적 만행 이후, 경험은 모든 낙관론을 조소하게 되었다. 역사의식과 염세주의는 동일한 결론에 귀착하는 듯이 보인다. 그러나 들보 안에서는 이미 삐걱거리는 재앙의 조짐들, 아직 일어나지 않은 재앙이 도처에서 문명에 대한 의구심을 키우고 있다. 20세기 후반은 부정적 미래주의의 물결 위에서 표류하고 있다. 이미 최악의 상황을 염두에 두고 있고, '이제 단지' 일어나기만 하면 된다.

나는 우선 **만족하지 못한 계몽**이라는 주제를 적대적 의식에 직면하여 계몽이 조달할 수 있는 권력 수단에 대한 하나의 물음으로 좁히고자 한다. 그러나 '권력 수단'을 묻는다는 것 자체가 어떤 점에서는 이미 옳지 않다. 계몽은 근본적으로 자유로운 동의의 문제이고, 자신의 성공을 이성 이외의 어떤 압력에도 빚지고 싶어하지 않는 '학설'이기 때문이다. 계몽의 한 축은 이성이고, 다른 축은 이성을 위해 노력하는 사람들의 자유로운 대화이다. 계몽의 방법론적 핵심과 도덕적 이상은 모두 **자발적인** 합의다. 이 말의 의미는 적대적 의식이 계몽에서 멀어지게 하기 위해서는 명료한 논증 외에 어떤 영향력도 행사해서는 안 된다는 것이다.

여기서 벌어지는 사건은 고상하고 평화로운 양상을 띤다. 그럴듯한 근거들이 충돌하면서, 케케묵고 더 이상 견지할 수 없게 된 견해의 거점들이 제거된다. 이로써 계몽은 태고의 유토피아적인 장면을 내포하게 되고, 인식론적 평화의 목가, 아름답고 학술적인 비전을 제시하게

프란츠 빌헬름 자이베르트(Franz Wilhelm Seiwert), 〈토론〉, 1926.

된다. 이때의 비전이란 어떤 외적인 강요 없이 인식에 관심을 가지는 사람들의 자유로운 대화를 말한다. 여기에는 어디에도 얽매이지 않는 개인들, 사회적 관계에 억압받지 않는 개인들이 이성의 법칙 아래에서 진리 추구를 위한 대화를 나누기 위해 모인다. 계몽주의자가 퍼뜨리고자 하는 진리는 권력의 강제가 아니라, 좀더 강한 논증에 자발적으로 참여함으로써 가능한 것이다. 계몽주의 사상의 주창자나 발견자는 이 행보를 단지 시간적으로 먼저 실행했을 뿐이다. 물론 그 역시 과거의 견해를 희생하면서 말이다.

그에 따르면, 계몽의 경로는 좀더 나은 위치에 동참하고, 이전의 견해와는 결별하는 두 측면을 함축한다. 이와 함께 상반된 감정의 병존 현상이 나타난다. 승리감과 고통, 혹은 사랑이 넘치는 비판적 대화의 유토피아는 이런 난관을 이미 예견했다. 동료들이 공통점의 대가로서 자발적으로 고통을 감수한다는 의식을 가지면, 이 고통은 참을 만하게 된다. '패배자'는 스스로를 원래의 승리자로 생각해도 된다. 이렇게 보면 계몽의 대화는 근본적으로 견해들의 투쟁일 뿐이며, 선험적으로 평화 협정의 조건 아래 놓인 사람들 사이의 탐색적 대화일 뿐이다. 그들은 만남에서 승리자로, 인식과 연대성을 획득한 승리자로 나설 수 있기 때문이다. 그러므로 옛 견해와 분리하는 것은 극복할 수 없는 일로 추정되었다.

앞서 말했듯이 이는 학술적 목가이다. 동시에 화해의 전망을 포기하지 않으려는 모든 계몽의 조정 이념이기도 하다. 계몽은 현실이 자신의 이상과 다르다는 사실에 놀라지 않는다. 계몽이 종래의 의식이 지닌 입장들과 대결하는 과정에서 중요한 것은 결코 진리가 아니다. 여기서 문제되는 것은 지배권의 선점, 계급 이해, 확립된 교의, 욕망, 열정과 '정체성'의 방어이다. 이런 핸디캡이 계몽의 대화가 지니는 형태를 확실하게 결정하기 때문에 평화의 대화라기보다는, 차라리 의식전쟁이라 말하는 것이 적절할 것이다. 적들은 합의하에 평화조약을 미리 체결한 후, 서로 대치하는 것이 아니다. 오히려 그들은 배제와 파멸로 직결되는 경쟁을 한다는 마음가짐으로 대치하고 있다. 그들은 자신들의 의식을 꼭 그런 식으로 말하게 만드는 권력과의 관계에서 자유롭지 못하다.

이와 같은 냉철한 사실을 대하면서 이 대화 모델은 의식적으로 비현실적 태도를 취한다. 실용주의의 최고 원칙인 '먼저 삶을 살아라. 그리고 철학하라(primum vivere, deinde philosophari)'는 단지 제한적으로 유효할 뿐이다. 이 대화 모델도 '철학함(Philosophieren)'만이 유일하게 삶을 지속적으로 도와줄 수 있는 상황을 되풀이해 발생시킨다는 정도는 알고 있기 때문이다.

대화의 이념이 지닌 '방법론적 반사실주의'를 조롱하는 행위도 어느 정도 수긍이 간다. 실제로 이 책의 일부도 모든 형태의 어리석은 이상주의에 대한 비판이 지닌 정당성을 옹호한다. 그러나 모든 모순을 고려했다면, 사람들은 모든 사실주의의 지옥을 겪은 의식을 가지고 시원(始原)으로 돌아올 것이다. 따라서 자유로운 대화라는 유익한 허구를 보존하는 것이 철학의 마지막 과제다.

물론 언어를 통한 합리적 대화만으로는 '살아갈 수' 없다는 점을 가장 먼저 알아차린 것은 계몽 자신이었다. 정체와 부진, 왜곡된 삶의 전제 조건들, 단절과 실패로 끝난 대화를 가장 예리하게 느낀 것 역시 계몽 자신이었다. 이데올로기 비판이 처음 시작할 무렵에는 도대체 남의 말을 못 들은 척하는 상대 때문에 놀라움을 느꼈다. 그런데 이 놀라움은 곧 현실에 대한 깨달음에 자리를 양보했다. 그 깨달음은 이런 것이다. "듣지 않으려는 사람은 느끼게 해주어라."

계몽은 수용소나 감옥에서 얼마나 쉽게 열린 대화를 나눌 수 있는지를 상기시켜주었다. 지배 세력[1]은 그렇게 단순하게 상대할 수 있는 대상이 아니며, 자발적으로 적과 한자리에 앉으려 하지 않는다. 권력은 차라리 이들을 감옥으로 보내고 싶어한다. 또한 **전통** 역시—우화적으로 그것에 대해 말해도 된다면—처음에는 계몽주의자에게 공동발언권을 부여하는 데 아무런 관심을 보이지 않았다. 태곳적부터 옛 것이 옳아 보이고, 새 것은 미심쩍어 보였다. 계몽은 우선 새 것이 옳다는 사실을 우리가 분명히 이해하기 전에, 이런 '고대적' 진리 감정을 기습해야만 한다. 과거에 정치적 · 정신적 지배 세력들은 의당 보수 진영에서 연합하면서 개혁이란 개혁은 모두 기피했다. 종교 개혁 때, 특히 중세의 수도원 운동과 16세기의 종교적 개혁을 기피하는 운동들은 스스로를 시원으로의 회귀 충동에 복종하는 '보수 혁명'이라고 자처했다.

인간의 머리에는 결국 지배 세력과 전통에 뒤이은 계몽적 혁신의 정신을 이해하려 하지 않는 제3의 기관이 있다. 이 기관은 나태한 습관과 공인된 견해를 이용한 저항으로 계몽에 대적한다. 이런 습관과 견해가 전통을 지키려는 보수주의자들의 의식 공간을 점령하고 있으며, 단지 예외 상황에서만 관례적인 이성 외의 다른 이성의 말을 듣는다. 그런데 지식을 담은 용기는 두 번씩 가득 찰 수는 없는 법이다. 계몽이 가하는 비판은 머릿속에 '이미 자리잡고 있는' 것이 바로 자신들의 내적 원수라고 생각한다. 그래서 그것들에게 경멸을 담아 '편견'이라는 이름을 붙여준다.

3차원의 논쟁, 즉 권력 비판 · 전통 극복 · 편견 공략은 계몽에 대한 전승된 이미지에 속한다. 그리고 이 세 가지는 모두 대화를 꺼리는 적과의 투쟁을 의미한다. 계몽은 지배 세력과 전통이 말하지 않으려는 것들, 즉 이성 · 정의 · 평등 · 자유 · 진리 탐구 등에 관해 이야기를 나누고 싶어한다.

기존 질서는 침묵하면 오히려 안전하다. 말을 꺼내면 불확실한 미래의 흔적을 밟을 뿐이다. 계몽은 거의 빈손으로 이 대화에 임한다. 가진 것이 있다면 좀더 나은 논증에 자유로이 동의하자는 유약하기 이를 데 없는 제안 정도이다. 계몽이 폭력으로 자기 주장을 관철한다면, 그것은 이미 계몽이 아니라 부자유스러운 의식이다. 그런 면에서 인간은 보통 '이성적' 이유와는 전혀 상관없는 이유로 자기 위치를 고수한다는 것은 맞는 말이다.

계몽은 이런 상황에서 최선을 얻어내려 했다. 그에게는 아무것도 주어지지 않았기 때문에 거의 처음부터 평화적인 대화 초대 외에 두 번째 태도, 즉 전투 태세를 갖추고 있었다. 누군가 그를 치면 그도 되받아친다는 것이다. 수많은 주먹다짐은 너무 오래되어 누가 먼저 시작했는지 알 수 없다. 이데올로기 비판의 역사는 대부분 이 두 번째 태도, 즉 논쟁적 동작의 역사이며 거대한 반격의 역사이다. 그런 비판은—투쟁 이론으로—계몽에 이중적으로 복무한다. 단단하게 굳은 보수적·자족적 의식에 대항하는 무기로서, 그리고 연습과 자기 공고화의 도구로서 말이다. 계몽이 제의한 대화를 적이 거부했다는 것은 이론적 문제가 될 만큼 중대한 사실이다. 계몽에 참여하지 않으려는 사람에게는 분명 그럴 만한 이유가 있을 테니 말이다. 아마 그 이유는 그가 실제 제시하는 것과는 다를 것이다. 저항은 계몽의 대상이 된다. 따라서 적은 필연적으로 하나의 '사건'이 되고, 그의 의식은 객체가 된다. 그가 우리와 이야기하고 싶어하지 않기 때문에, 우리는 그에 대해 이야기해야만 한다. 그러나 모든 전투 자세가 그렇듯이, 그때부터 적은 자아가 아니라 하나의 기계 장치가 된다. 이 장치 안에서 일부는 공개적으로, 또 다른 일부는 은밀하게 저항 기제가 작동하는데, 이것이 그를 부자유스럽게 하고 오류와 환상의 죄를 범하게 한다.

이데올로기 비판이란 실패한 대화를 다른 수단을 이용해 논쟁적으로 속행하는 것이다. 이데올로기 비판은 스스로 점잖은 척하고 '비논쟁적'인 것처럼 행동하는 곳에서도 의식전쟁을 선포한다. 평화규약은 형세로 보아 이미 효력을 상실했다. 여기서 확실해지는 것은 간객관성이 아닌 간주관성은 없다는 것이다. 치고 맞받아치는 가운데 양 진영은 서로에게 주관적 객체가 되는 것이다.

정확히 말해 이데올로기 비판은 단순히 '치는' 것이 아니라 외과 의술적인 의미에서 또 군사적 의미에서 정확한 작전을 수행하는 것이다. 즉 적의 측면을 공격해 발가벗기고, 그 의도를 폭로해야 한다. 폭로란

그로이테르(Matth. Greuter), 〈무상함의 올가미〉(두 번째 그림은 앞치마가 위로 들린 모습을 보여준다), 1596.

자유롭지 못한 허위의식의 기제를 백일하에 드러내는 것이다.

원칙적으로 계몽이 알고 있는 허위의 근거는 두 가지로 오류와 악의이다. 그런데 악의는 경우에 따라 주체의 존엄성을 지닐 수 있다. '허위 견해'는 적이 의식적으로 거짓말을 할 때에만 자아를 소유하기 때문이다. 오류가 작용한다고 추정되면, 허위 견해의 근거는 자아가 아니라 올바른 것을 위조한 하나의 기제다. 오류는 기계적인 관계이기 때문에 비교적 '무죄'인 반면, 거짓말은 스스로 책임을 져야 한다. 그러나 오류는 곧 서로 다른 두 현상으로 분열된다. 하나는 단순한 오류인데, 그것은 논리적이거나 감각적인 기만에 근거한다. 따라서 비교적 쉽게 수정될 수 있다. 다른 하나는 자기 삶의 토대 속에서 발톱을 세우고 있는 체계적이고 완고한 오류이다. 이름하여 이데올로기인 것이다. 이렇게 하여 허위의식의 고전적인 형태인 거짓, 오류, 이데올로기의 시리즈가 등장한다.

모든 투쟁은 반드시 주체들의 상호 물화로 귀결된다. 계몽은 스스로

봉쇄하는 의식을 물리치고 좀더 나은 인식을 관철시키겠다는 주장을 포기할 수 없다. 그래서 결국, 계몽은 적의 의식 **배후에서** '공작해야만' 하고, 그 결과 이데올로기 비판은 무자비한 성격을 띠게 된다. 무자비한 성격이 스스로 무자비하다고 고백하는 경우에도, 자신은 '이데올로기'의 무자비함에 대한 반작용 이상은 아니라고 주장한다.

이 주장에서 '철학적'인 이데올로기 비판이 실제로 위대한 **풍자** 전통, 즉 가면 벗기기, 들추어내기, 발가벗기기 등의 모티프가 예전부터 무기로 사용하던 전통의 상속자라는 점이 분명하게 드러난다. 그러나 불행하게도 현대의 이데올로기 비판은 철학적으로 고대의 견유주의에 뿌리를 둔 풍자적 지식의 강력한 홍소 전통에서 떨어져나왔다는 것이 우리의 명제다. 최근의 이데올로기 비판은 벌써 점잖은 가발을 쓰고 등장한다. 심지어 마르크스주의나 정신분석학은 양복에 넥타이까지 매고 있다. 시민의 당당한 풍모에 전혀 손색이 없도록 말이다.

이데올로기 비판은 책 속에 '이론'으로 한자리를 차지하기 위해 풍자로서의 삶을 벗어던졌다. 이데올로기 비판은 뜨거운 논쟁의 활기찬 형태에서 차가운 의식 전의 위치로 후퇴한 것이다. 솔직한 풍자로 '정당한 무자비'에 대한 이데올로기 비판의 권리를 옹호했던 하인리히 하이네는 고전적 계몽의 마지막 작가 중 한 사람이었다. 이때 여론은 그를 따르지 **않았다**. 풍자가 이데올로기 비판으로 시민계급화하는 흐름은 전체 사회의 시민계급화 현상처럼 막을 수 없는 흐름이었다.

점잖아진 이데올로기 비판은 대응 방식에서 외과적 치료를 모방한다. 즉 비판적인 해부용 수술칼로 환자의 배를 가른 다음, 감염이 안 되도록 조치하면서 정석대로 수술하는 것이다. 만인의 눈앞에서 적의 몸은 해부되고, 오류의 기계 장치가 드러날 때까지 파헤쳐진다. 그리고 현혹의 외피와 '진정한' 동기의 신경들을 정성들여 잘라내고 표본으로 만든다. 이때부터 계몽은 만족하지는 않았지만, 그래도 먼 미래에 자신의 주장을 고집해야 할 경우를 대비하여 한결 탄탄하게 무장했다.

이데올로기 비판에서 관건은 생체 해부된 적을 자기편으로 만드는 일이 아니다. 관심은 적의 '시체'에, 적의 이념들의 비판적 표본에 있다. 이 이념들은 이제 계몽주의자의 도서관에 비치되어 아무나 쉽게 참조함으로써 그것이 얼마나 잘못된 것인지 알 수 있게 된다. 하지만 그렇더라도 적에게 한 발짝도 가까이 갈 수 없다는 것은 명약관화한 사실이다. 계몽에 대해 아예 알고 싶어하지 않던 사람이 적에게 갈기갈기 찢겨 자신의 정체가 폭로된 적이 있다면, 이제 그는 정말 적에 대해 진절머리를 낼 것이다. 물론 게임 논리적 관점에서 보면 계몽주의자는 여기서 적어도 하나의 승리는 챙길 수 있었다. 즉, 그는 머지않아 적이 자신을 옹호하는 발언을 하게 만들 것이다.

공격과 '가면 벗기기'에 흥분한 반대 계몽주의자는 어느 날 자기 쪽에서 먼저 계몽주의자에 대한 '계몽'을 전개하기 시작할 것이다. 그들을 인간적으로 비방하고 사회적으로 범죄자와 가까운 무리로 몰기 위해서 말이다. 반대 계몽주의자는 그들을 대개 '인자'라 부른다. 이 단어는 비의도적이지만 잘 골랐다. 요소에 대항해 싸우는 일은 전망이 밝아 보이지 않기 때문이다. 지배 세력이 반대 비판을 하는 와중에 자기 얘기를 떠벌리는 것은 피할 수 없다. 그렇게 되면 그들은 점점 더 흥분하여 자기 비밀을 발설하게 된다. 보편적으로 인정받는 고급 문화의 이상은 여기서 교활하게 철회된다. 앞으로 살펴보겠지만, 심리적으로 불안해진 지배 세력의 강박적인 고백 속에 현대적 냉소 구조의 뿌리 하나가 들어 있다.

싫든 좋든 '불만족스러운 계몽' 쪽에서도 이 전선에 대치하면서 참호를 판다. 피로감에 위협을 느끼고, 또 점잖아지고 싶다는 욕구에 못 이

베를린 장벽의 낙서. "우리는 자유롭기 위해 태어났다." 타인을 막기 위한 장벽에 새겨진 이데올로기 비판.

겨 계몽은 이제 적에게서 비의도적인 **고백**을 받아냈다는 사실만으로 만족하는 경우가 많아진다. 그렇다. 시간이 흐르면서 단련된 시선은 도처에서 '고백'의 암호를 밝혀낸다. 심지어 지배 세력이 협상 대신 총을 쏘아도 힘들지 않게 총알을 근본적인 약점의 현시로 읽는다. 이제 어떤 착상도 떠오르지 않는 권력, 즉 자신을 보존하기 위해 믿을 만한 것이라고는 강한 신경과 강제 집행밖에 없는 권력이 그런 식으로 나타난다는 것이다.

적의 등 뒤에서, 그리고 적의 머리에 대고 논증하는 것은 현대의 비판에서 하나의 범례가 되었다. 폭로의 제스처는 18세기의 종교 비판에서 20세기의 파시즘 비판에 이르기까지 모든 이데올로기 비판의 논증 양식에 영향을 주었다. 온 사방에서 견해의 비합리적 메커니즘, 이해관계, 열정, 고정관념, 환상 등을 발견한다. 그것은 천명된 진리의 일치와 견해의 실질적 다원성 간의 터무니없는 모순을 완화하는 데 약간 도움이 된다. 이런 전제 조건 아래에서 자신의 명제를 가장 탁월하게 정당화할 뿐만 아니라 모든 근본적이고 끈질긴 반대 견해를 이데올로기 비판으로 제거할 줄 아는 이론이 있다면, 그것이 정말 진실한 이론일까. 누구나 쉽게 인식할 수 있듯이 이런 측면에서 공식적 마르크스주의는 가장 원대한 욕망을 품고 있다. 그것은 공식적 마르크스주의가 모든 비마르크스주의 이론들을 능가하고, 또 이 이론들을 '시민 계급의 이데올로기'로 폭로하는 사업에 이론적 에너지의 대부분을 투입했기 때문이다. 이런 식으로 이데올로기는 영원히 남을 넘어서면서 이데올로기의 다원성 속에서 어떻게든 '살아갈' 수 있다. 실제로 이데올로기 비판은 폭로하는 이론과 폭로당하는 이론 간에 하나의 위계 질서를 구축하려는 시도이다. 이 의식전쟁에서 중요한 것은 좀더 윗자리, 다시 말하면 권력에 대한 권리에 덧붙여 좀더 나은 인식이라는 평가이다.

학계의 관례와는 반대로 비판 사업에서는 인물을 직접 논하면서 투쟁하기 때문에, 대학은 아마 이데올로기 비판의 처리 방식에 대해 조심스럽고 소극적인 입장을 취했을 것이다. **인신 공격**은 '학문 공동체' 안에서는 천시되는 공격이었기 때문이다. 진지하고 점잖은 공격은 최상의 상태에 있는 적을 찾는다. 합리성으로 완벽하게 무장한 적을 이길 때 공격은 스스로를 명예롭게 생각할 수 있다. 학자 집단은 가능한 오랫동안 이데올로기 비판적 폭로의 접전에 대해 자신의 불가침성을 방어하려 애썼다. "너희가 폭로되지 않기 위해서는 폭로하지 말라"가 무언의 규칙일 수도 있다. 비판의 탁월한 대표들—프랑스의 도덕주의자, 백과사전파, 사회주의자, 이를테면 하이네, 마르크스, 니체와 프로이트—이 늘 학자 공화국의 국외자였던 것도 우연은 아니다. 그들 모두에게는 아무리 학문적 품위의 마스크를 쓰더라도 완벽하게 감추어지지 않는 논쟁적 · 풍자적 요소들이 작용하고 있다.

우리는 여전히 진리의 확실한 간접 증거 가운데 하나로 남아 있는 성스러운 비심각성의 신호를 냉소적 이성 비판의 나침반으로 사용하고자 한다. 확실하게 불확실한 길동무 중 한 사람을 우리는 하인리히 하이네에게서 발견한다. 그는 이론과 풍자, 인식과 오락을 하나로 결합한 예술 작품을 제공했다. 그의 흔적을 더듬으면서 우리는 여기서 문학과 풍자와 예술의 진리 능력을 '학문적 담론'의 그것과 다시 결합하고자 한다.

하이네를 나폴레옹과 적절하게 비교했던, 가장 엄격한 이성절대주의자 피히테(J. C. Fichte)조차 인물에 대해 논증하려는 이데올로기 비판의 권리를 간접적으로 인정했다. 그는 무슨 철학을 선택하는가는 선택하는 사람의 인간 됨됨이에 달려 있다고 말한다. 이데올로기 비판은 자비로울 정도로 명랑하게, 또는 무자비하리만큼 진지하게 의견의 인간적 제약 조건들을 찌른다. 그것은 오류의 등을 잡아채거나 생활의 실천 속에 들어 있는 오류의 뿌리를 잡아당긴다. 이런 방식이 겸손하지는 않지만, 뻔뻔스러움은 진리의 일치라는 원칙을 들면서 사죄를 구한다. 생체 해부를 하는 관점이 밝혀내는 것은 이념이 자신의 토대인 이해관계에게 당하는 끝없는 치욕이다. 그 치욕은 인간적인 너무나 인간적인 이기주의, 계급 특권, 지배 세력의 완고성 등이다.

이렇게 신체 곳곳을 투시함으로써 적의 주체는 심리학적으로나 사회학 · 정치학적으로 그 바닥에서부터 구멍이 뚫린다. 따라서 우리는 그의 자기 서술에다 그 뒤나 그 밑에 숨겨져 있는 것을 첨부할 때 비로소 그의 관점을 이해하게 된다. 그렇게 하여 이데올로기 비판은 해석학과도 접점이 있다는 주장을 하기에 이른다. 즉 '작가' 본인보다 작가를 더 잘 이해한다는 것이다. 이 말에서 우선은 건방지게 들리는 것도 방법론적으로 정당화할 수 있다. 실제로 내 의식이 미처 눈치채지 못한 것, 내 의식을 빗겨가는 것들을 타인이 지각하기도 하고, 그 반대의 일이 일어나기도 한다. 타인에게는 거리의 장점이 유리하게 작용하기 때문이다. 하지만 나 자신은 이런 거리를 차후에 대화의 반영을 통해 내게 유익하게 만들 수 있다. 물론 이런 일은 대화가 잘 작동한다는 것을 전제로 한다. 하지만 이런 대화가 이데올로기 비판의 과정에서는 잘 이루어지지 않는다.

자신의 정체성을 풍자라고 인정하지 않는 이데올로기 비판이 진리 탐구의 도구에서 독선의 도구로 넘어가는 것은 시간 문제다. 이데올로기 비판은 대화 능력에 새로운 길을 열어주는 대신, 너무나 자주 그것을 교란하거나 방해한다. 일반화한 반학자적 · 반지식인적 정서는 예외로 치더라도, 바로 이것이 이데올로기 비판에 대한 현대의 불쾌감을 일부 설명해준다.

스스로를 풍자가 아닌 학문으로 소개하는 이데올로기 비판은 점점 더 진지한 극적 해결책의 유혹에 빠지게 된다. 그중 하나가 정신병리학에서 도피처를 찾으려는 유별난 경향이다. 허위의식은 일차적으로 병든 의식으로 나타난다. 이데올로기 현상에 대한 20세기의 중요한 연구들은 거의 모두 이 목표를 추구한다. 지그문트 프로이트에서 빌헬름 라이히(Wilhelm Reich)를 거쳐 로널드 랭(Ronald D. Laing), 데이비드 쿠퍼(David Cooper)에 이르기까지 모두 그렇다. 그리고 이데올로기와 정신분열증의 유추 대비를 극단까지 시도했던 조제프 가벨(Joseph Gabel)도 마찬가지다. 스스로 목청 높여 가장 건강하고 정상적이며, 가장 자연스럽다고 천명하는 태도가 병들었다는 혐의를 받는다. 객관적 근거를 가지고 정신병리학에 의지하면서 비판은 점점 더 적의 소외라는 위험을 무릅쓰게 된다. 비판은 남을 물화하고 탈사실화한다. 마지막에 가서 이데올로기 비판자는 적의 의식을 대하면서 현대의 고도로 전문화한 병리학자의 태도를 취한다. 그는 어떤 종류의 병적 장애 현상인지는 정확하게 말할 수 있지만, 자신의 전문 분야가 아니기 때문에 치료에 관해서는 전혀 알지 못한다. 그런 비판가들은 직업상 타락한 많은 의학자들과 달리 환자가 아니라 질병에 관심을 둔다.

가장 유머가 부족한 방식으로 적의 의식을 물화하는 작업은 마르크스에 입각한 이데올로기 비판에서 나왔다. 여기서 나는 그것이 올바른 사용인지, 아니면 오용인지 하는 문제는 접어두겠다. 적의 극단적 물화 현상은 어쨌든 마르크스 이론의 특징을 결정하는 정치경제적 사실주의의 실질적 귀결점이다. 그러나 여기에는 또 하나의 동기가 추가로 작용한다. 나머지 다른 폭로들이 허위의식을 인간적 총체성의 어두운 측면(거짓, 악의, 이기주의, 배제, 분열, 환상, 희망적 관측 등) 탓으로 돌린다면, 마르크스주의의 폭로는 비주체적인 것, 즉 정치경제적 과정 전체의 법칙에 직면하게 된다. 이데올로기를 정치경제적으로 비판한다면, '인간적 약점'의 돌뿌리에 걸리는 경우는 절대 발생하지 않는다. 오히려 추상적인 사회 기제에 부딪히게 되는데, 거기서 개개인은 어떤 계급의 구성원으로서 명확한 기능을 수행한다. 즉 자본가로서, 프롤레타리아로서, 중간 임원이나 체제의 이론적 앞잡이로서 기능을 수행하는 것이다. 하지만 체제의 머릿속이나 팔다리 그 어느 곳에서든 전체 특성에 대한 불투명성이 지배한다. 따라서 구성원 각자는 그가 점유한 위치에 조응하는 방식으로 신비화한다. 자본가 역시 자본에 대한 실질적 경험을 가지고 있음에도, 전체의 연관성에 대한 진정한 이미지를 발견할 수 **없다**. 그 역시 필연적으로 자본 과정에서 기만당한 부속 현상에 머무른다.

여기서 현대적 냉소주의의 두 번째 자손이 자란다. 내가 여기서 마르크스의 표현을 빌려 '필연적인 허위의식'을 받아들이자마자 물화의 나선은 계속 돌아간다. 인간의 머릿속에는 적절한 수준의 오류가 들어 있어야 한다. 즉 체계가 붕괴를 향해 잘 작동하려면, 인간의 머릿속에는 바로 그 안에 반드시 있어야 할 그런 오류들이 들어 있어야 하는 것이다. 마르크스주의적 체계 비판가의 눈에 선험적으로 냉소주의의 선고를 받은 아이러니가 번득거린다. 밖에서 보면 이데올로기가 허위의식이지만, 내적 시각에서는 참된 의식이라고 그는 고백하고 있기 때문이다. 이데올로기는 같은 수준의 머리에 들어 있는 같은 수준의 오류에 불과한 것, 즉 '참된 허위의식'처럼 보인다. 제1예비 숙고에서 보았던 냉소주의의 정의가 다시 들리는 것 같다. 차이가 있다면 마르크스주의적 비판가는 마르크스주의를 통해 스스로 계몽할 수 있는 기회, 또는 계몽될 수 있는 기회를 '참된 허위의식'에게 제공한다는 것이다. 냉소주의 공식이 말하듯이 그렇게 해야만 '계몽된 허위의식'이 아닌 진정한 의식이 된다고 그는 생각한다. 이론적으로 해방의 전망은 열려 있다.

나중에 다루겠지만, '진리'를 기능주의적으로 취급하는 모든 사회학적 체계 이론은 강력한 냉소주의적 잠재력을 지니고 있다. 모든 동시대 지식인이 그런 사회학적 이론의 과정에 포함되어 있기 때문에, 그들은 어쩔 수 없이 이런 사고 형태의 잠재적 또는 공개적인 주인냉소주의에 연루된다. 마르크스주의의 기원을 보면, 어쨌든 물화적 관점과 해방적 관점 간의 모순을 견지하고 있다. 사회 이론 가운데 비마르크스주의적 체계 이론은 마지막 민감성까지 포기한다. 이 이론은 신보수주의 조류와 동맹을 맺은 후, 인간 사회의 유능한 구성원은 반드시 '올바른 환상'을 단번에 내면화해야 한다는 훈령을 내린다. 그것 없이는 사회가 제대로 작동하지 않는다는 것이다. 다른 사람들의 순박성은 계획에 들어 있다. "고정자본은 사람을 있는 그대로 존재하게 만든다." 무엇을 위해서든, 순박한 노동 의지를 끌어들이는 것은 늘 좋은 투자이다. 체계 이론가와 보존의 전략가는 애초부터 순박한 믿음을 넘어서는 사람들이었다. 그러나 그것을 믿어야만 하는 사람들에게 해당되는 사항은 성찰 중지와 확고한 가치다.

보수주의자의 관점에서는, 해방적 성찰을 위한 수단을 마련해놓고 사용하라고 초대하는 사람은 양심도 없고 권력에 굶주린 게으름뱅이다. 그래서 '일은 남들이 한다'는 비난이 그들에게 쏟아진다. 그런데 일은 도대체 누구를 위해 하는 것인가?

03

여덟 가지 폭로—비판의 평론

앞으로 계몽주의적 이데올로기 비판과 폭로를 통한 비판의 여덟 가지 사례를 간략히 살펴보겠다. 이 사례의 논쟁적 처리 방식은 모범적 선례로 간주되고 있다. 우리는 지금부터 역사적으로 가장 성공적인 유형의 가면 벗기기를 다루고자 한다. 그런데 성공적 비판이라고 해서 실제로 비판 대상을 '처치'했다는 뜻은 아니다. 비판의 효과는 보통 의도한 것과 다르게 나타난다. 권력을 유지하고 싶은 사회적 지배 세력은 달리 마땅한 방안이 없을 경우 자기 방어에 들어가고, 거기서 대단한 학습 능력을 보여주었다. 계몽의 사회사는 방어하는 지배 세력의 학습 과정에 관심을 집중한다. 그리고 이데올로기 역사는 자신의 비판가들에게서 혐의와 폭로, 냉소주의와 책략이 무엇인지를 배우는 '허위의식'의 예비 비축물을 중요한 문제로 생각한다.

우리의 비판 평론은 옛 것이든 새 것이든 환상이면 말릴 수 없을 정

하인리히 회를레(Heinrich Hoerle), 〈가면〉, 1929.

도로 통쾌하게 돌진해 들어가는 계몽을 무더기로 보여줄 것이다. 그리고 비판은 적과 싸우면서 늘 적을 일소하지 못한다는 점도 보여줄 것이다. 또한 우리는 이따금 비판의 여기저기서 나타나는 새로운 교조주의의 조짐을 관찰할 수 있을 것이다. 사회적 의식에 새겨진 계몽의 모습이 하나의 오점도 없는 빛의 전달자는 아니다. 계몽이 효력을 발휘하는 곳에서는 불투명성, 즉 깊은 모순이 발생하기 마련이다. 우리는 이러한 모순의 성격을 도덕적 자기 부인과 실질적 자기 보존이 얽힌 실타래 한가운데에서 냉소주의가 결정체를 이루는 분위기로 규정할 것이다.

1 현시의 비판

뭐라고? 기적은 해석의 오류일 뿐이라고? 문헌학의 결여라고?
–프리드리히 니체, 《선악의 피안(Jenseits von Gut und Base)》

기독교 문명에서 성경은 신이 직접 구술한 작품이라는 이념을 통해 지고한 가치를 얻는다. 따라서 감각이 자기 눈앞에서 펼쳐지는 '기적'의 광경에 무릎을 꿇듯이, 인간의 오성은 성경에 복종해야만 한다. 성경 구절에서 울리는 목소리는 다양한 모국어로 치장한 신의 '음성', 즉 신학적으로는 성령의 음성이다.

성경은 절대자에게 근거를 둔 텍스트로서 '거룩하게' 보인다. 따라서 인간이 살았던 시대마다 항상 새롭게 나타나는 그 풍부한 의미들을 모두 개진할 만한 해석은 없다. 성경 해석은 의미의 넓은 바다를 인간의 이해력이라는 작은 수저로 담는 헛된, 그러나 필연적인 시도일 뿐이다. 하지만 모든 해석과 적용은 결국 인간적이므로 텍스트 자체가 신의 영감을 받았다는 가정이 없다면 헛수고에 지나지 않는다.

성경의 텍스트 자체가 신의 영감을 받았다는 가정 덕분에 비로소 성경은 유일무이한 위치에 자리하게 된다. 간략히 말해, 성경을 성스러운 책으로 만드는 것은 성경의 계시성에 대한 믿음이다. 이러한 믿음이 가장 소박하고 극단적으로 표출된 곳은 '구두 영감(口頭 靈感)'의 학설이다. 이 학설에 따르면 받아쓰는 인간의 펜에 성령이 직접 구술한다는 것이다. 인간의 유한한 의식의 우회로를 통하지 않고 말이다. 신학의 시초에는 '자동 기술(écriture automatique)'이 있다. 마태나 바울의 종교적이고 '사적인 견해'가 흥미롭기는 하지만, 구속력이 있는 것은 아니다. 그것은 고갈될 수 있으며, 인간적으로 제한된 의식의 입장이다. 따라서 성경은 개념의 신학적 실체화를 통해, 즉 마태나 바울에게 구술하는 성령의 목소리로 추앙받으면서 무한한 의미의 원천으로 자리잡게 된다.

이러한 주장에 대해 계몽은 좀더 자세히 알고 싶어한다. 계몽은 순진하고 파괴적인 태세로 증거나 출처, 그리고 증명서를 요구한다. 처음에 계몽은 자신을 설득할 수 있는 사람만 있다면 모든 것을 정말 믿고 싶다고 맹세한다. 여기서 분명한 사실은 성경 텍스트는 문헌학적으로 보아 자신을 증명하는 유일한 증거라는 것이다. 성경의 계시성은 믿든 믿지 않든 상관없이 성경의 주장일 뿐이다. 이러한 계시성을 위대한 교리로 만든 교회는 수용자의 역할만 할 뿐이다.

루터도 극단적인 성경주의로 교회의 권위적인 주장을 물리쳤다. 이러한 거부는 이제 좀더 높은 차원에서 성경주의 자체에서 되풀이된다. 텍스트는 텍스트일 뿐이고, 모든 주장은 신의 영감을 받았든 아니든, 오류일 수 있는 인간의 주장이기 때문이다. 절대적인 출처의 탐색 작업에서 비판이 마주하는 것은 절대자만을 거듭 주장하는 상대적이고 역사적인 출처들이다. 신의 권능을 정당화하기 위해 성경이 말하는 기적은 그 진위 여부를 검증할 수 없는 기적에 대한 보고서일 뿐이다. 계시의 주장은 문헌학적 순환에 빠져 있는 것이다.

레싱은 1777년 라이마루스(Reimarus)의 논문 '정신과 힘의 증명에 관하여(Über den Beweis des Geistes und der Kraft)'를 옹호하면서 고전적인 방식을 이용해 계시 주장을 단순한 주장으로 폭로했다. 즉, 그의 주요 명제는 "우연한 역사의 진리들은 결코 필연적인 이성의 진리에 대한 증거가 될 수 없다"는 것이다. 그의 논증은 다음과 같다.

예수가 죽은 사람을 살렸다는 주장을 역사적으로 반박하지 못한다면, 나는 신에게 자신과 본질이 같은 아들이 있다는 것을 진리라고 생각해야 하는가? 저 고귀한 사건을 입증하는 증거에 이의를 제기하지 못하는 나의 무능력은 내 이성이 거부하는 사실을 믿어야 할 의무와 어떤 상관관계가 있는가?

예수가 부활했다는 것을 반박할 역사적 자료가 없다고 해서 부활한 예수가 신의 아들이라는 사실을 참이라고 여겨야 하는가?

나는 예수의 부활에 역사적으로 어떤 중요한 이의도 제기할 수 없으므로 예수가 스스로를 신의 아들이라 칭하고, 그의 제자들도 그렇게 생각했다는 점을 진심으로 믿는다. 이 진리는 동일한 종류의 진리로서 극히 자연스럽게 상호 도출되기 때문이다.

그런데 어떤 사람이 저 역사적 진리를 가지고 전혀 다른 부류의 진리로 건너뛰어 나의 모든 형이상학적 개념과 도덕적 개념을 거기에 맞추어 개조하라고 요구한다고 하자. 또 내가 예수의 부활에 신빙성 있는 증명으로 대항하지 못하므로 신성의 본질에 대한 나의 모든 근본 이념을 바꾸라고 종용한다고 하자. 만약 그것이 다른 논리적 범주로 전환하는 것이 아니라면(metébasis eis allo gános) 아리스토텔레스가 이런 개념으로 무엇을 생각했는지 나는 더 이상 알 수가 없다.

물론 사람들이 죽은 자를 살리고 그 자신도 죽음에서 부활했다는 것을 역사적으로 인정하는 그 예수는 신에게 자신과 본질이 같은 아들이 있는데, **자신**이 바로 그 아들이라고 말했다고 한다.

만약 예수가 그렇게 말했다는 것이 역사적 사실이 아니라면, 전혀 문제가 없을 것이다. 단지 어떤 사람이 나를 설득하려고 말한 것이라면 말이다.

"실제로 그래요! 그것은 역사 이상으로 확실해요. 영감을 받은 편년사가들이 그것을 보증하니까. 그들은 틀림없어요."

그러나 불행하게도 이 편년사가들이 영감을 받았고 틀림없다는 것도 역사적으로만 확실하다.

그것이 내가 아무리 진지한 자세로 자주 도약을 시도해도, 건널 수 없을 만큼 엄청나게 벌어진 틈이다. 누군가 내가 이 틈을 건널 수 있도록 도와주겠다면, 그렇게 하라. 내가 그에게 부탁하고 또 간청할 것이다. 그는 내게서 신의 보상을 받을 것이다.

인간의 지식은 역사학 · 문헌학과 논리학의 경계 안으로 후퇴를 강요당한다. 이런 고통스러운 후퇴의 흔적이 레싱에게서 나타난다. 이성이 허용하는 이상으로 심정적으로는 기꺼이 신앙을 가지고 싶다는 그의 맹세에 신빙성이 없는 것은 아니다. 하지만 계몽은 '우리가 어떻게 그것을 알 수 있는가?' 하는 물음을 던지면서 호전성을 드러내지 않고 아주 우아하게 계시 지식의 근본 뿌리를 절단해버린다. 아무리 호의를 가지고 보아도 인간의 이성은 성경에서 설정한 역사적인 가정 이상의 것을 발견하지 못한다. 단순한 문헌학적 조회로도 전통의 절대성 주장은 괴멸되었다.

역사적 · 문헌학적 성경 비판이 아무리 확실하더라도, 조직화한 종교의 신앙 절대주의는 자신이 예술의 규칙에 따라 직권 면제되었음을 인정하려 들지 않는다. 종교의 신앙 절대주의는 그저 계속 '존재할' 뿐이다. 마치 이런 직권 면제나 폭로가 없었다는 듯한 태도를 취하지는 않지만, 비판자들을 연구하는 신앙 절대주의는 그들을 모두 파문해야겠다는 결론 외에는 그 어떤 결론도 도출하지 않는다. 근대의 토대 비판 이후 신학은 이른바 '신앙의 바보 배(1494년 세바스티안 브란트가 쓴 풍자적 작품명—옮긴이)'를 타고 글자 비판의 강변으로부터 점점 더 멀리 떠내려간다. 19세기에 교회는 비판 이후의 비합리주의와 정치적 반작용을 융합하려는 신호를 보냈다. 생존 의지에 충만한 제도가 모두 그렇듯이 그들도 토대의 해체를 극복할 줄 알았다. '실존' 개념은 그때부터 기독교의 시독(屍毒) 냄새를 풍겼고, 비판에도 불구하고 구차한 생을 이어가는 비판 대상의 부패한 몸 냄새가 났다.[1] 예로부터 신학자와 냉소주의자에게는 또 하나의 공통점이 있는데, 그것은 적나라한 자기 보존 감각이다. 그들은 구멍이 숭숭 뚫린 교리 통을 그럴듯하게 꾸며 심판의 날까지 쾌적한 삶을 살아갈 것이다.

2 종교적 환상의 비판

기만은 늘 의심보다 한걸음 더 나아간다.
–라로슈푸코

계몽주의가 종교 현상을 비판하면서 신의 속성을 집중 공략한 것은 전략적으로 현명한 선택이었다. 계몽주의는 까다로운 '실존 문제'에는 단지 부차적으로 접근한다. 신이 '있는가' 하는 것은 근본적으로 문제가 아니다. 신이 존재하고 그의 의지가 이러저러하다고 주장하는 사람들이 무슨 생각으로 그렇게 하는지가 더 중요한 문제다.

우선 사람들이 신에 대해, 그의 현존 외에 무엇을 더 안다고 내세우는지 알아야 한다. 종교의 전통은 이에 대한 자료를 제공한다. 신은 '경험적으로' 나타나지 않기 때문에 이 비판에서 결정적인 역할을 하는 것은 신의 속성을 인간적 경험에 귀속시키는 것이다. 종교의 신론(神論)은 어떤 경우에도 이런 방향의 개입을 피해갈 수 없을 것이다. 그것이 극단적인 신비주의 신학을 선택하거나, 좀더 철저하게 이름으로 명명할 수 없는 신이라는 신비스러운 명제를 선택하지 않는다면 말이다. 이와 같은 종교 철학의 논리적 귀결은 신에 대한 인간의 환상이 신의 속성 속에 어우러져 있다는 계몽의 집요한 질문을 피할 수 있는 충분한 보호막을 제공할 것이다. 그러나 종교는 신비주의로 도피해서는 사회 제도가 될 수 없다. 확고한 서사(신화), 표준화한 속성(이름과 이미지들)이나 신성함에 대한 틀에 박힌 행동 양식(제례의식)을 항상 반복되는 형식들로 표현하는 것이 종교의 생활 기반이다.

이러한 종교적 표현이 어떻게 만들어지는지 그 과정의 비밀을 추적하려면, 좀더 꼼꼼히 들여다봐야 한다. 성경 텍스트는 종교 비판가들에게 결정적인 정보를 제공한다. 창세기 1장 27절을 보자. "하나님이 자기 형상 곧 하나님의 형상대로 사람을 창조하시되……." 이미지의 관계는 역으로도 해석될 수 있음은 의심의 여지가 없다. 이때부터 이 이미지들이 어디서 유래하는지는 더 이상 수수께끼가 아니다. 즉 인간과 그의 경험은 소재이고, 이 소재를 가지고 신에 대한 공식적인 꿈이 만들어진다. 종교적 눈은 지상의 표상을 하늘에 투사한다.

이러한 기초적인 투사 가운데 하나는 가족이나 생식과 관련된 표상 영역에서 발원한다. 예를 들어 다신 종교에서는 얽히고 설켜 복잡하고 음란한 느낌마저 드는 신들의 가족드라마와 정사(情事)들을 발견할 수 있다. 우리는 이를 그리스, 이집트나 힌두교의 신들에서 쉽게 연구할 수 있다. 인간의 상상력이 하늘의 주민들을 상상하면서 단정하고 정숙한 태도를 취했다고 주장할 사람은 없을 것이다. 심지어 신학적으로 수준 높은 기독교의 고상한 삼위일체론도 가족과 생식에 관한 환상에서는 자유롭지 못하다. 하지만 이 교리는 특별히 정교해서 마리아가 성령으로 임신하도록 설정한다. 풍자는 여기에 함축된 도전을 인식한다. 그로써 부자간에 성적 연대가 존재한다는 표상을 피해야 한다는 것이다. 기독교 신은 '생식' 기능을 가지고 있지만, 교접해서는 안 된다. 그래서 사도신경은 정말 신중하게 말한다. "창조되지 않고 나셨다(genitum, non factum)."

특히 유일신이나 고등신의 특성으로 간주되는 원작자 사상, 창조 사상은 생식 사상과 밀접한 관계가 있다. 여기에는 농민이나 수공업 활동에 뿌리를 둔 인간의 제작 경험이 담겨 있다. 인간은 노동을 하면서 자신이 종전까지 존재하지 않았던 새로운 효과의 창조주, 원작자라는 경험을 하게 된다. 세계가 기계화할수록, 신의 표상은 점차 생물학적 생식의 관점에서 생산의 관점으로 변화해간다. 이에 상응하여 생식의 신은 세계 제작자, 즉 원초적 생산자로 변모하게 된다.

세 번째 기본적인 투사는 **구조자**의 투사이다. 이는 종교 생활을 구성하는 상상 가운데 아마 가장 중요한 부분일 것이다. 대부분의 종교적 호소는 삶과 죽음의 고통 속에서 도와주는 구조자로서의 신을 향하고 있다. 그러나 신의 구조는 세계 현상을 지배하는 권능을 전제로 하기 때문에, 구조자 환상은 지키고 돌보고 다스리는 인간의 경험과 섞이게 된다. 대중적인 예수의 이미지는 선한 목자의 모습이다. 종교의 역사가 진행되면서 통치 및 책임의 영역이 신들에게 할당된다. 그것이 바다나 강, 바람, 숲과 곡물의 자연 요소에 대한 영역별 통치권의 형태든, 창조된 세계에 대한 보편적 지배의 형태든 말이다. 이러한 투사 속에 정치적 경험이 침투했다는 것은 오인의 여지없이 분명하다. 즉, 신의 권력은 족장이나 왕의 기능과 유사하다. 봉건 사회의 종교는 신을 정치적으로 투사했다고 분명하게 밝힌 사회였다. 봉건 사회는 주저하지 않고 신을 최고위 봉건 영주직에 앉히고 그를 봉건적 존칭인 '주인님(Herr)'이라 불렀다. 영어권에서는 오늘날에도 여전히 신을 주군(My Lord)이라고 부른다.

그림으로 신을 묘사할 때 가장 순진하고 소박한 형태가 신인동형설

(의인관)이나 신사회동형설이다. 반성적 종교와 신학이 그림 금지령을 내린 것도 바로 그 때문이다. 물화의 위험을 인식했던 것이다. 유대교 · 이슬람교 · 기독교의 '성상 파괴적' 종파들도 이런 측면에서 지적인 금욕을 연습했다. 계몽주의 풍자는 아시아의 우상들이 가로로 길게 째진 눈을 하고 있듯이, 검은 피부가 당연한 아프리카 신들을 조롱거리로 삼았다. "사자나 낙타 또는 펭귄은 사랑하는 신을 어떻게 상상할까, 당연히 사자, 낙타, 펭귄이겠지"라고 생각하면서 재미있어 하기도 했다.

투사 기제의 발견과 더불어 계몽 운동의 종교 비판은 예리한 무기를 손에 쥐었다. 째진 눈이나 할아버지의 흰 수염처럼 감각적 소박성이든, 또는 인격성이나 최초의 원작자, 영원이나 예지와 같은 미묘한 속성이 문제가 되든 투사의 기제는 근본적으로 늘 동일하다는 사실이 밝혀진 것이다. 그러나 시종일관 변함없는 종교 비판은 이 모든 활동에서 단 하나의 문제, 즉 '신의 실존' 문제만은 전혀 언급하지 않는다. 이들의 합리적인 요령에는 "내가 무엇을 알 수 있는가 하는 질문으로 경계의 말뚝을 친 영역을 떠나서는 안 된다"는 원칙이 숨어 있다. 이 비판은 부정적이고 형이상학적인 진술들로 지식의 경계를 뛰어넘어 조야한 무신론을 신봉하기 시작하면서 교리적 퇴보를 겪게 된다. 그때부터 조직화한 종교의 대표자들은 '무신론적 세계관'이 신학적 세계관에 접근하고 있다는 사실을 만족스럽게 확인할 수 있게 된다. 모순이 전면 대치하는 상황에서는 양측 진영을 넘어서는 발전은 있을 수 없다. 자기 보존이 시급한 제도가 더 이상 바라지 않기 때문이다.

신의 투사를 인류학적으로 폭로하는 전략 외에 계몽은 18세기 이후부터 좀더 파괴적인 **제2전략**을 구사한다. 우리는 이 전략 안에서 현대적 냉소주의 이론의 싹을 발견하게 된다. 그것은 **사제 사기 이론**이란 이름으로 알려져 있다. "종교가 누구에게 득이 되며, 사회 생활에서 어떤 기능을 수행하는가" 하고 물으면서 계몽은 종교를 향해 최초의 도구적 시선을 던진다. 이런 질문에 계몽주의자들의 (겉보기에 단순한) 대답은 막히는 법이 없다. 어쨌든 그들은 카를 대제에서 리슐리외에 이르기까지 천년을 이어온 종교 정치의 역사를 살펴보고, 종교로 은폐된 폭력의 혈흔들에서 대답을 찾아내기만 하면 된다.

> "모든 종교는 공포의 토대 위에 세워졌다. 악천후, 천둥, 폭풍 등이 이런 공포의 원인이다. 자연 현상에 대해 무력감을 느낄 수밖에 없던 인간은 자신보다 강한 존재에게서 도피처를 찾고자 했다. 나중에 가서야 야망을 가진 남자들, 교활한 정치가와 철학자들은 민중의 경신(輕信) 경향을 자신들에게 유리하게 이용할 줄 알게 되었다. 이런 목적으로 그들은 환상적일 뿐만 아니라 잔인하기까지 한 여러 신을 고안해내기에 이르렀다. 이 신들의 존재 목적은 지배 세력의 확립과 유지 외에 달리 없었다. 이렇게 하여 다양한 예배 형식이 생겨났고, 이 예배 형식들은 결국 기존의 사회 질서에 일종의 초월적 합법성의 낙관을 찍는 것을 목표로 했다. 모든 예배 형식의 핵심은 개개인이 공동체의 안녕을 위해 지불해야 하는 희생에 있었다. ……그러므로 신의 이름으로…… 종교적 공포를 효과적인 동지로 만들었던 소수에게 다수가 억압받는 것은 그리 놀라운 일도 아니었다" 〔Thérèse Philosophe, *Ein Sittenbild aus dem 18. Jahrhundert, verfaßt von dem intimen Friedrichs des Großen, dem Marquis d'Argens*, übersetzt von J. Fürstenauer, Darmstadt o. J.(《18세기 도덕의 풍경》, 프리드리히 대제의 절친한 친구 다르장스 후작이 쓰고 J. 퓌르슈텐아우어가 번역. 다름슈타트, 출간 연도 미상) 원작자는 단지 사드 후작의 의견에만 의존하기 때문에 분명치 않다고 할 수 있다. p. 111~112 인용〕.

이것은 직설적인 표현을 즐기는 도구주의적 종교 이론이다. 이 이론 역시 종교의 발생을 인간의 무기력(구조자의 투사) 탓으로 돌린다. 이 이론의 중요한 의미는 탁 터놓고 반성하는 도구주의적 논리로 직접 돌진해 나간다는 데 있다. 종교의 기능과 사용에 대한 질문 속에는 미래의 이데올로기 비판의 다이너마이트, 현대의 반성적 냉소주의가 이룬 결정체의 핵이 놓여 있다.

계몽주의자는 "왜 종교가 있는가" 하는 질문의 답을 쉽게 구할 수 있다. 그 답은 먼저 삶의 불안을 극복하기 위해서이고, 다음은 억압적 사회 질서의 정당화를 위해서이다. 이는 동시에 역사적 순서를 의미한다. 다음 구절 '나중에 가서야 비로소'는 이를 명시적으로 강조한다. 착취자와 종교의 이용자는 두려움에서 믿는 단순한 민중과는 다른 성격의 사람들이다. 텍스트는 여기에 맞게 '야망을 가진 남자'와 '교활한 정치가'라고 표현한다. '교활한'이란 표현에 주의를 기울여야 한다. 이 표현은 종교가 지배의 도구로 이용하는 비종교적 의식을 겨냥한다. 종교의 과제는 오로지 신하들의 내면에 암묵적인 희생 자세를 지속적으로 확립하는 데 있다.

계몽주의자는 지배자들이 이를 알고 있고 의식적으로 계산하여 자신들에게 유리하게 작용하게 만든다고 가정한다. 교활함이란 지배 지식을 '세련'되게 만든다는 것이다. 권력자의 의식은 종교적 자기 기만에서 성장해 나왔다. 그의 의식은 자기 이익을 위해 계속 사기를 친다. 자신은 믿지 않지만 남은 믿게 만든다. 다수가 바보라야 소수가 똑똑할 수 있으니까.

내가 주장하는 바는, 이 계몽주의 종교 이론이 현대적이고 반성적인 주인, 즉 냉소주의 최초의 논리적 구조물이라는 것이다.[2] 하지만 이 이론은 자신의 구조와 영향력을 명료하게 인식하지 못했고, 이론적 발전

과정에서 몰락하고 말았다. 이데올로기 비판은 마르크스에 이르러서야 비로소 유효한 형식을 발견했고, 거기서 니체 · 프로이트의 체계가 발전해 나갔다는 것이 일반적인 견해다. 사제 사기 이론에 대한 교과서적 견해를 살펴보면, 이 관점은 적절치 못했으며 좀더 '성숙한' 형태의 사회학적 · 심리학적 의식 비판을 통해 극복되었다고 한다. 하지만 이 견해는 일부만 옳다. 사제 사기 이론은, 사회학적 · 심리학적 비판이 포착하지 못했을 뿐만 아니라 그 존재조차 인식하지 못했던 그런 차원을 포착한다. 다시 말해 이 차원이 자신의 영역 안에서 밖으로 드러날 때 포착하는데, 그것이 바로 **'교활한 차원'**이다.

사기 이론은 정치경제적 또는 심층심리학적 폭로 이론보다 반성적 측면에서 더 복잡한 이론이다. 이 양대 폭로 이론은 기만의 기제가 허위의식의 **배후에** 있다고 설정한다. 즉, 기만당하고 스스로를 기만하는 것이다. 이에 반해 사기 이론은 오류의 기제를 양극에서 고찰해야 한다는 가정에서 출발한다. 우리는 기만당할 수 있지만, 기만당하지 않고 다른 이들에게 이 수법을 사용할 수도 있다. 로코코와 계몽의 사상가들이〔이들 가운데 적지 않은 수가 고대의 견유주의를 연구했다. 이를테면 디드로(Diderot), 빌란트(Ch. M. Wieland) 등〕 염두에 두었던 것이 바로 이 점이었다. 그들은 이 구조를 '교활'이라 부르는데, 이는 '야망'과 동맹을 맺고 있다. 이 두 특성은 그 시대에 궁정과 도시에서 이루어지던 인간 본성의 묘사에서 흔히 볼 수 있다. 실제로 사기 이론은 위대한 논리적 발견을 의미한다. 즉, 이데올로기 비판이 **반성적 이데올로기 개념**으로 한걸음 전진한 것이다. 그 외의 나머지 이데올로기 비판은 타인의 '허위의식'을 비호하면서, 그것을 눈먼 의식이라고 생각하려는 두드러진 경향을 보인다. 이에 반해 사기 이론은 적어도 적이 자신과 동등한 지능을 가졌다고 인정하는 수준으로 비판을 끌어올린다. 그 이론은 위에서 아래를 내려다보며 왈가왈부하는 대신 진지하게 적의 의식과 경쟁한다. 18세기 후반부터 철학은 다차원적 이데올로기 비판의 실마리를 손에 잡고 있는 셈이다.

적을 깨어 있는 의식을 가진 성찰적 사기꾼, 교활한 '정치가'로 묘사하는 것은 순박하면서도 교활하다. 그들은 그렇게 교활한 의식을 더 교활한 의식을 통해 구성하게 된다. 계몽주의자는 사기꾼의 작전을 다시 숙고하고 폭로전을 펼치면서 그를 능가하게 된다. 속이는 사제나 지배자가 교활한 머리라면, 다시 말해 주인냉소주의자라면, 계몽주의자는 메타냉소주의자, 즉 역설의 대가이고 풍자의 대가이다. 그는 자신만만한 태도로 적의 머릿속에 들어 있는 기만 음모를 눈치채고 홍소로 폭파해버린다. 설마 너희가 우리를 바보 취급하는 것은 아니겠지? 이는 의식들이 어느 정도 서로 비등한 적수로서 맞붙는 상황이 아니라면 가능하지도 않다. 이런 분위기에서 계몽은 불신의 연습으로 나아간다. 의혹으로 기만을 능가하기 위해서 말이다.

의혹이 기만과 교활하게 경쟁한다는 사실은 앞에서 예로 든 인용문에서도 드러난다. 우리가 그 인용문의 화자가 누구인지 알 때, 비로소 그의 특별한 위트를 인식할 수 있다. 화자는 계몽된 사제, 즉 18세기의 현대적이고 노련한 교구 소속 신부 중 한 사람이다. 시대의 호색 소설이 연애 모험과 이성적인 수다로 치장했던 그런 사람들이다. 직업상 허위의식의 전문가로서 그는 본업의 비밀을 흘린다. 그는 다른 성직자를 비판하면서 자기 이야기를 하고 있다는 사실을 잊은 것처럼 보인다. 하지만 그의 입을 빌려 말하고 있는 사람은 (아마) 귀족 작가일 것이다. 그는 자신의 냉소주의를 전혀 깨닫지 못하고 있다. 그는 이성의 편을 들고 있는데, 그 까닭은 무엇보다 이성이 자신의 성적 욕망에 아무런 이의를 달지 않기 때문이다. 신랄한 종교 비판적 진술의 무대는 그가 방금 매력적인 부인 C와 함께 나눈 사랑의 보금자리다. 그리고 우리, 즉 화자인 테레제의 내밀한 스케치의 수신자와 은밀한 청중들은 침대 커튼 뒤에 서서 계몽의 속삭임을 엿듣고 있다. 이 모든 것은 청각과 시각을 잃을 정도로 정신을 혼미하게 만들기에 충분하다. 하인리히 만(Heinrich Mann)이 《앙리 4세(Henri Quatre)》에서 "나머지 감각들에게는 커다란 득이 된다"고 말하듯이 말이다.

신부가 펼치는 논리의 요점은 '쾌락'의 종교적 장애를 제거하는 데 있었다. 사랑스러운 귀부인이 그를 놀렸다. "좋아요. 그런데 종교의 처지는 어때요, 내 사랑? 종교는 혼인 관계를 제외하고는 쾌락의 기쁨을 단호하게 금지하잖아요." 신부의 대답 일부가 85쪽 인용문이다. 자신의 육욕을 위해 그는 종교적 금지의 비밀을 폭로하고 있다. 물론 엄격한 **비밀 엄수**를 조건으로 말이다. 계몽주의자의 교활한 논증에서 자신의 순진성이 여지없이 드러난다. 독백은 다음의 대화로 이어진다.

> "내 사랑! 자, 보시오. 당신은 종교에 대한 내 설교를 들었소. 그것은 20년 동안의 관찰과 사유의 결과일 뿐이오. 나는 늘 이성이 명하는 대로 진리를 거짓과 분리하려 노력해왔소. 그래서 내 친구여, 당신과 나를 그토록 부드러운 애정으로 묶어주는 쾌락은 순수하고 무고하다는 결론을 내려야 한다고 믿소. 쾌락에 몰두하면서도 신중을 다하는 우리의 비밀 엄수가, 우리의 쾌락이 신이나 인간에게 해를 끼치지 않는 것임을 보증해주지 않소? 물론 이런 사리 분별이 없다면, 그런 쾌락은 불미스러운 추문을 불러일으킬 수도 있소. ……결국 우리의 사례가 무지한 젊은 영혼을 혼란으로 몰아넣고 사회에 대한 의무를 경시하는 길로 오도하기에 적합한 것일 거요……."

이에 부인은 내가 보기에도 정당한 이의를 제기한다. "하지만 우리의 쾌

보두앵(Baudouin)이 그린 그림의 동판화, 〈호색한이 관찰하는 비밀〉, 1780년경.

락이 그토록 무고한 것이라면, 저는 물론 이 말을 믿고 싶지만, 왜 우리가 그것을 세상에 알려서는 안 될까요? 쾌락의 황금 열매를 세상 사람들과 나누는 일이 무슨 해가 됩니까? ……당신은 늘 제게 말했잖아요. 다른 사람들을 행복하게 하는 것보다 인간에게 더 큰 행복이 없다고 말이에요?"

"그렇게 말한 건 맞아요, 내 사랑" 하고 신부는 시인한다.

"하지만 그렇다고 해서 우리가 어중이떠중이에게 모두 우리 비밀을 밝혀야 하는 건 아니잖소. 사람들의 감각이란 너무 거칠어서 우리에게 거룩하게 보이는 것을 악용할 소지가 충분하다는 사실을 모르겠소? 그들을 이성적으로 생각할 능력이 있는 사람들과 비교해서는 안 돼오. …… 논리적으로 사유할 수 있는 사람은 만 명 중 스무 명도 채 안 되오. …… 그래서 우리는 우리 경험을 조심스럽게 다루어야 하오"(p. 113~115).

한번 말하기 시작한 지배 세력은 자기 업종의 비밀을 털어놓기 마련

카리(G. de Cari)의 동판화, 〈벌받은 호기심. 희극적인 진짜 모험〉.

이다. 비밀 엄수가 보장된다고 생각하면, 놀라울 정도로 솔직해질 수 있다. 여기서 지배 세력은 신부의 입을 통해 정말 형안이 번득이는 견해를 털어놓는 데 온 힘을 쏟는다. 프로이트와 라이히의 문화 이론의 상당한 부분이 이 고백 속에 들어 있다. 그러나 계몽된 특권자는 누구나 자기처럼 생각한다면 무슨 일이 일어날지 잘 알고 있다. 그래서 주인의 머릿속에 들어 있는 깨인 지식은 스스로에게 분별의 경계를 설정할 줄 안다. 이데올로기와 종교적 불안, 순응이 하룻밤 사이에 다수의 머릿속에서 사라진다면, 사회적 혼란이 발생할 것임을 미리 예견한 것이다. 그 자신은 아무런 환상을 가지지 않지만, 환상이 기존 사회 질서의 유지에 절대적인 역할을 수행한다는 것을 그는 잘 알고 있다. 계몽은 권력의 발생 과정을 인식한 머릿속에서 이런 식으로 작동한다. 그들의 조심성과 사리 분별은 오로지 현실적 필요에서 나온 것이다. 계몽에는 숨막힐 정도로 냉철한 구석이 있다. 계몽은 냉철함을 유지하면서, 개성과 성과 사치를 소수의 품에 안겨주는 기존 질서 속에서만 '쾌락의 황금 열매들'이 무럭무럭 잘 자랄 수 있다는 것을 인식한다. 탈레랑(Talleyrand)이 삶의 달콤함을 맛본 사람은 혁명 이전에 살았던 사람들밖에 없다고 말할 때, 그는 이미 연약한 권력의 이런 비밀을 염두에 두고 있었던 것이다.

앞의 인용문에서 현실적인 신부는 '천민들'이 쾌락을 얻기에 아직 성숙하지 않았다고 하면서 비밀과 신중을 고집한다. 반면에 음탕하고 학구열에 불타는 귀부인은 모든 사람이 쾌락의 달콤한 열매를 맛보아야 한다고 악의 없이 주장하고 나눔의 행복을 상기시킨다. 여기에는 무슨 의미심장한 뜻이 담겨 있는 것일까? 아마 귀부인의 음성에는 여성의 음성, 민주주의 원칙과 성적 관용—정치에서의 생젠(Sans-Gêne) 부인처럼 자유분방한—의 음성이 섞여 있을지도 모른다. 그녀로서는 쾌락이 세상에 넉넉하지 못하다는 주장도 이해가 안 되고, 또 흔하게 널려 있는 쾌락을 왜 힘들게 멀리 돌아다니며 찾아야 하는지도 잘 이해가 안 된다.

하인리히 하이네는 《겨울 동화(Wintermärchen)》의 서두에서 관용의 논점을 끌어들인다. 그는 지배자들이 어리석은 국민에게 부르게 한 '옛 체념 노래'를 억압 체계 안의 지정석에 앉힌다.

> 나는 그 양식을 안다네, 그 텍스트를 안다네.
> 나는 작가 양반도 안다네.
> 나는 안다네, 그들이 몰래 포도주를 마시고는
> 물을 마신다고 사람들에게 설교하는 것도.

여러 주제가 이 시에 담겨 있다. '텍스트 비판', 인물론, 교활함을 교활함으로 능가하는 것. 그 밖에 주인냉소주의적인 엘리트 프로그램에서 대중 상송으로의 감격적 전환도 들어 있다.

여기 지상에는 빵도 충분히 자라지요,
모든 인류가 먹을 만큼.
또 장미와 상록수도, 미와 쾌락도 있지요.
사탕완두도 그만큼 있답니다.

그래요, 모두를 위한 사탕완두
완두 깍지가 터지자마자!
우리는 하늘을
천사들과 참새들에게 맡겨두지요.

하이네의 시적 보편주의에는 기독교에 대한 고전주의 계몽의 적절한 대답이 들어 있다. 계몽은 기독교를 신앙의 애매모호성 속에 내버려두는 대신 **지식으로** 수용했다. 그리고 기독교보다 더 진지하게 기독교 윤리를 받아들임으로써 종교를 놀라게 했다. 이렇게 현대의 벽두에 프랑스 혁명의 구호들이 기독교의 가장 기독교적인 폐지를 주장하며 열렬히 타오르고 있었다. 회춘의 능력을 가진 낟알들을 싹트게 하여 다시 꽃피우게 하는 것은 위대한 종교의 탁월한 합리성과 인간성이다. 이 점을 깨닫자 폐지를 목표로 하는 모든 형태의 비판은 종교 현상에 대해 신중하라고 경고했다.

심층심리학은 환상이 종교적 소망에만 작동하는 것이 아니라, 종교에 대한 거부에도 작용한다는 점을 명쾌하게 밝혀낸 바 있다. 종교는 계몽의 **측면에서** 미래가 있는 '환상들' 가운데 하나로 간주될 수 있다. 단순히 부정적인 비판과 실망은 종교에 대한 정당한 대처가 아니기 때문이다. 어쩌면 종교는 실로 치유할 수 없는 '실존적 정신이상〔리쾨르(Ricœur)〕'일지 모른다. 폐지를 부르짖는 비판의 광포한 격정은 폐지된 것의 영원 회귀 앞에서 지쳐 떨어질 수밖에 없다.

3 형이상학적 허구의 비판

먼저 시도한 두 비판에서 우리는 계몽의 작전을 관찰했다. 그것은 경계에 대한 새로운 시각을 수반한 이성의 자기 한계 설정이었다. 여기서 계몽은 '비밀 엄수'와 같은 사적 보증금을 내고, 때때로 '사소한 경계 넘기'를 임의로 행하기도 했다. 형이상학의 비판도 원칙적으로 동일한 방식을 취한다. 즉, 인간의 이성에게 한계를 지적하는 것 외에 달리 할 일이 없다는 것이다. 형이상학 비판은 이성이 형이상학적 질문을 제기할 능력은 있지만, 혼자 힘으로 결단성 있게 대답할 능력은 없다고 생각했다. 칸트적 계몽의 업적은 경험적 인식의 조건하에서만 이성이 믿음직스럽게 작동한다는 점을 보여주었다는 데 있다.[3] 비판의 본성으로 볼 때, 경험을 넘어서는 것은 모두 비판에 무리가 된다. 그러나 자기 능력 이상을 원하는 것이 비판의 본질이다. 그러므로 논리적 비판이 이루어지고 나면 경험 저편의 사물에 대해서는 어떤 함축적인 명제도 세울 수 없게 된다. 신이나 영혼, 우주와 같은 형이상학적 이념들이 어쩔 수 없이 사유 속으로 침투하지만, 사유가 가진 수단으로는 그것들을 설득력 있게 설명할 수 없다. 그것들이 경험적이라면 그런대로 전망은 있다. 그러나 경험적이지 않기 때문에, 애초에 이성은 이 주제들에 대해 '분명하게' 입장을 정리할 가망이 없다. 합리적 장치는 이런 문제들의 영역 안으로 진입할 수 있는 장비를 갖추고 있지만, '피

형이상학적 국경 왕래.

안'으로 놀러갔다 돌아올 때 명료하고 확실한 대답을 들고 올 수 있는 장비는 없다. 이성은 철조망 뒤에 앉아서 형이상학을 볼 수 있는 시야를 확보할 수 있다고 생각하고 있는 형국이다.

우선 이성의 눈에 '인식'처럼 보이는 것도 비판의 조명을 받으면 자기 기만으로 밝혀진다. 이성이 형이상학적 이념의 형태로 자신이 창조한 가상의 덫에 속아넘어가도 어쩔 수 없는 일이다. 그리고 마침내 자신의 한계를 인식하고 한계를 확장하려고 헛된 유희를 했다는 것을 깨닫게 되면서, 자신의 노력이 무용지물이었다고 폭로한다. 이것이 "나는 내가 아무것도 모른다는 것을 안다"는 명제의 현대적 표현 방식이다. 이 지식은 긍정적 형태로는 지식의 한계에 대한 지식일 뿐이다. 이제 형이상학적 사변을 지속하는 사람은 국경 침입자라고, '얻을 수 없는 것을 동경하며 목말라하는 자'라고 폭로한다.

모든 형이상학적 대안은 동일한 가치를 지녔으므로 가부의 판정을 허용하지 않는다. 결정론 대 비결정론, 무한성 대 유한성, 신의 존재대 신의 비존재, 이상주의 대 물질주의 등이 모두 그렇다. 이런 종류의 문제에는 적어도 논리적으로 필연적인 두 가지 가능성, 즉 모든 것이 똑같이 정당한 근거를 가지고 있을 가능성과 모든 것이 똑같이 불확실한 근거를 가지고 있을 가능성이 들어 있다. 이 둘을 이성 구조의 반영으로 인식하자마자, 우리는 더 이상 '결정'할 필연성도 당위성도 정당성도 갖지 못한다. 모든 결정은 형이상학과 교의의 퇴보를 함축하기 때문이다. 물론 여기서는 이 둘을 구분해야 한다. 즉, 형이상학적 사유는 계몽에 무한한 가치의 유산을 남겼다. 그 유산이란 반성과 해방의 연관성, 거대 체계가 붕괴된 곳에서도 여전히 유효한 연관성에 대한 기억이다. 따라서 계몽은 언제나 논리인 동시에 논리 이상의 것, 즉 반성의 논리였다. 자기 계몽은 자신이 어떤 세계의 '일부'인지를 인식하는 자에게만 가능하다. 이 때문에 지적 신중이라는 오늘날 필수적인 덕목을 지닌 사회철학과 자연철학이 형이상학의 유산을 상속받았다.

이는 동시에 계몽이 아리스토텔레스에서 영국의 언어 비판에 이르기까지 오랜 전통을 지닌 사유 오류 이론과 동일시될 수 없는 이유이기도 하다. 계몽의 중요한 작업이 투사, 논리적 비약, 잘못된 추론, 그릇된 논법, 논리적 범주의 혼동, 기본 명제와 해석의 혼용 등을 폭로하는 데에만 있는 것은 아니다. 계몽의 주된 관심은 인간이 소박한 세계상과 인간상을 비판적으로 분해하면서 얻게 되는 인간 존재의 자기 경험에 있다. 따라서 진정한 계몽 전통은 사유를 순수한 분석의 통 안에 가두어두려는 현대의 논리적 · 실증주의적 냉소주의와 마주할 때 항상 낯설다는 느낌을 받는다. 그러나 전선을 분명히 밝히는 작업은 해볼 만한 일이다.

철학 전통의 거대한 주제들을 '허위 문제'라고 놀려대는 논리적 실증주의자들은 계몽의 특정한 경향들 중 하나를 극단화한다. 그들은

'거대한 문제들'에서 방향을 전환하면서 견유주의에게서 영감을 받았다. 비트겐슈타인은 원래 현대적 논리의 디오게네스이며, 카르나프는 경험주의 세계라는 사막의 은둔자가 아닌가. 마치 그들은 엄격한 지적 금욕주의로 온갖 오류를 지껄여대는 세계에 참회를 강요하고 싶어하는 것처럼 보인다. 논리와 경험주의가 결코 마지막 계시를 의미하지 않는 이 세계에 대고 말이다. 그것은 마치 '유익한 허구'에 굶주려 하면서 냉담하게 태양이 지구를 공전한다는 사실을 진리인 양 받아들이듯이 '부정확한' 사유의 신기루도 우리의 실제 삶에서는 충분히 정확한 것처럼 행동하는 세계와 같다.

4 관념론적 상부 구조의 비판

마르크스 비판은 분명 종래의 모든 비판을 한걸음 앞서고 있다. 그것은 완전한 '머리의 비판'을 지향한다. 마르크스 비판은 살아서 활동하는 신체 위에 머리가 다시 얹혀져야 한다고 주장한다. 이것이 이론과 실천, 두뇌와 손, 머리와 배의 변증법적 의미다.

사회적 노동 과정에 대한 사실주의적 시각은 마르크스 비판을 처음부터 끝까지 이끌어가는 실마리다. 머릿속에 들어 있는 것은 사회 총노동의 경제에서 '결국' 머리가 수행하는 사회적 기능에 의해 결정된다고 이 비판은 말한다. 따라서 사회 경제 비판은 의식이 자기 자신에 대해 무어라 말을 해도 귀담아 듣지 않는다. 비판의 동기는 항상 '객관적으로' 사건의 실체를 규명하는 것이다. 그러므로 비판은 모든 의식에게 일차적으로 노동과 지배의 구조 속에 자신이 어떤 위치를 차지하는지를 스스로 인식하고 있는가 하는 질문을 제기한다. 흔히 비판에게 돌아오는 대답은 지독한 무지이므로 바로 여기서 비판은 공격 거점을 확보한다. 사회적 노동은 항상 계급 구조에 종속되어 있기 때문에, 마르크스 비판은 모든 의식이 '계급 의식'으로서 무슨 일을 하며, 또 자신의 일에 대해 스스로 알고 있는지를 검토한다.

시민 사회의 체계 내에서 우선 세 종류의 객관적 계급 의식을 구분할 수 있다. 부르주아지(자본가 계급), 프롤레타리아(생산자 계급), 그리고 중간관리(중간 계급) 등 세 계급 의식으로 나눌 수 있다. 중관관리의 계급 의식은 상부 구조의 노동자, 즉 계급적 특성이 불분명한 학자나 법관, 사제, 예술가와 철학자 집단의 의식과 섞여 있어 그 정체가 조금 애매모호하다.

전통적 의미에서 상부 구조 노동자와 정신노동자를 비교할 때 눈에 띄는 점은, 후자가 대체로 자신들의 활동을 마르크스 모델에 따른 이해와는 전혀 다르게 파악하고 있다는 것이다. 정신노동자들은 대개 사회적 노동과 지배의 경제에서 자신들의 역할에 대해서 무지하다. 그들은 '사실의 토대'에서는 멀찌감치 떨어져 구름 위에 머리를 둔 채 살고 있으며, '현실적 생산'의 영역을 비현실적으로 아득한 거리에서 바라본다. 마르크스에 따르면 그들은 이렇게 전체적으로 이상주의적인 기만의 세계에 존재한다. 정신 '노동'은—이렇게 부른다는 것 자체가 이미 공격을 의미한다—자신이 특수한 의미에서 여전히 노동이라는 사실을 잊어버리려 한다. 정신 노동은 자신이 물질 노동, 수(手) 노동 그리고 실행 노동과 어떻게 상호작용할 것인지에 대해 더 이상 묻지 않는 습관이 들었다. 그래서 플라톤에서 칸트에 이르기까지 고대의 전통은 모두 이론의 사회적 하부 구조, 즉 노예 경제, 농노제, 노동에서 피지배자와의 관계를 무시했다. 대신 자신의 활동 동기가 되는 자율적이고 정신적인 경험을 근거로서 끌어들인다. 진리 탐구, 도덕 의식, 신의

인간의 발광 또는 거꾸로 뒤집힌 세상.

소명, 이성절대주의, 천부적 소질 같은 경험 말이다.

이에 반해 여기에서는 사실적인 것을 대상으로 삼는 이론이 반드시 고려해야 할 기초적인 삶의 관계가 노동이라는 점을 분명히 한다. 이론이 그런 일을 꺼리고, 토대를 떠나 비상하려 하는 곳이 바로 폭로가 자리잡는 지점이다. 이때 폭로는 스스로 '접지(接地)'라고 이해한다. 그러므로 마르크스 비판의 전형적인 폭로 동작은 전도이다. 즉 의식을 머리에서 발끝까지 뒤집는 것이다. 여기서 **발**이란 생산 과정과 계급 구조 안에서 위치를 안다는 것을 의미한다. 폭로되어야 할 것은 자신의 '사회적 존재'에 무지한 의식, 즉 전체 안에서 자신이 어떤 기능을 수행하는지 알려고 하지 않기에 기만과 이상주의적 분열에 머무르고 있는 의식이다. 이런 의미에서 마르크스적 비판은 종교, 미학, 사법 기관, 복지, 도덕, 철학, 학문 등의 기만을 차례차례 다룬다.

현혹당한 의식에 대한 비판 외에 마르크스 이론은 이데올로기 비판의 또 다른 중요한 변주 형태를 함축하고 있다. 그것이 마르크스주의의 비판 양식, 논쟁적 선명성을 부각시킨 결정적 요인이다. 즉, 마르크스 이론이 성격 가면의 이론이라는 인상을 심어준 것이다. 가면 이론으로서 마르크스 이론은 선험적으로 개인으로 존재하는 인물과 계급 기능의 담지자로 살아가는 인물을 구분한다. 그런데 어느 쪽이 각각 다른 사람의 가면인가 하는 점이, 즉 개인적인 것이 기능의 가면인지 기능이 개성의 가면인지가 분명하지 않은 채로 남는다. 대다수 비판가들은 이해할 만한 이유를 드는 반휴머니즘적 해석 쪽, 즉 개성이 기능의 가면이라는 견해에 손을 들어주었다.

이런 관점에서 보면, 시민적 박애주의의 역사가 증명하듯이—물론 마르크스 비판가들은 이에 대해 격렬한 반론을 제기했지만—인간적으로 흠잡을 데 없는 자본가도 있을 수 있다. 그들은 단지 사회적 비인간성을 감추는 개인적인 가면으로서만 인간적일 뿐이다. 그럼에도 불구하고 그들은 사회적 존재를 기준으로 볼 때 영리적 이해관계의 인격화, 자본의 성격 가면인 것이다. 그렇다. 선동가들에게 이런 사람들은 여러 측면에서 가장 악질의 착취자보다 더 나쁘게 보인다. 바로 노동자의 가부장적 기만을 조장하기 때문이다. '부르주아'적 역할 이론은 사회적 기능('역할들')을 개성이 기껏해야 가지고 '놀기 위해' 얼굴에 쓰는 가면이라고 이해한다. 따라서 이 이론은 마르크스주의의 성격 이론과 닮은꼴이라 할 수 있다.

물론 노동자의 의식도 우선은 현혹된다. 지배 이데올로기의 원칙하에서 이루어진 교육은 다른 어떤 가능성을 허용하지 않는다. 그러나 동시에 이 의식은 직접적인 노동을 실현하는 까닭에 현실주의로 나아갈 수 있는 출구에 자리하고 있다. 노동자의 의식은 사실적인 본능으로 '저기 위에 있는 치들'의 머릿속에서 꾸며지는 사기를 어렴풋이 짐작한다. 노동자의 의식은 맨바닥 위에 서 있는 것이다. 그 때문에 마르크크스는 낙천적으로 노동자의 의식이 예외적인 학습 과정을 겪을 것이라는 점을 믿어 의심치 않는다. 그에 따르면, 이 학습 과정을 통해 프롤레타리아는 자신의 사회적 위치와 정치적 권력에 대해 더 냉철한 관점을 획득할 것이고, 그런 다음 이 의식은 어떤 종류의 것이든 혁명적 실천으로 전환될 것이라는 것이다. 실천으로 전환하면서 의식은 새로운 자질을 얻게 된다.

여기서 프롤레타리아의 계몽은 이론적 변화에서 실천적 변화로 한 단계 도약한다. 계몽은 공적으로 새롭고 올바른 계급 의식으로 변화하기 위해 그릇된 생각이나 또는 올바르지만 '단순한' 생각의 사적 공간을 떠난다. 그것이 올바른 까닭은 자기 삶의 관심이 무엇인지 이해하고 착취와 억압에서 벗어나기 위해 투쟁하기 때문이다. 계몽은 계급 사회의 해체로서 실질적인 임무를 완수한다. 여기에서 마르크스 '이론'의 근본적 이중성이 드러난다. 한편으로 그것은 모든 의식을 사회적 과정의 기능으로 물화하지만, 다른 한편으로는 의식을 기만으로부터 해방시키고자 한다.

마르크스주의를 해방 이론으로 이해하는 사람은 우선 프롤레타리아와 그의 동맹자들에게 해방 의식이 형성되어야 한다는 점을 강조한다. 이런 시각은 (이른바) 압제에 신음하는 마지막 계급의 '주체성' 형성으로 드러난다. 이 계급이 암담한 지위에서 스스로 벗어난다면, 만인의 노동 착취 해방의 전제 조건을 만드는 것이다. 종의 자기 해방은 이상적인 변증법을 통해 주인도 주인이라는 존재의 강요에서 해방되는 결과를 낳아야 한다. 마르크스를 '휴머니스트'로 보고자 했던 사람들은 이런 측면을 강조한다.

마르크스의 핵심은 노동인류학이다. 노동자가 자기 '자신'을 얻게 되는 때는 에너지를 쏟아 생산한 산물을 즐길 때와 잉여 가치를 더 이상 지배자에게 넘겨주지 않을 때다. 이 사유 모델에서 해방은 생산 주체가 생산품을 소유하는 것이다(이 모델이 이상주의적 사유의 결과가 아니라면, 이상주의가 도대체 무엇인지 정말 알고 싶어진다).

두 번째 시각에서 마르크스 비판은 '반휴머니즘적', '사실주의적' 경향을 드러낸다. 이 경향의 강조점은 해방의 변증법에 있는 것이 아니라 보편적 기만의 기제에 있다. 모든 의식이 생산 과정과 지배 과정에서 차지한 위치에 상응할 만큼 기만적이라면, 이 과정 동안 그 의식은 필연적으로 허위성 속에 붙박혀 있어야 한다. 마르크스주의는 이 과정이 아직 진행 중임을 매순간 강조한다. 이렇게 마르크스 이론의 숨겨진 기능주의의 효과가 나타난다. 기능주의를 대변하는 표현으로 '필연적으로 기만적인 의식'이라는 유명한 구절보다 더 예리한 표현은 없을 것이다. 이런 관점에서 허위의식은 물화하여 객관적인 기만 체계 속에 자리를 잡는다. 허위적으로 존재한다는 것은 과정의 기능이다.

여기서 마르크스주의의 체계냉소주의는 은밀하게 시민적 기능주의자의 그것에 근접하게 되는데, 단지 전제 조건이 뒤바뀌었을 뿐이다. 후자는 특정한 기본 규범, 태도와 목표를 체계의 구성원들이 맹목적으로 동일시하여 수용하고 추종할 때 비로소 사회적 행위 체계의 기능이 보장된다고 간주하기 때문이다. 이 경우 개별적인 일탈자가 동일화를 탄력적으로 이해하고 때때로 수정하기도 한다. 그럼으로써 새로운 상황에 적응할 수 있는 체계의 능력이 지나친 경직성 때문에 상실되지 않도록 하는 것도 체계 이해를 위한 일이다. 이런 의미에서 일정 정도의 아이러니와 직업혁명가가 숨을 만한 구석은 발전하는 모든 시스템에 반드시 필요한 구성 요소라 할 수 있다.

물론 기능주의는 인간의 의식에게 해방의 권리만 거부할 뿐 아니라, 규범과 강제로부터 해방이라는 의미도 부인한다. 기능주의에 따르면 해방의 종착역은 바로 무이고 공허한 개인주의이며 무정형의 카오스와 사회의 구조 상실이기 때문이다. 동구의 사회주의적 사회 질서는 이 이론에 맞는 구석이 있다는 것을 더할 수 없이 확실하게 증명했다. 동구의 사회주의는 오로지 합목적적이고 기능적인 거짓의 상자 안에서만 '질서 정연한' 사회적 실존이 가능하다는 기능주의적 명제를 사회적 실험실에서 입증한 셈이다. 마르크스의 이데올로기론이 함축한 기능냉소주의는 사회주의 국가의 문화 정치에서, 노동과 군사주의의 윤리적 훈련에서 무서울 만큼 선명한 방식으로 드러난다. 이런 곳에서 실존적이고 반성적인 계몽의 자유 이념은 야만적 수준에서 목숨을 부지하고 있다. 그래서 불행하게도 스스로를 다른 생각을 가진 자유사상가로 일컫는 해방적 저항이 종교적 반대파로 표출된다는 사실도 그리 놀라운 일은 아니다. 서구의 보수주의자와 신보수주의자가 이미 오래전부터 꿈꾸어왔던 개인적 반성 중단을 사회주의에서는 공식적으로 실천하고 있었던 것이다. 사회주의 국가들은 숨막힐 정도로 과격하게 가치 훈련을 실천에 옮기고 있다. 청바지가 공기업에서 생산되고 재즈가 드레스덴에서 연주되기 시작한 이래 최소한의 일탈 요소도 이미 공식적 계획의 대상이 되었다.

구조적으로 보면 동구의 일당 독재는 서구 보수주의의 낙원이다. 위대한 보수주의자 겔렌이 소련에 표한 경의는, 아돌프 히틀러가 가톨릭 교회의 행정기구에 보낸 열렬하지만 은밀한 존경에 비견할 만한데, 그가 쓸데없이 그런 짓을 한 것은 아니다.

마르크스의 기능주의는 기이할 정도로 자신의 교활함에 대해서는 눈뜬장님이다. 그것은 기만을 현대화하면서 사회주의 이론의 진리 요소를 새로운 이데올로기의 접착제로 사용한다. 거짓말하는 방식의 현대화는 정신분열증적 교활함에 기인한다. 사람들은 진리를 말하면서 거짓말을 한다. 사람들은 한때 희망의 언어였던 사회주의가 이데올로기의 장벽이 되고, 그 뒤에서 희망과 전망이 사라졌다는 사실이 정상적으로 보일 때까지 의식의 분열을 연습한다.

차후에 등장하는 냉소적 교활함의 흔적이 미리 발견되는 유일한 곳이 마르크스의 이데올로기 비판이다. 이데올로기가 실제로 '필연적으로 허위적인 의식'을 뜻한다면, 아이러니 없이 말해서 올바른 머릿속에 들어 있는 올바른 기만에 불과하다면, 비판가는 어떻게 기만의 악순환에서 벗어날 수 있는지를 자문하지 않을 수 없다. 스스로 기만 쪽으로 변절한다면? 변증법적 비판은 스스로를 '진실한 허위들'의 밤에 빛나는 유일한 등불이라고 생각한다. 그러나 그렇게 함으로써 변증법적 비판은 풍부한 결실을 맺을 사상이 줄 수 있는 것 이상을 그것에게 요구하는 셈이다. 노동의 발견과 생산의 논리가 아무리 토대가 될 만큼 중요하더라도 실존과 의식, 진리와 지식의 모든 문제를 해결할 수 있는 만능 열쇠는 아니다. 그러므로 '시민적' 반대 비판이 마르크스주의의 최고 취약점, 즉 학문 이론과 인식론의 미숙한 수준을 건드린다면, 대개 마르크스주의와 게임에서 쉽게 이길 수 있다.

5 도덕적 허구의 비판

도덕적 계몽의 기원은 역사적으로 가장 유구하다. 그럴 만한 이유도 충분히 있다. 도덕의 문제에서 모든 계몽의 가장 심오한 문제가 결정되기 때문이다. 즉, '좋은 삶'에 대한 문제 말이다. 인간은 겉으로 드러난 모습이 전부가 아니라는 것은 도덕 비판적 사유의 원초적 동기가 된다. 예수는 무자비하게 남을 심판하는 사람들을 공격하면서 다음 모델을 제공했다. "보라, 네 눈 속에 들보가 있는데 어찌하여 형제에게 말하기를 나로 네 눈 속에 있는 티를 빼게 하라 하겠느냐. 외식하는 자여, 먼저 네 눈 속에서 들보를 빼어라. 그후에야 밝히 보고, 형제의 눈 속에서 티를 빼리라"(마태복음 7:4~5).

신약성서의 비판도 이미 '교활한' 이중성을 염두에 두고 있다. 신약은 양의 가죽을 쓴 늑대, 눈에 들보가 있는 도덕주의자, 바리새인을 경계한다. 이러한 도덕 비판은 처음부터 메타 도덕적이고 심리학적인 논증을 전개한다. 도덕 비판은 근본적으로 '외적'인 도덕적 허구가 속인다는 점을 고려한다. 자세히 들여다보면 도덕주의자는 실제로 법에 봉사하는 것이 아니라 다른 사람들을 비판함으로써 자신의 무법성을 은폐한다는 사실이 드러날 것이다.

마태복음 7장 4절은 정신분석학의 핵심을 포함한다. 나를 언짢게 하는 타인의 어떤 면이 사실은 바로 나이다. 내가 나를 보지 못하는 한, 나는 나의 투사를 내 들보의 외적 반영이 아니라 세상의 부패로 인식하는 것이다. 그렇다. 오늘날 정신분석학자가 말하는 것처럼, '투사의 사실적 요소'는 나의 일차적 관심사가 아니다. 세상이 정말 썩었을지라도, 내게 우선 문제가 되는 것은 오직 나의 잘못뿐이다.

예수는 혁명적인 자기 반성을 가르친다. 정말 다른 사람들이 '계몽되어야' 한다면 자신부터 시작하고 모범을 보여라. 물론 평범한 세상의 질서 속에서 사태는 다른 방향으로 돌아간다. 입법자들은 남들에서부터 시작하고, 그들이 스스로를 돌아볼지의 여부도 불투명하다. 그들은 절대적이라고 추정되는 법과 질서를 증인으로 소환한다. 그러나 양의 가죽을 뒤집어쓴 늑대들은 위에서 그리고 밖에서 법과 질서를 바라본다. 그들만이 사물의 애매모호성을 알아야 한다. 오로지 그들만이, 그들 입법자들만이 입법의 위에서 자유의 숨결을 느껴야 한다.

양들은 이것 아니면 저것이라는 양자 택일을 강요당한다. 반성과 질서에 대한 아이러니로는 '국가가 성립할 수 없기' 때문이다. 국가는 늘 강제 장치이며, 이 장치는 양들이 '나'를 말하기 시작하면, 또 하인들이 관습에 대해 자유롭게 반성하기 시작하면, 제대로 돌아가지 않는다. '저 아랫것들'이 상반 감정의 병존 현상에 대한 지식을 습득하자마자, 기관에 모래가 들어간다. 이 모래는 복종과 업적의 자동장치에 대항하는 계몽이다.

기독교적 반성의 윤리(모든 판단에서 자기 자신으로 되돌아오는 것)는 정치적 점화 연료를 내장하고 있다. '기독교 인간의 자유'는 모든 소박한 규범 신앙을 지양하기 때문에 기독교적 협동과 공존은 국가, 즉 강제 공동체의 토대 위에서가 아니라 오로지 사회성(공산주의, 사회주의)의 기반 위에서 가능하다. 실질적 국가는 맹목적인 주체가 필요하지만, 조합은 깨인 개체들의 공동체로서만 자신을 이해한다. 이런 측면이 공산주의와 기독교의 깊은 친화성을 확립시켰다. 그리고 19세기와 20세기 초의 무정부주의도 이런 점을 상기시킨다. 무정부주의적 공동체의 삶이 따르는 규칙들은 스스로 부과한 자유로운 의무이지, 위계질서에 따라 강요된 타율적 법이 아니다. 코뮌(공산주의적 공동체)은 동의를 통한 법의 영원한 개혁을 꿈꾼다.

원래의 교회 이념은 이러한 영적 공동체의 모델이 가진 요소들을 함축하고 있다. 물론 이 모델은 조직화한 교회로 전환하면서 급속히 와해되었고 나중에는 탈세속화해 반으로 줄어든 채 수도원 운동에서 그 명맥을 이어간다. 그러나 공식적 교회는 점점 더 국가의 패러디가 되고, 황당무계할 정도의 강압적 장치로 발전한다. 교부 아우구스티누스는 신국과 지상국에 관한 '두 왕국론'에서 이러한 정신분열증을 천년왕국을 위해 합리화하는데, 아우구스티누스파의 수도승 루터도 이 이론을 계승한다. 아우구스티누스가 이 이론에서 키비타스(civitas: 옛 게르만인의 소국가—옮긴이) 개념을 종교적 공동체에 적용한다는 사실 자체가 이 공동체의 정치적 타락을 시사해준다. 현대의 민주주의 운동에서 초기 기독교적 사상이 다시 정치 게임의 소용돌이에 휘말렸다는 것은 신기하기도 하고, 또 다른 한편 이해가 간다. 서구의 민주주의는 원래 종교적 무정부주의의 영원한 패러디이며, 강제 장치와 자유 질서의 독특한 혼합 구조이다. 여기서 유효한 규칙은 모든 이들을 위한 허구 자아이다.

현대 세계에서 가톨릭교회가 처한 아이러니한 상황은 여기에서 기인한다. 가톨릭교회는 그 교의와 절대주의적 조직으로 인해 자유주의적으로 느슨해진 사회 질서 속에 돌출해 있는 고대의 파편 덩어리이기 때문이다. 서로마제국이나 북유럽의 봉건주의, 그리고 17세기와 18세기의 절대주의 권력과 체결한 동맹에서 드러나는 것처럼 가톨릭교회는 국가의 중앙 권력과 변태적인 동맹 관계를 유지하고 있다는 의미에서 **반세계적**이다. 그래서 현재의 중앙 권력, 어쨌든 자유주의적 게임을 조금이나마 배웠던 중앙 권력은 공개적으로 권위주의적인 바티칸과의 관계에서 약간 당황해 하는 현상이 벌어진다. 가톨릭교회는 무솔리니의 파시즘에 의해 교회 협정의 역겨운 현대 속으로 들어서게 된 것이다.

이렇게 다소 장황한 서론은 뒤이어 전개될 도덕 비판의 출발 상황을 이해하는 데 도움이 될 것이다. 기독교는 장구한 역사 속에서 자신의 도덕적 구조, 즉 관습을 뛰어넘는 탁월한 자기 성찰의 구조를 포기했다. 간략히 말해 기독교는 스스로 관습적인 강제 조직이 되었다. 그로써 가톨릭교회는 메타 윤리의 자유로운 관점, 즉 사실에 대한 명철한 시각**과** 이성적인 사랑으로 무엇을 행할 것인지를 말하는 자유로운 관점에서 진부한 '너, 그렇게 해'의 관점으로 추락한 것이다. 원래 바리

새주의에 저항했던 교회는 정치적 성공을 통해 이 세상이 경험한 가장 위선적인 이데올로기가 되었다.

유럽에서 이런 사실은 중세 후기 이래 상당히 잘 알려져 있다. 그때부터 사람들은 기독교적 양가죽을 쓴 늑대와, 기독교에도 불구하고 기독교가 제공하는 기회를 실현했던 양 및 예외를 구분할 줄 알게 된다. 중세가 끝난 이래—다시 말하면 민중의 소리와 민중의 사실주의에 대한 서류 기록이 존재한 이래—대다수의 민중은 도덕의 이러한 분열 현상에 더 이상 속아넘어가지 않는다. 탐욕스러운 수도승, 호전적인 교회 제후, 냉소적인 추기경과 부패한 교황은 대중적 사실주의의 상투적인 유형들이다. 어떤 '이론적' 비판도 이 풍자적 접근 방식에 근본적인 요소를 첨가할 수 없다. 웃음이 풍자에 속하듯이 성직자에 대한 폭로는 가톨릭교회에 속한다. 홍소 속에 모든 이론이 이미 선취되어 있다. 하지만 도덕 비판이 웃음으로 발전한 것은 아니다. 이는 도덕주의의 개선 작업에서 개신교가 한 역할과 상관이 있을 것이다.

가톨릭교회는 근본적으로 성직자 풍자만으로 만족할 수 있다. 그러나 개신교는 도덕 비판을 일반 평신도, 거짓 기독교인에 이르기까지, 그래서 모든 사람의 폭로로까지 몰고 가야만 한다. 프랑스 계몽의 도덕 풍자도 가톨릭 구경거리의 인물들, 즉 수녀와 신부, 너무나 경건한 성처녀와 너무나 거룩한 고위 성직자를 대상으로 했다. 하인리히 하이네의 공격도 가톨릭교회를 겨냥한 것이었고, 풍자로 그칠 수 있었다. 이 모든 것은 개신교를 내면화한 평신도의 도덕성에 대한 비판과 비교하면 무해하다. 디드로의 신랄한 농담은 루터교 목사의 아들인 프리드리히 니체가 행한 기독교 비판에 비하면 선량하기까지 하다. 로마-가톨릭의 계몽과 게르만-개신교적 계몽 사이에는 분명 정도의 차이가 있고, 건강의 측면에서 격차가 존재한다. 가톨릭교회에서 종교적 실존

〈진정한 소박함이 기만을 무찌른다〉, 스트라스부르 성당의 창문 45, 문짝 7.

특유의 복잡한 상황은 결국 성직자의 몫으로 남기 때문이다. 개신교 국가에서 도덕 비판은 필연적으로 전체 사회와 계급의 자기 폭로로 이어진다. 따라서 이런 국가에서, 특히 북독일과 미국에서 도덕적 계몽은 사회적 마조히즘의 요소 없이는 상상할 수 없다〔도덕적 계몽의 두 번째 토양은 해방된 유대 민족—마르크스, 하이네, 프로이트, 아도르노 등—이며, 한나 아렌트(Hanna Arendt)가 명료하게 보여주었듯이 이들은 시민 사회에 깊이 동화되었음에도 어느 정도 국외인적인 시각, 비판의 운명을 타고난 듯한 시각을 떨쳐내지 못했다].

도덕 비판은 근본적으로 세 가지 전략을 구사한다. 그 세 가지는 규칙의 두 번째 차원의 폭로(이중 도덕), 존재와 허구의 전도, 사실적인 원초적 동기로의 환원이다.

규칙의 **두 번째 차원**의 폭로는 가장 간단한 과정이다. 그것은 관찰만 해도 눈에 들어오기 때문이다. 예수는 "너희는 그들의 열매를 보고 그들을 알게 될 것이다"고 했다. 즉, 삶에서의 검증이 모든 것을 결정한다는 것이다. 계몽은 늑대라고 추정되는 인물의 의상실에 숨어서 그가 늑대가죽을 벗거나 걸치는 장면을 엿보는 것 외에 달리 할 일이 없다. 사람들은 커튼 뒤나 침대 밑에 숨어서 협의를 받고 있는 늑대들이 모여 있을 때 무슨 일이 일어나는지 관찰하기만 하면 된다. 여기서 성적 폭로는 탁월한 가치를 지닌다. 귀가한 남편을 피해 침실 장롱 안에 숨어야만 하는 신부, 어두운 골목길에서 홍등가 안으로 사라지는 장면을 들킨 착실한 가장, 안경을 창녀 집에 두고 온 장관 등. "포도를 가시에서, 무화과를 엉겅퀴에서 가려낼 수 있는가?" 이러한 '현행범 문학'의 예로, 18세기의 가장 유명한 '포르노그라피'적 계몽서적의 하나인 미라보(Mirabeau)의 《들춰진 커튼(Der gelüftete Vorhang)》을 들 수 있다. 이 모든 작품에서 비판은 감각적이고 풍자적인 접근 방식을 크게 벗어나지 않는다.

이런 전통에서 도덕의 이중성 자체는 오랫동안 하나의 도덕적 사실, 스캔들로 여겨졌다. 냉소적인 사교계 신사가 처음으로 그저 어깨를 움츠리면서 그것을 단순한 사실로 냉정하게 받아들일 정도가 된 것이다. 사교계의 지식은 도덕적 세계를 두 세계의 합성체로 인식한다. 즉 스스로를 더럽히지 않고 정치 활동에서 손을 더럽힐 수 있는 실용적인 남성, 설령 더럽혀지더라도 괘념치 않을 만큼 강해야만 하는 실용적인 남성을 위한 세계관이 이 안에 포함되어 있어야 한다. 두 번째 세계관은 젊은이와 바보, 여성, 그리고 아름다운 영혼들—'순수함'은 이들에게서 제 임자를 찾았다—을 위한 것이다. 우리는 그것을 정서의 분업 또는 세계의 추악성이라 부를 수 있다. 즉, 사교계의 지식은 이 둘을 모두 계산에 넣고 있다.

존재와 허구의 전도에서 비판은 우선 속에서 겉을 분리한 다음, 이것을 진정한 외모라고 공격한다. 가장 중요한 공격 지점은 좋든 나쁘든 기독교 도덕의 신경, 즉 동정 윤리와 이타주의(이웃 사랑의 계명)다. 여기서 다시 계몽은 혐의를 통해 기만을 능가하려 한다. 심지어 계몽은 재기 넘치는 계몽가가 완벽하게 남을 속일 수 있다는 점조차 부인하는데, 전적으로 비현실적인 생각만은 아니다.

"사람은 입으로 거짓을 말하지만, 이때 입 모양은 진리를 말한다" 〔Nietzsche, *Werke in zwei Bänden*, München (4) 1978, II, 73〕. 다시 말해, '속'은 감추어지지 않는다는 것이다. '심리학자'(니체의 의미에서)는 밖으로 드러나는 동정심 너머로 비치는 자기 동정과 적대감을 본다. 모든 이타주의에서 이기주의가 모습을 내민다. 궁정 시대의 심리학은 시민의 사상보다 앞서 이런 관찰을 했다. 라로슈푸코(La Rochefoucauld)는 노련하게 사교성과 도덕성의 가면 속에 감추어진 이기심(amour-propre)의 게임을 들추어냈다. 니체의 기독교 비판은 그에게서 출발하여 성숙의 단계, 다시 말하면 전라(全裸)의 상태에 도달한다.

이윤 추구와 공리주의가 지배 영역을 점점 더 확장하고 있는 자본주의 사회에서 이타주의의 속이 비면 빌수록, 비판적이고 자연주의적인 사상은, 즉 자신이 자기의 가장 가까운 이웃이라는 사상은 그만큼 힘이 덜 든다. 그러나 실러(J. C. Friedrich von Schiller)는 말한다. "정직한 사람은 가장 나중에 자신을 생각한다(《빌헬름 텔》)." 니체는 실러의 이

바이에른주의 밤베르크 부근에 있는 제호프 성의 정원 조각상.

상주의에서 난센스를 발견한다. 그는 가차없이 '제킹겐(Säckingen)에서 온 도덕 트럼펫 주자'라고 말한다. 자연주의자는 모든 사람이 정직하든 그렇지 않든, 시종일관 자신을 생각한다고 주장한다. '가장 먼저' 남을 생각하겠다는 시도는 예외 없이 모두 실패하리란 것은 불을 보듯 뻔하다. 사유는 자아 속에 있는 자기 자리를 떠날 수 없기 때문이다. 가장 중요한 이기심을 부정한다는 것은 관계를 비트는 것이다. 니체는 이러한 원초적 위조, 이러한 근본적 왜곡을 불안할 정도로 예리하게 기독교의 탓으로 돌린다. 시민적 도덕은 이타주의적 가상을 보존하고자 한다. 반면 나머지 모든 시민적 사상은 이미 오래 전에 이론적 그리고 경제적 자기중심주의를 고려했다.

니체의 비판은—가족의 종교적 '중독'을 제외하고는—이상주의와 흐늘흐늘한 기독교 정신의 가면을 걸친 국제적 제국주의가 세계를 굴복시킬 참이었던 19세기 후반의, 도덕적으로 질식할 것 같던 분위기에 대한 반작용이다. 많은 동시대인들은 세계대전(1914~1918년)에서 '도덕적 정화'를 기대했고, 그래서 이들은 내심 대전이 일어나기를 바라마지 않았다. 기독교화한 제국주의가 내뱉는 선교를 위한 거짓말이 숨막힐 정도가 되어버린 것이다.[4] 니체가 제국주의자들에게서 얻은 반향의 도덕적 토대는 자제력 상실의 냉소주의에 있다. 이 냉소주의가 비로소 섬세한 철학과 포악한 정치 사이의 연속성을 가능하게 한다. 고백으로의 도피는 모든 도덕의 실존적 애매모호성을 떨쳐버리려 애쓰는 현대적 의식의 특색을 보여주는 운동이다. 이런 도피가 냉소주의에게 도덕 의식을 전면적으로 개방한 장본인이다.

세 번째 전략은 **원초적 동기**의 발견과 함께 폭로 행위를 마감하는 데 있다. 프랑스의 도덕주의자들은 이것을 **이기심**이라 부르고, 니체는 **권력에의 의지**라 부른다. 논리상 가능하지는 않지만, 만약 마르크스주의가 심리학적으로 말한다면, **이윤 추구**를 원초적 동기라 명명할 것이다. 그러나 마르크스주의는 비심리학적으로 논증한다. 이윤 추구는 결국 '성격 가면'의 뒤로 숨어버려서 개인으로서 자본주의자는 인색할 수도 있고 이타적일 수도 있다. 니체와 신낭만주의의 기후에서 성장한 정신분석학은 마지막 동기와 직면하는데, 이 동기는 이타주의나 이상주의와는 전혀 무관하다. 정신분석학에서 중요한 것은 본능 이론의 변증법적 측면인데, 본능 이론은 두 갈래의 뾰족한 봉우리를 지닌 본능을 참작한다. 그것은 **자아 본능과 성적 본능**이다. 후기 버전으로는 삶의 본능과 죽음의 본능이 있다.

도덕의 폭로는 사적인 개인 대 사적인 개인으로 (또는 고해성사 관계의 틀 안에서 이루어지는 고백으로) 행해지지 않을 경우에 논란의 소지가 있다. 18세기 이래 계몽주의자들은 그것이 무엇이든 '진정한 도덕'의 열성당원으로서 **지배자의 도덕**을 연구하는 데 관심을 기울여왔다. 여기에서 도덕 비판은 비로소 정치적 예리함을 보인다. 독재자의 폭식이나 부패 폭로를 다룬 일련의 문학 작품들도 이 비판에서 유래한다. 실러의 《군도(Räuber)》와 레싱의 《에밀리아 갈로티(Emilia Galotti)》는 이런 양식의 가장 유명한 작품일 뿐이다.

시민적 예절의 도덕주의는 귀족적으로 세련된 비도덕주의를 정치적으로 기소한다. 그 내용으로 볼 때 시민 계급의 도덕 문학은 이미 냉소주의 비판을 행하고 있다. 그것은 패덕도 반성적이 될 수 있는 의식 상태를 서술한다. 하지만 시민적 사유는 너무나 순진하게 정치적 권력을 도덕 개념 밑에 배치할 수 있다고 생각한다. 그것은 언젠가 자신이 권력을 장악했을 때 똑같이 애매모호한 상황에 처하리라는 점을 내다보지 못한 것이다. 도덕적 반감에서 진지한 위선까지는 단 한 걸음에 불과하다는 사실을 시민적 사유는 여전히 알지 못한다. 하이네가 시민화한 계몽의 고루한 도덕주의에 대항해 싸웠지만 헛수고였다. 독일 청중들은 그의 견유주의 풍자풍의 저항을 더 이상 따라 할 수 없었던 것이다.

독일 계몽의 특징 중 하나는 소시민적 개신교의 영향을 받아 뻔뻔스럽지 못하다는 것이다. 공론 영역이 저항하지 못하는 곳에서는 법정이 검열을 행사한다. 20세기 들어서 뻔뻔스러움은—자신들이 환영받을지 관청에 미리 묻지 않는 공세적 계몽의 사회심리학적 토대이다—카바레나 보헤미안 세계와 같은 하부 문화에서 조그만 은신처를 마련한다. 애석하게도 사회적 반대파의 주도 세력인 노동 운동과의 동맹은 실패로 돌아간다. 이 동맹 관계 안에서 지배자에 대한 정치적 도덕 비판은 부르주아지의 속물적 도덕과 혼동할 만큼 닮은 비판으로 변신하기 때문이다.

노동 운동은 한번도 자신을 도덕 비판적으로 조사한 적이 없다. 우선 그들의 요구가 너무나 분명하기 때문에 정치적 반동주의만이 '그 배후'의 추정에 관심을 가질 수 있었다. 시기와 사회적 적의라는 복합적인 도덕 영역은 실제로 니체에서 쇠크(Schoeck)에 이르기까지 반사회주의적인 영감을 받은 사유 속에서 다루어졌다. 그러나 노동 운동이 비교적 역사적인 성공을 거둔 이래, 그것의 무험의는 사라졌다. 이미 오래 전부터 노동 운동 역시 불투명성에 사로잡혀버렸다. 서구의 '사회적 파트너'로서든 동구의 국가 권력으로서든 노동 운동은 자신의 대열에서 순수하게 정치적인 '권력에의 의지' 외에는 어떤 것도 인정하려 하지 않는다. 바로 이런 점이 운동의 도덕적 약점의 근거가 된다. 마르크스주의는 사력을 다해 니체와 심층심리학의 영향력을 고발했다. 동구권 사람들과 개인적으로 만날 경우, 이들이 얼마나 기이하게도 전(前)심리학적 심성을 유지하고 있는지 알 수 있다. 마치 도스토예프스키와 톨스토이라는 현대의 두 위대한 심리학자가 러시아인이 아니라는 듯이 말이다. 또한 권력 국가는 맹목적인 주체들을 전제로 한다. 또한 권력 국가는 오래 전에 마련된 반성력의 효력 발생을 막기 위해 할 수 있는 모든 일을 한다.

6 투명성 비판

여기에서는 무의식의 발견을 취급할 것이다. 앞으로 보겠지만 무의식의 발견은 근대의 계몽 과정이 낳은 필수적인 결과라 할 수 있다. 지그문트 프로이트를 '무의식의 발견자'로서 받들어 모실 수 있다는 것은 반동적인 20세기의 신화에 속한다.[5] 프로이트 전설은 계몽이 역사적 진리를 날조할 뿐만 아니라, 그 역사가 무의식 연구에서 부조리하고 불가해 할 정도로 균형잡히지 못한 태도를 보이고 또 연구 자체도 너무 늦게 착수했다고 비난한다. 계몽이 어떻게 의식의 '다른 면'을 접해보지도 않고, 그것을 비판적 · 경험적으로 연구할 수 있었겠는가?

무의식의 진정한 발견은, 더 나아가 무의식과의 체계적인 만남은 고전적 계몽의 시대에 들어서면서부터 시작되었다. 나는 이것이 당연하다고 말하고 싶다. 헨리 엘렌베르거(Henri F. Ellenberger)가 서술했듯이, 통제된 방법론을 적용하여 무의식을 접하게 된 시기는 18세기의 마지막 30여 년 동안이었다. 당시 반계몽주의의 기세가 등등한 분위기에서 카글리오스트로(Cagliostro) 등 암시를 통한 치료라는 체계적인 실험이 시작되었다. 이 실험은 메스머(Friedrich Anton Mesmer)의 이른바 '동물 자기(磁氣) 요법'에서 최초의 실행이라는 돌파구를 찾는다. 물론 메스머의 '유체' 이론은 동시대와 후대에 실패라는 평가를 받기는 했지만 말이다.

계몽적 심층심리학의 진정한 탄생 시간은 칸트의 《순수 이성 비판》이 출간된 지 3년이 지난 1784년에 프랑스의 어느 귀족이 이른바 자기 수면 현상을 발견했을 때다. 자기 수면은 19세기에 들어서 최면이라는 이름을 얻는다. 스트라스부르의 포병 장교이자 메스머의 제자였으며 수아송(Soissons) 인근의 뷔장시(Buzancy) 마을에 많은 토지를 소유하고 있던 퓌제귀르(Puységur) 후작은 자기 영지의 한 농부를 박애주의적 의술로 치료하는 과정에서 그때까지 알려지지 않았던 징후를 관찰하게 된다.

이 징후는 몽유병과 흡사해 보였고, 따라서 '인위적인 몽유병'이라는 이름을 얻었다. 그것은 깊은 방심의 상태였고, 그 상태에서 환자는

동물 자기 효과. 푸들개 메스메어가 파리의 개 사교계를 경련과 발작으로 몰아넣는다. 1780/1785년 무렵에 나온 '메스메로마니'를 풍자한 만화.

평상시의 능력을 훨씬 능가하는 특별한 혜안과 표현력을 발휘했다. 특별히 주목할 만한 점은 최면에 걸린 사람은 단호하고 명료하게 병의 원인이 되는 인자를 지명함으로써, '스스로 치료하는 의사'임을 입증했다는 것이다. 최면 상태에서 그가 내뱉는 단어들은 평상시 기대조차 할 수 없는 것들이었다. 환자들은 자신의 내면에서 '병인성(病因性) 비밀들'을 발견했고, 고통의 숨겨진 근원을 고백했으며 스스로 치료책을 제시했다. 그뿐만 아니라 '표면 인격'에는 없던 탁월한 면모를 드러내는 경우도 드물지 않았다.

그런데 이런 방식에는 심각한 단점이 하나 있었다. 바로 이것 때문에 후대의 계몽주의는 그것을 100년도 더 된 '에피소드'라고 하면서 배척하려 했다. 즉, 환자들은 깨어난 후 자신들의 경험을 철저하게 잊었던 것이다. 다시 말해 그들은 나중에 '최면 후의 기억상실'이라 명명된 이 현상 때문에 무의식 세계로의 여행에서 이득을 취할 수도 있는 최면요법사에게 속수무책으로 내맡겨져 있었던 것이다. 환자들은 면담을 통해 획득한 환자의 문제점에 대한 사전 지식을 최면의 규칙으로 전환하는 최면요법사의 명령에 최면 상태에서도 복종해야만 했다. 후대의 계몽주의는 이렇게 권위와 신뢰를 바탕으로 하는 치료 방식을 거부했고, 이는 이해가 가는 일이었다.

어쨌든 심리학적으로 계몽은 불신의 훈련에서, 즉 자기 주장과 현실 통제에 관심을 기울이는 자아의 확립에서 진보했음을 의미했다. 프로이트의 방법론은 어떤 의미에서는 최면을 피하면서 무의식의 길을 개척하려는 시도로 요약될 수 있다. 프로이트의 방식에 불신에서 탄생한 교활함이 작용하고 있지 않나 하는 생각이 들기도 한다. 즉 이 방식은 순진한 동시에 반성적으로 통상 폐쇄되어 있다고 여겨지는 무의식의 '후예들'과 '대표자들'에게 의지하고 있는 것이다. 이 폐쇄성 자체가 불신 방법의 효과가 아닌가 하는 문제는 여기서 제기하지 않겠다.

메스머와 비슷하게 퓌제귀르도 자신의 인격이, 정확히 말하면 자신과 환자 사이에서 이루어지는 친밀한 관계가 최면 요법에서 실제로 작용하는 진정한 힘이라는 사실을 알고 있었다. 이러한 '상호 관계(최근의 용어로는 전이)'는 방법론적인, 그리고 성공적인 심층심리학적 실습의 매개자 역할을 한다. 이 방식은 적어도 19세기 중반까지 꾸준히 발전을 거듭했고 신빙성 있는 형태로 실용화했다. 쇼펜하우어도 이 발견은, 설령 이성에게 우선적으로는 수수께끼를 풀어주기보다 더 많은 수수께끼를 던지기는 하지만, 인간의 전체 정신사에서 가장 중요한 발견일 것이라고 했다. 실제로 전래되어오던 종교적 · 목회적 · 심리학에서(이들의 심리학적 능력은 무의식에 대한 비종교적 접근에 의해서도 인정을 받았다) 지식을 분리할 수 있는 세속적 심층심리학으로 도약할 수 있는 돌파구가 여기서 마련되었다. 무의식의 폭로는 과거 비밀 종교의 반(反)제도가 자기 나름의 원칙으로 반제도적 구조를 가진 현대 특유의 지식 구조와 합류하는 지점을 건드린다. 물론 이 둘은 결국 '직접적'인 경험과 연결점을 찾아야만 한다.

이 모든 것은 적어도 18세기 후반 이래 자아 의식의 초월 환상이 체계적으로 파괴되었다는 것을 나타낸다. 몽유병 징후는 의식도 자기 자신을 다 알지 못한다는 사실에 대한 도발적 증거를 제공한다. 자장(磁場)의 광휘 속에서 표면 의식이 다가갈 수 없는 지식 영역이 말을 한다. 따라서 과거의 '이성적 심리학'은 **메모리아** 이론, 즉 기억력 이론으로는 제대로 일할 수가 없다. 인간은 계몽의 과정을 거치면서 '거기 무언가 다른 것이 있다'는 수수께끼의 확실성에 점점 더 깊이 빠져 들어간다. 이 수수께끼는 내면의 요정처럼 자신은 직접 파악할 수 있는 것이 아니라는 식으로 스스로를 표현한다. 하지만 자세히 들여다보면, 그것은 곧 사라져버린다. 그것은 그림자처럼 또는 제1의 자아와 결코 마주치지 않으려는 제2의 자아처럼 의식을 따라다닌다. 자기 이름도 대지 않으면서 한시도 멈추지 않고 의식을 쫓아다닌다. 이때 표출되는 의식의 감정은 무시무시한 두려움과 미쳐버릴지도 모른다는 불안감이다. 이것은 낭만주의만의 소유가 아닌 두 테마이다.

최초의 심층심리학에서 최면은 무의식으로 갈 수 있는 왕도였다. 이런 현상에 직면하여 19세기의 계몽은 일생일대의 실수를 저질렀다. 계몽은 반동적인 귀족 진영이나 종교 집단이 무의식적 현상에 관심을 가지는 것은 무의식적 현상이 단순히 반계몽주의 요술 주문의 일종임을 입증하는 증거라고 오독한 것이다. 실로 메스머주의와 최면은 곧 영적인 지하로 잠적하고, 종국에는 비참하게도 공갈이 판치는 대목장이나 버라이어티쇼로 흘러 들어갔다. 그런데 계몽은 반계몽이 지대한 관심을 기울이는 문제에는 무언가 중요한 게 있다는 사실을 알아차릴 만큼 냉철하지 못했다. 실제로 차후에 등장하는 종교적 강신설(降神說)과 대목장의 심령학은 개업한 반계몽이다. 그 이유는 그것들이 사태의 사실적인 핵심, 즉 메모리아에서 무의식 구조로, 무의식적 체험에서 무의식적 '감정의 문법'으로 발전할 수 있다는 사실을 가리기 위해 연막을 쳤기 때문이다.

시민적이고 실증주의적인 계몽 진영은 오래 전부터 무의식이라는 새 범주가 지닌 예측 불가능하고 파괴적인 차원 때문에 심기가 불편했다. 무의식과 함께 자기 성찰이라는 주제가 문명에 도입되었는데, 그 방식이 문명의 대표라고 자처하는 사람들의 마음에 들지 않았던 것이다. 무의식이 모든 자아의 밑바닥에 구멍을 뚫는다면, 자신을 알고 그렇기 때문에 자신을 높이 평가한다고 생각하는 의식의 독선은 이제 끝장난다. '무의식'은 **모든** 사회 계급의 문화적 나르시시즘을 건드린다. 동시에 무의식의 발견은 전통적 의식 철학의 토대를 해체한다. 그때부터 '소박성'이라는 단어는 새로운, 더욱 심오한 의미를 획득하게 된다. 이제 사람들은 떠다니면서, 그 아래 입을 벌린 심연을 더 잘 볼 수 있기 때문이다.

많이 인용되는 잠언, 즉 인간의 자의식이 근대의 연구 과정에서 어쩔 수 없이 감수해야 할 '세 가지 굴욕'에 관한 잠언을 쓸 때, 프로이트의 눈앞에 아른거리던 생각이 바로 다음과 같은 것이었음은 분명하다. 즉 지구에게서 우주의 중심 자리를 빼앗은 코페르니쿠스적 혁명, 인간을 동물 종의 사슬에 끼워 넣고 위험천만하게도 인간과 원숭이의 종족적 유사성을 기록한 다윈의 종의 기원설, 그리고 모든 자아는 바로 가까운 곳에서 가장 잘 알 수 있다는 소박한 견해를 박살낸 정신분석학 말이다. 이런 생각들로 인해 인간은 자신에게서 가장 먼 존재라는 말이 유효해진다. 의식적인 언행에 기만적으로 개입하는 비합리성과 무의식적인 입력 프로그램이 가득한 넓은 공간이 합리성과 의식의 눈 아래 펼쳐진다. 프로이트의 '합리화' 개념에는 상당한 아이러니가 들어 있다. 이제 의식이 자기 기만에 덧칠하는 해명과 사이비 정당화에 이성이라는 이름이 붙는다. 합리적인 것은 개인과 집단의 비합리성 위에 덮인 뚜껑처럼 보인다.

그 밖에 심층심리학적 연구가 최면 요법에서 꿈의 해석으로 전환하고 그 이후 심층심리학적 학파들이 여러 갈래로 가지치기를 했다는 것은 오늘날 공공연한 사실로 인정된다. 프로이트는 꿈을 무의식으로 가는 왕도라고 말한다. 그는 꿈에서 하나의 '독해 기술'을 발전시키는데, 이 기술은 나중에 노이로제 증상이나 성적 장애, 예술적 창조 같은 징후에서도 그 효력이 입증되었다. 유머와 기지, 파트너 선택이나 불의의 사고 같은 현상들도 이제 무의식에 의해 성립한 관련 체계 속에 배열된다. 이러한 역학적인 해석이 정신병리학에서부터 일상적인 문화 현상에까지 그 범위를 넓혀갔다는 것은 비판의 파급 효과를 증명한다.

공격당한 초월은 이제 모든 의식의 사실 뒤에 무의식의 역동적인 인과 규칙이 발견되며, 이것이 의식 사실의 형태를 규정하는 변수라는 것을 참고 받아들여야 한다. 시민적 이상주의(프롤레타리아적 이상주의 역시)는 정신분석학이 예술가의 영혼과 예술 작품을 '능욕하려' 한다고 질책한다. 괴테의 서정시 속에 비틀린 모자 관계의 심리 역학이 작용한다는 주장은 이상주의자에게는 볼셰비즘보다 더 유해한 것이었다. 볼셰비스트들은 밖으로 드러난 의식의 전면(前面)을 뒤흔들려는 모든 것은 부르주아적 퇴폐의 마지막 발악일 뿐이라고 생각했다.

그 배후에는 나 자신을 가장 잘 아는 사람은 나이며, 자신의 이성 표현의 규칙을 통제하는 것도 나라는 주장, 즉 의식의 투명성을 절망적으로 변호하려는 의지가 작용하고 있다. 우리가 스스로를 실존적으로 성찰하면서 한번이라도 무의식의 실체성을 인정하게 되면, 이와 같은 관점의 전환 후에는 성적 억압이나 심리적 외상의 흉터가 다시 곪아터질 뿐만 아니라 자신을 경험하는 과정에서 내면의 '그림자'가 점점 더 길어질 것이기 때문이다. 즉 '부정성'에 대한 실존적 관계 전체가 수정되기를 원할 것이고, 논리적 · 정치적 · 정서적인 고통을 겪은 부정적 자아가 자신의 상처와 파괴성, 자신의 추함을 지닌 채 나타날 수 있다. 자아는 자신이 절대 **아니라고** 믿었던 것이 바로 자신이라는 사실을 인식하라는 엄청난 강요에 직면한다. 무의식이라는 거울을 들여다보지 않으려는 발버둥은 의식이 관습적일수록 더욱 격렬해진다. 그래서 역학적인 심리학에 대한 저항은 무엇보다 '분석'으로 잃을 게 많은 사람들에게서 나온다. "그 모든 것이 다 필요 없다"고 가장 크게 소리치는 사람이 바로 그들이다.

정신분석학적 독해 기술은 서구 문명 세계에 널리 퍼져 있다. 이 기술은 특히 미국에서 수십 년 전부터 극히 천박한 형태의 사회적 게임이 되었고, 이 게임의 승리자는 자신의 삶이나 타인의 삶에서 일상적 현상 뒤에 감추어진 속마음이나 노이로제적 의미를 가장 많이 캐내는 사람이다. 만성적인 자기 분석과 타인 분석으로 스포츠화한 정신분석학의 형태는 적어도 두 가지 오류를 불러온다.

첫째는 정신분석학의 심각한 지성화 현상이다. 그 결과, 정신분석학은 정서적 차가움과 이상 징후를 보이는 합리주의의 도피처가 된다. 합리주의는 무언가 다른 것이 되었다는 인상을 주면서 전혀 변치 않을 수 있는 적당한 수단을 정신분석학에서 발견한 것이다. 두 번째로 현실과 지속적으로 접속함으로써 미묘하게 강화되는 유아적인 요소의 인플레이션으로 이어진다. '변증법'이 긍정적으로 작용한다는 보장도, 또 모든 퇴보는 이에 상응하는 진보에 의해 지양될 것이라는 보장도 없다. 우디 앨런의 도시 노이로제 환자는 비교적 무사히 거기서 벗어난 것처럼 보인다. 정신분석학은 스스로를 병의 치유책이라고 하지만 실제로는 정신분석학 자체가 선천적으로 병이라는, 카를 크라우스(Karl Kraus)의 악의적인 주장은 맞지 않다. 그러나 정신분석학은 노이로제의 힘을 만성적으로 과소 평가하는 경향이 있고, 또 지금 여기에 존재하려고 결단하기보다 과거의 거울을 응시하는 경향이 있기 때문에 자칫 병이 되기 쉽다.

정신분석학은 어떤 대가를 치르더라도 고통을 치유하려는 사람들만 상대하는 것은 아니다. 그들의 고통은 극히 복잡한 형태로 자기 주장의 역학에 순응하고 있다. 자기 주장의 역학은 이중적 성향을 지닌 치유의 손길과 공조 관계를 유지하는데, 치유의 손길이 효과를 발휘하려면 한 다리는 투쟁 대상인 고통의 편에 걸쳐야 한다. 여기에서 전개되는 것은 얽히고 설킨 교활함의 게임이다. 치료하는 쪽과 치료받는 쪽, 양 당사자 모두를 관찰하다보면 때때로 낚시꾼이 고기를 잡는지, 고기가 낚시꾼을 잡는지 헷갈릴 때가 많다.

무의식, 더 정확하게는 '무의식적 구조'라는 범주는 금세기 인문과학의 가장 성공적인 사유 체계일 것이다. 인간과 그 문명에 관한 기초 연구는 이러한 반성 개념으로 괄목할 만한 발전을 이루었다. 그것이 없었다면 현대의 인류학이나 구조적 신화학은 말할 것도 없고, 현대의 문법 이론이나 행동물리학, 인간의 개체발달기록 이론도 상상할 수 없었을 것이다. 인간의 문화와 사회적이고 개인적인 행동의 무의식적 조정 기제에 대한 관찰을 통해 인문과학은 유례 없는 반성적 공격을 개시한다. 인간의 영역에서 '숨겨진 프로그램'이나 의식적 행동이 아닌 모든 것에 대한 공격 말이다.

설령 많은 연구자가 무의식적 구조의 불변성을 강조한다 하더라도 인간 의식의 역사에서 가장 강력한 반성의 황혼이 펼쳐진다. 의식화나 반성은 모두, 그것이 아무리 부드럽게 이루어지더라도 '무의식의 바위'를 친다. 계몽이 어디에서 변화의 학파가 되어야 하고, 또 어디에서 변할 수 없는 것은 그대로 내버려둠으로써 자신의 통찰력을 입증해야 하는지는 오로지 의식의 조명 아래에서만 밝혀질 수 있다.

18세기 초기의 계몽주의 심층심리학, 후기의 역학심리학의 학파들과 그 외 인간 질서의 영역에서 무의식적 구조를 다루는 모든 학문 체계는 너무나 강력한 반성의 잠재력을 마련해놓았다. 따라서 인간 사회가 만성적으로 그런 반사력을 안고 살아가기 시작한다면 어떻게 변화할지 예측하는 데 분명 오랜 시간이 걸릴 것이다. 이 모든 심리학 학파들은 자기 경험의 방법론적 네트워크를 구축했는데, 이는 세계 종교들조차 감히 할 수 없는 일이다. 물론 여기에서 자기 경험의 훈련을 목표로 하는 명상적인 메타 종교성의 학파들은 제외된다. 이러한 명상적인 메타 종교성의 학파들, 즉 선불교 · 수피교(이슬람교의 금욕적 신비주의) · 탄트라 · 요가 등은 의미심장하게도 오늘날 반성적 심리학에 접근하고 있다.

문제는 정치적 중앙 권력과 거시적 또는 미시적 차원의 억압 에너지와 분열 에너지가 이미 반쯤은 잠에서 깨어난 의식적 삶의 힘들을 다시 사슬로 묶을 수 있을지 여부이다. 신보수주의는 이미 오래 전에 국가와 자본의 억제력을 손상시킬 위험 요소가 증가하고 있음을 알았다. 신보수주의는 의식의 시간이 도래했음을 감지한 것이다. 그것의 강점은 인간이 전쟁과 위기에 대한 현실적인 불안 이외에 '자유에 대한 불안'(에리히 프롬)—자신과 자신의 가능성에 대한 불안—을 느낀다는 데 있다. 이 불안은 사람들을 '사랑스러운 자아'(한스 마이어)와 이기주의로서의 '자아 실현'〔요한 바오로 2세가 독일 방문에서, 특히 그의 알트외팅어 강론(Altöttinger Predigt)에서 말한 것〕의 음흉한 고발에 귀기울이게 만드는 장본인이다.

7 자연적 허구의 비판

모든 폭로성 비판은 보이지 않는 수면 밑에 '사건의 본질이 있다'는 점과 자신의 긴밀한 관계를 알고 있다. 스스로를 속이고 단순한 가상으로 만족하라고 온 사방에서 인간의 의식을 사주한다. 그러므로 계몽에게 결정적인 것은 첫 번째 인상을 극복한 두 번째 시선이다. 처음 볼 때의 인상 그대로가 사물의 참모습이라면, 연구와 학문은 무용지물이 된다. 거기에는 탐사할 것도 탐구할 것도 실험할 것도 없기 때문이다. 하지만 학문과 계몽은 현실과 탐정 같은 관계를 맺고 있다. 특히, 탐사 작업과 주어진 사물 간의 긴장이 극도에 이르는 경우는 인간과 사회 현상이 문제될 때다. 그 이유는 여기에서 '주어진' 모든 것이 어떤 의미에서는 '겉모양'일 뿐이고 인위적일 뿐이기 때문이다.

인간의 삶은 선험적으로 자연적인 인위성 속에서 그리고 인위적인 자연성 속에서 움직인다〔플레스너(Helmuth Plessner)〕. 이 인식이 바로 계몽주의의 문화 성찰의 업적이다. 그 인식은 지금 모습대로의 인간은 '부자연스럽게' 산다는 것을 보여준다. 인간에게서 자연인 것은 '사라졌고', 문명적으로 '왜곡'되고, '변형'되었다. 인간은 결코 '자기 본질의 한가운데' 있지 못하고, 과거에 그랬고 현재에도 그럴 수 있는 '진정한' 모습이 아닌 다른 모습을 하고 자신 옆에 서 있다. 이런 인식은 오늘날 철학적 인간학의 상식이다. 그동안 그것은 도덕적으로 중립화하고, 구조적 시각으로 정화되었다. 그러나 이런 인식이 발견된 초기, 비자연성의 사상은 엄청난 도덕적 공격 가치를 지니고 있었다. '선한 자연'에 대한 믿음이 깨지지 않는 한, 그것의 폭발력은 아주 강했다. 귀족적 세계 질서에 저항해 봉기하면서 시민 사회가 외쳤던 전쟁 구호 중 하나가 '자연, 자연'이었다.

사회적 인간에 대한 루소의 비판에서도 비자연성의 발견이 가져온 결과를 읽을 수 있다. 그의 비판에는 비판적 · 부정적 측면과 유토피아적 · 긍정적 측면이 있다. 우리는 하나를 파괴적 정치학으로, 다른 하나는 건설적 교육학으로 명명할 수 있을 것이다. 루소는 18세기 사회의 인간은 '자연'을 완전히 이반한 자연의 변종이라고 진단한다. 모든 자연 발생적인 것은 관습적인 것으로 변질되었고, 순수한 것은 세련된 것으로 대체되었으며, 모든 진심에는 사회적 일상 의례의 겉치레가 덧칠되어 있다. 이런 사태를 지켜보는 루소의 시선은 너무나 예리하다. 이는 모욕당한 시민적 지각이 스스로 삶에 대한 권리를 주장할 수 있기를 바라면서 귀족적으로 조작된 사회 질서에서 존재하는 것과 같다.

앙시앵레짐의 사회적 무대는 하루하루 투명해지고 부조리해졌다. 귀족이 자신들의 생활양식을 내면적 아이러니로 조롱하는 반면, 부르주아적 정서 문화는 그것의 인위적인 정형화를 혐오감으로 대했다. 바로 이런 연유에서 루소의 비판은 동시대인들에게 엄청난 반향을 불러일으켰던 것이다. 사회적 변질에 대한 루소의 서술을 보고 사회적으로 부상하던 시민 계급은 자신들의 가장 기초적인 사회적 감정이 입증되었다고 느꼈으며 귀족 지식인 가운데 감수성이 예민한 일부도 이 비판이 근본적으로 정확하다는 것을 인식했다. 여기에서 '민감한 비판'의 보편적 법칙이 다시 한번 그 타당성을 증명한다. 즉 비판은 어차피 비판에 덜 적합한 사람들이 수용하는 반면, 비판의 주요 당사자들은 그들에게 아무런 말도 하지 않는 뿌연 거울을 들여다볼 뿐이라는 것이다. 지적인 귀족들이 루소의 비판에 동의한 것은 그들의 박애주의 활동에 효소와 같은 중요한 역할을 했다. 그들은 이런 활동으로 기존 질서의 부당 이득자라는 양심의 가책을 도덕적으로 해소하려 했다. 앞에서 암시했듯이 최초의 합리적인 심층심리학은 귀족적 루소주의의 곁가지였다. 즉, 그들의 치료에서 드러나는 것은 곧 '자연'의 내적 '치유력'의 증거로 간주되었다. 무의식의 가능한 파괴력과 '자연의 어두운 측면'은 그 뒤를 이은 낭만주의 세대에게 처음 눈에 띄어 점차 보수적 · 염세적으로 해석되었다〔호프만(E. T. A. Hoffmann), 아이헨도르프(Eichendorff) 등〕.

이런 분석에 바로 정치적 입장이 뒤따른다. 자연성의 이름으로 억압 체계에 대항하고, 시민의 정직한 마음으로 귀족적 · 교활한 허위에 대항하며, 자유로운 사회 계약 이념으로 케케묵은 봉건적 억압 관계에 저항한다는 것이다. 새로운 사회는 모든 사람이 서로의 이익을 위해 자연과 호의를 이상으로 삼아 평화롭고 근면한 공동 생활을 약속하는 질서이고자 한다. 그것이 아무리 조화롭고 상냥하게 들려도 앙시앵레짐의 많은 추종자들은 이 계획에서 지옥의 반란 소리를 가려 들을 수 있을 만큼 섬세한 신경의 소유자였다.

보수주의자들은 프랑스 혁명이 테러와 전쟁을 벌이며 변질되는 모습을 공포와 만족감이 뒤섞인 묘한 감정을 가지고 바라보았다. 그 이후 어떤 다른 것도 보수적 인간상에게 그토록 강력한 자양분을 공급한 것은 없다. 이 인간상은 고삐 풀린 인간의 본성이 지금 여기에서 어떤 낙관주의도 어떤 미화의 말치레도 받을 자격이 없다고 생각했다. 여기에서 보수적 사상은 실증주의적인 태도를 취하는 척한다. 그것은 우선 맥락을 묻지도 않고, 인간은 너무나 자주 이기적이고 파괴적이며 탐욕스럽고 어리석게 공동체에 해가 되도록 행동한다고 기록한다. 그렇다. 그래서 모든 보수주의에게 범죄성은 무엇보다 중요하다. '짧은 사고'는 그 안에서 염세적 인간관을 위한 결정적 증거를 발견하고, 이 증거가 권위주의적이고 엄한 규율의 정치를 위한 근거를 제공한다. 이 시각에서 보면, 자연에는 나무 · 소 · 왕 · 법칙 · 별이 있듯이, 그렇게 이미 범죄자 · 바보 · 불평자 · 이기주의자 · 반항아들이 '있다'는 것이다. 여기에서 기독교의 원죄설은 보수주의적으로 염세적인 자연 이해와 결합한다. 그들에게 인간이란 여자의 몸에서 출생했다는 단순한 사실만으로도 이미 결함이 있는 존재다.

루소의 철학은 이 모든 것을 예상했다. 루소의 철학은 사람들이 염세주의를 앞질러 갈 수밖에 없다는 것을, 그것도 인간이 현재 드러나는 사회적인 모습의 존재로 **변해간다는** 점을 증거로 들면서 그러리라는 것을 알고 있었다. 사악하게, 탐욕스럽게, 어리석게, 파괴적으로 행동하는 사람들의 실제 모습이 그들의 본질을 증명하지 않는다. 바로 루소에게서 우리는 현대의 정치적 계몽의 가장 중요한 사유 형태, 즉 무고한 희생자의 이론을 본다.

정치적 염세주의의 증거인 범죄자 · 광인 · 반사회적 인물, 한마디로 미성숙한 인간은 천성적으로 그런 모습을 가지게 된 것이 **아니라** 사회를 통해 그렇게 **만들어졌다는** 것이다. 그들은 한 번도 천성대로 살 수 있는 기회를 가진 적이 없으며, 빈곤 · 억압 · 강요로 인해 현재의 상태로 내몰렸다는 것이다. 그들은 **사회의 희생물**이다.

인간 천성에 대한 정치적 염세주의의 방어는 우선은 효과적이었다. 그것은 실증주의적 사고에 대한 변증법적 사유의 우월성을 확보했다. 또한 그것은 도덕적 상태와 자질을 과정으로 희석한다. 포악한 사람이 아니라 포악해지는 과정이 '있을' 뿐이다. 범죄성이 아니라 범죄자로 변해가는 과정이 '있다'. 백치가 아니라 백치화가 '있다'. 이기심이 아니라 이기주의를 키우는 조련 과정이 '있다'. 미성숙한 사람이 아니라 후견의 희생자가 '있다'. 정치적 실증주의가 자연이라고 가정하는 것은 실제로는 조작된 자연이다. 즉, 인간에게 주어진 기회의 억압인 것이다.

루소는 자신의 관점을 좀더 명료하게 설명해줄 조수 두 명을 알고 있었다. 그들은 문명화하여 타락하기 전에 살았던 두 부류의 인간이다. 즉, 고상한 야만인과 어린아이이다. 계몽주의 문학은 이 두 인물을 중심으로 가장 은밀한 열정을 펼친다. 민속학과 교육학 말이다. 이런 접근 방식은 오늘날까지 변한 것이 없다. 이런 이중적 열정은 문학적으로 두 가지 포괄적인 장르 속에 스며든다. 한 장르는 이국적인 여행문학과 좀더 후기의 인종학이고, 다른 것은 교육 소설과 교육자 및 부모 문학이다.

콜럼버스에서 부갱빌(Louis Antoine de Bougainville：프랑스의 항해가—옮긴이)과 쿡 선장에 이르기까지, 유럽의 뱃사람들이 전한 원시 종족들은 정치적으로 서서히 가열되기 시작하던 계몽에게 시급히 필요한 증거를 제공한다. 쉽게 말해, 이들이 사는 곳의 '사정은 다르다'는 증거, 즉 평화롭고 이성적이고 인간적이고 감각적이며, 귀족도 전쟁도 착취도 가발도 또 왕의 봉인장(封印障)도 없다는 증거를 제공한다. 남태평양의 고상한 야만인들은 아르키메데스의 점과 같다. 즉 이 점을 통해 유럽적 사회 질서의 주장, 신이 부여했기 때문에 자신이 세상에서 최고라는 주장을 격퇴할 수 있는 것이다. 다른 질서도 존재하는데, 그것은 더 나은 것이기도 하다. 이성적인 것이 현실적인 것이 될 수도 있다. 계몽은 바로 이 점을 말하고자 한다.

그 순간부터 아이는 정치적 대상이 된다. 말하자면 그들은 계몽의 살아 있는 담보물이다. 아이는 자기 집의 '고상한 야만인'인 셈이다. 때묻지 않은 무구한 아이들을 과거의 체계가 키워낸 그런 인위적인 사회적 불구로 만들지 않기 위해 적절한 교육의 장을 마련해야만 한다.

아이들은 새로운 시민적 인간이 되고자 하는 목표이다. 그러나 교육학을 가장 먼저 정치화한 것이 계몽은 아니다. 계몽은 아이들이 언제 어느 곳에서나 기존 관계의 담보물이라는 사실을 **발견했을** 뿐이다. 이제 아이들은 그 이상의 존재가 된다. 그들은 '다른 세계', 한층 더 인간적인 사회에 대한 시민 계급의 희망이 된다. 이때 비로소 새로운 부모 사랑, 즉 정치색을 띤 부모 사랑, 자식들만은 더 나은 삶을 살아야 한다는 소망에 집중된 그런 부모 사랑이 생겨나지 않았나 싶다. 그런데 새로운 시작을 감지하고 세계 변화와 진보의 역동성에 온몸을 바쳐 헌신하는 사회에서라야 이런 형태의 부모 사랑이 자랄 수 있다. 그런 사회에서는 사랑과 '자식에 대한 야망'이 용해되어 새로운 합금이 생겨날 수 있다.

그러나 이런 합금은 안정된 사회, '전망 없는' 미개발 사회에서는 무의미할 것이다. 농부 사회에서는 자식이 앞으로 농부가 되는 것 이외에 다른 어떤 '출세 길'이나 '전망'이 있다고 생각하지 않는다. 귀족의 야망은 아이를 향한 것이 아니라, 귀족 계급 자체인 가문을 향해 있다. 시민 계급의 아이들이 처음으로 인류학적이고 정치적인 임무를 지니게 된 것이다. 시민 계급의 부모자식 관계에서 나타나던 전통적인 야망 조종법이 현재 어떻게 변했는가는 독립된 연구의 주제가 될 것이다.

물론 루소의 낙천적인 자연주의에는 취약점이 하나 있다. 우리가 설령 보수주의적 의도를 가지고 있지 않다 하더라도, 자연의 선함에는 의심이 가지 않을 수 없다. 인류의 시초에 목가적 삶이 있었던 것은 아니다. 기원은 무척 가혹하고 힘들었다. 기원 이념을 역사적으로 이해해서는 안 된다는 점이 곧 드러난다. 깊이 연구해보면 전쟁, 불평등, 가혹한 삶이 풍요롭지 못한 자연 환경에서는 일반적인 현상이라는 사실을 발견하기 때문이다. 물론 예외가 있지만, 이를 기원이나 규칙으로 해석할 수는 없다. 그때부터 '선한 기원'에 대한 질문은 계몽의 고민거리가 되었다. 이 기원의 이념은 **시간적** 의미가 아니라 **유토피아적** 의미를 지니고 있음이 점차 드러난다. 선은 소망하는 인간의 정신 속에, 또 아직 존재하지 않는 것을 집요하게 추구하는 백일몽 속에서만 존재한다. 그렇게 하여 **비판적인** 자연주의는 말라죽은 후, '유토피아의 정신'으로 부활할 때에만 생존할 수 있다. 그렇다면 기원은 목표 환영의 역할을 하는 셈이다〔블로흐(E. Bloch)〕.

실제로 자연주의적 사유는 19세기에 들어 그 기능을 철저하게 바꾸었다. 자연과학은 목가적 자연과는 생판 다른 개념을 제공했다. 게다가 다윈 이래 제국주의적으로 변한 시민 계급은 맹수를 자신의 정치적 상징으로 사용했다. 이제 평화를 이야기하는 사람이 아니라, 폭력을 정당화해야 할 사람이 자연을 그 근거로 들기 시작한다. 구귀족의 문장학(紋章學)도 동물 세계에서 포식 동물의 대표인 독수리, 매, 사자, 곰 등을 특별히 좋아한다.

루소주의 이전에 의미상 그와 반대되는 경향의 귀족적 자연주의가 있었다. 그런데 이 귀족적 자연주의가 막강해진 시민 계급에게서 정치적 '생물학'으로 다시 태어난다. 루소의 자연주의는 자연 사상이 일시적으로 양식이 된 것에 불과하며, 일시적인 양식에 의존할 수 없다는 사실을 해방의 보편 이론보다 더 분명하게 보여주는 것은 없다. 그래서 계몽은 머뭇거리며 고상한 야만인과 천진무구한 아이에게 결별을 고한다. 그러나 결별이 결코 이 '동맹자들'과의 관계 단절로 이어지지는 않는다. 아이와 야만인은 계몽의 이념에 충실한 사람들의 호의를 청구할 수 있는 권리를 보유하고 있다.

오늘날에도 대문명은 인종학에서 자기 반성의 자극을 받는다. 그래서 현재 눈에 띄는 인디언 숭배의 배후에는 자연 이념에 대한, 그리고 자신 및 환경과 이성적인 관계를 유지하고자 하는 사회의 최대 크기에 관한 깊은 사유가 있다. 또한 극복하지 못한 유년기 때문에 고통을 당하는 사회는 아동심리학에서 자극받아 오늘날까지 끊임없이 자신의 행동 구조에 관해 소중한 성찰을 하고 있다.

루소의 비판에서 피해를 입지 않고 남은 것은 이른바 사악한 '자연'을 사회적 허구로 폭로한 부분이다. 지능, 인종, 성이나 성적 태도에서 자연적으로 열등한 것들에게 이런 폭로는 여전히 중요하다. 보수주의자와 반동주의자가 여성의 열등함, 흑인의 저능, 상류 계층 아이들의 선천적인 지능을 강조하고 동성애적인 경향을 병으로 간주하기 위해 '자연'을 끌어들인다면, 그들은 자연주의를 강탈한 것이다. 비판이 할 일은 이런 행태를 반박하는 것이다. 결국 비판은 이 일을 끝까지 밀고 나가 '자연'이 우리에게 보여주는 것이 중립적이고 경향성이 없다는 사실을 인식하고, 모든 평가와 경향은 의심의 여지없이 문화의 문제라는 것을 꿰뚫어볼 수 있어야 한다. 설령 루소의 '선한 자연'이 이제 사라졌다 하더라도, 적어도 루소는 어떤 '나쁜 자연'도 사회적 억압의 핑계로 받아들여서는 안 된다는 점을 가르쳤다.

그러나 '사회의 희생자들'이 언급되는 곳에서는 '교활한 차원'이 재등장하기 쉽다. '사회의 희생자들'이라는 개념에는 도처에서 오용되기 쉬운 반성적인 모순이 작용한다. 이미 루소에게서 우리는 이중 도덕을 은폐하는 의심스러운 교활함을 관찰했다. 그가 자연과 유년기를 새로운 교육 이념 속에서 결합하지만, 동시에 자기 자식들을 부정하고 고아원에 보냈다는 사실을 우리는 예전부터 이론과 삶의 단절로 이해했다. 루소는 능란하게 모든 일의 책임을 다른 사람에게 전가하고, 스스로는 언제나 목적의 순수함만을 발견하는 교활한 성찰의 대가였다. 유명한 《고백록》은 이러한 순수 감정의 하얀 종이 위에 쓴 것이다. 이런 태도는 다른 확고한 계몽주의자들, 특히 하이네가 따를 수 없었고 따르고 싶지 않은 어떤 측면이었다. 물론 이들은 반계몽주의의 조류 전체가 자행한 악명 높은 루소 비방과는 무관하지만 말이다.

희생자 이론의 약점은 의식의 자기 물화이며, 순진하면서도 교활한 입장에 있다. 이는 경우에 따라 책임 면제의 술책으로, 협박의 기술로, 간접 공격으로 이용되기도 하고, 또는 그렇게 받아들여지기도 한다. 심리학은 이러한 지위를 위장된 공격으로 이용하는 '영원한 희생자' 유형을 알고 있다. 넓은 의미에서 여기에는 영원한 패배자나, 의학적 또는 정치적인 면에서 우울증을 앓고 있는 환자가 속한다. 이들은 자신들이 처한 상황이 너무나 끔찍해서 자살하지 않고 이민가지 않는 것을 커다란 희생이라고 한탄하는 사람들이다.

독일 좌파 가운데 특히 사회학적인 희생자 도식의 영향을 받은 특정한 유형의 거부자들이 생겼다. 그런데 이들은 여름도 야당도 없는 이 나라에서 사는 것이 유일하게 구역질나는 일이라고 느낀다. 이런 관점을 무슨 뜻인지도 모르고 지껄이는 말이라고는 아무도 생각하지 않을 것이다. 그들의 잘못은 그들 자신을 모른다는 데 있다. 고발은 비참한 상황에 달라붙어, 확실하게 비판적인 관찰 소견을 얻는다는 구실로 비참함을 확대하기 때문이다. 많은 '비판적' 의식은 궤변적 오기를 가지고 호전적으로 자신을 물화하면서 병든 전체보다 건강해지기를 거부한다.

사회 참여적인 자원봉사자와 사회복지사는 선한 의도로 죄수, 노숙자, 알코올 중독자, 사회 주변부의 청소년들에게 단지 적절하게 저항할 기회를 놓쳤을 뿐인 '사회의 희생자'라는 사실을 가르쳐주려 할 수 있다. 이때 그들은 희생자 도식이 오용될 수 있는 두 번째 가능성을 경험한다. 이 경우 봉사자들은 때때로 민감한 방어의 벽에 부딪히고, 자신들의 '선한 의지' 속에 얼마나 강한 차별이 작용하고 있는지를 분명히 느끼게 된다.

빈곤 계층의 자의식과 품위를 지키려는 욕구는 이런 식의 논의를 펼치는 정치적 지원이 강요하는 자기 물화를 강력하게 거부한다. 가장 빈곤한 처지의 사람도 내면에서 이글거리는 자기 주장의 불꽃을 느낀다. 그런데 우리가 정작 두려워해야 할 것은 당사자가 스스로를 희생자라고, 비자아라고 생각해서 이런 불꽃이 꺼져버릴 때다. '가난한 놈'의 자존심에는 자신만이 스스로를 가난한 놈이라고 말할 수 있다는 것도 포함된다. 그들에게 가난하다고 말하는 사람은, 의도가 아무리 선하다 해도 그들을 모욕하는 것이다. 해방적 성찰의 본질에는 그것이 강요해서 될 일이 아니라는 점도 포함된다. 해방적 성찰은 오로지 간접적 지원에만 대응한다.

여기에서 비로소 철저하게 계몽이 불가능해진 삶, 아도르노가 스케치한 그런 삶에 대한 전망을 할 수 있다. 그는 패배자가 사회적 불의를 견디기 위해 다시 스스로에게 행사하는 어떤 불행한 의식을 언급한다. 여기서 내면적 반성이 일어난다. 그것은 마치 자유의 패러디처럼 보인다. 이 현상은 겉으로 만족감과 유사해 보이고, 누가 무엇이냐고 묻는다면 아마 스스로도 그렇게 표현할 것이다. 한트케(Peter Handke)는 모친을 회상하면서 부드러운 공식 하나를 발견했다. 사랑스럽고 무기력한 인식의 슬픔이 현실 앞에 '더 바랄 바 없이 흡족한 불행'이라는 무기를 내민다. 세계가 **그렇게** 보일 때 어떤 계몽에게도 세계의 잠을 깨울 권리도 기회도 없다.

8 사적 허구의 비판

도대체 자아는 어디에 있는가, 육체에도 영혼에도 없다면?
–블레즈 파스칼

환상에 대한 비판은 자연과 사회 사이에 있는 자아의 위치를 향해 마지막 대공세를 편다. 앞서 행한 비판들의 사상적 흐름에서 우리는 인식이 인간 본성 자체가 아니라 개념으로서 자연, 제조품으로서 자연, 즉 부자연스러운 자연과 연관된다는 사실을 알 수 있었다. '자연으로부터 주어진 것' 속에는 늘 인간적으로 '덧붙여진 것'이 들어 있다. 이런 인식 속에 반성의 '노동'이 축약되어 있다. 현대는 우리의 머릿속에 소박성을 깨는 반직관적인 경험의 형태로 자리를 잡는데, 이 경험은 우리에게 지성을 향상시키라고 독특한 압박을 가한다.

'자연'을 증거로 끌어낸다는 것은 이데올로기적으로 언제나 어떤 의미를 함축한다. 그것은 인위적인 소박성을 만들어내기 때문이다. 그것은 인간의 기여 부분을 은폐하고, 사물이 자연적으로 원래부터 어떤 '질서' 속에 주어져 있다고 단언한다. 이 질서 속에서 '관심'으로 유발된 우리의 묘사가 자연을 그려낸다. 어떤 자연주의이든 그 속에는 질서 이데올로기로 발전할 가능성이 숨어 있다. 모든 자연주의는 비자발적인 소박성으로 시작해서 의도한 소박성으로 끝난다. 처음에는 '사물의 질서'가 객관적인 것이라고 생각하지 않을 수 없다. 최초의 시선은 사물에 닿는 것이지, '안경'에 닿는 것은 아니기 때문이다. 계몽의 작품 속에서 이러한 최초의 순수는 어쩔 수 없이 상실된다. 계몽은 소박성의 상실로 이어지고, 자기 경험을 겪으면서 객관성의 붕괴를 조장한다. 계몽은 되돌릴 수 없는 각성을 가져다준다. 이미지의 언어로 말한다면 안경으로의 전환, 즉 자신의 합리적 장치로의 전환을 실행한다. 어느 문화에서 안경의 의식이 한번 깨어나면, 과거의 소박성은 매력을 상실한 채 수세에 몰려 스스로 원해서 그렇게 되었다고 고집하는 편협성으로 변한다.

그리스인의 신화는 여전히 매력 만점이다. 단지 파시즘의 신화만이 김빠지고 몰염치할 뿐이다. 최초의 신화에서 세계 해석의 첫 발걸음을 떼었다. 모방된 소박성에는 교활한 백치화가 작용한다. 한걸음 진보한 사회 질서 속에서 이루어지는 자기 해석의 주요 방법이다.[6] 그 때문에 현대에 들어 신화의 역할은 단지 피상적인 차원에서 다루어졌다. 현재로서는 이런 접근으로 충분할지 모른다. 교활한 자기 백치화는 모든 현대적 자연주의에서, 즉 인종주의 · 섹스주의 · 파시즘 · 천박한 생물학주의 · 이기주의에서 표출된다.

이 대열에 이기주의를 넣는다는 것은 첫눈에는 낯설게, 심지어 위험하게 보일지도 모른다. 실로 이기주의는 특별한 종류의 '자연적 사실'이다. 내가 생각하기에 이기주의 비판, 달리 표현해 사적 허구의 비판은 모든 계몽의—계몽을 통해 문명화한 자아의 자기 경험은 한층 더 성숙해진다—핵심을 이룬다. 논리적으로 계몽 이후에는 다른 형태의 폭로 비판이 있을 수 없다. 단지 '실천', 즉 의식적 삶이 있을 뿐이다.

자아는 어떻게 자신의 결정에 이르게 되는가? 무엇이 그의 '성격'을 형성하는가? 그의 자기 경험을 이루는 자료는 무엇인가? 대답은 이렇다. 자아는 프로그램 입력의 결과인 것이다. 정서적이고 실용적이며 도덕적이고 정치적인 조련 과정에서 자아는 형성된다. "태초에 교육이 있었다" 〔앨리스 밀러(Alice Miller)〕.

자기 경험은 소박한 지각과 반성의 두 단계를 거친다. 소박한 단계에서 모든 의식은 자신의 성격 형성, 프로그램, 훈련을 자기 것이라고 생각할 수밖에 없다. 감각이든, 감정이든 또는 견해든, 의식은 우선 "그것이 바로 나야!"라고 말한다. **내** 감정이 그렇고, **내** 생각이 그렇다고, 나는 현재의 **내 모습** 그대로라고 말이다. 반성 단계에서 자아 의식은 '나의 프로그램, 나의 성격 형성, 나의 훈련이 그랬다는 것을' 분명히 깨닫는다. 나는 그렇게 교육받았고 그렇게 변했으며, 나의 '기제'는 그렇게 작동하고, 내 안에는 나이면서 동시에 내가 아닌 것이 그렇게 작용하고 있다는 것을 말이다.

내면성의 확립과 사적 허구의 **산출**은 계몽의 가장 도전적인 주제다. 오늘날까지 명확하게 해결되지 못한 점이 있다면, 계몽의 이런 자극을 사회적으로 운반한 담당자가 누구인가 하는 문제다. 지성은 사회학적으로, 교육경제학적으로 그리고 정치적으로 정당화할 수 있지만, '지혜'와 자기 성찰은 정당화할 수 없다는 데 있다. 설령 그 계몽의 처리 방식이 현실에 닻을 내리고 있다 하더라도, 급진적 자아 계몽의 주체는 그 사회적 정체를 확인할 수가 없다.

이 때문에 대다수의 사회들은 의식적으로 비(非)계몽을 추구하는 것처럼 보인다. 니체 역시 우리에게 삶의 에너지를 제공하는 자기 기만을 훼손하는 '삶에 역행적인 계몽'에 대해 경고하지 않았는가. 우리에게는 과연 사생활과 인격과 정체성의 '기초 허구들'을 뒤흔들 만한 여유가 있는가. 어쨌든 구보수주의자와 신보수주의자는 이 질문에 공동으로 방어 입장을 취하겠다는 어려운 결단을 내린다. 즉, 모든 반성 촉구에 대항하여 '불가피한 삶의 거짓들', 그것 없이는 자기 보존 자체가 불가능한 그런 거짓들을 지켜내겠다는 결단 말이다. 이때 호기심과 경쟁 관계에 있는 자기 경험에 대한 일반적인 불안이 이들에게 지원 사격을 해준다는 점을 특별히 강조할 필요는 없을 것이다. 이런 식으로 점잔을 빼면서 스스로 출입문을 닫은 자아가 벌이는 연극은 곳곳에서 연속 공연된다. 이미 오래 전에 수단이 마련되어 있고, 그 도움으로 좀 더 나은 지식을 확보할 수 있는 곳에서조차 형편이 그러하다.

어느 사회에서든, 모든 정치적 전선을 가로질러 단호한 계몽에 맞서 가장 적극적인 저항을 펼치는 것이 바로 자아이다. 어떤 사람도, 하물며 계몽주의자라 자처하는 사람도 여기서 급진적 반성이 앞장서 나가는 꼴을 보고 싶어하지 않을 것이다. 정체성이라는 황금 송아지를 둘러싸고 벌어지는 춤판은 반계몽의 가장 거창한 마지막 파티이다. 드러나든 숨든 모든 보수주의의 주문(呪文)이 바로 정체성이다. 보수주의는 개인의 정체성, 직업적 정체성, 민족적 정체성, 정치적 정체성, 여성의 정체성, 남성의 정체성, 계급 정체성, 정당 정체성 등을 실현하기 위해 투쟁한다는 기치를 내건다. 이렇게 몇 가지 중요한 정체성의 요구들을 열거하는 것으로 벌써 정체성이라 부르는 것이 여러 성격을 지녔고, 또 유동적이라는 점을 충분히 설명했으리라 생각한다. 하지만 여기서 실제로 자아의 견고한 **형태**가 문제되지 않았더라면, 정체성을 언급하지도 않았을 것이다.

내면성의 확립은 윤리학, 연애술, 미학, 정치학의 담당자인 자아를 포괄한다. 처음에는 '나'가 질문의 대상이 되지 않더라도, 이 4차원 속에 내가 나의 것으로 경험하게 될 모든 것이 주어져 있다. 즉 나의 행동 규범, 나의 직업 윤리, 나의 성적 표준, 나의 감각적 · 정서적 경험 방식, 나의 계급 '정체성', 나의 정치적 관심 등이 주어져 있는 것이다.

가장 마지막 사안부터 먼저 살펴보자. 귀족과 시민 계급, 프롤레타리아의 '정치적 나르시시즘'을 간략하게 서술하면서, 나는 우리가 우리 자신과 '나르시시즘적'으로 가장 가깝게 존재할 수 있는 '가장 깊은 내면'의 영역에서 동시에 가장 '외면적인 것'과 가장 보편적인 것을 만나게 된다는 점을 개진했다. 인격의 공적인 심장부에서 '자신의 것'이 '낯선 것'과 벌이는 게임이 여기서 가시화한다. 나르시시즘 분석은 타자가 자아보다 늘 앞선다는 것을 보여줄 수 있었다. 내가 거울을 들여다보는데, 그 속에서 자신이 나라고 우기는 타인을 인식한다. 계몽이 그토록 과격한 반직관으로 우리의 의식을 폭파시켰다는 것이 계몽의 매력적인 아이러니일 것이다. 나는 이 논의의 마지막 부분에 계몽의 마지막 통합 차원은 일종의 '합리적 신비주의'가 되어야 하지 않을까 하는 생각을 암시할 것이다.

자아가 정치적 세계로 진출할 경우 사적인 신분으로가 아니라 한 집단, 한 계층, 한 계급의 일원으로서 늘 그렇게 한다. 태곳적부터 귀족 계급의 구성원은 자신들이 '최고'라는 것을 알았다. 그들의 사회적·정치적 지위는 권력과 자기 존중 간의 공개적이고 과시적이며 자족적인 관계에 근거했다. 귀족 계급의 정치적 나르시시즘은 이렇게 권력적이고 단순한 오만을 먹고살았다. 귀족은 자신들이 실존적으로 중요한 측면에서 선호하는 집단이며, 탁월성의 적임자라고 믿어도 괜찮았다. 또한 그들은 군사적으로 더 강하고, 미학적으로 우월하며, 교육의 측면에서 세련되었고, 꺾이지 않는 활력을(궁정 귀족들의 경우 이 점은 맞지 않다) 가졌다. 그래서 귀족의 기능에는 정치적 지위로 인해 활력이 파괴될 것이라는 결론을 도출할 만한 단서는 없다. 실제로 귀족은 종종 나르시시즘적 쾌락의 토대 위에 문화적 자화상을 수립하려 했다. 그의 정치적·미학적 문화는 자기 찬양, 즉 자의식과 축제의 통일이라는 동기를 근거로 한다. 이러한 나르시시즘적 계급 의식의 일상적 형태는 귀족의 **명예**라는 개념과 귀족적 **생활양식**이라는 관념에서 나타난다.

귀족은 고도로 훈련된 명예심이 조금이라도 손상되면 보상을 찾아야 한다. 이는 유럽과 아시아의 결투 및 상징적인 투쟁의 역사에서 드러난다. 명예는 정서와 공공성을 이어주는 끈이었고, '가장 뛰어난 사람들'의 가장 깊은 내면과 그들끼리 또는 평민을 상대로 한 생활 현실 사이를 연결해주는 끈이었다. 인사법, 자신을 낮추는 행동 양식, 심지어 봉건사회 이전의 언어가 전혀 알지 못했던 문법적 구조(그중에서 가장 눈에 띄는 것은 일본어의 경어법이다)는 지배나 명예, 개인적 쾌락에 대한 그들의 권리 주장에서 기인한다.

높은 자의식을 입력하는 귀족적 프로그램은 우리가 너무 성급하게 허영심이나 오만이라 부르는 것 이상을 포괄한다. 그것은 견해, 에티켓, 정서와 취향의 문화를 위한 교육과 높은 차원의 성격 형성을 제공한다. 예절의 옛 개념 속에는 이 모든 요소가 한데 들어 있다. 궁신(宮臣)이란 자기 존중의 훈련을 거친 사람을 말하는데, 이 훈련은 다양한 형태로 표현된다. 즉 귀족적으로 수준 높은 견해, 세련되거나 당당한 매너, 용감하고 영웅적인 감정, 그리고 무엇이 궁정 취향인지 또는 아름다운 것인지를 알아차리는 정선된 미학적 감각으로 표현된다. 전혀 자신을 믿어 의심하지 않는 귀족이 이 모든 것을 성취하리라는 것은 당연한 일이다. 불안이나 의심은 모두 귀족의 문화적 정체성의 해이를 의미한다. 생활양식으로 굳게 자리잡은 계급 나르시시즘은 어떤 아이러니도, 어떤 예외도, 어떤 과실도 용납하지 않는다. 이런 교란 현상은 반갑지 않은 반성을 강요할 것이기 때문이다. 프랑스 귀족들이 셰익스피어의 '야만스러운 짓거리'에 경멸의 표정을 지은 것도 우연이 아니다. 그의 작품 속에서 벌써 사회 앞에서 최고이기를 원하는 사람들이 풍기는 인간적인 평범함의 냄새를 맡았던 것이다.

시민 계급의 부상과 함께 '최고'의 자리는 새로 분배된다. 시민 계급의 자아는 새로운 계급 의식의 정상을 향해 유례없이 창조적인 돌격 작전을 수행하면서, 그들 고유의 나르시시즘을 무리하게 획득했다. 오늘 우리는 이 나르시시즘이 몰락하는 시대를 살고 있는데, 바로 이 때문에 정치적 · 문화적 우울증이 그토록 만연한 것이다. 시민 계급 역시 부패한 귀족이나 무식한 상민들보다 **더 나을 수 있는** 고유한 방식을 고안했다. 맨 처음 그의 계급 자아는 모든 일상사에서—섹슈얼리티에서 기업 경영에 이르기까지—더 훌륭하고 더 깨끗하고 더 이성적이고 더 유익한 도덕의 감정을 지향한다.

새로운 시민 계급은 거의 한 세기 동안 도덕을 설파하는 문학에 탐닉한다. 새로운 정치적 집단은 그 안에서 특별한 방식으로 자신을 말하는 법을 배운다. 자연의 아름다움, 친밀한 사교성, 슬픈 운명에 대한 동정으로 다져진 '감상주의'에서 보통 그렇듯이, 이 방식은 심리적이고 심미적일 수도 있다. 또 그것이 학자 공화국으로 시작해 시민 공화국으로 끝난 시민의 공론 영역에서처럼 정치적이고 학문적일지도 모른다. 문학 · 일기 · 사교 · 비판 · 학문 · 공화주의는 모두 새로운 시민적 고급 자아, 주체성에의 새로운 의지를 위한 훈련 제도이다. 시민은 이를 통해 비로소 좋은 취향을 지니고 적절하게 행동하며 견해와 의지를 가지는 법을 배운다. 여기에서 시민은 훈련을 통해 시민 문화의 고상한 감정, 계급 특유의 새로운 감정을 익힌다. 그 감정이란 **시민으로 존재한다는 사실의 기쁨**, 진보 의식, 바닥부터 시작하여 여기까지 왔다는 자부심, 도덕과 역사의 성화 주자로서 자부심, 도덕적 감수성에 대한 기쁨, 교육 수준을 과시적으로 즐기는 태도, 자연에 대해 박식하지만 동시에 소박한 감정도 가지고 있다는 기쁨, 음악적 · 문학적 · 학문적 천재성에 대한 감탄, 모험하고 발명하며 역사 운동에 동참하고 있다는 느낌에서 오는 기쁨, 마지막으로 정치적 발언권을 쟁취하는 쾌거 등이다.

오늘날 18세기와 19세기를 뒤돌아보면, 시민 문화가 창조적인 동시에 요염한 나르시시즘에 흠뻑 젖어 있었다는 것을 느끼게 된다. 하지만 시민 계급은 근본적인 사안에서, 특히 시민 계급이나 심지어 대학생 집단에 결투가 도입되는 계기가 된 명예 개념에서 귀족에게 의지하는 바가 컸다. 명예는 시민 계급에게도 사회적 나르시시즘의 중요한 요인이 되었는데, 이 나르시시즘이 시민 사회 국가의 군사화와 밀접하게 연관된다. 그런데 이런 유형의 시민이 현재 멸종 상태에 있다는 것을 우리는 문명의 도처에서 감지할 수 있다. 그런 유형의 계승자를 본 사람은 스스로를 인종학자라고 생각해도 된다. 그는 오늘날에도 이 최후의 표본적 시민들이 신을 말하지 않고서는 숲을 지나갈 수 없다고 말하는 것을 듣고, 의아해 할 것이다.

신(新)시민적 세대는 자신의 사회적 나르시시즘을 현대화했다. 바이마르 시대 이래 시민 계급의 집단적 자아가 내는 음은 조금 약해졌다. 시민으로서 자아 존재의 격의 없는 스타일이 도처에서 지배적 풍조가 된다. 우리는 오늘날 생존해 있는 마지막 교양 시민의 표현 양식을 끔찍할 정도로 인위적이라고 느낀다. 그들에게 대놓고 제발 그렇게 부풀려서 말하지 말라고 충고해주고 싶은 충동을 누구나 한 번쯤은 느꼈을 것이다. 우리는 20세기에 시민적 자아 양식의 양대 진영, 구형과 신형 사이에 사회심리적인 전선이 형성되었음을 관찰한다. 이 두 양식은 서로에게 강한 알레르기 반응을 일으킨다. 한 유형에서 다른 유형으로 넘어가는 문턱은 아마 제1차 세계대전 당시, 그리고 뒤이은 현대화 기간 중에 생겼을 것이다. 토마스 만과 브레히트가 서로에게 보여준 혐오감에서 이 전선은 구체적으로 드러난다.

역사적 시각에서 시민 계급은 **나를 말하면서** 동시에 **노동 경험**을 소유하는 법을 배운 최초의 계급이다. 과거의 모든 계급 나르시시즘은 '오로지' 전투, 군사 영웅주의와 통치자의 호언장담만을 근거로 끌어들일 수 있었다. 시민 계급의 자아 서사 속에는 처음으로 노동의 자부심, 생산적 업적의 이념이 공명한다. 이러한 '노동 계급'의 자아는 그때까지 듣도 보도 못한 사실주의 어법을 사회적 자부심 속에 포함시킨다. 물론 이런 어법이 처음부터 분명하게 드러났던 것은 아니다. 시민 문화는 시와 산문, 예술과 삶, 그리고 이상과 현실을 구분하라고 강요받았기 때문이다.

노동 의식은 시민적 자아 속에서 여전히 이상주의적 진영과 실용주의적 진영으로 분열되어 있었다. 시민 계급의 한 갈래는 수공업자 · 상인 · 관료 · 재정가 · 기업가로 이루어졌는데, 이들은 모두 나름의 방식으로 노동이 무엇인지 안다고 주장할 만한 사람들이었다. 이들과는 반대로 처음부터 다른 버전의 시민들도 존재했다. 이들은 연구하고 시를 짓고 음악을 하고 철학을 하며, 이런 활동으로 스스로 충만한 세계를 계발할 수 있다고 믿고 있었다. 시민적 자아의 양대 진영이 단지 피상적인 차원에서만 화합할 수 있었고, 소유와 교양의 공허한 결합 속에서만 하나로 묶일 수 있었다는 것은 쉽게 이해할 수 있는 일이다. 이들이 수백 년 묵은 갈등, 선한 시민과 악한 시민, 이상주의자와 착취자, 몽상가와 실용주의자, 이념적으로 자유로운 시민과 노동 시민 사이의 긴장 관계를 만든 장본인이다. 이러한 긴장은 노동 세계와 '자유' 사이의 갈등이 그러하듯이 끝이 보이지 않는다. 사회주의 내 대부분의 경향도 이제까지는 이상주의적 시트로엥과 인색한 부르주아지 간의 시민 계급 내부에서 일어나는 갈등의 부단한 재연으로 이해할 수 있다.

하지만 노동에 대한 시민의 경험은 부르주아지가 원하는 것처럼 그렇게 명확하지는 않았다. 일을 하면서도 창조적이기 **때문에** 권력 주체로서 나를 말하는 시민은 단지 형식적으로, 겉치레로 만인을 위한 진리를 말한다. 그는 자신의 노동 방식이 의심스럽다는 것을 다른 사람들이 잊었으면 좋겠다고 생각한다. 특히 노동 영역의 고유한 시민인 기업가, 자본가, 재정가들이 그러하다. 그들의 노동 의식은 너무나 앞뒤가 맞지 않아 19세기 후반 이래 거짓이라고 말하지 않을 수가 없게 되었다. 노동이 진정 정치적 자아가 될 수 있는 권리를 만든다면, 시민 '노동자'를 위해 노동하는 사람들의 상황은 어떠하겠는가. 따라서 19세기의 대부분 동안 그리고 20세기의 시기별로 권리를 박탈당한 프롤레타리아의 처지는 시민 사회를 조용히 놓아두지 않았다. 바로 업적 원칙(근면한 자들을 위한 성공과 특권)은 발전의 과정에서 허울뿐인 빈 껍데기가 되었다. "노동이 자유롭게 만든다"는 말은 해를 거듭할수록 냉소적 음조를 더해가는 명제였는데, 결국 그것은 아우슈비츠의 정문 앞에 새겨지게 되었다.

시민으로 산다는 즐거움은 18세기와 19세기에 정치를 해야 한다는 강박감과 결합하여 새로운 복합적인 정치 감정으로 변한다. 그 결과, 그것은 200여 년 동안 무수한 개인에게 그들 자아의 가장 내밀하고 즉흥적인 감정처럼 보이게 된다. 바로 조국에 대한 사랑 말이다. 자발적인 애국심으로 출발한 이 감정은 19세기가 흐르면서 계획적으로 정치 이데올로기로 조직되고, 20세기에는 광기의 정치 체계로 가열된다. 유럽의 민족주의는 실제로 확신과 열정의 복합체다. 개인들은 이것을 마치 선천적인 것처럼 내면에서 발견하고 원초적인 순박성과 정직성으로, "그것이 바로 나이고, 그렇게 나의 내면적 자아는 느끼고, 그렇게 나 자신의 정치적 이성이 움직인다"고 말한다.

독일인들이 그토록 소박하게 아름다운 애국심에 동감하는 경우는 아마 애국심에 대한 자기 반성이 싹트기 시작한 여명기에 살면서 초기의 순수함을 간직하고 있는 외국인을 만날 때일 것이다. 수심 어린 어색한 미소로 이 땅에 망명해 살고 있던 칠레의 사회주의자들이 '조국 아니면 죽음'이라는 후렴으로 끝나는 노래를 부르는 광경을 지켜보고 있는 독일 좌파들을 생각해보라. 독일인들이 이 나라에서 진보적이고

아우슈비츠 포로 수용소의 정문에 새겨진 구호. "노동이 자유롭게 만든다."

애국적인 주제들이 서로 화음을 이루는 노래를 듣는 게 얼마 만인가. 반동 세력이 너무 오랫동안 민족 감정을 자기 것으로 흡수해버렸던 것이다.

200년 전만 해도 상황은 조금 달랐다. 최초의 애국 세대들 가운데에는 혁명 이후 유럽 왕실의 대공세로 말미암아 자신들의 국가적 실존이 위협받고 있음을 알았던 프랑스인이 있다. 그후 나폴레옹의 점령에 저항했던 독일인이 있었고, 터키의 패권에 대항하여 독립 전쟁을 펼친 그리스인과, 갈기갈기 찢겨 사방으로 흩어진 폴란드인, 여러 차례 점령당한 후 '구원받지 못했다'고 느꼈던 가리발디 시대의 이탈리아인이 있었다. 그들의 민족적 나르시시즘에는 어느 정도 초창기의 순수함이 그대로 남아 있었다.[7] 그후 해가 갈수록 분명해지던 것이 아마 그들에게는 아직 보이지 않았을 것이다. 즉, 애국심과 민족주의는 시민적 자아 자부심의 의식적인 자기 입력 프로그램이었으며, 그것이 진지해지면 즉각 심상치 않은, 불행한 발전으로 이어진다는 점을 말이다.

독일에서는 일찍이 초창기의 순수함이 사라졌다. 장 파울(Jean Paul)

은 벌써 프랑스인의 시대에 피히테의 《독일 국민에게 고함(Reden an die deutsche Nation)》(1808)에서 성찰 끝에 나온 교활하고 허위적인 요소를 지각했다. 피히테의 저서를 밝은 빛 아래에서 보면, 그것이 조금도 소박하지 않지만 소박하다고 느끼게 만든 의식의 사려 깊은 프로그램이라는 것을 알게 된다. 근대 철학의 위대한 반성논리학자 중 한 사람인 피히테가 독일인들에게 조국애를 설파했다는 것은 가장 초기의 독일 민족 감정 속에 추하고 자기 기만적인 요소가 들어 있음을 말해준다. 하인리히 하이네도 처음부터 독일의 애국심에서 역겹고 불쾌한 면을 보았다. 교육 · 조련 · 선전을 통해 민족적 자발성이 끊임없이 만들어졌고, 그 결과 20세기 초에 접어들어 이데올로기 증류기에서 나온 허풍쟁이 민족 나르시시즘이 마침내 군사적으로 폭발하게 되었다. 민족 나르시시즘은 1914년 8월에 유럽 전역을 휩쓴 격정의 폭풍과 전쟁의 환호 속에서 최대의 승리를 경축했다.

민족주의적 심성은 원래 종합적인 성질이어서 누군가가 그 안에 입력된 나르시시즘 프로그램을 교란시키면 잘 견디지를 못한다. 국수주의적으로, 또 엘리트적으로 편향된 시각을 가진 시민 계급과 소시민 계급이 이른바 너무나 '해체적'인 영향을 끼쳤던 자기 성찰적 지식인층에게 커다란 분노를 느꼈던 것도 이 때문이었다. 시민 이데올로기는 자신의 인위적인 소박성을 분열하려는 경향에 맞서 스스로를 방어하기 위해 하나의 입장을 취한다. 그리고 이 입장 때문에 과거 자신들이 담당했던 계몽 운동과 갈등에 빠지게 된다. 계몽의 사해동포주의적 의젓함과 보편주의적 기품은 애국자들의 정치적 나르시시즘에게는 눈엣가시와 같다. 후기 시민 사상에서 나타나는 '이성의 파괴'처럼 많이 인용된 루카치의 개념은 탈환상의 힘에 맞서 시민의 계급 자아가 전개하는 자기 도취적인 주장에서 기인한다. 성찰은 필연적으로 자아에게

탈환상의 힘을 가한다. 그렇게 하여 계몽과 사회주의 사조들의 동맹 관계가 등장하게 된 것이다. 처음에 사회주의 사조는 지배의 심성 구조가 스스로 원한 자기 현혹을 피할 수 있는 방법을 알고 있었다.

어쩔 수 없는 일이지만, 민족주의의 주요 훼방꾼은 과거의 '네 번째 신분' 운동, 즉 노동 운동이라는 정치 운동에서 나온다. 새로운 정치적 자아가 다시 노동 운동 속에서 발언권을 얻은 것이다. 이 정치적 자아는 시민적 자아가 아니다. 하지만 초창기에는, 또 그후 오랫동안 시민의 언어로 말한다. 처음에 사회주의는 이데올로기적으로 '자신의' 무기가 필요 없었다. 자유, 평등, 유대 같은 시민 계급의 말을 그저 따라 하는 것으로 충분했다. 그러나 이 모든 개념이 말 그대로의 의미만을 가지고 있지 않다는 사실이 드러나자 사회주의는 시민적 이데올로기에 대항하기 위해 자신의 비판 무기를 만들어야만 했다. 그러나 사회주의는 우선 시민의 이상을 전면에 내세워 시민의 이중 도덕을 공격할 수밖에 없었다. 계급 의식의 이론과 더불어 사회주의적 교의는 메타 도덕의 반열에 올라서게 되었다.

초기 노동 운동은 도덕적 권리를 모두 점유했다. 여기서 그들이 한때 지녔던 도덕적 우월성이 유래한다. 노동 운동은 시민적 노동사실주의로 출발한 과정을 한걸음 크게 진척시킨다. 시민적 노동 의식과 확연히 구분되는 프롤레타리아 노동 의식이 있었기 때문이다. '저 아래 바닥'에 대한 철저히 사실주의적인 경험이 그 안에서 정치적으로 표현된다. 그들은 평생을 뼈빠지게 혹사하지만 남는 것은 하나도 없다. 사회 전체의 부는 꾸준히 증가하지만, 먹을 양식조차 충분치 않다. 건축물이나 지배자들의 저택, 도시 건설과 군사적 수준 또는 다른 이들의 사치성 소비를 보면 뻔히 드러나는 사실이다. 노동자는 일생을 부를 산출하는 데 썼지만, 정작 자신의 부는 조금도 증가하지 않았다. 노동자가 '나'라고 말하자마자, 상황은 거기서 머물지 않는다.

그러므로 프롤레타리아의 정치적 자아가 형성되는 과정은 시민이나 귀족의 경우와 다르게 시작했고 다르게 전개되었다. 노동자 자아는 거창한 통치욕이나 도덕적 · 문화적 패권욕을 가지고 공적 세계로 진입하지 않는다. **그것은 원초적이고 자기 도취적인 권력을 향한 의지를 가지고 있지 않다.** 이제까지의 모든 노동 운동과 사회주의는 이런 조건을 무시했기 때문에 실패했다. 귀족 계급 내에서 권력을 향한 의지는 정치에서나 삶에서 거의 동일하다. 권력을 향한 의지는 사회 구조 내에서 지위 나르시시즘으로 확고하게 자리잡고 있다. 즉 위에 있는 자는 스스로를 최고라고, 정치적으로나 실존적으로 탁월하다고 느낀다. 시민 계급에게 계급 나르시시즘은 이미 이중적이고 모순적이다. 그것은 한편으로 도덕적 · 문화적 · 경제적인 창의성의 부단한 연마를 통해 문화적 헤게모니를 쟁취하려는 공적과 연관되어 있다. 하지만 다른 한편으로 국가주의적 싸구려가 되었다. 이 경우 통치를 향한 의지로서 권력을 향한 의지는 절대적인 필수 조건이 아니다. 이는 19세기와 20세기 독일 시민 계급이 보여준 악명 높은 정치소심증에서 이미 드러난다. 시민적 나르시시즘은 이윤을 향한 의지, 성공과 '문화'를 향한 의지에서 멈출 수 있다. 마지막으로 노동자 자아에게 권력을 향한 의지, 특히 통치를 향한 의지는 부수적인 동기나 정열보다 계산이 앞서는 동기다.

프롤레타리아의 사실주의는 애초부터 두 가지 모순적 차원을 가지고 있었다.

첫 번째 사실주의는 "마땅히 네 몫인 것을 챙기려면 움직여야 한다"고 말한다. '신도, 황제도, 민중 지도자도' 네게 필요한 것을 주지 않을 것이다. 빈곤에서 빠져나오려면 정치적으로 깨어나 권력 게임에 동참해야 한다. 포티에(Eugéne Pottier)는 〈랭테르나시오날(L'Internationale:

The International. 1871년 프랑스의 외젠 포티에가 작사한 공산주의자, 노동자의 혁명가—옮긴이)〉에서 이렇게 말한다.

두 번째 사실주의는 정치란 희생을 요구하는 것임을 안다. 나 자신의 절박한 관심은 아무것도 아니며, 레닌이 그랬듯이 백만 단위로 인간을 계산해야 하는 고차원에서 정치는 이루어진다. 노동자 사실주의 속에는 정치적 정치에 대한 해묵은, 뿌리깊은 불신이 살아 있다. 명제, "네가 정치에 신경을 쓰지 않으면, 정치가 네게 신경을 쓸 것이다"(프롤레타리아 정치화의 근본 공식)는 노동자들의 귀에도 들렸다. 하지만 잘 표현되었음에도 결국 비열한 생각에 불과한 냉소주의의 소리로 울렸을 뿐이다. 그 **자신이** 정치를 위해 지불하고 희생하는 당사자라는 사실을 아무도 그에게 말해줄 필요가 없다. 천진하면서도 초현실적인 원초적 소망이 있다면, 아마 그런 정치 자체가 언젠가 없어지고 편안한 마음으로 마침내 정치에 마음 쓰지 않아도 되었으면 하는 것이다. 좁은 의미의 노동자를 비롯해 보잘것없는 사람은 모두 정치계 전체에 혀를 내밀고 싶은 충동을 느낄 것이다. 그러므로 대중적인 사실주의에서 소속 정당의 관료를 비롯해 정치가에 대한 유머는 가장 건강한 웃음을 선사하는 유머로 여겨졌다.

노동자 의식의 반정치적 경향은 정치가 늘 결핍과 갈등 상황에서 생겨나는 강제 관계라는 것을 알았다. 정치는 서로 얽혀 있는 사회적 클린치 상황에서 발생한다. 이런 클린치 상황은 선천적으로 승리자들에게, 즉 엘리트나 부자, 야심가, 정치 운영에서 스스로를 최고라 느끼는 사람들에게만 만족감을 줄 수 있다. 그러므로 사회주의가 정치에 참여하라고 노동자를 부추긴다면, 그것은 프롤레타리아적 사실주의에 일부나마 재갈을 물리는 것과 같다. 계급, 정당, 진영들의 클린치 현상을 '즐겨' 경험하라는 것은 정말 무리한 강요일 것이다. 그런데 사회주의 정치의 저류에는 이런 요소가 흐르고 있다. 그것이 어차피 새로운 민족주의의 언어 규칙에 불과한 것이 아니라면 말이다. 노동자 자아에 정치적 프로그램을 입력하는 사업이 이데올로기의 의미에서 전세계적으로 실패했던 이유가 바로 여기에 있다.

물론 노동자가 강성한 곳에서는 언제나 임금 인상, 사회 보장, 참여의 기회와 부의 재분배를 위한 기초 작업을 쟁취했다. 하지만 어떤 이데올로기로도 그들에게 권력을 향한 진정한 정치적 의지를 가지라고 설득할 수는 없었다. 비정치적인 사실주의는 그리 쉽게 속아넘어가지 않는다. 대중의 정치화는 전쟁을 전제로 하거나, 또는 파쇼적 · 연극적 대중 연출이 있을 때 가능하다. 노동자 자아가 공식적으로 권력을 잡고 있는 사회주의 국가에서만큼 사람들이 정치에 더 염증을 느끼는 곳이 없다는 사실이 그 징후일 것이다. 그들은 정당의 수사학을 회전 예배기(티베트 라마교도가 기도할 때 손에 드는 조그마한 바퀴—옮긴이), 즉 그들이 진정으로 원하는 생활 수준의 향상, 최악의 노동 의무의 완화, 자유화 등의 패러디라고 느낀다. 현대사에서 최대의 아이러니 가운데 하나는 서구의 어떤 프롤레타리아도 1980년 사회주의의 폴란드인들처럼 그렇게 자발적이고 잘 훈련된 총파업 운동을 전개하지 못했다는 것이다. 그들의 파업은 권력이 아닌 권력으로 인한 고통의 감소를 향한 의지의 표현이었다. 그것은 프롤레타리아 사실주의의 전형적인 예다. 즉 정치적 정치에 대항하는, 끝없는 희생의 이데올로기에 대항하는 스트라이크인 것이다.

물론 이러한 범례에도 역사가 있다. 19세기의 노동 운동에서는 두 조류가 서로 경쟁 관계에 있었다. 그런데 이 두 조류는 각각 프롤레타리아 의식의 상반된 사실주의인 마르크스주의와 무정부주의를 출발점으로 잡고 있었다. 마르크스주의는 사회주의적 권력을 향한 의지를,

통치를 향한 의지로 규정하는 논리적으로 일관된 전략을 착안해냈다. 심지어 마르크스주의는 국가 및 국가 정책의 존재를 현실적으로 전제할 수 있는 한, '권력을 향한 의무'까지 생각했다. 그에 반해 무정부주의는 처음부터 국가와 정치적 권력 기제 자체의 소멸을 위해 투쟁했다. 사회주의 노선, 나중에는 공산주의 노선은 무정부주의자들이 말하는 '빵의 정복'〔크로포트킨(P. A. Kropotkin)〕이 국가와 경제 질서 내에서 헤게모니를 잡아야만 가능하다고 생각했다. 그들은 '생산자들'이 국가의 지배자가 되어야만 사회적 부를 국가라는 우회로를 거쳐 자신들에게 분배할 수 있다고 생각했다. 이 과정에서 국가 요원이나 군사 요원들이 노동자를 착취할 수 있다는 점을 현실적으로 내다본 사람은 위대한 공산주의 이론가나 정치가들 가운데 아무도 없었다. 하지만 무정부주의는 반정치적 욕구나 자기 결정의 이념에 정당성을 부여했다. 그래서 공산주의 이론가와 정치가는 "오 세상에, 아직 국가라니. 또다시 국가 타령이야"라는 무정부주의의 생각에 철저하게 저항했다.

프롤레타리아 사실주의를 '정당 정체성'으로 무리하게 전환하려는 계획은 19세기 이래 실험실 연구처럼 꼼꼼히 검토되고 있다. 우선 노동자 자아는 자신의 내면에서 정치적으로 각성될 수 있는 결핍 감정들을 발견한다. 즉 영양 부실, 법적 요구, 피해 의식, 노동의 결실에 대한 권리 주장 등이다. 이런 근본 동기들을 꿰어 맞추어 다양한 전략이 만들어진다. 전략이 다양한 것은 동기만 보고 요구 사항의 이행 방법을 알 수 없기 때문이다. 길은 프롤레타리아 사실주의의 주요 갈래에서 갈라진다. 그래서 계급 의식적 경향에 대항하여 강력한 개인주의가 나타난다. 또 국가를 인정하는 전략 경향에 반대하여 반국가 전략 경향이 등장하고, 의회주의 방식에 반대하여 반의회주의 방식이, 대표제의 이념에 반대하여 자율 통치의 이념이 맞선다. 오늘날 대안은 권위적인 사회주의 또는 자유주의적 사회주의다. 이런 대립이 노동 운동이 분열된 원인이다.

분열에는 객관적 근거가 있다. 프롤레타리아 자아를 정당 정체성으로 교육하려는 사람은 이 자아의 근본 경험과 동기 일부에 폭력을 가해야 한다. 노동 운동 가운데 공산주의 계파의 특징은 특이하게도 냉소적인 수뇌부 정치다. 여기서 지도부는 나머지 정당 조직에게 정확한 기능을 요구하고 심지어 '구(舊)브레인'의 근본 계획을 뒤집는 신(新)브레인의 기능을 수행한다. 이에 반해 무정부주의의 약점은 프롤레타리아의 실질적 이해관계를 누구보다 잘 알지만, 그것을 효과적으로 조직할 수 있는 능력이 없다는 데 있다. 조직은 권위적인 진영의 전문 영역이기 때문이다. 현재의 조건에서 자율 통치와 자체 조달의 이념이 실현될 길은 없거나 좁은 범위 내에서만 가능하다. 그래서 무정부주의는 프롤레타리아의 반정치 본능보다 오히려 권리를 찾아주려 했다. 소시민적 '반란'을 더 자주 논의의 주제로 삼았던 것도 그 때문이다.[8)]

분열을 야기한 힘은 노동 운동을 체계적으로 붕괴시켰다. 그 힘은 물론 여기서 언급한 원초적 분열의 노선을 그대로 따랐을 뿐 아니라, 곧 좀더 높은 단계의 분열의 역학, 반성적 성격을 가진 역학 속에 얽혀 들어간다. 17세기와 19세기 사이에 일어난 시민 계급의 자아 형성 과정도 공론 영역의 실험실에서 전개되긴 했지만, 프롤레타리아의 자아 형성 과정은 그보다 정도가 더 심했다. 반성 앞에서는 어떤 소박성도 안전하지 않다. 여기에서는 오래 사기칠 수 없다. 민족주의에 해당하는 사항은 사회주의에도 유효하다.

사회주의가 형태를 갖추는 과정을 지켜보면, 그것이 허구를 가지고 정치를 하려는 순간 역풍의 일격을 당한다는 것을 알 수 있다. 이 역풍은 결코 밖에서만 부는 것이 아니다. 원래 안에서 부는 바람이 더 센

법이다. 배타적이고 자족적이며 교조적인 프로그램은 모두 분해되어야 한다. 정치 운동이 실존적 사회주의와 사회에 관한 학문을 근거로 끌어들이면서 대가를 치르지 않아도 된다고 생각하면 오산이다.

노동 운동의 한 정파가 올바른 정치가 **무엇인지** 알고 올바른 정치를 한다고 주장하고 나선다면, 이를 부인하고 좀더 나은 견해를 가졌다고 주장하는 반대 정파가 등장할 것은 **뻔한** 일이다. 이것이 사회주의 운동의 맹목적인, 온전히 기계적이고 반성적인 비극이다. 시민 계급 진영의 국민경제학자 베르너 좀바르트(Werner Sombart)는 다소 빈정거리는 투로 적어도 130가지 다양한 사회주의 변종을 셀 수 있다고 했다. 그런데 오늘날의 풍자가들은 의기양양하게 더 많은 수를 셀 수 있을 것이다.

분열은 반성적 진보의 대가이다. 반쯤 깨인 사람이라면 누구나 정당 자아가 선전 실험실에서 생산되며, 토대 사실주의나 가장 기본적인 생활 감정과도 일치하지 않는다는 사실을 알고 있다. 사람들은 여기에 정체를 확인해야 할 소박성을 찾는 프로그램이 있다는 것을 눈으로 뻔히 본다. 그러나 한편으로 비판과 학문을 끌어대면서 다른 한편으로는 소박성과 맹목적 충성 체계를 근거로 삼을 수 있는 정치는 없다. 모든 사회주의는 '학문적 세계관'이기를 원하기 때문에 자기가 삼킨 독을 영원히 토해내야 한다. 그의 사실주의적인 위는 단순한 교조가 들어오면 금방 뱉어낸다.

구사회민주주의의 수정주의 논쟁에서 2차~4차 인터내셔널 집합체에 이르는 사회주의 내부의 토론은 16세기에 성찬 해석을 둘러싸고 벌어진 신학자들의 논쟁만큼 현대인들에게 신기한 일이다. 거기서 현대인들은 역사가가 객관적인 연구로 얻은 결과와 동일한 것을 발견한다. 즉 자기 삶의 이해관계를 지향하는, 통일된 프롤레타리아 자아의 형성은 실패로 돌아갔음을 깨닫는다.

삶을 향한 의지와 권력을 향한 의지는 이제까지 두 개의 상이한 계산서를 제시했다. 프롤레타리아 자아의 경우에는 허구가 사실주의보다 약했다. 정치적 정체성의 프로그래머들은 처음부터 서로 치고받고 싸웠고, 출력 테이프 안에 감겨버렸다. 통일적인 프롤레타리아 계급 자아는 현실이 아니라 신화이다. 이 프로그래머들의 공적 활동을 살펴보면 금방 들통난다. 한동안 그들은 기분 좋게 스스로를 선동가이자 이데올로기 전파자라고 털어놓지 않았던가.

사회주의적 정체성을 입력하는 프로그램의 실패에 작용했던 또 다른 요인은 옛 정치 개념의 심리학적 순진성이다. 특히 서구 국가에서 사회주의는 정치의 기쁨, 아니 적어도 정치로 인한 고통의 감소에 대한 전망조차 공감할 수 있도록 연출할 줄 몰랐다. 사회주의의 심리 정치는 대개 조야한 수준에 머물러 있었다. 그것은 분노, 희망, 동경, 야망을 움직이게 할 수 있었다. 그러나 그 무엇보다 중요한 기쁨, 즉 프롤레타리아로 존재한다는 기쁨을 느끼게 하지 못했다. 그런데 프롤레타리아의 사회주의 개념에 따르면 이는 불가능하다. 프롤레타리아라는 존재는 부정적으로 정의되기 때문이다. 가진 것이라고는 자식밖에 없는 존재, 더 나은 삶의 기회와 재산에서 배제된 존재가 프롤레타리아인 것이다. 이들이 긍정적인 자아를 향한 길을 가려면, 탈프롤레타리아의 과정을 거쳐야 한다. 러시아의 10월 혁명 이후 잠시 만개했던 혁명적인 프롤레타리아 숭배에는 **직접적**인 계급 나르시시즘, 프롤레타리아의 자기 경축과 같은 요소가 들어 있었다. 하지만 그것은 곧 자신들의 보잘것없는 처지와 기만에 시들어버리고 말았다. 사적 나르시시즘이나 정치적 나르시시즘에서 '더 나은 존재'라는 감정은 가장 중요한 요소이다. 노블리스 오블리제. 그러나 프롤레타리아 오블리제라고 말할 수 있는가?

시민적 자아를 계승하고 상속권을 주장하는 프롤레타리아 자아는 이제 막 정치적 침묵을 극복하기 시작한 노동자들의 계급 경험을 소유하고 있다. 모든 자아가 스스로를 표현하려면 또 공론 영역의 시선을 견디려면 견고한 알맹이, 자아 자부심이 필요하다. 그것이 타인 앞에 나설 수 있게 하는 힘이 된다. 민중이 인권의 언어를 발견하고 사용한 것이 그들에게 최대의 돌파구가 되었다. 인권은 1525년 농민 봉기에서 러시아와 폴란드의 항거에 이르기까지 기독교적 인간의 권리로 표현된다. 미국 혁명과 프랑스 혁명에 토대를 둔 전통에서 인권은 스스로를 서구의 자연권으로 이해한다.

분노와 자유에 대한 권리가 뒤섞여 고양된 감정, 노예(로봇)가 아니라 인간**이기도** 하다는 느낌은 초기 노동 운동에서 도덕적 · 심리적 · 정치적 힘을 부여했다. 또한 그 힘은 탄압에도 불구하고 점점 커져만 갔다(그래서 사회주의 운동은 동일한 동기를 가진 기독교 노동 운동과 경쟁 관계에 있다. 그 동기란 정치적 · 법적으로 의미 있는 인간 존재의 감정을 느끼고 싶다는 것인데, 기독교 노동 운동에는 혁명적 요소가 빠져 있다). 19세기의 기록들이 증명하듯이 프롤레타리아의 고난이 상상을 초월하는 한, 인권 감정의 발견은 분명히 노동자에게 정치적 자아의 핵심을 선사해 주었다. 그것은 초기의 소박한 사회주의에게 과거 회상적인 마력을 부여했다. 그것은 진리로 채워진 감동적인 정치적 휴머니즘이었다. 그러나 인권의 올바른 해석을 둘러싼 논쟁이 시작되면서 흥분은 차갑게 식었다. 19세기 후반부터 전략의 시대, 분열, 수정과 동족상잔의 시대가 시작되었다. 인권 의식은 정당 논리와 투쟁 논리의 수레바퀴에 갈기갈기 찢겼다. 사회주의 흐름들이 상호 비방을 시작한 이래 인권 감정은 공론 영역에서도 끄떡없는 프롤레타리아의 고양된 자긍심을 보존할 수 있는 능력을 상실했다.

사회민주주의는 이미 그 이전에 교육 정책을 통해, 즉 "지식은 권력이다"는 구호를 내걸면서 계급 나르시시즘의 신경을 자극하려 한 적이 있다. 바로 그 일을 계기로 고유한 계급 문화에 대한 요청이 처음으로 등장한다. 고유한 계급 문화를 주장하게 된 근거는 계급 특유의 창조성과 우월한 '도덕', 그리고 교육 없이는 사회주의 국가를 건설할 수 없다는 인식에 있었다. 또한 "지식은 권력이다"는 명제는 사회주의가 마침내 자기 도취적인 문화 욕구와 정치 권력이 상호 연관된다는 비밀을 알게 되었음을 의미한다. "가난하다고 해서 선하거나 현명한 것은 아니다"(E. Kästner, *Fabian*, 1931).

노동 운동의 전성기에는 노동, 근면, 계급의 권력과 연관될 충분한 근거를 가진 프롤레타리아의 자부심이 인권 의식을 능가했다. 프롤레타리아의 권력 지식은 "우리의 강한 팔이 원한다면, 모든 바퀴가 정지할 것이다"는 명제에서 정점에 도달한다. 총파업의 열정 속에는 계급 권력과 생산에 대한 지배의(물론 늘 비현실적일 수밖에 없는 전제, 프롤레타리아 단합의 전제 아래에서만 가능한) 자부심이 약간은 남아 있다. 프롤레타리아 단합은 삶에 대한 관심과 정치적 관심이 그들에게서 늘 일치하지만은 않는다는 슬픈 사실에서 깨진다. 하지만 잠재적인 총파업 의식과 노동 의식의 강력한 힘도 지속적으로는 계급의 자긍심을 유지할 수 없다. 잿빛 일상은 계급 역사의 극적인 에피소드들을 배우는 정치적 학습보다 더 강력하다. 결국 권력 의식과 노동 의식만으로는 끊임없이 재생되는 문화 속에서 자부심을 담보할 수 없다.

고양된 감정의 재생 능력은 한 계급의 문화적 · 실존적 창의성에 근거를 둔다. 단순한 권력은 결국 스스로에게도 지겨워질 것이다. 정치에 대한 기쁨이 지배자들의 야망으로 축소되는 곳에서는 장기적으로 대중의 활기찬 저항은 불가피하다. 그러나 여기에 프롤레타리아의 객관적인 열등감의 씨앗이 들어 있다. 임금 노동은 추상적인 가치를 만들어낸다. 그것은 창의적이지 않으면서 생산적일 수 있다. 산업 노동의 정신박약증은 프롤레타리아의 진정한 계급 나르시시즘을 막기 위해 당분간은 아무도 통과할 수 없는 장벽을 높이 쌓는다. 그러나 생산하는 인간의 문화적 헤게모니는 오로지 그런 나르시시즘에서 얻어질 수 있다. 그에 반해 조야한 노동 이데올로기에 토대를 둔 문화 체계는 귀족 문화와 시민 문화의 소중한 유산, 즉 창조적인 삶의 쾌락정치를 획득할 능력이 없다. 사회주의적 방식의 상속은 과거의 결점을 강화했고, 과거의 장점을 약화시켰다. 귀족과 시민 계급의 뒤를 잇는다는 것은 '좋은 삶'이 중요해진 문명에서 단지 전임자의 약점을 피하고, 강점을 습득한다는 것을 의미할 뿐이다. 다른 것은 노력할 만한 가치도 없다.

나는 여기서 성애술 · 윤리학 · 미학 같은 다른 영역에서 이루어지는 내면성의 확립 과정을, 계급 나르시시즘의 역설적인 내면성에서 시도했던 방식대로 서술하지는 않을 것이다. 어쨌든 비판의 도식은 동일하다. 즉, 집단적으로 입력된 프로그램과 스스로 입력한 프로그램이라는 도식이다. 오늘날 성의 사회 · 문화적 조련은 누구나 입에 올리는 주제다. 미개한 문화의 구성원들이 소유한 소박한 남성성과 여성성의 개념은 아마 우리를 매료시킬 것이다. 문화적 맥락에서 우리는 그런 조련의 결과에 내재한 '어리석은' 요소에 걸려 때때로 비틀거리곤 한다. 여성성과 남성성이 계급 의식, 직업 윤리, 성격, 취향과 마찬가지로 장기적인 사회적 자기 조련의 과정을 거쳐 형성되었다는 것은 오늘날 삼척동자도 다 아는 일이다. 인간은 누구나 내면성의 수련기를 거치고 모든 신생아는 성의 학습기를 거친다. 나중에 자신이 누구인지 깨닫고 난 후 남성과 여성은 이런저런 성질을 가진 감정의 자발성을 발견한다. 즉 '이것은 내 마음에 들어', '이것은 싫어', '이것이 내 충동이야', '이것이 나를 흥분시켜', '이것이 내 소망이야', '그 정도로 나는 그것을 만족시킬 수 있어' 같은 생각을 하게 되는 것이다.

우리는 경험을 일별한 첫 순간부터 우리가 누구인지 말할 수 있다고 믿는다. 두 번째 시선은 모든 현 존재 속에는 교육이 숨어 있음을 밝혀낸다. 자연으로 보였던 것이 가까이 겪어보면 규약임이 드러난다. 그게 왜 그리 중요한가? 물론 자신의 입력 프로그램과 남의 입력 프로그램으로 이익을 보는 사람은 반성의 충동을 느끼지 못한다. 하지만 불이익을 당하는 사람에게 속박의 단순한 훈련으로 인한 희생을 계속 감수하라고 요구하면 그는 거절할 것이다. 피해자는 사색의 직접적인 동기를 가지고 있다. 성의 관계에 대한 **보편적인** 불쾌감은 오늘날 여성과 남성에게 문제점 많은 관계의 원인에 대한 성찰 의욕을 크게 강화하는 결과를 가져왔다고 할 수 있다. 문제들에 '개입'할 때마다, 우리는 쌍방이 깊은 사색에 빠져 있음을 알게 된다.

그러면 사색 이후에는 무엇이 있는가? 그런데 나는 "사색을 끝냈다"고 말하는 사람을 보지 못했다. 성찰의 '노동'은 어디서도 끝나지 않았다. 노동은 무한한 것처럼 보인다. 물론 그것은 성장과 성숙을 의미하는 '좋은 무한성'일 것이다. 인간은 수천 가지 이유에서 자신을 더 잘 알아야 한다. 우리가 무엇이든, 그것이 좋든 나쁘든, 일차적으로 우리는 '선천적으로' '가족의 바보'이며, 넓은 의미에서 교육된 인간이다. 궁극적으로 계몽의 문제는 자아의 정신박약증이다. 내면의 자동작용을 없애기는 어렵다. 무의식을 관통하는 데에는 힘이 든다. 새로운 무의식, 새로운 자동화, 새로운 맹목적 정체성 속으로 잠적하려는 경향에 대처하려면 결국 부단한 자기 성찰이 필요할 것이다. 전복과 각성의 순간을 거치면서도 늘 새로운 안정성을 추구하는 삶은 태만에

펠레그리노 티발디(Pellegrino Tibaldi), 〈애꾸눈 거인〉, 1555년경.

대한 애착심에 굴복하기 쉽다. 이 때문에 정신사는 이데올로기들의 어지러운 논쟁에 불과하며, 결코 인간의 문화를 미성숙과 현혹에서 해방시키려는 체계적 작업이 아니라는 인상을 줄 수 있다. '계몽 이후'의 여명 속에서 자아의 정신박약증은 더욱 세련되고 더욱 도착된 장소 안으로, 의식적인 무의식, 방어적인 정체성 속으로 점점 깊이 말려들어간다.

'정체성' 탐구는 무의식적 프로그램 가운데에서도 가장 깊은 곳에 있는 것처럼 보인다. 너무나 깊이 숨겨져 있어 치밀한 성찰로도 오랫동안 그것을 포착할 수 없었다. 우리 내면에는 마치 어떤 형식적인 인간이 우리의 사회적 신분을 증명하는 담당자로 입력되어 있는 것 같다. 이 사람은 거의 모든 측면에서 우리 자신의 것보다 낯선 것이 우선시된다는 원칙을 보장한다. 내 자리처럼 보이는 곳에는 어김없이 다른 사람들이 먼저 와 있다. 그들의 목적은 사회화를 통해 나를 자동 기계로 만들려는 것이다. 원초적 처녀지에서 이루어지는 우리의 진정한 자기 경험은 이 세계에서는 금기와 공포 밑에 매장되었다. 하지만 원래 삶에는 이름이 없다. 우리 안에서 자의식을 가진 무명씨는 '사회적 탄생'을 거치면서 비로소 이름과 정체성을 얻게 되고, 자유의 살아 있는 원천으로 남는다. 또한 살아 있는 무명씨는 사회화의 공포에도 불구하고 인격 가운데 가장 힘이 충만한 낙원을 기억하는 장본인이다. 그의 삶의 토대는 정신이 살아 있는 육체다. 그는 육체가 없는 무명씨(nobody)가 아니라 육체를 긍정하는 사람(yesbody)으로 불려야 한다. 정신이 살아 있는 그의 육체는 개인화의 과정에서 비반성적 '나르시시즘'을 '우주 속에서 반성적인 자기 발견'으로 발전시킬 수 있다. 사적 · 이기적인 허구의 비판으로서 최후의 계몽은 그에게서 종말을 맞이한다. 개인이 존재하기 전의 텅 빈 '내밀한' 영역 속으로의 신비스러운 진입이 종래에는 명상하는 소수의 문제였다면, 정체성을 위한 투쟁으로 분열된 우리 세계에서 마침내 다수가 계몽을 지지할 것이라는 희망을 가져도 좋을 만한 충분한 이유가 있다.

순수한 생존의 관심에서 볼 때, 노바디(nobody)가 될 수 있는 것도 때에 따라서는 필요하다. 《오디세이아》는 가장 장엄하고 가장 기지 넘치는 단락에서 이 점을 과시하고 있다. 재기 넘치는 그리스 영웅 오디세우스는 눈먼 사이클롭스의 동굴에서 도망쳐 나온 후 이리저리 헤매던 결정적인 순간에 큰 소리로 이렇게 말한다. "너를 눈멀게 한 자는 아무것도 아니었다!" 그렇게 오디세우스의 애꾸눈과 정체성은 극복될 수 있다. 현명한 자기 보존의 대가인 오디세우스는 이 외침으로 정신적 기민성의 정점에 도달한 것이다. 그는 원시적인 도덕적 인과성의 영역인 복수의 그물망을 떠난다. 그때부터 그는 '신들의 질시'에서 안전할 수 있다. 사이클롭스가 신들에게 복수를 요구하자, 신들은 그를 비웃는다. 누구에게? 아무것도 아닌 사람에게?

누구나 오디세우스가 될 권리가 있고 또 아무것도 아닌 사람을 살려줄 권리가 있는 세상은, 역사에도 불구하고, 정치에도 불구하고, 시민

권에도 불구하고, 또 어떤 사람임에도 불구하고 의식적 삶의 유토피아였고, 지금도 여전히 유토피아이다. 깨어난 육체의 형태로 그는 어떤 짐도 덜 수 없는 삶의 방황을 시작해야 한다. 위험한 상황에서 영민한 자는 자신 속에서 '아무것도 아닌 존재'를 다시 발견한다. 아무것도 아닌 존재와 어떤 존재라는 양극 사이에서 의식적 삶의 모험과 부침(浮沈)이 펼쳐진다. 자아의 모든 허구는 그의 내면에서 완전히 해체된다. 그래서 햄릿이 아니라 오디세우스가 현대의, 그리고 영원한 지성의 진정한 조상이 된다.

04

폭로 이후—냉소의 어스름
계몽 윤리의 자기 부정에 대한 소묘

너희는 아직 거기 있구나! 아니, 말도 안 되는 소리, 사라져라, 우리는 이제 계몽되었다!
악마의 자식 같으니, 규칙은 묻지도 않는구나. 우리가 아주 영리해도 테겔에는 유령이 나오는구나.

—J. W. 괴테, 《파우스트 I》, 〈바푸르기스 밤〉

"나는 보고 있다, 그게 아무것도 아닌가?" "그것을 하면 누구에게 도움이 되는가?"
"누구를 도와야 하는가?" 하고 파비안은 말한다.

—에리히 케스트너, 1931

그들은 자신들이 무슨 일을 하는지 알고 있기 때문이다.

—에른스트 오트발트, 1931

거친 소용돌이를 거쳐 어렵게 쟁취한 반성적 계몽의 여덟 가지 진보는 자연과학이나 기술과 함께 역사의 한 획을 그었다. 거의 250여 년 전부터 반성적 계몽은 자연과학 및 기술과 하나가 되어 역사와 문화의 영원한 혁명을 이뤘다. 도시화 · 기계화 · 전력화 · 정보화가 사회의 삶을 철저하게 바꿔놓았듯이, 반성과 비판 작업은 의식을 구조적으로 혁신하고, 그것에 새로운 역동적 상태를 강요한다. "더 이상 확고한 것은 없다." 반성과 비판 작업은 지적 · 심리적 토지를 온통 파헤쳐놓았고, 이제 낡은 형식의 전통과 정체성과 성격은 더 이상 그 위에 발붙일 수 없게 되었다. 그 결과가 바로 현대라는 복합체다. 삶은 이 복합체 안에서 연속적 위기에 내맡겨져 있다.

1 계몽의 계몽된 방해

계몽은 분명 엄청난 성공을 거두었다. 계몽의 병기창에는 비판의 무기들이 마련되어 있다. 이 무기들을 하나씩하나씩 따로 살펴본 사람은 그렇게 무장한 정당은 '의견을 위한 투쟁'에서 반드시 승리하리라 생각할 것이다. 그러나 어떤 정당도 그 무기들이 몽땅 자기 것이라 주장할 수 없다. 비판은 일치된 담당자가 없다. 그것은 수많은 학파, 정파, 조류, 아방가르드들에게 분산되어 있다. 원칙적으로 통일되어 정체가 뚜렷한 계몽 '운동'이란 없다. 계몽의 변증법에는 계몽이 결코 전면적인 전선을 형성할 수 없다는 점도 포함된다. 오히려 일찍부터 계몽은 스스로의 적으로 발전했다.

제2예비 숙고에서 드러나듯이 계몽은 적대 권력의 저항(지배 세력, 전통, 편견)에 꺾인다. 지식은 권력이기 때문에 '다른 지식'의 도전에 직면한 지배 세력은 지식의 중심부에 남아 있기 위해 안간힘을 쓴다. 그러나 모든 권력이 모든 지식을 위한 정당한 중심부는 아니다. 반성 지식은 자신의 주체와 분리될 수 없다. 그래서 지배 세력에게 남아 있는 수단은 단 한 가지, 잠재적인 반대 세력의 주체들을 그들의 자기 반성 수단과 분리하는 것이다. 여기에 '이념에 대한 폭력'이라는 유구한 역사를 가진 원인이 있다. 그것은 사람에 대한 폭력도 아니고, 일상적인 의미에서 사물에 대한 폭력도 아니다. 그것은 알아서는 안 될 것을 배울 위험에 처한 사람들의 자기 경험과 자기 표현에 대한 폭력이다. 이 공식 속에 **검열**의 역사가 요약되어 있다. 그것은 반(反)반성 정치의 역사인 것이다. 사람들이 성숙해져 인간이 자신에 대한 그리고 자신의 사회적 관계에 대한 진리를 인식하는 순간, 권력자는 예로부터 항상 인식의 거울을, 즉 사람들이 자신이 누구인지 또 자신들에게 무슨 일이 일어나는지를 인식하게 될 거울을 파괴하려 애써왔다.

계몽이 아무리 단순하고 무기력한 이성의 수단처럼 보일지라도, 그것은 빛처럼 섬세하고 매혹적이다. 그래서 계몽은 다소 신비주의적인 전통 속에서 스스로를 빛, 조명이라 부른다. 빛이 갈 수 없는 곳은 장애물이 광선을 굴절시키는 곳뿐이다. 그래서 계몽이 우선 해야 할 일은 등불을 밝혀서 빛의 전달을 막는 장애물을 치우는 것이다. 빛 '자체'를 반대할 사람은 없다. 빛은 자신이 평화롭게 주변을 밝히는 에너지라고 생각한다. 지면에 빛이 닿아 반사하면 밝아진다. 문제는 반사하는 이 지면이 정말 비춤의 궁극적 목적인가, 아니면 이 지면이 계몽의 원천과 그 진정한 수신자 사이에 끼어든 것은 아닌가 하는 것이다. 18세기 프리메이슨(Freemason)의 언어로 지식의 빛을 교란하거나 차단하는 장애물은 세 가지 이름을 가지고 있다. 즉 미신, 오류, 무지다. 사람들은 이를 세 '괴물'이라 불렀다. 이 괴물들은 계몽이 반드시 고려해야 할 실질적인 권력이었고, 계몽이 살살 약을 올린 후 물리치기로 작정한 대상이었다. 초기의 계몽주의자들은 열정적이면서 순진하게도 빛을 위해 투쟁한다는 명분을 내걸고, 이 권력에게 물러나라고 호통쳤다.

그러나 그들은 주적(主敵)이면서 가장 이기기 힘든 적, '네 번째 괴물'을 제대로 보지 못했다. 그들은 강자들을 공격했지만, 강자들의 지식을 공격하지는 않았다. 그들은 누차 지배 세력의 지배 지식에 대한 체계적 연구를 소홀히 했던 것이다. 이 지배 지식은 늘 이중적 지식 구조를 가진다. 즉 하나는 권력의 행동 규칙을 위한 것이며, 다른 하나는 보편적 의식의 규범을 위한 지식이다.

지배자의 의식은 계몽의 노정과 확산을 결정하는 '반사면'인 것이다. 그렇게 하여 계몽은 처음 진실로 권력을 '반성'하게 만든다. 이때 권력은 자기 관찰로서, 그리고 빛의 굴절과 반사로서, 이중적 의미에

"그들이 이걸 거부했어…… 이 무식한 놈들!"

서 반성한다.

지배자들이 '단지' 오만하기만 한 사람들이 아니라면, 그들은 분명 계몽과 그 수신자들 사이에 서서 새로운 지식 권력이 확산되고 지식 권력의 새로운 주체가 발생하는 것을 막으려 할 것이다. 국가가 진리를 검열하려면 우선 그것을 알아야 한다. 구사회민주주의의 비극은 "지식은 권력이다"는 명제가 지닌 백 가지 의미 가운데 단 몇 가지만 의식적으로 인식하려 했다는 데 있다. 정말 권력을 부여하는 지식이 어떤 것이고, 권력을 확대하는 지식에 도달하려면 어떤 권력을 가져야 하고 어떤 권력이어야 하는지 알지 못했다는 것이 구사회민주주의의 고질병이었다.

19세기와 20세기의 프랑스 보수주의와 왕당파 진영에서는 가끔 적개심에서 어떻게 하면 1789년 혁명을 '피할' 수 있었을까를 상상하곤 했다. 어쨌든 이 반동적인 잡담에는 무척 흥미로운 측면이 있다. 왕당

보수파는 냉소를 가르치는 지배 세력의 정치적 핵심을 찌르고 있는 것이다. 여기서 전개되는 가정법의 논리는 극히 단순하다. 즉 '왕정주의가 개혁 역량을 마음껏 발휘했더라면', '시민적 경제 질서의 현실에 좀더 유연하게 대처하는 법을 배웠더라면', '새로운 경제를 재정 정책의 근간으로 삼았더라면' 등이다. 물론 그랬더라면 틀림없이 이 모든 일은 일어나지 않았을 것이다. 왕당파가 똑똑하다면, 정책적으로 실패하고 정치적으로 무능한 루이 15세와 루이 16세가 이 파탄에 책임이 있다는 것을 가장 앞장서서 시인했을 것이다. 그러나 그들은 정당하게도 '학습능력을 가진 전제 정치'의 가능성을 고려하기 때문에 왕정 자체의 이념을 포기하지 않는다. 정치적 감각이 없던 18세기 프랑스의 우두머리는 권력 지식이 왕정 외부의 중심지를 만들도록 허용했던 것이다.

좀더 깊이 들여다보면 원래의 혁명적 사건의 연쇄 고리는 감동적이고 긴박한 연극의 장면으로 시작한다. 지배 세력은 마지막 순간에야 국민의 문제 지식에 접근해 손아귀에서 빠진 고삐를 다시 한번 쥐려 한다. 이것이 저 유명한 '불평 신고부', 즉 최고위층이 국민의 진정한 고통과 소망을 알아야겠기에 혁명 전야에 마침내 왕의 명령에 따라 멀리 떨어진 교구와 시민들이 썼다는 글의 의미다. '가부장적 겸손'이라는 연극에서 국민들은 각자 원대한 희망에 불타며, 정치적 · 성적으로 뛰는 가슴을 안고 맡은 역을 충실히 연기한다. 이때에야 비로소 왕정은 스스로 학습이 필요하다는 점을 실토한다. 왕정은 이제부터 지식과 정치적 욕구의 중심지가 되겠다는 의지를 널리 알린다. 왕정은 혁명의 중심에서 일어난 지식의 분열을 너무 오랫동안 눈감아주었던 것이다. 바로 이 때문에 왕정은 혁명적 인과성의 공을 굴리게 된다. 그러나 일단 굴러가기 시작한 공을 멈출 체제 내적 제동 장치는 없다.

18세기 대륙의 대왕정 체제하에서는 '가부장적 계몽'이 지배적인 통치 양식이 된다. 프로이센, 오스트리아와 러시아의 왕정들은 학습 의지를 가진 수뇌부를 소유하고 있었다. 그래서 우리는 표트르 대제 식, 프리드리히 대왕 식 또는 요제프 황제 식 계몽이라 말하지만, 아무리 좋게 봐주어도 루이 왕 식의 계몽은 어불성설이다. '계몽 전제주의' 국가에서는 반(半)보수적인 진보 기획이 위에서부터 추진된다. 결국 현대적 계획 이념의 추진력은 여기에서 나오는데, 그것은 최대의 사회 안정을 최대의 권력 및 생산 확대와 결합하려는 것이다. 현재의 '사회주의' 체제도 계몽 절대주의의 스타일로 일하고 있다. 그동안 계몽 절대주의는 '민주적 중앙집중주의' 또는 '프롤레타리아 독재'라 불리기도 하고, 또 그 밖의 여러 가지 완곡 어법으로 표현되기도 한다.

이런 문제에서 독일의 사례는 애매모호하기로 유명하다. 어쨌든 독일 계몽은 레싱과 칸트 같은 대표자들뿐만 아니라, 분명 18세기의 인물에 속하는 프로이센의 프리드리히 2세도 보유하고 있다. 왕자 시절에는 계몽 시대의 적자(嫡子)였고, 과거 통치술의 냉소적인 지배 기술을 공공연히 비난하는 반마키아벨리 저서의 저자였지만, 왕으로서 그는 현대화한 지배 지식의 가장 반성적인 화신이 되어야 했다. 그의 정치 철학에서 권력은 새로운 의상을 걸치고, 탄압 기술은 시대정신에게서 한수 배운다.[1] 프리드리히는 프로이센의 금욕적 복종 정치를 자기 자신에게 적용할 정도로 개인적 무결(無缺)을 추구하기 때문에, 우울한 분위기가 프리드리히의 신냉소주의를 덮어서 가린다. 그는 왕을 '국가의 제일 시종'이라 표현하면서, 형식적으로 때로는 실존적으로 초지일관 복무사상을 왕위에 전용한다. 권력의 탈인격화는 여기에서 출발하고 현대의 관료제에서 절정에 달한다.

프리드리히의 멜랑콜리는 다소 '비극적인' 음조가 계몽 전제주의에 반드시 등장하며 이는 많은 프로이센 숭배자들에게 은밀한 정서적 정

애견과 함께 아틀리에의 책상에 앉아 있는 프리드리히 2세.

체성을 제공했다는 점을 보여준다. 사회적 · 자유적인 관료낭만주의의 기형적 부산물인 현재의 프로이센 노스탤지어도 그것에서 양분을 얻어 자라난 것이다. 독일의 계몽은 다른 어떤 계몽보다 자신의 내면에서 정신분열증적인 균열을 발견한다. 독일의 계몽은 자신의 삶으로 실현해서는 안 될 것들을 알고 있다. 그것은 지식을 지니고 있지만, 그 지식의 진정한 주체는 될 수 없다. 독일의 계몽은 인식을 합병하여 인식이 자아들 안으로 진입하지 못하게 막는다. 이 자아들이 인식을 소유하면 그것에 합당하게 행동할 것이기 때문이다. 이러한 분열증적 우울증 속에서 이미 '지적인 지배 세력으로 인한 시민적 계몽의 탈도덕화'라는 현대 독일사의 실마리가 풀리기 시작한다.

비스마르크는 독일 현대에서 위대한 냉소적 잠재력을 지닌 두 번째 인물이며, 고도의 사유 능력을 가진 억압자이다. 그는 '후발 국가'(1871)의 창조자로서 국가의 정치적 시계를 거의 50년가량 뒤로 돌려놓은 인물이었다. 그는 대대적인 차원에서 진화를 부정하는 작업을 추진한다. 그리고 그 시대의 권력 자원의 균형에 부합하지 않는 정치적 미성숙의 수준을 그대로 유지하려 애쓴다. 또한 이미 오래 전부터 밖으로 표출되던 제4계급의 정치적 의사(사회민주주의)뿐만 아니라 제3계급, 즉 시민적 자유주의의 의사도 탄압한다. 비스마르크는 아마 사회민주주의의 '빨갱이'들보다 자유주의를 더 증오했던 것 같다. 심지어 그는 정치적 가톨릭주의 내에서도 첸트룸(Zentrum:1871~1933년 사이에 존재한 독일의 가톨릭 정당—옮긴이) 정치적 자아를 요구하는 소리를 듣는데, 이는 그의 냉소주의를 유발한다. 이러한 정치적 자아들이 저마다 발언하고자 하는 장소, 즉 프로이센의 의회 그리고 나중에는 제국 의회를 그는 현실적인 시각에서 경멸하는 투로 '잡담 상점'이라 불렀다. 실제 결정은 항상 그와 왕 사이에서 내려졌기 때문이다. 여기서 독일의 지배냉소주의의 실마리는 단단한 끈이 된다. 비스마르크 시대의 '잡담 상점'을 거쳐 바이마르 시대의 의기소침하고 혼란스러운 의회주의에서 끝나는 과정은 바로 "논리는 너희 마음껏 따져라. 그러나 복종하라!"와 함께 시작된다.

그런데 사회민주주의 시대에 계몽의 정체성이 용해되는 현상이 한층 진척된 것은 아닌가 하는 문제는 좀더 생각할 필요가 있다. '계몽'

정치적 계란 춤. 샬크(E. Schalk), 갈등을 조장하는 재상인 비스마르크를 풍자한 만화. 〈프랑크푸르트 라테른〉, 1863.

정부가 등장하자마자, 권력 주체의 내면에서 정신분열적인 갈등이 악화되었다. 권력 주체는 자신의 계몽 지식을 둘로 쪼개고 통치의 우울한 현실주의와 상대해야 하며, 또한 두 번째로 나쁜 악의 기술을 배워야 한다. 권력 행사의 복잡한 현실 앞에서는 단순한 도덕 의식도, 원칙에 대한 충실도 역부족이다. 나는 서론에서 냉소적 이성 비판이 "지식은 권력이다"는 명제에 대한 하나의 명상이라고 말했는데, 아무런 목적 없이 그렇게 천명한 것은 아니다. 그것은 구사회민주주의의 구호였다. 그래서 이 비판은 전체적으로 사회민주주의의 핵심을 명상적으로 정당화하고, 또 해체하는 작업으로 이어진다. 실용주의로서 사회민주주의는 기존 질서를 존중하지만, 이성으로서는 예나 지금이나 그것에 반항한다. 냉소주의 비판의 신호 아래에서만 이론과 실천의 힘 빠진 대립을 넘어설 수 있다. 냉소주의 비판만이 '이상'과 '현실'이라는 서투른 변증법을 극복할 수 있다. 계몽은 냉소주의 이성 비판의 신호 아래에서만 자신에게 주어진 기회를 다시 찾고 자신에게 가장 친밀한 기획, 즉 의식을 통해 존재를 변화시키는 기획에 충실할 수 있다.

계몽을 지속한다는 것은, 단지 의식 속에서 도덕인 것은 모두 현실의 불가피한 비도적주의에 패배한다는 사실에 대비토록 하는 것이다. 마지못해 거대한 변증법에 사로잡혀 있는 사회민주주의가 오늘날 배우는 것이 바로 이것이 아닌가.[2] 이런 학습의 고통은 오늘날 계몽이 행하는 자기 부정의 세 요소 가운데 하나이다.[3]

계몽은 지배 세력의 정치적 냉소주의에서 최대의 패배를 맛본다. 지식이 권력이기 때문이고 또 투쟁을 강요당하는 처지에 놓인 권력은 생존 가능한 것과 생존 불가능한 것으로 지식을 분열하는 결과를 초래하기 때문이다. 단지 피상적으로 볼 때 이런 분열 현상은 '현실주의'와 '이상주의'의 대립으로 비친다. 그러나 실제로는 정신분열증 증상이 있는 현실주의와 그것이 없는 현실주의가 서로 대치하고 있다. 앞의 현실주의는 진지해 보이고, 뒤의 현실주의는 뻔뻔스러워 보인다. 전자는 책임질 수 없는 일에 대한 책임을 떠맡는다. 후자는 책임질 수 있는 일을 무책임하게 시작한다. 전자는 생존을 보장해야 한다고 말한다. 후자는 권력 현실주의의 폐해 앞에서 삶의 존엄성을 구원하고자 한다.

2 계몽의 파손

계몽은 타인들의 천진난만함을 의도적으로 영구 보존하려는 지배 세력의 반성찰적 정치 때문에 크게 파손되었다. 우리는 그 외에도 다른 종류의 파손과 평탄하지 못한 발전 과정도 관찰하게 된다. 그 때문에 계몽은 자신을 부인하는 극단적 상황에까지 몰리게 된다.

1) 시간의 굴절

계몽은 시간의 과정, 진화의 한 형태다. 계몽은 개인에게 일생의 시간을 소모하게 만들고, 제도의 경우에는 일정한 과정의 시간을 소비하게 만든다. 설령 계몽이 비약과 예기치 않은 각성의 경험을 안다 하더라도, 계몽은 하룻밤 사이에 이루어질 수 없다. 계몽의 리듬은 예측하기 어렵고, 또 내적 · 외적 조건과 저항에 따라 무한히 변형을 시도한다. 불꽃의 이미지에 맞게 계몽의 에너지는 중심에서 가장 강하고, 변방에서는 꺼지게 된다. 계몽의 자극은 철학과 예술에서 활동하던 성찰적 지성의 개척자들과 대가들에게서 시작하여 타성에 젖어 있던 지식인 사회에서 처음으로 굴절되고 그 다음 사회적 노동과 정치의 세계에서, 더 나아가 보편성에서 떨어져 나간 무수한 사적 영역에서 더 크게 굴절된다. 마지막으로 더 이상 계몽할 수 없는 순전한 곤궁에서 다시 반사된다.

계몽의 전기를 보면, 그것은 여러 단계와 등급을 거친다. 이에 관해서는 과거 비교(秘教)주의 운동에서 명료한 묘사를 볼 수 있다. 옛날 프리메이슨에서 사람들은 입문의 사다리를 설치했는데, 이는 그 의미상 성숙 · 성찰 · 수련과 깨달음의 순서를 표현한다. 이렇듯 **입문**의 의미를 지니며 계몽의 전기에서 빼놓을 수 없는 등급 체계는 현대 교육학에서 곡해된다. 이 체계는 교육 제도의 등급 규정과 학년 및 학기의 연속에서 외형적으로 존속하고 있을 뿐이다. 현대 학교의 교과과정은 발달사상의 패러디다. 과거 훔볼트(Humboldt) 식 대학은 가르치는 자와 배우는 자의 '권위적' 관계, 학생의 자유를 특징으로 한다. 그런데 이곳에는 일생 동안 다져지고 굳어진다는 이념, 그리고 개인적인 지식 입문의 기회라는 이념의 자취가 여전히 살아 있다. 현대의 교육 제도에서 가르치는 자와 배우는 자에게서 구체화한 인식이라는 이념은 사라져버렸다. 교수들은 '신봉자'가 아니라 삶과 동떨어진 지식 습득 과정의 훈련지도자이다. 대학과 학교는 정신분열증의 역할 유희나 연습하고 있다. 그 안에서 동기를 상실한, 전망이 없는 영리한 청소년들은 계몽된 무의미성의 일반적 수준을 따라잡는 법을 배우고 있다.

계몽의 시간적 굴절에서 우리는 전기적 차원과 사회학적 차원을 구분할 수 있다. 모든 신세대는 이미 성취한 것을 자신들의 리듬 속에서 가공 처리하기 위해 다시금 시간이 필요하다. 하지만 정신분열증 문화는 계몽의 탈인격화, 즉 구체적인 계몽주의자가 배제된 계몽을 추구하기 때문에 현대의 학교에서 들려오는 것은 깊은 한숨뿐이다. 청소년을 계몽하는 '계몽 장치'는 이들을 적의 입장에서 만난다. 수업에도 불구하고 계몽을 전달하려고 절망적인 노력을 다하고 교육 여건에도 불구하고 삶의 에너지를 온전히 교육과정에 투자했던 선생들이 아니었다면, 학교가 무엇 때문에 존재하는지 깨닫는 학생은 한 명도 없었을 것이다. 교육이 체계적으로 계획될수록, 의식적 삶 속으로 입문한다는 의미의 진정한 교육이 이루어질지는 우연 또는 행운에 점점 의존하게 된다.

계몽의 사회학적 시간 굴절에서 계몽의 자극에 타성으로 저항하는 것은 '지방'(구체적인 그리고 수사학적인 의미에서)이다. 지방이란 '원

게오르크 숄츠(Georg Scholz), 〈산업 농부들〉, 1920.

래' 더 이상 존재하지 않는 탄압과 가혹에 순응한다는 것을 의미한다. 탄압과 가혹은 불필요하게도 습관과 자기 억제의 공전(空轉) 속에서만 현실적인 것이 된다. 진보한 계몽의 시대에 들어서자 비로소 사람들은 실체 없는 곤궁이 얼마나 치명적이며, 시대에 뒤떨어진 불행이 얼마나 한심한지를 알게 된다. 지방은 근대화를 함께 이룩했지만, 자유화에 동참하지 않았다. 지방은 따라 했지만, 여전히 뒤처졌다.

물론 오늘날 이 이미지는 변했다. 우리는 도시 의식의 경향과 시골

의식의 경향이 어느 정도 전도되는 현상을 확인하게 된다. 어떤 징후들은 답답한 지체 현상이 통찰에 의한 '더 이상 함께 가지 않기'와 동일한 것이 아니라는 점을 분명히 보여준다. 설령 계몽이 항상 자연과학적 · 기술적 · 산업적 복합체와 맹목적 동맹을 맺고 수백 년 동안 그것의 뗄 수 없는 동반자였다 하더라도, 새로운 지방 의식은 헌신하지 않을 수 있음을 강조한다. 계몽의 사회적 최전선은 오늘날 기술적 계몽을 제한할 목표를 세우고 있다. 기술적 계몽이 사슬에서 풀리면서 우리 역사의 가장 뜨거운 시기가 시작되었던 것이다. 사람들은 그 안에서 신비스러운 흔적, 합리적 · 마술적 자연 지배의 꿈, 정치적 기술자들의 전능 환상을 발견한다. 기술공학의 문화에서 도시적 제국주의가 실현된다. 토인비에서 비트포겔에 이르기까지 도시 문명과 산업 문명의 미래가 다시 지방이라 불릴 수 있다[4]고 예언한 사상가들의 목소리가 점점 커지고 있다.

2) 정당에 의한 파손

계몽의 정치적 주체가 누구냐고 묻는 사람은 덤불 속에 빠지게 된다. 계몽의 주제가 자유주의와 사회주의로 분열된 현상은—사회주의는 권위주의적 · 공산주의적 경향, 사회민주주의적 경향과 무정부주의적 경향으로 다시 갈라진다—근본 원칙의 문제에서 기인한다. 모든 정당은 각각 계몽 및 과학과 특별한 관계를 맺고 있을 뿐 아니라 완전히 동일하다고 목청 높여 주장했다. 자유주의는 경제의 자유뿐만 아니라, 시민의 자유와 사상의 자유라는 명칭까지 가지고 있다. 사회민주주의는 예로부터 사회적 발전을 합리적으로 조종하는 정당으로 자처했고, 공산주의는 당파성과 진리 인식이 하나로 통합된 흐름이라고 스스로를 내세움으로써 인기를 독차지했다.

그런데 우리는 누구를 믿어야 하는가? 이런 질문을 제기할 만큼 자유로운 사람에게 남아 있는 방법은 자기 생각을 가지려는 노력밖에 없다. 그 과정에서 아마 새로운 계몽의 정당, '자신의 견해'를 가진 정당이 탄생할 것이다. 이런 점에서 충분히 자유로운 사람이라면 틀림없이 무정부주의의 반정당 충동에 정당성을 부여할 만큼 자유로울 것이다. 이 무정부주의는 모든 정당을 국가대용품이며, 안 그래도 어리석은 '투표 기계'를 더 바보로 만드는 기제이며, 또 이들을 징발하는 장치라고 비난하고 공격한다. 그래서 '진리와 당파성'이라는 멋진 변증법적 수사는 뜬구름 잡는 소리가 된다. 우리가 비당파적인 정당을 발견할 때까지, 즉 자기 파괴의 맹목적인 기제에 끼어들어 간섭함으로써 보편적 삶에 봉사하는 그런 정당을 발견할 때까지 말이다.

3) 영역에 의한 파손

명료한 자의식, 자연과 정체성이라는 허구를 문제시하는 가장 급진적 계몽의 추진 세력은 오늘날 어쩔 수 없이 이런 허구를 가지고 작업하는 거대한 사회적 권력들을 적으로 만들 수밖에 없다. 우리는 심층심리학적 계몽에서 이런 사실을 쉽게 확인할 수 있다. 심층심리학적 계몽은 다른 계몽의 분파들과 이중 전선에 걸쳐 전투를 벌이고 있다. 이 분파들은 형식상으로는 반계몽 사업을 벌이고 있는 셈이다. 무의식의 심리학은 한편으로 과학주의와 자연과학에 기초한 의학에게 부단히 '반증되고' 또 신화라는 험한 말까지 듣는다. 다른 한편으로 공식적 마르크스주의에게는 시민적이고 비합리적인 퇴폐의 징후라고 고발당한다.

실제로 심리학적 계몽과 정치적 계몽은 개인의 자유로운 에너지를 두고 경쟁을 벌일 뿐만 아니라 이 문제에서 상호 충돌한다는 점에서 맞수라 할 수 있다. 그러나 당파성이 정체성의 문제로 응결되어 개인이 단순히 어떤 당에 가담할 뿐만 아니라 스스로 당이 될 경우에 심리적 성찰은 필연적으로 이런 인위적인 소박성을 분해하는 작용을 할 것이다. 이렇게 하여 심리적 성찰은 불청객 계몽의 역할을 맡게 된다. 반대로 심리학적 계몽이 세계관이나 견해의 학파나 이데올로기, 즉 교파로 변하기 시작할 때 그것은 세상의 오해를 한몸에 받게 된다. 우리는 이를 새로운 심리학적 정통파의 하찮은 싸움질과 교의들에서 또 심리학으로 변하고 있는 하부 문화의 경화(硬化) 현상과 경계 설정에서 관찰할 수 있다. 결국 융 같은 심리학자들이 야망과 순진성이 묘하게 섞인 동기에서 파시즘 같은 정치적 경향에 영합하려 했다는 것은 분통 터지는 일이다. 심리학 운동의 학파 수장들은 권위의 심리학을, 즉 정치적 마조히즘의 해명을 제공하는 대신 스스로 권위의 달콤한 열매를 맛보고 마조히즘 기제를 자신에게 유리하게 이용하려는 경향을 보인다.

4) 지성의 굴절

나는 조금 전 계몽과 자연과학적 · 기술적 문명 과정의 제휴 관계가 더 이상 확고하지 않다는 것을 언급했다. 그러나 계몽의 철학은 강제 동맹 관계를 풀고 학문과 새로운 관계를 모색하는 데 여전히 소극적이다. 이성과 학문의 근대적 동일화는 너무 강력하여 철학이 자멸하지 않으려면 학문의 이점을 간단히 무시할 수 없는 실정이다. 그러나 시대의 갖가지 징표들은 과학주의적 우상의 황혼을 예고한다. 유럽의 낭만주의 이래 이른바 비합리적인 조류들이 현대적 합리주의의 과정을 부단히 저지해왔다. 현재도 반합리주의의 파고가 다시 높아진다. 그 속에는 '다른 이성'의 주제들이 뒤섞여 있다. 예를 들면, 감정의 논리와 신비주의, 명상과 자기 성찰, 신화와 마술적 세계상의 주제들이 섞여 있는 것이다. 여기서 밀알과 겨를 가려내는 일은 헛고생으로 끝날 공산이 크다. 어떤 자극들이 유행을 이기고 살아남을지 입증되어야 한다. 한때 여기서도 미국의 혼합주의가 성행하다 한물 갔고, '모든 것이 통한다'가 처음 선사했던 신선한 자극이 약해지면 곧 아마 명료성의 매력이 재평가될 것이다. 칙칙한 혼합물이 언제까지 유쾌할 수만은 없지 않은가. '모든 것이 통하는' 곳에서는 모든 것이 될 대로 되어도 상관없다. 그러나 우리는 이런 과정을 이를 악물고 견뎌내야 한다.

매혹과 권태가 반복되는 진자 운동의 공학을 넘어서 여전히 계몽에게 유효한 과제는 여러 학문에게 문화 안의 상대적인 자리를 지시하는 일이다. 이를 위해서는 지성의 여러 장르—특히 학문으로서 그리고 지혜, 학식, 재기로서 서로 대립하는 저 다양한 종류의 영리함—간의 관계를 정리하는 작업이 전제되어야 할 것이다.

현대의 이성에서 단지 외형상 합리성의 통일을 위해 한데 묶인 것처럼 보이는 지성의 여러 장르가 제각각 지향점이 달라 분열 현상을 보이는 것은 이미 오래 전부터 명백한 사실이었다. 예컨대 죄르지 루카치(György Lukács)가 근대의 시민 사상에서 '비합리주의'(이성의 파괴)라면서 공격했던 경향은 '다른' 종의 지성이 자연과학적 · 합리주의적 헤게모니에서 분리하려는, 그 근본적 충동에 있어서 지극히 정당한 운동을 포함하고 있다. 문제는 단지 베르그송(Henri Bergson)에서 클라게스(Ludwig Klages)에 이르기까지 비합리주의가 스스로를 너무 심각하게 생각했다는 것이다. 비합리주의는 자신의 진지한 권리 주장에 걸려 고꾸라졌고, 위대한 철학적 광대짓거리가 어울릴 법한 곳에서 경건한 사제 투로 말했던 것이다. 우리는 유별나게 합리주의적인 문학에서 때때로 우울하고, 허세부리는 듯한 이론화 경향을 발견한다. 어쨌든 베르그송은 웃음에 관한 글도 썼던 사람이다.

진지해야 한다는 시민적 강박감이 비합리주의의 풍자적 · 시적 · 반어적 가능성을 고갈시켰다. '다른 것'을 보는 사람은 말도 다르게 해야 한다. 그러나 편협한 합리성의 저편에서 '포착한' 것을 제시하면서 하필 진지한 인식으로서의 타당성을 청구한다면, 그는 비합리적인 것과 합리적인 것, 둘을 모두 타락시키는 사람이다. 그래서 고트프리트 벤이 "독일에서는 자신의 세계관을 언어로 표현할 능력이 없는 사상가를 예언자라 부르곤 한다"고 말했을 때, 그는 비합리주의 신탁의 정곡을 찌르는 것이다.

정직한 보수주의는 예전부터 이런 사실을 잘 알고 있었다. 그들은 사악한 진보에 대해 선동적인 불평 불만을 늘어놓으면서도 근대적 형식의 지식은 모든 위대한 학설의 전통이 지혜라 일컬었던 인간적 성숙의 상태와는 무관하다는 인식을 견지했다. 지혜란 기술적 세계 지배의 수준에 좌우되지 않는다. 그 반대로 기술적 세계 지배는 지혜를 전제로 해야 한다. 우리의 눈앞에서 학문과 기술의 과정이 미쳐갈 때에 불교, 도교, 원시 기독교, 인도와 인디언의 지성으로는 컨베이어 벨트와 인공 위성을 조립할 수 없다. 그러나 현대의 지식 유형에서 옛 지혜론에게 영감을 주어 삶과 죽음, 사랑과 미움, 대립과 조화, 개체성과 우주, 남성성과 여성성을 말하게 했던 삶에 대한 자각은 메말라버렸다. 지혜 문학의 가장 중요한 주제 가운데 하나는 불성실한 재주, 머리로만 아는 지식과 단순한 학식, 권력 의도를 가진 사상과 오만한 지성에 대한 경고이다.

3 이미 반쯤 열린 문을 박차는 헛수고

모든 심리적 장애, 굴절과 자기 회의에도 불구하고 계몽은 발전 과정에서 강력한 성찰의 잠재력을 방출했다. 이는 현재와 같은 탈도덕화의 시기에도 오인의 여지없이 분명하다. 학문과 심리학, 학교 제도가 거대한 사회적 생활 영역들 속으로 침투하는 현상은 특히 지식인 계층과 중간 계층의 머릿속에 강력한 반성 수단을 이전시켰다. 현대 국가에서 권력의 분산은 권력 지식의 예외적 확산이라는 결과를 가져왔다. 이는 동시에 우리가 방금 기술했던 권력 지식의 냉소주의, 다시 말하면 도덕의 자기 부인과 생존할 수 없는 인식들을 산만한 집단적 심성 구조로 만들었다. 여기서 잠시 서두의 명제로 되돌아가 보자. 문화 안의 불쾌감은 오늘날 보편적으로 만연한 냉소주의로 나타난다.

국가와 권력 지식의 중력장에서 냉소주의가 집단적 심성 구조로 분산되면서 한때 이데올로기 비판을 받쳐주었던 도덕적 토대가 붕괴된다. 1928년 발터 벤야민이 잠언집 서론에서 확인했듯이, 비판가들이 이미 오래 전에 비판 대상과 하나로 융합되고, 도덕을 통해 생겨날 수 있는 거리는 부도덕과 반(半)도덕, 더 작은 악의 도덕이 뒤죽박죽 섞임으로써 사라져버렸다. 오늘날 교육을 받고 정보를 가진 사람들은 비판과 폭로 절차의 중요한 표본을 충격 없이 인지한다. 사람들은 이런 비판 표본의 존재를 실존적인 자기 성찰에 대한 자극이라기보다, 안 그래도 비극적으로 복잡한 세계 상황을 더 복잡하게 만드는 것이라고 생각한다. 오늘날 누가 여전히 계몽주의자인가? 이 질문은 품위를 지키기에는 너무 직선적인 질문이다.

한마디로 계몽이나 계몽주의자만이 위기에 처한 것이 아니라 심지어 계몽의 실천, 계몽을 위한 **앙가주망**도 위기에 직면해 있다. 사람들은 오늘날 '참여한다'는 단어를 인정과 관용이 묘하게 섞인 감정을 가지고 말한다. 마치 그것이 최근에 형성된 심리학적 지층의 연약한 퇴적물이어서 조심스럽게 살살 만져야 할 것처럼 말이다. 우리의 호감이 가는 대상은 사람들의 참여를 유발한 문제라기보다 너무나 희귀하고 깨지기 쉬운 소박함을 지닌 참여 자체인 것처럼 보인다. 이른바 '대안 운동'을 보고 무언가를 느끼는 사람 가운데 이를 모르는 사람이 어디 있겠는가. 프랑스의 상황은 이와 비슷하다. 사르트르 이후의 젊은 지식인 세대는 좌파의 정체성을 구성했던 정치적 도덕주의의 옛 기초가 와해되고 있음을 느끼고 있다. 참여? "상아탑 안에서 일어난다. 참여자들은 거기에 능동적으로 앉아 있다"〔마르쿠제(Herbert Marcuse)〕.

현대 국가가 계몽된 사람들의 목을 꺾어 관료로 만들었기 때문에 계몽의 도덕적 근간은 붕괴되었다. 그래서 과거에 참여라 불렀던 것에 대한 전망은 불투명하다. 계몽할 목적으로 어떤 사람이 나를 '의식화하려' 든다면, 내게 가장 냉소적 생각이 떠오른다. 자기 똥은 자기가 치워야 하듯 당사자는 자신의 문제를 스스로 해결해야 한다. 그것이 사물의 본질이다. 물론 사람은 선의를 이유 없이 곡해해서는 안 된다. 그러나 선의도 조금은 더 현명해질 필요가 있으며, "그걸 나는 벌써 알고 있어"라고 말해야만 하는 나의 민망함을 덜어줄 수 있어야 한다. "너는 왜 아무런 대처도 하지 않느냐"는 질문을 듣고 싶지 않은 것이다.

상황은 오래 전부터 이렇게 돌아갔다. '참여'한 계몽주의자는, 완전히 열려 있지는 않지만 더 이상 부수지 않아도 될 문을 박차고 들어간다. 그래서 우리는 참여보다 냉소주의를 통해 도덕적 상황에 관해 더 많이 알 수 있는 지경에까지 이른다. 에리히 케스트너 이후 현대 계몽주의의 풍자적 음조는 반성적으로 '조율되었고', 침울한 교태의 **효과**로 호평받게 되었다. 그것이 여전히 호응을 원하기라도 한다면 말이다.

오늘날의 익살꾼은 참여 빼고는 다 한다. 실없는 우스갯소리가 옛날 옛적의 훌륭한 독설보다 시대정신을 더 잘 반영하는 한, 그는 웃음의 가격 상승에서 이득을 취할 수 있다. 이데올로기 비판의 마지막 대리인은 오토(독일의 코미디언—옮긴이)처럼 영감이 풍부한 익살꾼이다. 우리가 그에게서 발견하는 것은 사회학이 아니라 발랄한 기지다.

'참여' 외에 우리의 기억 속에서 발견되는 것은 채 마르지도 않은 학생 운동의 경험, 즉 용기와 우울증이 반복되던 그 부침(浮沈)의 경험이다. 이 경험은 참여와 혼합된 최근의 퇴적물이다. 정치적 활력의 역사에서 가장 최근에 형성된 이 침전물은 세계를 가지고 무언가 일해야 한다는 과거의 느낌 위에 추가로 덮인 베일이다. 학생 운동의 해체 과정은 우리의 관심사가 될 것임에 틀림없다. 이 과정은 희망에서 사실주의로, 반항에서 현명한 우울증으로, 거대한 정치적 부정에서 수천 가지 잡다한 하위 정치적인 긍정으로, 정치의 급진화에서 지적인 생존의 중간 노선으로 복합적인 변신을 이루는 과정이기 때문이다. 나는 굉장한 구경거리가 끝났다고 해서 계몽도 끝났다고 생각하지 않는다. 오늘날 그토록 많이 실망한 계몽주의자들이 슬픔에 잠겨 있다면, 이는 그들이 공론 영역의 타구(唾具)에다 온갖 분노와 비탄을 뱉어내는 것에 지나지 않는다. 이는 계몽 사업을 계속하는 데 지장을 줄 것이다. 용감한 사람만이 언제 용기를 잃는지를 느낀다. 계몽주의자만이 언제 어두워질지를 감지한다. 도덕주의자만이 배덕(背德)할 수 있다. 한마디로 우리는 여기에서 여전히 건재한다. 레너드 코헨(Leonard Cohen : 미국의 음유 시인 가수—옮긴이)은 잠잠해진 계몽의 군가일 수도 있는 서정적 시구를 다음과 같이 썼다. "그래, 개의치 마라. 우리는 못났다. 하지만 우리에게는 음악이 있다"(첼시 호텔 Chelsea Hotel No. 2).

독일 계몽 지식인들이, 반쯤 열려 있는 문에 비밀이 새고 있으며 가면은 반쯤 벗겨진 어스름 상태(그럼에도 불구하고 불만은 사라질 기미가 없는)에 처해 있는 것이 처음은 아니다. 나는 역사적 고찰에서 우리가 들여다볼 수 있는 시간적으로 가장 이웃한 시대 거울로서 '바이마르 증후들'을 서술하고자 한다. 바이마르 공화국 때 이미 진보적 지식인들은, 이데올로기 비판이 사회 유희로 가능해지고 만인이 만인의 가면을 들출 수 있던 반성의 단계에 도달했다. '총체적인 이데올로기 혐의'라는 경험은 이 발전 단계에서 유래한다. 이에 관해서는 제2차 세계대전 이후 부쩍 많은 토론이 이루어졌는데, 그것은 사람들이 아마 이 비판의 심각한 유희를 피하고 싶었기 때문일 것이다.

우리가 잠시 동안이라도 심판관의 검은 유니폼을 몸에 걸치면, 낯익은 선수들과 확정된 게임의 방법, 전형적인 반칙의 구조를 가진 경기장이 눈에 들어올 것이다. 각 정당은 이미 견고한 모의 비판의 게임 방법을 거의 개발했다. 종교 정당들은 비종교 정당들을 비판하고, 또 비종교 정당들은 종교 정당들을 비판하기도 한다. 이때 각 정당은 상대의 이데올로기 비판에 대한 메타 비판을 이미 레퍼터리로 확보하고 있다. 마르크스주의자와 무정부주의자나 무정부주의자와 자유주의자들 간의 대화의 흐름과 마찬가지로 마르크스주의자와 자유주의자들 간의 대화가 전개되는 양상도 이미 정해져 있다. 사람들은 이 대화에서 무정부주의자들의 반칙에 대한 벌칙이 어느 정도인지 알며, 또 징역 기간을 공표한 이후 자유주의자와 마르크스주의자에게 나타날 적당한 우울증도 알고 있다. 또한 사람들은 자연과학자와 정신과학자가 어떤 식으로 서로를 비난할지도 아는 편이다. 심지어 군사주의자와 평화주의자의 상호 이데올로기 비판도, 적어도 비판의 창의성에서는 침체의 위협에 시달리고 있다. 사르트르가 시나리오를 쓴 영화 〈주사위는 던져졌다(Les Jeux sont faits)〉가 나온 지 곧 반세기가 된다. 이것은 이데올로기 비판에 딱 들어맞는 제목이다.

4 마르크스주의의 비가 :마르크스 안의 '균열'과 알튀세

계몽은 늘 불만족스러울 것이다. 계몽의 자기 부정에 두 번째로 중요한 요인은 마르크스주의에 대한 실망이다. 현재의 냉소적 불투명성의 큰 부분은 '정통' 마르크스주의 운동의 결과에 대한 경험, 레닌주의, 스탈린주의, 베트콩, 쿠바와 크메르루즈 운동에서 기인한다. 우리는 마르크스주의에서 '이성적인 타자'의 약속이 좌절되었음을 경험한다. 마르크스주의의 발전은 계몽과 좌파 원칙의 결합에 제거할 수 없는 쐐기를 박은 장본인이다. 마르크스주의가 숨은 민족주의 체계와 드러난 헤게모니 체계, 그리고 전제주의의 정당화 이데올로기로 변질됨으로써 명성이 자자했던 희망의 원칙을 파멸시켰고, 안 그래도 느끼기 힘든 역사에 대한 기쁨을 아예 싹부터 잘라버렸다. 좌파들도 공산주의가 마치 존재하지 않는다는 듯이, 거리낌없이 다시 시작할 수 있다는 듯이 그렇게 공산주의를 말할 수 없다는 것을 배웠다.

나는 마르크스 지식의 독특한 이중 구조를 네 번째 폭로에서 암시했다. 그것은 해방 이론과 물화 이론의 복합체다. 물화는 사물에 대한 지배를 추구하는 모든 지식의 특징이다. 이런 의미에서 마르크스의 지식은 처음부터 지배 지식이었다. 마르크스주의는 이론적으로 또는 실질적으로 권력을 장악하기 훨씬 전에 이미 완전히 '현실 정치적인' 스타일로, 수권(授權) 직전의 지배 세력으로 책략적인 행동을 취했다. 그것은 늘 모든 실질적인 대안에 불같이 화를 내면서 파멸시켰다. 마르크크스주의는 언제나 대중의 의식을 향해 이렇게 말했다. "나는 너희의 주인이고 구원자이다. 너희에게 나 외에 다른 구원자는 없다! 네가 다른 곳에서 얻는 자유는 모두 소시민적 일탈이다."

마르크스주의는 계몽의 다른 경향들과 관계에서 '반사면'에 해당하는 입장을 취한다. 마르크스주의의 지식인 전문가 집단은 시민 계급의 내무부 및 경찰청의 검열 부서 같은 태도를 취했다 .이들은 비마르크스주의적 계몽주의자들이 생산한 모든 것을 연구하고, 비순응주의의 혐의를 배양하는 모든 것에 검열을 가했다.

프랑스 공산당의 이론가였던 루이 알튀세(Louis Althusser)는 10여 년 전 마르크스의 작품에서 '학문적 균열'을 확인했다고 말함으로써 커다란 물의를 빚었다. 그 균열이란 마르크스의 초기 작품과 성숙기의 작품 사이에 일어난 휴머니즘 이데올로기에서 반휴머니즘 이데올로기로의 전환을 의미한다. 현재 살아 있는 최고의 마르크스 전문가 가운데 한 사람인 알튀세가 이론적으로 탐지했다는 이 균열은 그 자신의 인격 속에서 재생된 것처럼 보인다.

알튀세는 분명 자신이 보았던 것 때문에 병들었다. 이 균열은 그의 학문적 · 정치적 · 실존적 장소가 되었다. 알튀세는 마르크스를 호의적으로 이해했기 때문에, 마르크스 이론과 실존의 균열은 자신의 이론과 삶에도 동일하게 깊은 균열을 남겼다. 따라서 알튀세가 이 갈등 앞에서 무너졌다고 감히 말해도 괜찮을 것이다. 몇 년 전부터 그의 철학적 능력과 공산당에 대한 충성심 사이에 나타나던 모순이 그의 이론적 작업과 실존에 팽팽한 긴장감을 더했다. '볼셰비즘적 성향'의 사회학자와 결혼한 그를 내내 따라다닌 것은 정통과 인식, 충성과 자유 사이의 갈등이었고, 이 갈등은 그의 사생활에까지 영향을 미쳤다.

알튀세는 마르크스가 어떤 측면에서는 더 이상 마르크스가 아니었으며, 균열과 이중성이 그의 작품 전체를 가로지르고 있기 때문에 그 이론적 · 실천적 타당성이 늘 다시 문제된다는 것을 알게 되었다. 그는 진리와 공산당에 똑같이 충성을 다하려 하면서 알튀세로서 존재할 능력을 소진한다. 그래서 세계적으로 유명한 마르크스주의 철학자인 그는 1980년 11월 16일 '정신분열증' 발작으로 인한 혼란 상태에서 부인 엘렌을 살해했던 것이다. 그는 아마 어디서 타자가 시작되고 자아가 끝나는지 알 수 없는 절망적인 상태에서(자기 주장과 맹목적인 파괴 사이의 경계가 흐려지는 그런 상태) 살인을 저질렀을 것이다.

누가 살인자인가? 철학이 진정한 삶을 누리지 못하는 그런 분열 상태를 끝내려고 '교조주의자'인 아내를 우회로로 삼아 결국 자신을 살해한 사람은 철학자 알튀세인가? 그것은 자신을 죽이려는 대상을 내면적 정당방위에서 죽인 수감자의 해방적 살인인가? 그것은 범죄라는 냉소적 영역으로 잠행해야만 자신의 허위 정체성, 허위 명성, 허위 대표성을 파괴할 수 있었던 알튀세에 대한 살인인가? 심리학에서 알려진 사실처럼, 근본적으로 다른 사람의 살인자인 자살자들이 있다. 하지만 다른 사람 속에 있는 자신을 파괴함으로써 근본적으로 자신을 살해하는 살인자도 있는 것이다.

나는 여기서 알튀세 본인이 시도했던 것과는 다른 방식으로 알튀세식의 '균열'을 해석해 그 행위 언어를 분석하고자 한다. 나는 그의 마르크스 인식(마르크스 이론에서 진정한 균열)을 재구성함으로써, 이 철학자를 위한 기념비를 세우고자 한다. 중재 의지도, 일편단심도, 분리에 대한 불안조차 없앨 수 없었던 저 균열을 혼미한 폭력으로 가시화했던 살인자를 위한 기념비 말이다.

마르크스의 작품에는 '이데올로기적' 단계와 '학문적' 단계 사이의 틈이 아니라 반성의 두 양태 간의 틈이 존재한다. 하나는 견유주의적이고 공격적이며 휴머니즘적이고 해방적인 반성이고, 다른 하나는 객관적이고 지배자냉소주의적인 반성이다. 그런데 후자는 다른 사람들의 자유 추구를 기능주의적 이데올로기 비판의 양식으로 조롱한다. 마르크스는 한편으로 반항아의 일면을 가지고 있고, 다른 한편으로는 군주의 면모를 보인다. 그의 왼쪽 반은 당통을 닮았고, 오른쪽 반은 비스마르크를 상기시킨다. 혁명가와 정치가라는 이중적 자질을 모두 소유했던 헤겔처럼, 그 역시 위대한 변증법적 사상가였다. 그의 사상 안에서는 서로를 지치게 만드는 둘 이상의 사상가 영혼들이 생산적인 토론을 벌이기 때문이다. 알튀세의 이론적이고 실존적인 비극은 그가 '오른편' 마르크스의 편을 들면서 시작된다. 그는 이른바 인식론적 단절 이후의 저서들 속에서 이런 마르크스를 발견했던 것이다. 이 마르크스는 '현실 정치적' 마르크스이며, 알튀세는 이 작품을 절대적으로 '과학적인', 모든 인본주의적 감상을 깨끗이 제거한 자본의 '현실 이론'이라 평한다. 이것이 알튀세의 '구조주의적 독해'의 의미다.

젊은 마르크스의 작품은 헤겔의 논리학에 대한 인상의 기초 위에 세워졌다. 마르크스는 이를 무기로 헤겔의 이상주의 자체와 전투를 벌인다. 노동과 실천은 헤겔 식으로 체계의 틀 밖으로 나오는 길을 발견할 수 있는 핵심 개념이다. 이 개념들은 새로운 유형의 학문적 접근을, 최고 수준의 철학적 성찰에 결코 뒤떨어지지 않는 경험론을 기약한다. 격정적인 정치 개념에서 하나로 결합하는 노동과 실천, 이 두 개념을 가지고 헤겔 좌파 세대는 대가를 넘어선다. 이 정신으로부터 공격을 즐기는 힘찬 사회 비판이 자라난다. 그것은 스스로를 '사실적인 휴머니즘', '사실적인 인간'으로의 전환이라고 이해한다.

젊은 마르크스의 천재성은 그가 헤겔의 '체계'를 헤겔 이후의 휴머니즘 '비판'으로 전향시키는 것으로 만족하지 않는다는 데에서 다시 한번 입증된다. 그러므로 그의 가장 격한 논쟁은 일차적으로 가장 큰 유혹, 즉 그가 동시대의 지식인들과 공유했던 유혹을 겨냥하고 있다. 그의 강력한 비판 이론은 대상 세계와 현실을 긍정적으로, 또 비판적으로 파악하기 위해 그것들을 정복해야 한다고 느꼈다. 그리고 곧 그런 느낌을 합리화했다. 그런 충동은 마르크스가 경제학으로 관심을 돌린 이유이기도 하다. 그는 시민적 형태의 순진한 경제학을 붙잡아 반성적인 이론으로 그것을 능가하려 한다. 학습 과정이라는 창백한 단어는 이 창조적인 반성의 드라마를 서술하기에 충분치 않다. 마르크스의 사유는 헤겔의 체계에서 정치경제학 비판으로, 관조적인 이론 개념에서 세계 원동력이라는 이론의 이해로, 이념의 영역에서 노동의 발견으로 나아가며 추상적인 인류학에서 구체적인 인류학으로, 자연의 허구로부터 인류의 자기 산출 역사로 이행해간다. 마르크스의 지식이 사회적 해방 이론으로 타당성을 획득할 수 있었던 것은, 그것이 동시에 이 이론의 거울 속에서 자유의 가능성을 인식하게 될 대중적 자아를 명명했을 때다. 여기서 마르크스는 스스로 프롤레타리아의 역사적 · 논리적 스승이자 후견인으로 나선다. 그는 이들을 자기 이론의 예정된 제자로 확신했던 것이다. 그는 노동 운동의 스승으로 유럽 역사의 진로에 개입하면서 그들의 위대한 구원자가 되고자 했다.

그러나 마르크스는 적어도 두 번, 그것도 그의 교수권(教授權) 주장과 사실주의를 의심쩍게 만드는 방식으로 남의 시체를 짓밟고 지나갔다. 나는 막스 슈티르너(Max Stirner)와 바쿠닌(Mikhail Bakunin)이 마르크스의 가장 은밀한 적이었다고 생각한다. 이들이 단순히 마르크스가 능가할 수 없는 이론가들이기 때문만은 아니다. 이 두 사람이 바로 마르크스 식 해결에 대한 논리적이고 객관적인 대안을 제시한 당사자들이기 때문이다. 마르크스는 그들을 제거하기 위해 비판을 가했고, 실제로 그들을 파멸로 몰아넣었다. 슈티르너는 어떻게 '사적' 소외를 돌파할 수 있는지를 물었고, 바쿠닌은 어떻게 미래의 '소외 없는 사회'를 발견할 수 있는지를 물었다. 이에 마르크스는 생체 해부를 할 정도의 증오심을 가지고 이 두 사람을 속속들이 비판했다.

마르크스의 유명한 유고작(원고가 완성된 것은 1846년이었으나 독일어판은 1932년에 나왔다—옮긴이)인 《독일 이데올로기(Deutsche Ideologie)》는 거의 대부분을 슈티르너 비판에 할애하고 있는데, 마르크스와 엥겔스가 한 사상가를 다루면서 슈티르너에게처럼 그렇게 집중적이며 상세한 사상적 대결을 전개한 적은 없었다. 또한 바쿠닌 섬멸은 마르크스가 여러 해에 걸쳐 벌였던 숙원 사업이었다.

두 사람에 대한 마르크스의 증오심이나, 조롱과 끝없는 경멸감에 내재한 에너지는 기질이나 경쟁심만으로는 결코 충분히 설명되지 않는다. 이 두 사람은 마르크스 이론의 체계적인 한계점을 그에게 보여주었다. 이것은 마르크스가 수용할 수도 단순히 무시할 수도 없는 경험이었다. 여기에는 반드시 짚고넘어가야 할 근본적인 생각이 개입하는데, 마르크스의 사상적 기안(起案)에는 이를 수용할 만한 여지도, 그럴 여지를 만들 수도 없었다. 게다가 마르크스는 슈티르너나 그 외의 비판적 비판 및 '신성 가족'의 대표자들에게서 자신의 다른 모습을 발견했다. 그러나 그는 자신이 원하는 마르크스가 되려면 다른 모습의 생존권을 부인해야만 했다.

마르크스는 자신의 오른쪽 반을 차지하는 '사실주의적'이고 정치가적이며 현실 정치적이고 거대 이론적인 측면으로, 왼쪽의 반을 차지하는 반항적이며 활력 넘치고 단순히 '비판주의적'인 측면을 억압했다. 왼쪽의 반은 다른 이들에게서 '입장 자체'가 되어 그와 맞서고 있었다. 슈티르너와 바쿠닌을 비판적으로 파멸시키면서 그가 밟고 지나간 것은 자신의 시체였다. 즉 자신의 지성이 지닌 구체적이고 실존적인 일부, 다시 말하면 결국 '여성적인' 일부를 밟고 지나갔던 것이다. 그는 이 일부를 가지고 현실적이고 구체적으로 헤겔을 비판하고, 그에게 반항할 수 있었다. 이제 그는 이 측면에 저항함으로써 지배자 사상가라는 일면적인 모습으로만 등장한다.

슈티르너는 마르크스처럼 청년 독일 세대에〔포이어바흐, 부르노 바우어(Bruno Bauer), 아르놀드 루게(Arnald Ruge), 모세스 헤스(Moses Hess), 카를 그륀(Karl Grün), 하인리히 하이네 등〕 속한다. 이들은 헤겔 철학과 도전적 성찰 훈련의 풍토 아래에서 '머릿속에서 일어나는' 모든 일에 탁월한 감각을 발휘했다.

헤겔의 논리학은 단순히 존재도 아니고 또 단순히 의식도 아닌, '둘의 일부를' 모두 가진 공간을 정복했다. 이는 매개된 직접성의 사유 형태를 말한다. 새로운 논리학의 주문(呪文)은 매개이다. 우리는 이를 '매개 수단'으로 번역할 수 있다. 존재와 의식 사이의 한가운데에는 이 둘 다 될 수 있는 무엇인가가 있다. 여기서는 정신과 물질이라는 가상적인 반대 명제가 사라진다. 마르크스는 이런 비전을 자본 이론으로 변환시켰다.

구체적으로 말해보자. 인간의 머릿속에는 역사적으로 형성된 사고 및 인지 프로그램이 작동하고 있는데, 이것은 밖에서 안으로 들어가고 안에서 밖으로 나가는 모든 것을 '매개한다'. 인간의 인식 장치는 말하자면 내면의 계전기(繼電機)이고 스위치이며 변압기인 셈이다. 그 안에 이미 인지의 도식, 판단 형식, 논리 구조가 입력되어 있다. 구체적인 의식은 결코 직접적인 것이 아니다. 그것은 '내적 구조'를 통해 매개된 것이다.

반성은 이렇게 전달된 내면의 구조에 대해 근본적으로 세 가지 태도를 취할 수 있다. 즉, 반성은 입력 프로그램을 '삭제하면서' 그것에서 벗어나려고 시도할 수 있다. 또 입력 프로그램 안에서 가능한 한 깨어 있는 상태를 유지하면서 활동할 수 있다. 그렇지 않으면 반성은 구조가 전부라는 테제를 받아들임으로써 반성이기를 포기할 수 있다.

우리가 할 일은 이제 이 세 가지 태도를 살펴보는 것이다. 슈티르너의 생각은 자신의 머리에서 모든 이질적인 프로그램들을 밖으로 던져버린다는 것이었다. 머리를 이런 식으로 완전무결하게 정화한 이후에 남는 것은 벌거벗은, 어느 정도는 공허한 반성적 이기주의다. 정말 사회가 '서까래'를 내 머릿속에 이식한 게 사실이라면, 해방은 내 안에 있는 이런 낯선 프로그램들을 해체하면 이루어질 것이다. 자아 의식 속에 있는 나 자신은 즉석에서 힘들이지 않고 낯선 놈을 해치울 수 있다.

슈티르너의 목적은 자기 내면의 소외에서 해방되는 것이다. 즉, 내 안에 둥지를 튼 낯선 것을 추방함으로써 '나 자신을' 도로 찾는 것이다. 그런데 마르크스와 엥겔스가 이렇게 단순하기 그지없는 사상에 흥분했다는 것은 수백 쪽에 이르는 자료를 통해 확인할 수 있다. 그들은 이러한 신이기주의 관점을 가혹하게 비판했다. 그것도 도덕적으로가 아니라 인식론적으로 새로운 자기 기만이라고 비판했다. 그들은 슈티르너 자아, 즉 '유일한 존재'는 모든 것에 무관심하고 스스로를 자신의 유일한 소유물로 간주하기 때문에 새로운 순진성 속으로 뛰어든다는 점을 보여주었다. 그런데 이런 순진성이 '오로지 믿을 것은 나'라는 소시민적이고 자기 과시적인 관점을 내비치고 있다는 것이다.

19세기의 이론적 무정부주의는 처음으로 슈티르너에서 정점에 도달한다. 슈티르너는 순수한 자아로 '실존주의적' 환원을 실행한 것이다. 그러나 여기에서 그는 너무 순진하게 자아를 '존재하는' 어떤 것으로 가정한다. 슈티르너는 낯선 것, 즉 사회를 '내게서' 쫓아내버린다면,

아름다운 자신의 자아만 남을 것이고, 즉 이 자아는 자신의 '소유물'을 즐길 것이라고 생각한 것이다. 천진난만하게 슈티르너는 유일한 존재가 지니고 있는 '소유물'을 이야기한다. 그러나 사람은 실제로 존재하는 것만을 소유할 수 있다. 타당한 반성 경험과 혼란스러운 순진성이 머리카락 스칠 정도로 나란히 놓여 있다. '자신의' 의식에 대한 실존주의적 반성이 사실적인 만큼이나 자기 소유라는 관념으로의 이행은 잘못된 것이다. 자기 반성은 소유할 수 있는 객관적인 것을 남겨놓지 않는다.

마르크스와 엥겔스는 이런 구조물을 철저하게 분해했다. 두 사람은 경멸감에 고양되어 풍자적인 반성의 축제를 마련했다. 그것은 가능한 한 깨어 있는 상태로 의식의 내면 구조 속에서 움직이는 풍자적인 축제였다. 그러나 마르크스와 엥겔스는 슈티르너 식 환상을 파괴하면서 단순한 적 한 명 외에 그의 내면에 있는 자신까지도 파괴했다. 그들이 한줄 한줄에서 파괴를 자행하는 방식은 강력한 논리와 철저한 문헌학, 잔인한 파괴성을 동반한 방식이었다. 그것은 비판 이상이었다. 어떤 위험을 불러오는 주술 행위였고, '다른 가능성'을 말살하는 행위였다. 실제로 마르크스주의는 슈티르너 위에 드리운 무정부주의와 실존주의의 그림자를 자신에게서도 결코 떨쳐버릴 수 없었다. 이 그림자는 사르트르와 마르쿠제에 이르러 비로소 마르크스주의의 사유로 다시 견고한 삶을 얻었다.

마르크스는 셸링(Fridrich Schelling)처럼 '대중 앞에서 사상을 발전시키는' 순진하고 천재적인 유형에 속하지는 않는다. 《독일 이데올로기》는 사적인 텍스트였다. 그것은 1932년에야 출판되었다. 마르크스 문헌학자들은 1932년부터 이것을 성스러운 텍스트처럼 차례로 돌려보았다. 이 책은 학생 운동에서 반주관주의적 무기로 전쟁에 투입되었다.

그 전쟁은 '엄격한' 마르크스주의자들이 즉흥적이고 자발적인 스폰티스(spontis: 1960년대 독일의 학생 운동에서 즉흥성과 자발성을 옹호한 집단—옮긴이)와 학문적 화동(花童)들을 상대로 치른 전쟁이었다.

마르크스와 엥겔스가 이데올로기 비판의 관점에서 가장 철저한 저서를 비밀에 붙였던 데에는 나름의 충분한 이유가 있었다. 《독일 이데올로기》는 자기 학파의 비밀을 누설하는 책이었던 것이다. 우리는 이 책에서 마르크스와 슈티르너가 서로 정반대되는 관점에서 주체성에 대해 잘못된 태도를 취하고 있음을 알 수 있다. 두 사람은 처음 발견하는 모습대로의 인간 의식은 '소외'되어 있으며, 끈기 있는 반성으로 '습득'되어야 한다는 점을 알고 있었다. 두 사람은 모두 자신의 것과 낯선 것의 변증법적 관점에서 사유하지만, 또한 중간 것을 발견하지 못하고, 이것 아니면 저것이라는 배타적인 양자택일의 관점에 함몰되어 있었다.

슈티르너는 오른쪽을 선택하고, 마르크스는 왼편 길을 택했다. 슈티르너는 개인주의적인 정화 행위를 통해 소유권이 몰수된 상태에서 벗어날 수 있으리라 믿었다. 유일무이한 개인은 성년기에 이르러 자기 내면의 낯선 프로그램들을 떨쳐내는 법을 배우게 되고, 그렇게 함으로써 낯선 프로그램을 소유한 동시에 소유하지 않게 되며, 자유로운 주인과 소유자로서 그것을 '지니게' 된다는 것이다. 그는 사상과 사물이 자기 소유가 아니라고 포기하기 때문에 그것에 대한 권한을 상실했다. 슈티르너에게서 사실주의적 자기 반성과 이데올로기적 자아 숭배 사이에는 경계가 없었다. 조련을 통해 내적으로 거리를 두는 생산적 경험이 될 수 있는 것이 슈티르너주의에서는 교조로 경화되어 새로운 '단견적 사유'가 되었다.

계급 의식에 대한 마르크스 연구는 그 출발점에서는 똑같이 사실주의적이었다. 실제로 계급 의식, 세계관, 이데올로기는 '입력 프로그램'으로 이해될 수 있다. 그것들은 매개물이고, 형성된 동시에 형성하는 의식의 도식이며, 모든 지성이 세계사적으로 스스로 형성되는 과정에서 나타난 결과였다. 이런 시각은 의식 구조의 생산적인 분석에, 즉 순진한 이상주의의 저주에서 자유로운 분석에 이르는 길을 열어줄 수 있었다. 그러나 마르크스와 엥겔스는 '결국' 교조적인 물질주의를 내세워 이 관점에서 다시 떨어져 나왔다. 그들은 역사적 과정에서 주체성을 해체했다. 이런 사실은 마르크스가 '실존적인' 적을 다룰 때 보여주었던 가혹함과 경멸에서 드러난다. 이런 잔혹성 속에 이미 지배자적 형태의 반성이 싹트기 시작했던 것이다.

슈티르너가 반항기 역력한 자아를 공론의 장으로 끌고 나오는 곳에서, 마르크스주의는 혁명가를 배출한다. 이 혁명가는 지극히 약삭빠르고, 교활한 현실 감각으로 역사 과정에서 자신을 수단으로 이용한다. 슈티르너의 **잘못된 유일자**와 뒤엉켜 싸우면서 마르크스 이론에도 **잘못된 무명씨**, 즉 스스로 혁명이라는 물신의 완강한 도구가 될 혁명가에 대한 관점이 나타난다. 이것이 알튀세가 《독일 이데올로기》 이후의 마르크스 저서에서 판독했던 균열된 틈이다. 일찍부터, 아니 늦어도 슈티르너 논쟁 이래로 마르크스의 사유에 마치 혁명적 예수회 회원처럼 역사 발전의 과정에 스스로를 묶으려는 경향이 나타나기 시작한다. 역사 발전을 인식할 수도 있고 거기에 복종할 수도 있다고 생각한 것이다.

마르크스 이론은 이론의 주체를 발전의 기능으로 생각함으로써 지배를 도모한다. 또한 자기 물화를 통해 역사를 지배할 수 있다고 생각한다. 이른바 자신을 미래의 도구로 만들면 미래를 자신의 도구로도 만들 수 있다고 마르크스 이론은 생각한 것이다.

이처럼 정신분열증을 보이는 동시에 주인냉소주의적인 논리는 역사

모스크바에서 열린 '산업당'에 대한 재판.

적으로 유례가 없다. 고도로 발달한 의식만이 스스로를 그런 식으로 기만할 수 있다. 교활한 자기 부정에서 자기 반성이 마르크스와 비슷한 수준에 이른 유일한 사상가는 프리드리히 니체다.

용감한 옛 공산주의자는 교활한 자기 물화에서 철학적으로 유의미한 정점에 도달한 사람들이다. 이들은 모스크바의 공개 재판에서 사형 선고가 확실시되자 반(反)'혁명' 음모를 꾸몄다는 허위 자백을 하기에 이른다. 이 자백은 단순히 협박에 의한 것이 아니다. 피고인들은 자신들이 고발과 교수형 등으로 혁명에 피해를 입혔음을 알고 있었고, 이를 자백함으로써 더 큰 피해를 막고자 했다. 이런 점에서 그들의 자백에는 자유의 측면이 있었다.

전래적인 '비극' 개념으로는 자살을 통한 법정 살인이라는 이중 살인의 섬세한 측면을 모두 파악할 수 없다. 그것은 생물학적 의미에서만 누가 누구를 실제로 죽였는지가 분명한 살인이다. 그것은 죽이는 자아와 죽임을 당하는 자아가 분명하게 구분되지 않는 정신분열증 구조 안에서의 살인과 자살이다. 마지막에 가서는 목이 졸리고, 총살당하고 맞아 죽은 지적인 인간들의 시체가 산더미처럼 쌓일 것이라는 점만이 확실하다. 알튀세 사건은 마르크스주의의 정신병리학적인 부록**이기도** 하다. 이 사건은 혁명이 가장 영리한 자기 자식들을 잡아먹는—진리가 자신들을 절대로 죽였을 리 없다는 사실을 제외하고는, 이 혁명으로 도대체 무엇을 이루려 했는지도 정확히 알지 못하면서 목숨을 잃은 수백만 명은 말할 것도 없고—살인적 폭력의 지성적 차원에서 전개된다.

이런 전도 현상의 논리적 근거를 1843년 젊은 마르크스는 빈틈없는 문장에서 말하고 있다. 이 문장은 그가 경직되기 이전에 쓴 것이지만, 차후의 냉소적 경향을 예측할 수 있게 한다. "……공산주의는 다른 사회주의적 이론들이 자신에 대항하는 것을 보았다. 이는 우연이 아니다. 공산주의 자신이 사회적 원칙의 특수한, 일방적인 실현이기 때문이다"(MEW 1, p. 344). '일방적'이라는 말 속에 마르크스주의의 고차원적 아이러니가 들어 있다. '일방적'이라는 말을 하는 사람은 적어도 두 측면이 있으며, 또 있어야 한다는 것을 알고 있다. 그러나 하나의 측면에 스스로를 고정하는 사람은 자신과 남을 속이는 것이다. 엄청난 권력을 향한 의지에 사로잡힌 지식만이 의식적인 일방성을 진리처럼 보이게 하고 싶어한다. 그로써 이 지식은 심각하게도 자신의 인식 열정을 부인한다. 이처럼 공산주의는 노를 잡기도 전에 자기 비밀을 떠들어대는 권력 지식이다. 오직 이 점만이 철학적 차원에서 공산주의와 파시즘의 공통점이다.

5 불투명한 삶에 대한 감정

계몽의 자기 부정은 '이성적인 타자'에 대한 모든 아름다운 환상을 짓밟아 부수었던 최근의 역사가 빚어낸 결과이다. 좌파 원칙이 현실에서 전제주의 체제로 대변되는 한, 계몽은 어쩔 수 없이 이 원칙 앞에서 갈피를 못 잡을 것이다. 계몽은 본질상 평등의 원칙보다 자유의 원칙을 선호한다. 계몽은 자신이 좋아했던 사회주의가, 원래의 투쟁 대상만큼이나 순수함을 상실했다는 사실을 못 본 척할 수 없었다. 오늘날 존재하는 형태의 '현존 사회주의'는 어떤 점에서 좌파와 우파라는 질문 자체를 쓸모 없게 만든다. 사회주의는 인식 가능한 형식, 각각 장점도 있고 단점도 있는 그런 형식에서 자본주의와 구분되기 때문이다.

그러나 사회주의가 모든 정치 · 경제 질서와 마찬가지로 자본주의와 공유하는 것은 엄격한 현실의 필체다. 이 현실은 자체로는 좌일 수도 없고, 우일 수도 없다. 그것은 우리가 만든 것으로서 늘 그저 현실일 뿐이다. 도덕만이 현실에 대해 좌파적이거나 우파적인 입장을 취할 뿐이다. 우리에게 현실은 반가울 수도 미울 수도 있고, 참을 만할 수도, 참을 수 없는 정도일 수도 있다. 주어진 여건에 직면해 의식에게 남은 선택은 이 여건을 인식하거나 하지 않거나 둘 중 하나이다. 이것은 지극히 거칠고 단순하지만 냉소적 이성 비판이 명료하게 밝혀낸 사항이다. 그러나 여기서 시작해 현재 진행 중인 탈도덕화 현상의 의미를 이해하려는 전망은 단순하지만은 않다. 도덕만이 탈도덕화에 빠지기 쉽고, 각성은 환상을 기다리기 마련이다. 문제는 우리가 이러한 탈도덕화 현상 속에서 진리에 한걸음 가까이 가는 것은 아닌가 하는 것이다.

우리는 실제로 독특한 실존적 방향 상실의 어스름 속에 잠겨 있다. 현대의 지식인층이 가진 삶의 감정은 부도덕한 도덕을 이해할 수 없는 사람의 그것이다. 그렇게 되면 만사가 '너무 단순해'질 것이기 때문이다. 그러므로 어떤 사람도 스스로 앞으로 어떻게 해야 할지 알지 못한다.

신을 믿지 않는 계몽의 냉소적인 어스름에서 독특한 영원의 감정이 생겨난다. 하는 것 없이 바빠 쉴새 없다는 감정, 즐겨 일을 만들면서도 의기소침한 감정, 온통 사이사이 틈나는 시간에 사로잡혀 역사에서 소외되고 미래를 기뻐할 줄 아는 습관을 버린 감정이다. 내일은 사소함과 파국의 개연성이라는 이중성을 지니고, 그 사이 어딘가에 어떻게든 견뎌낼지 모른다는 작은 희망이 자리한다. 과거는 학문의 어리광쟁이가 되거나, 아니면 문화와 역사와 함께 사유화해 고물 시장에서 옛날 옛적 한때 있었던 것들의 신기한 미니어처들로 왜소해진다. 가장 흥미를 끄는 것은 과거 인물들이나 실종된 왕들의 전기다. 특히 이집트의 파라오는 편안한 망자로서 그들이 누리는 영원한 삶을 우리의 삶과 동일시할 수 있다.

지금 여기에서 삶의 원칙이 희망의 원칙에 맞서 떨쳐 일어난다. 출근길 사람들은 "더 좋은 시절을 기다리지 마라"(Wolf Biermann)든가 "내가 우리 집 개라면 얼마나 좋을까 생각했던 날들이 있었어"라는 노래를 흥얼거린다. 늦은 저녁, 조합 술집에서는 "미래는 참여 부족으로 취소되었다"고 적혀 있는 포스터들을 볼 수 있다. 그 옆에는 "우리는 부모들이 되지 말라고 늘 경고하던 그런 사람들이 되었다"고 써 있다. 때늦은 냉소적인 시간 감각은 여행과 잿빛 일상의 시간 감각이다. 그것은 짜증나는 현실과 믿기 어려운 백일몽 사이에 끼어 있으면서, 정신을 차리고 있다가 방심할 수도 있고, **침착하거나** 명상적이기도 하며, **지상에 내려와 있거나 멀리 떠나 있기도** 하는 시간 감각이다. 어떤 이들은 야망을 불태우고 다른 이들은 축 처져 있다.

사람들은 무슨 일이라도 일어날 법한 시절에 느꼈던 감정과 일치하는 감정을 기다리고 있다. 하지만 적지 않은 사람들이 무엇이든 상관없다는 투로 그저 앉아 있다. 사람들은 현대가 파국적이라고 느끼고, 그 느낌을 즐긴다. 그리고 최악의 상황이 인접 공간을 피해갈 때 달콤하면서도 씁쓸한 감정과 사적인 친밀성을 느낀다. 좋은 영화는 중요하다. 그러나 좋은 사례들은 모방하기가 쉽지 않다. 경우마다 다르고, 특히 자신의 경우는 더 그런 법이니까. 사람들은 여전히 큰 맘 먹고 책을 사고, 교황이 독일에 왔을 때 여전히 교황이 존재한다는 사실에 약간 놀란다. 사람들은 일을 하면서도 "이 일에 완전히 몰두한다면 더 좋을 텐데"라고 말한다. 사람들은 하루에서 다른 하루로, 휴가에서 다음 휴가로, 뉴스 프로그램에서 다른 뉴스 프로그램으로, 문제에서 문제로, 오르가슴에서 오르가슴으로, 사적인 야단법석과 중장기적 이야기들 속에서 살아간다. 긴장하고 긴장을 풀면서 말이다. 사람들은 많은 사건을 보면서 마치 자신이 '당한 것 같은 느낌'을 갖지만, 대부분 자신과 상관없다고 느낀다.

신문은 다시 생존을 위해 투쟁할 자세를 갖추어야 하며 허리띠를 졸라매고 요구를 낮추어야 한다고 쓰고 있고, 생태주의자들도 그렇게 말한다. 요구 사회, 쳇, 빌어먹을! 마음이 약해지는 순간 에리트레아나 베트남 난민선을 위해 기부금을 내지만, 거기까지 직접 가지는 않는다. 사람들은 아직 세상을 많이 보고 싶어하며, 일반적으로 **'아직 더 많이 살려고'** 한다. 그 다음 무슨 일을 할지, 어떻게 계속해 나갈지를 자문한다. 〈차이트(Zeit)〉 잡지의 문화란에서는 문화비평가들이 염세주의자로서 올바른 존재 방식이 무엇인지를 놓고 난상 토론을 벌인다. 동구권에서 이주해온 사람이 다른 사람에게 이렇게 말한다. "오래 전부터 나도 당신처럼 그렇게 암울하게 사태를 봐왔소. 하지만 이 모든 것에도 불구하고 모두가 절망한다면, 우리는 대체 어디로 가겠소." 이때 다른 사람이 말한다. "그럼에도 불구하고의 시간은 지나갔소"라고.

어떤 사람들은 이미 오래 전부터 받던 정신분석 치료를 끝낼 생각을 하고 있고, 다른 사람들은 정신분석 치료를 받아보지도 않은 것을 스스로 책임질 수 있느냐고 오래 전부터 자문하고 있다. 그러나 우리는 비용이 얼마나 드는지, 의료 보험으로 처리되는지, 또 고통의 한가운데에서 시작할 수 있다고 믿었던 마음이 나중에도 변치 않을지 등 여러 사안을 고려해야만 한다. 처음에는 과거에 해왔던 대로 계속할 수 있을지 스스로도 잘 모르기 때문이다. 그렇다. 또 하나 밝혀진 사실은 요리를 잘 한다는 것이 배신은 아니며, 소비나 자동차와 관련된 어리석은 소문들이 실제로는 전혀 그렇지 않다는 것이다.

멋진 미시 경제가 생각을 분열시키고 이른바 사회가 온갖 종류의 부조리로 얽히고 설켰지만 서로를 무시하는 수십만 가닥의 계획 및 응급조치들로 해체되는 것이 공공연한 비밀인 시대에 아직 남아 있는 계몽이 있다면, 자신의 근본을 다시 한번 생각하는 것도 그리 해롭지는 않을 것이다. 이런 식의 비판적 성찰의 인상적인 사례가 있다. 상당히 오랜 기간 동안, '공론 영역'이란 개념은 새롭게 거듭난 계몽의 강력한 주제 가운데 하나였다. 그것은 '경험'이라는 단어나 특히 '삶의 맥락'이라는 단어와 결합할 때 더욱 그러했다. 삶의 맥락이라는 말은 기분 좋게 쓸 수 있는 단어인데, 그것은 삶이 어딘가에서 맥락을 형성한다는 느낌, 맥락이 의미를 약속한다는 느낌을 갖게 해주기 때문일 것이다.

그러나 그 사이에 삶의 맥락에 대한 지적 추적의 열기는 수그러들었다. 삶의 맥락이 바이에른에 산다는 볼퍼팅어(사슴뿔을 가진 토끼)만큼이나 희귀해졌기 때문이다. 프로이센의 여름 피서객들이 너무 잘난 척해서 한수 가르쳐줘야 할 때 바이에른의 익살꾼들이 사냥하곤 했던 토끼 말이다. 프로이센 사람들이 더 이상 바이에른에 오지 않고 그들의 '삶의 맥락'이 자동발사장치가 달린 철조망 뒤에서 이루어지게 된 이후 볼퍼팅어 사냥, 즉 꾀많은 프로이센을 위한 특별 계몽은 일반인과 비(非)프로이센을 위한 계몽만큼이나 시들해졌다.

그럼 이제 무엇을 살펴볼 차례인가? 제5예비 숙고는 냉소적 이성의 토대에 대한 실질적인 연구를 소개하는 대목인데, 여기에서 나는 활력의 비밀, 즉 뻔뻔함을 숨겨둔 계몽의 원천을 지명하려 한다.

05

'잃어버린 뻔뻔함을 찾아서'

소심한 엉덩이에서 유쾌한 방귀는 잘 나오지 않는다.
–루터교의 격언

항의, 탈선, 즐거운 불신, 조롱하는 버릇은 건강의 신호이다. 무조건적인 것은 모두 병리학에 속한다.
–프리드리히 니체, 《선악의 피안》

당신은 내 전체 삶 위에 당신의 손을 얹어놓았습니다. 그래서 그것이 봉기하여 당신과 대적하게 됩니다…….
–당통, 《그에게 유죄판결이 내려지기 전에(vor seiner Verurteilung)》

1 그리스적 뻔뻔함의 철학 : 견유주의

적어도 그리스의 원형에서 고대의 견유주의는 뻔뻔스럽다. 견유주의의 뻔뻔함 속에는 탐사해볼 만한 방법이 들어 있다. 그리스 철학의 위대한 체계들(플라톤, 아리스토텔레스, 스토아 학파 등)과 자리를 나란히 하는 최초의 진정한 '변증법적 물질주의'(동시에 **실존주의**이기도 한)를 단순한 사티로스의 유희로, 반은 유쾌하고 반은 더러운 일화로 간주하고 지나쳤다는 것은 부당한 처사이다.

키니스모스(kynismos : 견유주의)에서 논증 방식이 하나 발견되긴 했지만, 진지한 사상은 이 방식을 어떻게 취급해야 할지 오늘날까지 모르고 있다. 소크라테스가 다이몬을 불러내고, 신의 영혼을 말하는 동안 코를 후빈다면, 이 얼마나 거칠고 괴이한 일인가? 디오게네스가 플라톤의 이데아론을 향해 방귀를 뀐다면, 상스럽다는 말 외에 달리 표현할 말이 있는가? 또는 방귀뀌는 행동 자체가 우주의 생성에 관한 신의 명상에서 나온 이데아 중 하나인가? 이 철학하는 부랑자가 플라톤의 섬세한 성애론(性愛論)에 공중을 향한 자위행위로 대답한다는 것은 무엇을 의미하는가?

정상을 벗어날 정도로 부적절해 보이는 이런 도발적인 행동을 이해하기 위해서는 하나의 원칙을 고려해볼 만하다. 이 원칙은 지혜론을 탄생시켰고, 고대에는 극히 자명한 이치로 여겨졌지만, 현대에 들어와 근절되었다. 지혜를 사랑하고 **의식적인** 삶을 사는 인간인 철학자에게 삶과 학설은 조화를 이루어야 한다. 모든 학설의 핵심은 학설의 추종자들이 그것을 구체화하는 데 있다. 그런데 이 말은 실현 불가능한 이상을 좇게 만드는 것이 철학의 의미인 것처럼 오해할 소지가 있다. 그러나 철학자가 자신이 말하는 대로 살아야 한다는 소명을 받았다면, 그의 과제는 비판적 의미에서 그 이상의 것이다. 즉, 살아온 대로 말해야 한다는 것이다.

관념과 물질 사이의 중간 존재인 **우리에게** 사실적인 것이 되려면, 예로부터 모든 관념성은 물질이 되어야 하고 모든 물질성은 관념이 되어야 했다. 사람과 문제의 분리, 이론과 실천의 분리는 이런 근본적인 시각에서는 전혀 고려되지 않는다. 그것이 진리의 부패를 드러내는 징후가 아니라면 말이다. 하나의 학설을 구체화한다는 것은 자신을 그 매개물로 만든다는 것이다. 이는 도덕주의의 변론에서 엄격하게 이상이 인도하는 행위에 대해 요청되는 것과 정반대의 요청이다. 구체화할 수 있는 것을 경청함으로써 우리는 도덕적 선동과 극단적이고 생명력 없는 추상의 테러에서 우리 자신을 보호할 수 있다(질문은 '무엇이 테러 없는 미덕인가?'가 아니라 '일관된 이상주의가 아닌 테러는 무엇인가?'이다).

디오게네스의 등장은 초기 유럽 철학의 진리 과정에서 가장 극적인 순간이다. 플라톤부터 시작한 '높은 이론'이 물질적인 구체화로 이어지는 끈을 과감히 절단하고, 그 대신 논증의 끈을 촘촘하게 엮어 논리적 천을 직조하는 동안, 전복적 형태의 **낮은 이론**이 등장한다. 이것은 무언극처럼 괴상하게 실질적인 구체화 작업을 극단까지 몰아간다. 진리의 과정은 담론적 · 거대 이론적인 밀집 방어와 풍자적 · 문학적 산개(散開) 전투부대로 갈라진다. 디오게네스와 더불어 유럽 철학 내에서는 '담론'의 모의 게임에 대한 저항이 시작된다. 그는 너무나 재미있는 방식으로 우주적 보편주의의 '언어화'를 저지하려 한다.

우주적 보편주의는 철학자들을 불러모아 이 작업을 시키려 했다. 디오게네스는 독백체의 이론에서든 대화체 '이론'에서든 이상주의적인 추상화의 사기와 머리만 비대해지는 사유의 정신분열증적 무미건조한 낌새를 알아차린다. 그래서 고대 최후의 소피스트이며, 풍자적 저항 전통의 시조인 그는 시골뜨기 풍의 계몽을 창시한다. 그는 **비플라톤 식 대화**의 길을 개진한다. 여기에서 깨달음의 신인 아폴론은 자신의 다른 얼굴을 보인다. 니체는 이 얼굴을 보지 못했던 것이다. 그것은 사유하는 사티루스, 착취자, 코미디언의 얼굴이다. 진리의 치명적 화살은 거짓이 권위 뒤에서 안전한 줄 알고 안심하는 곳에 박힌다. '낮은 이론'은 여기에서 처음으로 가난과 풍자와 동맹을 맺는다.

이런 시각에서 보면 뻔뻔함이 무엇을 뜻하는지 곧 드러난다. 철학이 자신이 말하는 대로 살려면 위선적이 될 수밖에 없었던 이후, 뻔뻔함은 자신이 사는 그대로를 말한다. 경화 현상을 겪고 있는 이상주의가 거짓을 삶의 양식으로 만드는 문화 속에서 진리의 과정은 진리를 말할 만큼 공격적이고 자유로운('염치없는') 사람들이 있는가의 여부에 좌우

된다. 지배자들은 바보, 광대, 견유주의자들 때문에 진정한 자기 확신을 상실한다. 그래서 일화는 알렉산더 대왕에게 자신이 알렉산더가 아니라면 디오게네스가 되고 싶다고 말하게 한다. 그가 자신의 정치적 야망의 바보가 아니라면, 그는 자신에게나 사람들에게 진리를 말할 수 있는 바보를 연기해야만 했을 것이다(권력자들이 견유주의자처럼 생각하기 시작한다면—그들이 자신에 대한 진리를 알고 있고 그럼에도 '하던 일을 계속한다면'—그들은 냉소주의의 **현대적** 정의를 완벽하게 실현하는 셈이다).

그런데 '뻔뻔스러운'이라는 말이 부정적인 의미를 지니게 된 것은 몇 세기 전부터의 일이다. 이 말은 처음 고대 독일어에서는 생산적인 호전성, 적에게 다가감, 즉 '용맹한, 대담한, 활기찬, 당돌한, 길들여지지 않은, 강한 욕구를 가진' 등을 뜻했다. 이 단어의 역사 속에는 어떤 문화의 탈활력화 과정이 고스란히 반영되어 있다. 오늘날 여전히 뻔뻔스러운 자에게는 물질주의적 열기가 제대로 냉각되지 않았다. 건방진 사람들을 곤란하게 여기는 사람들이 원하는 만큼 말이다. 유대인 다윗은 "내가 널 더 잘 맞힐 수 있도록 이리 와" 하면서 골리앗을 약올리는 파렴치한의 전형이다. 그는 머리에는 듣고 복종하는 귀만 있는 게 아니라 강한 자에게 내밀 이마도 있다는 것을 보여준다. 즉 그가 보여 주는 것은 저항, 조롱, 몰염치다.

그리스 견유주의는 동물적인 인간 육체와 그의 몸짓에서 논증거리를 발견한다. 그것은 무언극적인 물질주의를 발전시킨다. 디오게네스는 철학자의 언어를 광대의 언어로 반박한다. "플라톤이 인간은 두 발로 걷는 깃털 없는 동물이라고 정의하고, 이 정의로 박수갈채를 받자 디오게네스는 닭 한 마리의 깃털을 뽑아 이것이 '플라톤의 인간이다'는 말과 함께 플라톤 학파로 보냈다. '납작하게 눌려서 찌를 수 없는 손톱을 가진'이라는 말을 덧붙여서 말이다. 아리스토텔레스주의가 아니라 바로 이것이 소크라테스와 플라톤에 대한 진정한 철학적 반대 명제다. 플라톤의 아이러니와 변증법적 거동 속에는 소크라테스의 평민적 거리 철학의 불씨가 여전히 살아 있긴 하지만, 지배 사상가는 플라톤과 아리스토텔레스 두 사람이다. 디오게네스와 그의 추종자들은 이에 대항하여 본질적으로 평민적 반성을 내세운다. 이런 뻔뻔함의 이론이 전투적인 반성의 정치사로 접근하는 문을 열어줄 수 있다. 그것이 철학사가 변증법적 사회사로 존재할 수 있게 한다. 그것이 의식의 구현과 분열의 역사이다.

견유주의가 용기와 뻔뻔함, 위험과 같은 요소들이 진리 언설(言說)을 좌우하게 만든 이후, 진리의 과정은 전대미문의 도덕적 긴장 관계에 빠지게 된다. 나는 이를 억제력 상실의 변증법이라 부른다. 지배적인 거짓에 맞설 수 있는 자유를 가진 사람은 풍자로 인해 느긋해진 분위기를 유발한다. 이런 분위기에서 지배자와 그들의 지배 이데올로기는 감정적인 억제력을 상실하게 된다. 견유주의 쪽의 비판적인 조롱과 충돌하면서 그렇게 될 것이다. 그러나 견유주의자가 금욕적이고 흠 없는 삶으로 뻔뻔함을 뒷받침하는 반면, 공격당한 사람은 억제력 상실을 분노로 위장한 이상주의로 대응한다. 이 억제력 상실은 심한 경우에는 적의 섬멸로까지 이어질 수 있다. 오직 자신의 유머에만 웃는 것이 권력의 본질이다.

2 이상주의 바람을 향해 오줌누기

뻔뻔함은 근본적으로 위와 아래, 즉 지배 세력과 반대 세력이라는 두 가지 위치를 점유한다. 이를 고풍스럽게 표현하면, 주인과 종이라 할 수 있다. 고대의 견유주의는 아래에서 나오는 힘이 실린 반대파의 입장에서 '적나라한 논증'의 과정을 시작한다. 견유주의자는 방귀를 뀌고 똥을 누고 오줌을 싸고, 아테네 시장 사람들이 붐비는 대로에서 자위행위를 한다. 그는 명성을 경멸하고 건축물에 입을 삐죽거리고 경의를 거절하고 신과 영웅의 역사를 패러디하고 날고기와 생야채를 먹고, 태양 아래 누워 창녀들과 시시덕거리며 알렉산더 대왕에게 햇빛을 가리니 비켜달라고 말한다.[1] 이는 무엇을 뜻하는가?

견유주의는 아테네의 주인 이상주의에 대한 최초의 답변으로서 이론적 반박 이상의 의미를 가진다. 그는 말로 이상주의를 반대하는 것이 아니라 자신의 삶으로 반대한다. 디오게네스의 등장은 아마 소크라테스와의 경쟁이라는 관점에서 이해될 수 있을 것이다. 그의 기벽은 교활한 변증론자를 희극이라는 카드패로 이기려는 시도일 수도 있다. 그러나 그것만으로는 충분치 않다. 견유주의는 우리가 어떻게 진리를 **말하는가** 하는 질문에 새로운 전환점을 제공한다.

학문적으로 이루어지는 철학적 대화는 물질주의 관점에게 합당한 자리를 제공하지 않는다. 합리적 대화 자체가 이미 이상주의적 약속을 전제로 하기 때문이다. 말만 왔다갔다하는 곳에서 실존적 물질주의는 애당초 이해받지 못한다고 느낀다. 머리들의 대화에서는 늘 머리 이론이 등장할 것이고, 머리 변증법은 이상주의와 머리 물질주의 간의 불화 정도는 쉽게 극복할 것이다. 소크라테스가 지혜론자와 이론적 물질주의자를 대화로 끌어들일 수만 있다면, 그는 그들을 쉽게 상대할 수 있다. 대화에서 그는 반박의 대가이며, 난공불락의 상대이니까. 하지만 소크라테스도 플라톤도 디오게네스는 어찌해볼 도리가 없었다. 디오게네스는 그들과도 '역시 다르게', 온몸으로 대화를 구사하기 때문이었다. 그래서 결국 플라톤이 취한 방법은 무시무시하고 고집 센 적에 대한 비방뿐이었다. 플라톤은 그를 '미쳐버린 소크라테스'라 불렀다. 이 문장은 적의 파멸을 의도했지만, 결과적으로 최고의 인정이었다. 어처구니없게도 플라톤은 경쟁자를 위대한 변증법론자인 소크라테스와 똑같은 반열에 올려놓았던 것이다. 플라톤의 이런 암시는 소중하다. 그는 디오게네스와 함께 불안하지만, 그래도 불가피한 사건이 철학에 일어났음을 분명히 보여준다. 즉 견유주의자들의 개 철학에서 물질주의적 입장이 나타나는데, 그것은 이상주의적 입장에 필적할 만하다. 그것은 원래의 철학이 가졌던 지혜, 즉 물질주의적 토대의 사실주의, 반어적 종교성의 명랑함을 소유하고 있었다. 디오게네스가 아무리 거칠고 무례했어도 결코 모순 속에 고정되고 경직된 반대자는 아니었다. 그의 삶은 유머가 넘치는 자기 확신, 오로지 자신만만하고 당당한 사람들만이 가질 수 있는 그런 자기 확신의 부호를 달고 있었다.[2)]

사회 질서와 세계 질서를 정당화하는 이상주의에서 이념은 꼭대기에 서서 관심의 조명을 받아 빛난다. 물질은 아래에 있고, 이념의 단순한 그림자이며 더럽혀진 것이다. 그런데 살아 있는 물질은 이러한 과소평가에 어떻게 저항할 수 있는가? 학술적 대화에서는 배제되었고, 실존이 아니라 단지 하나의 주제로 허용될 뿐이다. 무엇을 해야 하나? 물질적인 것, 즉 깨어 있는 육체는 적극적으로 자신의 주권을 증명하기 시작한다. 제외된 지체 낮은 요소는 시장으로 나가 지체 높은 요소에게 공개적으로 도전한다. 분뇨, 소변, 정액! 개처럼 '무위도식하지만', 웃으면서 산다. 그리고 이 모든 것 뒤에 혼란이 아니라 명철한 성찰이 있다는 인상을 주면서 말이다.

이제 동물적인 것은 매일 겪는, 지극히 일상적이고 사적인 육체 경험이며 공적인 소동이 될 정도는 아니라는 항변이 나올 수 있다. 물론 그럴 수도 있지만, 이는 요점을 잡지 못한 말이다. 이 '더러운' 물질주

소변 보는 헤라클레스.

의는 구체적인 것의 권리를 평가절하하는 과도한 권력이상주의에만 대응하는 것이 아니다. 견유주의자에게 동물성은 자신을 표현하는 방식의 일부이며, 동시에 논증의 한 형식이다. 그 핵심은 실존주의다. 견유주의자는 변증법적 물질주의자로서 공론 영역에 싸움을 건다. 공론 영역이 이상주의적 오만의 극복을 유의미한 방식으로 과시할 수 있는 유일한 장소이기 때문이다. 총명한 물질주의는 말로 만족하지 않는다.

그것은 육체를 복권시키는 물질적인 논증으로 넘어간다. 물론 이념은 플라톤 학파에서 왕위를 차지하고 있지만, 오줌이 은밀하게 공중변소 안으로 뚝뚝 떨어진다. 플라톤의 학원에 소변이라니! 이상주의 바람에 대고 오줌을 갈기다니! 완전한 변증법적 긴장이고 예술이다.

저속한 것, 격리된 것, 사적인 것을 거리로 들고 나가는 것은 전복을 의미한다. 그것은 동시에 시민 계급의 문화 전략이다. 시민 계급이 문화적 헤게모니를 잡은 것은 상품 경제와 학문, 기술의 발전만이 아니라 은밀하게 물질주의적 영감을 받은 사적인 것의 공론화를 통해서이다. 다시 말하면 자신의 애정 세계, 감정 세계, 육체 세계 그리고 내면 세계와 이에 수반된 온갖 감각적이고 도덕적인 문제들의 공론화 말이다. 200여 년 동안 우리는 사적인 것이 공론 영역으로 밀고 들어가려는 부단한 투쟁의 운동을 관찰하고 있다. 성적 경험은 이 운동에서 핵심적인 역할을 맡고 있는데, 그것은 사적인 분리와 공적인 회귀의 변증법이 경고성 폭력을 가하면서 성적 생활에 강요되기 때문이다. 사실주의적 성향의 시민 문화는 **견유주의 문화 혁명**의 끈을 다시 잡는 것 외에 다른 묘수가 없다. 오늘날 사람들은 다시 이해하기 시작한다. 최근 빌리 호흐케펠(Willy Hochkeppel)은 고대 견유주의와 현대의 히피 및 대안 운동의 유사점을 서술했다.[3] 신견유주의의 요소가 적어도 18세기 이래 사적인 것과 실존적인 것에 대한 시민적 의식에 깊은 영향을 남기고 있다. 이 요소에는 감당하지 못할 높이로 올라가라고 강요당했던 추상적인 삶의 양식으로서 정치에 적대적인 시민적 생활 감정의 잔여분이 표현되고 있다. 정치란 어제나 오늘이나 붕괴하던 그리스 도시 공동체의 견유주의자들이 경험했던 것과 다르지 않기 때문이다. 정치는 인간 상호간의 위협적인 강제 관계, 석연치 않은 출세와 의심스러운 야망의 영역, 소외의 메커니즘, 전쟁과 사회적 불의의 차원이다. 한마디로 말하면, 폭력을 행사할 수 있는 타인의 존재가 우리에게 덧씌운 지옥이다.

아테네 시장의 공론 영역은 견유주의의 공격에 감전된다. 디오게네스는 통상적 의미에서 제자를 받아들이지 않았음에도, 그의 가르침이 주는 충격은 설령 무의식적이라 하더라도[4] 정신사의 가장 강력한 충격 가운데 하나가 된다.

디오게네스가 시장에서 소변을 보고 자위행위를 할 때, 이 행위는 공개적이기 때문에 본보기가 될 수 있다. 무언가를 공표한다는 것은 보여주면서 동시에 일반화하는 행위의 일치를 의미한다(예술의 의미론적 체계는 여기에 근거한다).[5] 이렇게 철학자는 육체적인 것을 부끄러워하지 않으면서 체험할 수 있는 동등한 권리를 시장의 평범한 사람들에게 부여한다. 이런 체험은 온갖 종류의 차별에 저항하는 데 도움이 된다. 인륜도 좋지만, 자연성도 좋다. 견유주의 스캔들은 바로 이 점을 말하고자 했던 것이다. 가르침은 삶을 해명하는 것이기에 견유주의자는 억눌린 육감을 시장으로 들고 나가야 한다. 자, 보아라. 알렉산더 대왕도 경의를 표했던 이 현자가 자기 페니스를 가지고 놀면서 즐거워하는 모습을! 사람들이 보는 앞에서 똥도 눈다. 그게 그렇게 나쁜 것은 아니군. 여기에서 철학적으로 진리를 함유한 홍소가 시작된다. 우리가 이러한 홍소의 출발점을 다시 상기해야 하는 까닭은, 현대는 우리의 얼굴에서 웃음을 가시게 할 방법을 찾는 데에만 골몰해 있기 때문이다.

후기의 철학, 우선 기독교 철학에서, 한층 더 심하게는 탈기독교 철학에서 육체화의 규칙은 한걸음 한걸음 사라진다. 그리고 마침내 지식인들은 명시적으로 삶과 인식의 '비동일성'을 고백한다. 가장 두드러진 형태로는 아도르노에게서 나타나는데, 그는 정신적 산물의 타당성과 '정신'의 소유자에게서 발견되는 악명 높은 '비열'을 무조건적으로 구분하고 있다. 구체화 원칙의 파괴가 기독교-시민-자본주의적 정신분열증의 작품이라는 사실은 이미 논의된 바 있다. 구체화 원칙은 현대 지식인들의 문화적 체질로 말미암아, 그들에 의해서는 계승될 수 없다. 사회적 역할을 수행해야만 하는 지식인은 스스로 의식하든 의식하지 않든, 실존적 모순과 불화의 조종사 집단이 되어야 한다. 현대의 철학자는 이 이름을 가질 권리를 지닌 한, 정신분열증을 보이는 두뇌동물로 변신한다. 심지어 그가 이론적으로 부정성, 배제된 자, 멸시받는 자와 패배자에게 관심을 보인다 하더라도 그렇다.

3 시민적 신견유주의: 예술

감각적 구체화의 충동이 완전히 소멸되지 않았다는 것은 근본적으로 시민 예술의 업적이다(다른 일부는 우리가 여기서는 다루지 않을 현상인 사회적 반항 정신의 업적으로 돌릴 수 있다). 시민 예술은 신견유주의 경향을 소생시켰다는 데 그 철학적 의미가 있다. 설령 시민 예술 자체가 이런 개념을 표방하지 않았다 하더라도 말이다. 그러나 시민 예술이 '자연'이나 천재, 진리, 삶, 표현 등을 말한다면, 그 안에는 이미 견유적 자극이 개입되어 있다. 견유적 자극은 실존의 비(非)분열에 대한 욕구를 표현하기 위해 예술의 면허증을 이용한다. 열정적인 젊은 괴테의 프로메테우스는 이 자극의 새로운 이상이다. 괴테처럼 예술도 육신을 가진 완전한 존재의 형상에 따라 인간을 만들고 싶어한다. 즉, 웃고 울고 즐기고 기뻐하며 신들과 법칙들을 조롱할 수 있는 존재로 만들고 싶은 것이다. 젊은 괴테는 다른 어떤 사람보다도 시민적 신견유주의의 활력이 감추고 있는 비밀을 감지했고, 이를 예술로 마음껏 발산했다. 1771년 괴테가 셰익스피어 기념일에 행한 매혹적이고 열정적이며 재기발랄한 연설, 공격적이며 말 그대로 뻔뻔스러운 연설에서 외친 감각적 계몽의 전투 구호가 바로 '자연, 자연!'이다.

> "내게 말할 기회를 주십시오! ……
> 우리 시대가 자연을 평가하겠다고 감히 나서다니.
> 무슨 수로 자연을 알겠습니까? 젊은 시절부터 온갖 리본과 장식을 주렁주렁 단 채 자신을 느끼고 남을 보아왔던 우리가? ……
> 고상한 철학자들이 세상에 대해 말했던 것은 셰익스피어에게도 해당됩니다. 그 역시 우리가 악하다고 하는 것은 선한 것의 다른 측면일 뿐이라고 했습니다. 그리고 열대 지방이 활활 타고 북유럽의 라플란드가 꽁꽁 얼어붙어야 온화한 지대가 있을 수 있는 것처럼 악은 선의 존재를 위해 필연적인 것이며 전체에 속하는 것이라고 했습니다. 그는 우리를 온 세상으로 이끌지만 경험 없는 우리는 낯선 메뚜기에게도 호들갑을 떨며 '주님, 저게 우리를 잡아먹으려 합니다!' 하고 소리칩니다.
> 여러분, 일어서십시오! 나팔을 불어 소위 좋은 취향의 이상향이라는 곳에 있는 고상한 인간들, 잠에 취한 채 권태로운 어스름 속에서 반쯤 정신 나가 있는 사람들을 깨워보십시오. 가슴에 열정은 있지만 뼈에는 골수가 없어 무기력한 사람들입니다. 쉴 정도로 피곤하지는 않지만 일하기에는 너무 게을러 그림자 같은 그들의 삶은 미르텐나무와 월계수 숲 사이에서 빈둥거리며 하품이나 하고 있습니다."

초기 시민 예술의 질풍노도 속에서, 고대 이래 아마 처음으로 귀족이 아닌 인간이 온전한 삶과 감성의 구현을, 분열되지 않은 일체성을 요구한다. 거칠고 사나운 미학적 견유주의가 기염을 토한 것이다. 이 연설에서 로코코 문화와 그 특성들, 비(非)본래성의 시든 매력, 교활한 정신분열증세, 매너리즘에 빠진 빈사 상태의 연극 같은 로코코 문화의 특성을 신랄하고 통쾌하게 공격하는 사람은 약관 22세의 청년이다. 괴테의 연설은 시민 견유주의의 강령처럼 들린다. 그의 연설은 자연의 위대한 비도덕주의를 언급하면서 단순한 도덕에 불과한 것을 모두 폭파하려 한다. 자연 속에서는 이른바 악도 좋은 의미가 있다는 것이다 (나는 '냉소주의자의 진열실'에서 괴테의 메피스토펠레스를 견유주의적 · 냉소적 경험으로 창조된 놀라운 인물이라는 새로운 시각에서 조명할 것이다).

물론 그럴 수 있다면 시민 예술은 감각적 총체성을 **허구**로 묘사할 수 밖에 없는 처지였다. 이런 약점 때문에 시민적 반시민은 감각적인 것을 분리하고 비방하려는 경향에 신견유주의를 무기로 삼아 공격한다. 그들은 배제된 낮은 요소들의 생존권을 허구의 경계를 넘어서서 육체와 정신으로 구현하고자 한다. 예술이 왜 그토록 '삶'을 갈망하는지 그 이유가 바로 여기에 있다. 그것은 허구에서 현실로 비약하고자 하는 예술의 견유주의적 충동이다. 미학적 비도덕주의는 감각적 권리에 대한 삶의 실질적인 요구의 서곡에 불과하다. 우리는 감각적으로 균형을 이룬 문화에서 예술은 전체적으로 '덜 중요'하고, 덜 열정적이며, 철학적 주제도 덜 실려 있다는 결론을 끌어낼 수 있다. 아마 우리는 지금 거기에 이르는 과정에 있는지도 모른다.

전성기의 시민 예술에는 부정성에 대한 엄청난 갈망이 작용하고 있었다. 무엇보다 살아 있는 것의 비밀이 이 부정성 안에 고동치고 있기 때문이었다. 해방을 지향하는 부정주의는 항상 조화로운 표현으로 기울어지는 경향을 돌파하곤 했다. 조화를 요구하는 목소리가 있으면 감각적 사실주의는 이에 대항하여 언제나 봉기를 일으켰다. 감각적 사실주의는 시민 예술의 철학적 중요성을 결정하는 요인이다. 그것은 예술을 위대한 변증법의 수단으로 만든다. 거대한 심연 앞에서 두각을 나타내지 못하는 정점은 편협할 뿐이다. 고상한 것은 익살맞은 것이 다시 땅 위로 데려다주지 않을 경우 경직되기 마련이다. 철학적으로 의미 있는 시민 예술의 양식은 소수의 고전주의적이고 조화적인 경향과 심미적으로 '차가운' 경향을 제외할 경우에 대개 부정의 양식이며, 보편주의, 사실주의, 자연주의, 표현주의, 벌거벗은 양식, 아우성치는 양식이고, 폭로의 양식이다. 예술의 극단적 사실주의는 '온전한 진리'에 도피처를 제공한다. 예술은 우리가 원칙적으로 '두 가지를 모두 알 수' 있는 영역이 된다. 그것은 파스칼이 **인간 조건**에 대한 인식은 큰 것과 작은 것, 천사적인 것과 악마적인 것, 높은 것과 낮은 것의 양면을 모두 알아야 한다고 한 것과 비슷하다. 위대한 예술은 극단적인 것으로 이루어진 전체를 추구하지, 긴장 없는 중간을 추구하지 않는다.

시민 예술이든 사회주의 예술이든, 예술의 한계는 예술의 '실현'에 설정된 경계다. 예술은 처음부터 정신분열증세를 보이는 문명화 과정에 개입되어 있었다. 따라서 사회가 예술을 대하는 태도는 모순적이고 불분명했다. 예술은 욕구를 충족시켜야 하지만, '너무 멀리 나가서는' 안 된다. 그래서 조화주의는 예로부터 견유주의에 고삐를 채우려 했다. 예술의 진리가 '인간 사회의 유익한 구성원들'의 심성에 해를 끼치지 않으려면 제한을 가해야 한다. 이런 한계 설정에서 무엇이 의식적 정책이고, 무엇이 예술과 사회 간의 자발적인 조정인지 분명히 말하기는 어렵다. 어쨌든 예술과 삶 사이에 언급할 만한 경계가 없어졌다는 것은 분명한 사실이다. 이 모두와 무관한 최근의 사회적 현상인 보헤미안은, 설령 어느 시기에 사회의 최대 관심을 누렸을지라도 소수 집단이었다는 사실에는 변함이 없다.

사회적 예술생태학의 두 가지 사변적인 규칙은 이렇게 표현할 수 있을 것이다. '원본'으로 존재하는 진정한 것, 살아 있는 생생한 것은 드물다는 한계를 가진다. 이러한 원본들(작품과 개인들)을 대중 속으로 전파하려는 충동은 허구화의 제약을 받는다. 진정한 것은 항상 드물다. 단순히 '흥미로운 점'이나 모조품은 이차피 위험한 것이 아니며 대중들에게 허용될 것이다.

견유적 충동이 예술에서 효력을 나타내자마자, 예술은 삶을 갈구한다고 소리칠 것이다. 미학적 기술이 작용하는 곳에서는 어디나, 전파매체에서든 활자 매체에서든 광고에서든 상품 미학에서든 이 외침은 허구적으로 제한된 형태로 대중들에게 전파될 것이다. 예술은 여기에서 여전히 마음에 드는 것처럼 보인다. 싼 가격에 얻을 수 있는 아름다운 것이 있다. 그에 반해 '고급 예술'이 어려운 것, 능숙한 기예가 필요한 것, 고통스러운 것의 경지로(세련된 추악성, 교활한 잔인성, 타산적인 불가해성, 비극적으로 복잡한 것, 갈피를 못 잡을 정도로 자의적인 것) 후퇴한 지도 벌써 100년이 넘었다.

심미적인 현대는 독이 든 초콜릿의 예술을 제공한다. 관심이 있어도 냉철할 수 있는 감정가의 눈으로 우리는 예술을 관찰할 수 있지만, 기분 상할 위험을 감수하지 않고는 그것을 음미할 수 없다. 현대 예술에서는 신선한 부정성이 너무나 힘차게 토해 나오고 있어서 '예술을 즐긴다는' 생각은 싹 가신다. 즐길 수 없는 것에 대한 쾌락은, 즉 감정가 엘리트나 물신주의자들의 속물 근성에서만 꽃핀다. 이러한 종류의 쾌락은 19세기의 댄디 운동으로 거슬러올라가고, 오늘날 청소년 또래 집단의 세련되면서도 엽기적 방식의 자기 표현 속에서 다시 등장한다.

살기를 원하는 것은 모두 아름다운 허구 이상을 요구한다. 하필이면 현대 미학의 위대한 이론가 가운데 한 사람인 아도르노가 신견유주의 충동의 희생자가 되었다는 것은 역설적이다. 서론에서 언급한 강의실 에피소드를 기억하는가? 여학생들의 강의 방해와 다 드러난 젖가슴을? 그들의 벗는 행위는 우리가 주변에서 흔히 볼 수 있는, 여성의 피부를 통한 뻔뻔스럽고 에로틱한 논증과는 종류가 다른 것이다. 그것은 거의 고대의 의미에서 견유주의적 나신, 논증으로서 무기로서의 육체였다. 그들이 그런 식으로 자신을 드러냈다는 사실은 사적인 동기와는 무관하게 반이론적인 행위다. 그들이 다소 혼란스러운 의미에서 자신들의 행위를 '사회 변동의 실천'으로, 어찌되었든 강의와 철학 세미나보다 더 중요한 것으로 이해했을 수 있다. 아도르노는 비극적이지만 이해할 수 있는 방식으로 이상주의적인 소크라테스의 위치에 서게 되었고, 여학생들은 무질서한 디오게네스의 입장이 되었다. 가장 깊은 통찰력을 함축한 이론에 대항하여 지성적인 육체가 완고하게 맞섰던 것이다.

4 편을 바꾼 뻔뻔함으로서 냉소주의

낮은 지위에서 나오는 뻔뻔함은 앞으로 돌격해 나가면서 진정한 에너지를 표현할 때에 비로소 효력을 발휘한다. 그것은 자신의 힘을 의식적으로 구현해야 하고, 투쟁의 대상이 될 수 있을지언정 결코 부정할 수 없는 하나의 현실을 침착하게 만들어내야 한다. 불만족스러운 '종'이 자기 주인을 장난치듯이 들어올릴 때, 그는 이로써 자신의 반란에 함축된 폭력성을 미루어 짐작하게 만든다. 벌거벗은 여자의 피부가 드러내는 뻔뻔한 목둘레 선은 희귀한 것이 흔한 것에 행사하는 권력을 가지고 게임을 한다. 과거의 성(性)경제학에서 약한 성의 강점은 자의

적이든 비자의적이든 '강한' 성의 욕구를 채워주지 않을 수 있다는 데 있었다. 생리적으로 거부할 수 없는 홍소의 에너지가 거룩한 경건함을 공격할 때, 결국 종교적 뻔뻔함, 즉 신성모독은 이 경건함을 끝장내버린다.

낮은 지위의 사실주의가 '법'에 대항하여 공세를 펼치게 만드는 조그만 공식, 잘못된 주장을 맥빠지게 만드는 두 단어로 된 공식이 두 가지 있다. '그래서 어쩔래!(Na und!)'와 '왜 안 되는데?(Warum nicht?)'이다. 많은 청소년들은 고집스러운 '그래서 어쩔래!'로 교육하기 힘든 부모들을 계몽하면서 그들을 절망으로 몰아갔다. 어린이 놀이 공동체는 훌륭한 계몽 학교이기도 하다. 자연스러운 방식으로 틈틈이 '그래서 어쩔래 말하기'를 훈련하기 때문이다. 이 훈련은 완전히 사회화한 사람들을 힘들게 하는 연습, 즉 항상 바른 순간에 '아니오'라고 말하는 연습이나 마찬가지다.[6] '아니오'라고 말할 수 있는 성숙한 능력은 '예'의 유일하게 타당한 배경이 되며, 이 둘을 통해 진정한 자유의 윤곽이 비로소 뚜렷해진다.

권력을 가진 자는 자유를 구할 수 있다. 그러나 권력은 위이며 아래이다. 물론 그 비율은 바뀌었지만. 종은 아무것도 아닌 것이 아니며, 주인들도 전부가 아니다. 복종은 지배와 마찬가지로 사실적이다. 아래의 권력은 개인적으로 견유주의가 지닌 힘의 핵심을 구성하는 저 뻔뻔함이 될 때 비로소 마땅히 자신이 받아야 할 것을 받게 된다. 사회에서 불이익을 당하는 쪽 사람들은 이 뻔뻔함을 가지고 자신의 주권을 미리 점쳐보고, 그에 따라 행동할 수 있다. 아랫사람들이 자기 의지의 가능성을 시험할 수 있는 두 번째 차원은 법을 확대해석하는 '반(半)자유 상태'라는 의미에서 전복, 자기 의지의 실천이다. 전복의 요소가 우리 사회에서 얼마나 막강한 힘을 발휘할 수 있는지를 분명히 의식하고 있는 사람은 드물다. 이때 전복의 요소란 그림자 속의 세계, 은밀한 뻔뻔함과 온갖 종류의 사실주의로 가득한 세계, 저항과 면제, 음모, 자기 이익에 대한 뛰어난 감각 등이다. 정상(定常)이라는 것의 반은 미시적인 규범 위반들로 이루어진다. 아집과 사소한 삶의 기술, 검은 도덕이 지배하는 이런 영역은 부패가 번지고 있는 다른 쪽과 마찬가지로 거의 탐구되지 않은 미지의 영역이다. 이 두 영역은, 사안의 특성상 거의 접근 불가능한 영역으로 남을 것이다. 사람들은 그런 곳이 있다는 걸 알고는 있지만, 그에 대해 이야기하지는 않는다.

지배 세력의 자유 역시 이중적이다. 거기에는 먼저 특권이 포함되고, 지배 세력 자체와 결합된 주인의 자유가 포함된다. 그런데 이런 것들을 빼앗을 수 있는 뻔뻔함은 여기에 속하지 않는다. 자유를 누리면서 너무 노골적으로 공공연하게 드러내지 않는다는 요령이 있다면 있을까. 예컨대 중세 때 영주들은 대부분 성(性)봉건주의의 권리, 즉 농노의 신부와 '첫날밤을 누릴 수 있는 권리'를 사용하지 않았고, 오늘날 최고 갑부들의 **상류 생활**은 중산층의 겉모습 뒤 은밀하게 폐쇄된 사회 환경 속에 감추어져 있다.

그러나 권력자들에게도 자유와 거의 동일한 것이 있다. 그들은 보통 이런 자유도 부담을 느끼면서 즐기는데, 그것은 이때 적의 의식에 자신의 비밀이 간파될 수 있기 때문이다. 주인의 의식은 자신의 특수한 뻔뻔함을 알고 있다. 그것은 견유주의의 공격과는 구별되는, 현대적 의미의 주인냉소주의다. 원래의 공격적인 고대 견유주의는 이상주의에 대한 평민의 반대 명제였다. 이와 반대로 현대의 냉소주의는 이데올로기와 가면으로 작용하는 자신의 이상주의에 대한 주인의 반대 명제다. 냉소적인 주인은 가면을 들어올리고 약한 상대에게 미소를 흘리면서, 그를 억압한다. 그것이 인생이다. 귀족에게는 의무가 있다. 노블

Verurteilt!

Bebel: Der Lehrer fragte den Kleinen, warum er denn in den Himmel wolle, und was war die Antwort? **Da hätte ich keinen Hunger mehr!** Giebt es etwas Empörenderes, giebt es etwas Aufreizenderes gegen die heutige Gesellschaftsordnung, als diese Aeußerung des Kindes? . . .

Graf v. Arnim: **Der Vater hat vielleicht alles vertrunken!** (Stürmische Pfui=Rufe bei den Socialdemokraten.)

Bebel: Das ist eine Infamie! Der Herr lacht, das ist eine Gemütsroheit! (Stürmische Zustimmung links. Lärm rechts.)

지배자의 위트인 냉소주의.

리스 오블리제의 질서는 반드시 필요하다. 사안의 압력은 때때로 당사자의 인식을 넘어서기도 한다. 그렇지 않은가? 권력의 압박, 사안의 압박! 지배 세력은 냉소주의 속에 자기 비밀을 약간 흘리기도 하고 반쯤 자신을 계몽하기도 하고 집안 얘기를 털어놓기도 한다.

주인냉소주의는 편을 바꾼 뻔뻔함이다.[7] 다윗이 골리앗에게 도전하는 것이 아니라 모든 시대의 골리앗들이(오만한 아시리아의 군인왕들에서 현대의 관료제에 이르기까지) 용맹하지만 승산 없는 다윗들에게 어디가 위이고 어디가 아래인지 보여준다. 즉, 공적 임무를 수행하는 냉소주의다. 어차피 위에서 군림하는 사람들의 익살은 기이한 형태를 취한다. 루이 16세의 부인 마리 앙투아네트가 왜 국민이 폭동을 일으키는지를 묻자, 사람들은 이렇게 대답했다. "국민이 굶주리고 있습니다. 왕비 마마, 그들에게 빵이 없습니다." 그때 그녀의 대답은 "빵이 없으면, 케이크를 먹으면 되지 않나요?" 였다. (F. J. 스트라우스는 반대로 말한다. "살다보면 '섭정왕의 케이크'를 먹을 수 없는 날도 있다" 고.)

주인냉소주의가 가면을 약간 들추자 반대 세력은 그 의도를 알아차

하이네(Th. Th. Heine), 〈암울한 독일 곳곳에, 2. 처형〉, 1899 [《짐플리치시무스(Simplicissimus)》 35호, 표지]. "자, 가만히 있어! 당신이 사민당원이 아닌 걸 기뻐하시오. 그랬으면 훨씬 더 괴로웠을 거야."

린다. 하지만 그런 반대 세력이 없으면, 어떻겠는가? 유력한 도덕적 대안이 없고 잠재적인 반대 세력이 대부분 권력 장치 속에 얽혀 들어가 있다면, 지배 세력의 냉소주의에 분통을 터뜨릴 사람은 아무도 없다. 현대 사회에 대안이 없을수록, 냉소주의가 더더욱 기승을 부릴 것이다. 현대 사회는 마지막에 가서 자신의 정당화에 대해서도 아이러니한 태도를 취할 것이다. '근본 가치'와 변명의 경계는 물 흐르듯 분명치 않다. 정치와 경제계에서 지배권을 쥐고 있는 사람들은 공허해지고, 정신분열증세를 보이며, 경박해진다. 우리는 점잖은 연기자들의 관리 감독하에 살고 있다. 과거에는 위대한 정치가들이 냉소주의자가 될 정도로 '자유로웠기' 때문에 수단과 목적을 냉정하게 다룰 수 있었다면, 오늘날은 모든 관리와 뒤쪽 좌석에 앉은 사람들까지도 수단과 목적을 냉정하게 다룰 수 있다는 점에서 탈레랑, 메테르니히(Klemens Wenzel Lothar von Metternich)나 비스마르크를 합친 만큼의 경험을 소유하고 있다.

하버마스(Jürgen Habermas)가 정당화 위기 이론으로 현대 정치 제도의 신경계 가운데 중추 신경을 건드렸음은 분명하다. 문제는 누가 정당화 위기에 대한 지식의 주체가 될 수 있느냐 하는 것이다. 누가 계몽하고 누가 계몽되는 사람인가? 냉소주의는 지식 주체의 분산과 동반 현상으로 나타나기 때문에 오늘날 체제 하수인들은 왼손이 결코 허용하지 않을 짓을 버젓이 오른손으로 행할 수 있다. 낮에는 식민지 개척자이고, 밤에는 식민지 원주민이 되는 셈이다. 직업적으로 평가하고 관리하는 사람이지만 여가를 즐길 때는 평가와 관리의 대상이다. 공식적으로는 기능냉소주의자이며, 사적으로는 감수성이 강한 인물이다. 관직으로 보면 명령 전달자이고, 이데올로기적으로 토론자이며, 겉으로는 현실원칙주의자이지만, 내면으로는 쾌락의 주체다. 기능적으로 자본의 대리인이며, 의도적으로 민주주의자이다. 체계와 관련하여 물화의 관리인이며, 생활 세계와 관련하여 자아실현자이다. 객관적으로 파괴의 전략가이며, 주관적으로 평화주의자이다. 파멸을 유발하는 사람이지만, 본인이 생각하기에는 천진난만 그 자체다. 정신분열증 환자에게는 모든 것이 가능하다.

계몽과 반응은 크게 다르지 않다. 계몽되고 체제 내에 통합된 사람, 즉 영리하고 본능적인 순응주의자들의 세계에서 육체는 머리의 강요에 '아니오'라고 말하고, 머리는 육체가 편안한 자기 보존의 수단을 매수하는 방식에 '아니오'라고 말한다. 이런 뒤죽박죽이 우리 도덕의 현

주소이다.

5 이중 첩자 이론

우리가 여기서 언급하려는 현상은 겉보기에 정치 체제의 변두리에서 생존을 꾸려가는 것처럼 보이지만, 실제로는 사회의 실존적 핵심에 닿아 있는 중요한 현상이다. 그것은 바로 비밀 요원들이다. 첩자의 심리학, 특히 비밀 첩자의 심리학은 오늘날의 정치심리학에서 가장 중요한 장을 구성할 것이다.

19세기 후반과 20세기 초반 스위스에서 암약하던 음모 집단들에 관해 동화 같은 이야기들이 무성하다. 당시 이곳에서는 친러시아 황제 계열의 요원, 반황제 투쟁을 벌이는 요원, 공산주의자, 무정부주의자와 서유럽의 간첩 집단들이 서로 뒤엉켜 헤아리기 어려울 정도로 혼란한 양상을 띠고 있었다. 이들 모두는 서로를 예의 주시하고 있었고, 각자의 계산과 의식은 서로를 비추고 있었다. 음모를 꾸미는 당 세포들과 그들 사이에 파견된 비밀 경찰들의 머릿속에는 터무니없이 복잡하게 얽히고 설킨 전술과 메타 전술들이 펼쳐지고 있었다.

때때로 이중 첩자와 삼중 첩자들의 이야기도 들리는데, 결국 이들 스스로도 도대체 누구를 위해 일하는지, 무슨 볼일이 있다고 이런 이중 · 삼중 역할놀이를 하고 있는지를 정확하게 말할 수 없게 될 정도였다. 처음에 그들은 모두 어느 한 쪽을 위해 고용되었지만, 그 다음에는 다른 편으로 넘어갔다가 결국 원래 자기 당이 던진 미끼에 다시 걸려들기도 했다. 근본적으로 자기 자신이란, 다시 말하면 '자기 자신'에 중독되어 모든 편에서 이득을 얻을 수 있는 자기 자신은 오래 전부터 존재하지 않았다. '자아'가 어디 있는지 알지 못하는 사람에게 자기 이익이란 무슨 소용이 있는가.

하지만 오늘날 국가 안에서 또는 기업이나 연구소에서 자리를 꿰차고 앉아 국가라는 차량이 어느 방향으로 굴러갈지 대충이나마 알고 있는 사람들의 처지도 이와 크게 다르지 않다. 충성과 통찰 사이의 틈은 점점 더 크게 벌어졌다. 이 때문에 우리 자신이 어디에 서 있는지 짐작하기 어렵게 되었다. 우리의 충성은 어느 편에 속하는가? 우리는 국가와 제도의 대리인인가? 아니면 계몽의 대리인인가? 또는 독점 자본주의의 대리인인가? 또는 비밀리에 국가와 제도, 계몽과 반대 계몽, 독점 자본주의와 사회주의와 협력하는 한편, 수시로 바꾸어 이중 관계를 맺으면서 '자신이' 이 모든 일에서 도대체 무엇을 추구하는지 끊임없이 잊어버리는 자기 삶의 이해관계의 대리인인가?

유대학과 사회학, 마르크스주의와 메시아 사상, 예술과 비판 철학 사이에 신비로운 가교를 세웠고, 첩자라는 주제를 정신과학에 도입했던 사람이 다양성의 전문가 발터 벤야민이라는 사실은 우연이 아니다. 벤야민의 기지 넘치는 유명한 보들레르 해설을 생각해보자. 그는 여기서 시인을 자기 계급의 비밀 첩자라고 표현했다. 이처럼 지식인층이 겹겹으로 첩자 활동을 했다는 것이 현대의 특징이다. 전의에 불타서 모든 것을 단순하게 생각하는 사람이나 친구 아니면 적의 도식으로 생각하는 사람도 옛날부터 이런 사실에 위협을 느껴왔다. 스탈린주의는 전선을 편집증적으로 단순화하여 모든 지식인이 불가피하게 맺고 있는 다중적 관계들에서 탈출하려는 시도라고도 할 수 있지 않은가? 그렇게 함으로써 스탈린조차 이해할 수 있을 정도로 다시 만사가 단순해지도록 하는 것인가? 우리는 이를 좀더 고상한 표현으로 '복잡성의 감소'라 부를 수도 있다.

다시 말하면 주관적이고도 객관적이며, 또 암묵적으로나 명시적으로 누구의 첩자로 일하고, 어떤 활동의 맥락에서 어떤 기능의 담당자이면서도 어떤 경향의 지원자는 누구인가? 스탈린주의에서는 이중 관계와 애매모호한 관계를 폭력으로 해체하려 할 때 오늘날까지도 '객관적'이라는 단어를 쓴다. 복잡한 현실을 부정하는 사람은 즐겨 객관적인 척하며 문제를 의식하는 사람들을 현실도피니 백일몽이니 하면서 질책한다. 겉으로 가장 분명하고 단호하게 보이는 인물들도 그들이 결국 어떤 경향을 위해 고용되었는지 '객관적으로' 규정하기가 매우 어렵다. 이는 특히 역사가 모든 계획에도 불구하고 우리의 손아귀를 벗어나는 게임 규칙을 따른다는 사실을 떠올려보면 더욱 그렇다. 단호한 프로그램으로 대중에게 나서는 정당이나 집단들은 이 프로그램을 넘어설 뿐만 아니라 그 최종 결과에 관해서 현재로서는 거의 어떤 단정도 내릴 수 없는 그런 경향의 가면을 쓰고 있다. 마르크스주의자들은 이런 불투명한 상황에서 즐겨 신비스러운 위대한 조물주, 초(超)냉소주의적 협잡꾼이 독일의 기업인협회나 수상 관저의 무임소장관직에 앉아 국가를 대기업의 장단에 맞추어 춤추게 만든다는 기발한 환상을 그리곤 한다. 이런 계획적인 단순화 전략은 어린아이같이 순박하면서도 교활하다. 이런 전략은 오랜 역사를 가지고 있다. 자본의 마피아처럼 숨어서 끈을 잡고 있는 발자크의 비밀스러운 13에 이르기까지.

이런 마피아나 조물주에 관한 환상 가운데 가장 끔찍한 환상은 20세기로 넘어오기 전 러시아 비밀 요원의 세계에서 흘러나온 발명품인데, 그것이 '시온의 현자'에 관한 환상이다. 그것은 반유대주의적 허구로서 원래 계몽적이었던 풍자가 파리의 냉소적인 정보국장의 머리를 거치면서, 이른바 '시온의 현자에 대한 기록'으로 위조된다. 이것이 다시 정신이 혼란스러운 러시아 종교철학자의 머리로 흘러들어가고, 거기서 다시 유럽으로 되돌아오게 된다. 이 '기록'은 유럽에서 반유대주의 편집광증의 핵심 문서가 되고, 히틀러의 머리를 거쳐 아우슈비츠까지 영향력을 행사하게 된다. 그것은 익명의 체제 효과를 악마적인 '의도'에 투사하여 혼란스러운 소시민마저 '전체를 개괄할 수 있는 안목'을 잃지 않게 만들었던 독일의 단순화 파시즘의 핑계였다.

6 뻔뻔한 사회사

뻔뻔함의 역사는 역사학의 한 분과 학문은 아니다. 만약 그렇게 된다면, 그것이 사태에 호의를 베풀지 나로서는 잘 모르겠다. 역사는 항상 순간의 충동에 뒤이어 나타나는 이차적 힘이다. 냉소주의와 관련된 충동은 눈에 확 띄지만, 견유주의와 뻔뻔함의 충동은 눈을 씻고 봐도 없다.

사회사적으로 도시가 풍자적 의식의 발생에 기여한 것은 고대 이래 이론의 여지없이 확실하다. 그러나 독일에서는 30년 전쟁의 와중에 도시가 붕괴된 이후 오랫동안 대도시의 특성을 가진 도시가 없었다. 1831년에도 하이네는 자유롭게 만드는 도시 공기를 마시기 위해 파리로(19세기의 수도로) 이주해야만 했다. "가야 하기 때문에 나는 간다."

야코프 부르크하르트(Jacob Burckhardt)가 기술했던 북이탈리아의 도시 문화가 조롱과 빈정거림으로 갈기갈기 찢기고, 로마와 피렌체의 유머가 시민들의 귀에 아프게 울렸을 때 독일에도 오일렌슈피겔(Till Eulenspiegel) 외에 근대 최초의 평민 견유주의자가 있었다. 뉘른베르크 출신의 제화공으로 익살맞은 이야기들을 쓴 한스 작스(Hans Saohs)이다. 그는 부당하게도 속물적인 시민 계급 유머의 원조로 기억되고 있

틸 오일렌슈피겔.

다. 작스는 디오게네스에 관한 대화체 글도 썼는데, 아마 본능에 이끌려 그렇게 했던 것 같다.

이렇게 시민 예술의 초창기에 견유주의 충동과 접점이 발견된다. 그러나 뉘른베르크는 몰락하고, 나중에 철도와 더불어 그리고 나치의 정치 집회의 무대로서 다시 명성을 얻는다. 시민적 문화 원칙의 첫 싹, 즉 견유주의적 사실주의와 도시적 홍소가 만개했던 곳에서 소시민적 주인냉소주의는 대열을 이루어 전몰자의 묘지로 행진하는 무리처럼 극히 유머 없는 광경으로 끝마무리를 짓는다. 오늘날까지 뻔뻔함에서 잠재적 가능성을 발휘하지 못한 채 처져 있지 않은 유일한 독일 도시는 베를린뿐이다. 뉘른베르크에서 행진했던 사람들에게 이 도시는 언제나 무시무시한 느낌을 주었다. 고트프리트 벤은 행진 가담자들의 생각을 이렇게 희화화하면서, 그들의 지방 기질을 적확하게 포착하고 있다. "사유는 냉소적이다. 사유는 특히 베를린에서 이루어지는데, 사유 대신 베저 강(Weser)의 노래가 권장된다……."

뻔뻔함은 라틴계 국가들보다 독일에서 늘 더 큰 난관을 겪었다. 뻔뻔함은 독일에서 주인냉소주의로, 권력자의 억제력 상실로 무대 위에 올려졌다. 하이네는 이 점에서 예외라 할 수 있고, 게다가 그는 프랑스 풍의 라인란트 출신이다. 하이네는 독일의 모범과 동맹자를 찾는 과정에서 독일의 다른 좋은 특성들로 만족해야만 했다. 포스(Johann Heinrich Voss)의 쌀쌀맞은 정직성과 레싱의 건실한 성격의 분명함, 그리고 루터의 용감한 고백의 힘에서 구현되는 특성들 말이다. 그러나 독일적 뻔뻔함의 독특한 전통이 루터와 연결될 수 있다는 주장은 정당성이 없지도 않다. 그의 개신교는 사람들이 황제 앞에서 보통 "나는 여기 서 있고, 달리 어떻게 할 수 없다"(무모하다 할만치 용감한 행위이며 지독하게 고집스러운 무례다)고 말하지 않던 시절에 등장한 것이기 때문이다. 게다가 루터에게서는 동물적 요소, 즉 스스로를 긍정하는 힘이 나타난다. 이것은 견유주의 모티프와 불가분의 관계로 결합되어 있는 음탕함의 생생한 전형이다.

뻔뻔함의 역사에서 이 명랑한 고집을 주조한 사회적 틀로서 **도시** 외에 근본적으로 중요한 세 가지 요소가 있다. 그것은 **카니발, 대학, 보헤미안**이다. 이 셋은 모두 밸브 장치의 구실을 하는데, 이 장치를 통해 욕구들이 한시적으로나마 발산될 수 있었다. 그렇게 하지 않을 경우 이 욕구는 사회 생활에서 마땅한 출구를 찾을 수 없다. 여기에서 뻔뻔함을 묵인하고 허용하는 공간이 주어진다. 이런 관용은 한시적이고 언제든지 번복될 수 있는 것이긴 하지만 말이다.

과거의 카니발은 가난한 사람들의 혁명 대용품이었다. 사람들은 바보 왕을 뽑고, 이 바보 왕은 하루 낮과 하룻밤 동안 철저하게 뒤바뀐 세상을 통치한다. 이와 같은 세상에서 가난한 자와 보통 사람은 꿈에 그리던 삶을 살게 된다. 무뢰한과 술꾼으로 가장하고, 진실해질 때까지 자신을 잊어버리고 뻔뻔스럽고 호색적이며 거칠고 혐오스럽게 행동한다. 그곳에서는 거짓말을 해도 되고 진리를 말해도 되고 음란해도 되고 성실해도 되고 술에 취해서 이성을 잃어도 된다. 바흐친(Mikhail Bakhtin)이 보여주었듯이, 중세 후기의 카니발에서 흘러나온 주제들이 예술에 들어간다. 라블레(François Rabelais : 프랑스의 풍자 작가—옮긴이)나 다른 르네상스 예술가들의 화려한 언어는 카니발을 패러디한 정신에서 자양분을 취한다. 그것은 소름끼치는 풍자 전통에 영감을 주었고, 바보와 어릿광대, 한스부르스트(Hanswurst : 중세 독일 사육제극이나 18세기 연극의 어릿광대—옮긴이)나 카스퍼(Kasper : 인형극의 익살꾼 역, 기괴한 꼽추—옮긴이)를 위대한 폭소 전통의 표준 인물로 만들었다. 이러한 전통은 사육제 화요일이 아니어도 사회 생활에서 맡은 바 임무를 수행했다. 계급 사회는 인도나 브라질의 카니발이 증명하듯이, 전도된 세상이나 광란의 날들과 같은 장치 없이는 유지될 수 없다.

마찬가지로 중세 후기부터 대학도 뻔뻔함과 견유적 지성의 사회적 경제에서 중요해진다. 대학들은 가르치고 연구만 하는 장소는 아니었다. 대학에는 늘 편력 학생이나 터무니없는 젊은 지성들이 들끓었는데, 이들은 공부만 파기보다는 더 좋은 일을 할 줄 알 만큼 영리한 사람들이었다. 이런 측면에서 특별한 명성을 누린 곳이 파리의 소르본 대학이었다. 그곳은 도시의 도시였고, 우리는 그곳의 라틴 구역에서 후세의 모든 보헤미안의 선구자들을 볼 수 있었다. 시민 계급의 시대에 대학 시절은 공부하는 청년들에게 진지한 삶이 시작되기 전의 유예 기간이었다. 경력을 쌓거나 정돈된 삶을 살기 전에 마음껏 자유를 누릴 수 있는 시기였다. 점잖은 신사로서 나중에 자신들도 젊은 시절이 있었다고 말하는 어른들은 학생 시절의 장난이나 자유, 책동들을 생각했을 것이다. 대학 생활은 시민 계급의 시대에 청년이라는 개념에 특별한 색채를 부여한다.

늙은 신사들은 공식적으로는 머리카락을 쥐어뜯지만, 자식들이 자신들과 똑같은 짓을 한다는 사실에 내심 만족스러워한다. 오히려 명망 있는 신사들이 젊은 세대를 무섭게 느끼는 것은 그들이 짓궂은 장난을 하지 않을 만큼 냉정해지고, 너무 조기에 냉소적이 되어 문제의 핵심으로 들어갈 때다. 20세기에 이런 냉정한 세대가 여럿 등장한다. 이 냉정한 세대는 민족주의적 이상주의자와 한 무리의 냉정하고 시건방진 젊은이들이 한데 어울려 이룩한 나치 대학생 단체들로부터 시작한다. 이들은 나중에 전투조종사가 되거나 체제법률가가 되었고, 그 이후에는 민주주의자가 되었다. 뒤이어 1950년대의 '회의적 세대'가 등장하는데, 이들이 현재 권력을 잡고 있다. 그 다음이 1970년대와 1980년대 세대들인데, 이들 가운데 일찍 냉소주의에 빠진 사람들이 현재 뉴웨이브 세대로 이목을 끌고 있다.

마지막으로 비교적 최근의 현상인 보헤미안은 예술과 시민 사회 사이의 긴장을 조정하는 데 탁월한 역할을 하고 있다. 그것은 예술에서 삶의 기술로 이행을 시험해볼 수 있는 공간이었다. 한 세기 동안 보헤미안은 신견유주의적 충동에 사회적 피난처를 제공했다. 시민적 이력을 위한 조정자로서 보헤미안은 특히 대학과 마찬가지로 '사회심리적 모라토리움(지불 유예 기간)'(에릭슨)의 기능을 수행하기 때문에 중요하다. 즉, 젊은 시민이 학교와 가정의 세계에서 첫 직업 세계로 옮아가는 데 따르는 적응 위기를 견딜 수 있게 하는 기간인 것이다. 연구 결과에 따르면 영구적 보헤미안은 소수에 불과하다고 한다. 다수의 보헤미안들은 중간역으로, 또 실험 생활과 규범의 이탈 공간으로서 이런 환경에 머문다는 것이다. 그들은 거기서 좀더 성숙한 긍정이 부정의 자리를 차지할 때까지 자유로써 시민 사회에 대한 자신들의 부정을 해소하려 한다.

오늘날 일탈과 비판, 풍자와 뻔뻔함, 견유주의와 고집이 자랄 수 있는 삶의 공간과 토양을 살펴보면, 왜 우리가 구체화한 뻔뻔한 계몽에게 닥칠 최악의 상황을 두려워해야 하는지가 분명하게 드러난다. 우리의 눈앞에서 도시들은 무정형의 덩어리로 변한다. 소외된 교통의 흐름들은 사람들이 삶을 시도하기도 하고 또 삶을 놓치기도 하는 다양한 무대들로 그들을 날라다준다. 카니발은 이미 오래 전부터 '전도된 세상'을 의미하지 않는다. 그것은 일상적 부조리로 가득한 세상, 만성적으로 전도된 세상에서 벗어나 온전한 마취의 세상으로 도피할 수 있는 길이다. 보헤미안이 히틀러 이래 죽었다는 것, 하위 문화로 흘러간 그 지류들에서는 뻔뻔스러운 기분보다 후퇴의 암울한 분위기가 지배한다는 것을 알고 있다. 대학과 관련해서는…… 아, 차라리 입을 다무는 게 낫겠다.

뻔뻔스러운 충동의 왜곡 현상은 사회가 이제 조직화한 진지함의 단계로 진입했으며, 여기에서는 삶을 통해 실현되는 계몽의 게임 공간이 점점 더 좁아질 것임을 암시한다. 그것이 바로 이 나라의 기후를 그토록 뿌옇게 흐리는 장본인이다. 사람들은 기분 나쁜 사실주의 속에서 그날그날 살아가면서, 되도록 눈에 띄지 않으려 하고, 진지한 게임을 지속한다. 냉소주의는 단조로움 밑에서 따끔거린다. 학계나 그 외 다른 곳에서 자기 자신의 정신분열증을 예리하게 지적하는 태도는 불행한 의식을 폭로한다. 도발하고 선동할 기력마저 쇠잔한 것 같고 현대적이라는 것이 지닌 모든 기벽들은 낱낱이 시험해보았다. 심각한 공적 무감각의 단계가 시작된 것이다. 지치고 정신분열증세를 보이며 낙담에 빠진 지식인은 생각에 잠겨 스스로를 가혹한 현실 속에 유폐하면서 사실주의를 연기한다.

7 구체화 또는 분열

구체화된 것은 살고자 하는 것이다. 그러나 삶은 근본적으로 자살을 미루는 일과는 구분된다. 핵으로 무장한 사회에서 사는 사람은 원하든 원치 않든 적어도 반쯤은 냉소적 자살 공동체의 요원이 된 셈이다. 그가 단호하게 이 사회에 등을 돌리겠다는 결단을 내리지 않는다면 말이다. 그런데 점점 더 많은 사람이 이런 결단을 내리고 있다. 1950년대부터 사람들은 프로방스로, 이탈리아로, 에게 해로, 캘리포니아로, 고아(인도 중서부의 주—옮긴이)로, 카리브 해로, 오로빌(인도의 명상 수양 공동체—옮긴이)로, 푸나(인도의 도시—옮긴이)로, 나폴리로 그리고 특히 독일과 프랑스 내륙의 티베트 고원으로 이민을 떠나고 있다.

이 현상에 대해 두 가지 질문이 제기된다. 하나는 냉소적인 질문이고, 두 번째는 우려에서 나온 질문이다. 첫 번째 질문은 심각한 경우에 그곳이 충분히 멀리 떨어진 곳인지 하는 것이다. 두 번째는 도덕적 감수성이 가장 강한 사람들이 냉소적 사회라는 침몰하는 배를 떠난다면 그게 누구를 도와주는 것인가 하는 문제다. 이렇게 질문할 '충분한' 이유가 있다. 점점 더 농후해지는 전쟁의 가능성이 앞으로 다가올 미래에 대해 냉소적이고 걱정스러운 시선을 키우기 때문이다. 우리가 사태를 제대로 이해했다면, 이민은 양쪽에 득이 될 것이다. 이때 양쪽이란 찾고 있는 더 나은 것이 있는지 없는지 알게 될 이주자들, 그리고 다른 사람들의 이주를 "거기, 너희가 있는 곳에서는 우리를 위한 삶이 가능하지 않아"라는 의미로 이해할 남은 자들이다. 너희를 위한 삶은 가능한가?

이민이 정말 주변부 현상에 불과하다면, 우리는 그것을 아마 그렇게 중요하게 여기지 않을 것이다. 그러나 어떤 것도 이 천진한 시각을 허용하지 않는다. 오늘날 주변에서 일어나는 일은 중심에서 나온다. 이민은 대중심리학적 소견이 되었다. 모든 주민 계층이 내면적으로는 이 나라를 제외한 다른 모든 곳에서 살게 된 지도 오래되었다. 그들은 이제 사회적 근본 가치라 부르는 것에 묶여 있다고 생각하지 않는다. '근본 가치'라는 말을 들으면 무의식적으로 원자폭탄의 버섯구름이 뭉게뭉게 피어오르는 광경이 떠오른다. 대화할 준비가 되어 있다고 맹세하는 책임자들을 보면, 그들의 눈에서 종말의 얼음이 느껴진다. 사회의 대다수 사람들은 이미 오래 전에 여가 시간으로의 이주를 택했고, 삶이란 단어가 그들에게 밝은 색채를 띠는 것도 성공적인 휴가 기간 중 잠깐뿐이다. 그들은 어느 순간들에 대한 기억을 통해서만 삶의 만족을 얻을 뿐이다.

무엇을 해야 하나? 그만둘 것인가, 아니면 함께할 것인가? "도망칠 것인가 아니면 버틸 것인가?" 이 둘 모두 불충분한 대안 같아 보인다. 그 표현들 자체가 모두 오해의 소지가 있는 부담스러운 것이고, 또 애매모호하다. '도망자'들이 정말 이 말을 이해했을까? 버틴다는 말 속에는 때때로 비겁함, 우울증, 부역이나 기회주의의 여운이 울리지 않는가? 대오 이탈도 의식적인 행동일 수 있지 않은가? 그리고 이른바 대오 이탈자 가운데 많은 이들은 자신의 견해에 대해 질문을 받기도 전에 벌써 자신이 바깥에 나와 있음을 알게 되지 않는가? 협력한다는 것은 정말 어디서나 냉소적인 색채만을 띠는가? 그것이 '긍정적인 것'과 소속감에 대한 욕구에서 유발될 수 있지 않은가?

이 두 대안의 표현에서 진리의 요소가 무엇인지 살펴볼 필요도 있다. 중도 탈락은, 볼 줄 아는 눈을 가진 사람들이 어떤 사회의 견디기 힘든 냉소주의 속에 얽혀 들어가는 것을 원치 않기 때문에 정당하다. 이 사회에서는 생산자와 파괴자 간의 구분도 이미 불분명하다. 부역 역시, 개개인이 단기간이나마 자기 보존을 지향할 수 있는 관계로 정당화할 수 있다. 도피도, 그것이 만용을 거부하기 때문에, 또 삶에 좀 더 우호적인 퇴거 공간이 존재하는 데도 바보들만이 절망적인 투쟁에 자신을 소모하기 때문에 정당하다. 버티기는, 단순히 회피한 갈등이 모든 도피로에서 우리를 추월할 것이라는 경험에 부합하기 때문에 정당하다.

그러므로 삶에 대한 우리의 관점과 일치하는 대안은 다른 형태로 표현되어야 한다. 즉, **구체화** 또는 **분열**이다. 이 대안들은 우선 의식을 지향하고, 그 다음 행동에 말을 건다. 또한 도덕보다 자기 경험을 절대적으로 우선시할 것을 요구한다. 이미 찢어진 것에서 의식적으로 새 살이 돋아나게 하든가, 아니면 갈라진 것을 무의식적으로 정신분열의 과정에 내맡기든가 둘 중 하나를 선택해야 한다. 통합인가 또는 정신분열증인가. 삶을 택할 것인가 또는 자살 파티에서 함께 즐길 것인가. 이는 개인에게 정신적 식이요법을 하라는 말처럼 들릴지도 모른다. 이 말을 그렇게 이해한 사람은 제대로 들은 것이다.

계몽이 우선 대상으로 삼는 사람은 맹목적인 사회성을 요리조리 피하지만, 그렇다고 사회에서 하나의 역할을 수행하는 일마저 포기하지는 않은 개인이다. 그러므로 우리는 계몽에 대한 사상이(이때 계몽이 구체화된 계몽임은 말할 것도 없다) 생생하게 살아 있게 해야 한다. 계몽이란 모든 반(反)정신분열 운동을 긍정하는 것을 뜻한다. 대학교는 이런 일이 일어날 수 있는 장소라고 할 수 없다. 삶의 대학은 다른 장소이다. 삶을 배울 수 있는 곳은 인간들이 분열된 공적 의식의 냉소주의에 저항할 수 있는 곳, 정신과 육체 그리고 영혼 속에서의 의식적 삶에 하나의 기회를 열어주는 생활양식을 시험해보는 곳이다. 삶의 대학은 견유적 충동을 지니고 있으며 어떤 정치나 단순한 예술도 그들에게서 앗아갈 수 없는 것을 시도하려는 개인과 집단들 속에서 이루어진다. 그들은 분열과 무의식적 요소가 개인의 실존 속으로 스며들지 못하도록 깨어 있는 정신으로 공격을 가하며, 자신의 가능성을 키우고 홍을 돋우는 계몽의 작업에 참여하는 사람들이다. 이런 계몽의 작업에는 가능성의 전조 현상인 소망에 대한 존중도 속한다.

8 정신분열적 사회의 심리정치학

우리는 어디에서 전전(戰前) 시대를 인식할 수 있는가? 세계대전이 일어나기 전에 자본주의 사회의 정치심리적 상태는 어떤 식으로 드러나는가? 독일 역사는 한 민족의 정신적 갈등 속에서 세계대전을 어떻게 준비해가는지, 그 과정을 보여주는 모범 수업이다. 거대한 군사적 폭발을 향해 살아간다는 것이 무엇을 뜻하는지, 우리는 두 가지 사례나 염세적 관점에서는 세 가지 사례를 가지고 연구할 수 있다. 정치심리학적 주요 증상은 사회적 분위기가 견디기 힘들 정도까지 정신분열증적 긴장과 모순으로 가득 차 무거워지고 답답해진다는 것이다. 이런 상태에서는 재앙을 맞이할 자세가 비밀리에 조성된다. 나는 이것을 에리히 프롬을 암시하면서 '재앙을 즐기는 콤플렉스(katastrophilen Komplex)'라 부를 것이다. 이 콤플렉스는 집단적 활력 장애의 증거가 된다. 이 장애를 통해 살아 있는 것의 에너지는 파국적인 것, 계시록의 재앙과 극적인 구경거리를 제공하는 폭력에 대한 호의로 전환한다.

역사학자는 정치의 역사가 인간적 행복의 장소가 아닐 수 있다는 사실을 알고 있다. 그럼에도 불구하고 유럽 민족들에게 금세기 들어 가장 행복했던 시간이 언제였느냐고 물었을 때 그들의 대답을 들으면 황당해질 것이다. 그러나 따로 설명할 필요도 없이 징후와 기록들이 말해준다. 1914년 8월의 현상 앞에서 사람들은 우선 어이가 없었다. 당시 전쟁에 끌려 들어간 유럽 민족들이 체험한 것을 역사가들은 수치스럽게도 '전쟁 정신병자'라고 표현한다. 좀더 자세히 들여다보면 그것은 대중을 사로잡았던, 말로 표현할 수 없는 감정의 질풍노도이자 환호의 분출이고, 민족적 격정, 불안을 즐기는 감정, 운명에의 도취이다. 그것은 무엇과도 비교할 수 없는 열정과 삶의 예감이다. 시대의 구호는 몰아경의 언어이다. 드디어 때가 왔다. 대중은 아마 불안을 감지했을 것이고, 특히 '삶'을 기약하는 곳으로 출발한다는 느낌을 가졌을 것이다. 구호는 회춘, 검증, 정화를 위한 목욕, 찌꺼기 제거 치료였다. 처음 1년간 전쟁에 나선 사람들은 순수한 지원자였다. 재앙이 빌헬름 시대의 청년들을 유혹했던 것이다. 재앙이 나타나자, 사람들은 그 안에서 자신을 재인식하게 되고, 그것이 기다리던 것이었음을 깨달았다.

그런데 당시의 사람들이 현재 사람들과 전적으로 달랐다고 생각할 만한 근거는 전혀 없다. 우리가 실존적으로 중대한 사안에서 당시 랑게마르크(Langemarck)의 지원자들, 수천 명씩 열정적으로 기관총의 포화 속으로 뛰어들었던 그 지원자들보다 영리하다고 생각한다면, 그것

1914년 8월 1일, 베를린의 운터덴린덴 가를 행진하는 자원병.

은 오만이 빚어낸 상상이다. 지금 세대의 심리적 메커니즘이 좀더 은폐된 방식으로 작동한다는 것이 차이라면 차이일까. 그래서 처음에 사람들은 당시에 일이 진행되던 과정이 순진하리만치 무제한적으로 겉으로 드러났다는 사실에 어안이 벙벙했다. 전쟁을 환호했던 사람들이 기대했던 경험은 일시적인 것과 단호한 결정, 무겁고 답답한 것과 명쾌한 해결, 간략히 표현하면 진정하지 못한 삶과 진정하다고 추측되는 삶의 질적 차이였다. 전쟁 후에도 전(前)파시즘적 문헌에는 '내적 체험으로서 투쟁'이라는 말이 유령처럼 떠돌아다닌 적이 있다. 1914년 8월의 사나이들은 전쟁이야말로 한번 목숨을 바칠 만한 가치가 있는 '무엇'이라고 느꼈다.

제1차 세계대전은 현대적 냉소주의의 전환점을 의미한다. 그와 함께 과거의 소박성(예컨대, 전쟁의 본질이나 사회 질서, 진보, 시민적 가치, 시민 문명 자체의 본질에 대한 소박한 믿음을 말한다)이 와해되는 뜨거운 시대가 시작된 것이다. 이 전쟁 이후 유럽의 주요 권력 위에 덮여 있는 산만한 정신분열의 분위기가 사라지지 않고 있다. 그때부터 문화의 위기를 말하는 사람은 불가피하게 전후 충격의 정신 상태를 염두에 두고 있는 것이다. 즉, 예전과 같은 순박성이 다시는 없을 것임을 그들은 알고 있다. 불신, 각성, 회의와 거리 두기가 돌이킬 수 없이 사회심리적인 '유전 인자' 속으로 침투해 들어온 것이다. 그때부터 긍정적인 모든 것은 '그럼에도 불구하고'가 되고, 무의식적인 회의에게 토대를 침식당하고, 가시적으로 파손된 형태의 의식이 지배하게 된다. 그 의식이란 아이러니, 냉소주의, 금욕주의, 멜랑콜리, 빈정거림, 향수, 주지주의, 덜 심각한 악의 감수, 우울증과 무의식의 의식적 선택으로서 마취 상태다.

바이마르 공화국이 통치하던 몇 년 동안 재앙에 끌리는 콤플렉스가 다시 구축되고 거기에 경제 위기가 불을 지폈다. 기쁨도 즐거움도 없는 공화국이 자기 자신에게 종말을 베푼 것이다. 재앙 애호 경향은 자신의 '심각한' 존재 근거를 혁명과 민족의 신화 속에서 발견했다. 재앙을 감수하겠다고 마음을 굳힌 사람은 목청 높여, 항로가 어디인지 어떤 급진적 치유책이 올바른 것인지 다 알고 있다고 주장했다. 파국의 도래를 예감한 사람은, 파국이 닥치기 전에 삶에서 여전히 최선의 것을 취하려 했다. 1931년에 에리히 케스트너는 한 남자의 음성을 포착했는데, 그는 순수 도덕의 절벽을 건너 삶에 대한 사적인 탐욕으로 다음 폭포를 향해 흘러가는 강물에 함께 떠내려가고 있었다.

> "진지한 대화, 어떻게? 죽음 뒤에 삶이 있다고? 우리끼리 얘긴데, 그런 건 없어. 모든 일이 죽음 전에 말끔히 해결되어야 해. 온몸을 굴려 일을 해야 한다고, 밤낮으로. ……인류를 구원하는 대신 인생을 즐기라고. 내가 말했듯이 삶은 죽음 전에 해결되어야 해. 좀더 자세히 알고 싶으면 기꺼이 해주지. 이 친구야, 너무 심각하지 말아."[8)]

1950년대에도 진부하지 않은 동시대의 음성이다. 이렇게 말하는 사람은 **자신**이 역사를 변화시키지 못한다는 것을 안다. 그런데도 그는 출발로 위장한 종말 앞에서 살고 싶은 것이다.

오늘날 파국을 지향하는 무의식적 의지는 모든 측면에서 공식적인 평화정치의 진지함 밑에 엄폐되어 있다. 그 잔인한 개방성 때문에 파시즘의 양식으로 규정된 메커니즘은 적응, 선의와 성실한 태도의 가면을 걸치고 잠재의식 속으로, 분위기 속으로 잠적했다. 의식의 표면에서 소박한 감정적 동요는 사라졌다. 반응이 점차 사회화하면서 개방적인 몸짓은 뒤로 밀린다. 우리가 민주주의라 부르는 것은 심리적으로 자기 통제의 증대를 의미하는데, 이는 좁은 울타리 안에 갇힌 주민들에게는 반드시 필요한 것이다. 하지만 평온한 듯 보이는 표면만 보고 현혹되어서는 안 된다. 재앙에 이끌리는 콤플렉스는 여전히 존재하고, 모든 징후들이 확실하다면, 콤플렉스의 양은 지금도 계속 증가하고 있다. 다소 거칠게 말한다면, 재앙 친화적 경향들을 적어도 군데군데 구체화하고 식별할 수 있게 만든 것은 아마 '테러리즘의 업적'이라 할 수 있을 것이다. 우리는 분명한 것만을 언급할 수 있지 않은가.

경영인협회 회장 슐라이어의 납치와 살해를 기억해보자. 테러리즘이 정점을 향해 치달은 여러 달 동안 뜨겁게 달아올랐던 사회 분위기를 기억해보자. 재앙에 끌리는 콤플렉스의 일부인 정치심리적 시나리오가 제2차 세계대전 이후 처음으로, 이때 극명하게 드러난 것이다. 언론 매체와 국가의 목소리는 자발적으로, 그리고 완전하게 분노와 당혹이 어우러진 심각한 어조로 통일을 이룬다. 출판된 수백만 개의 문장 가운데 분위기로 표출된 대중 진리가 스며 있는 문장은 하나도 없었다. 이 대중 진리는 모든 숙덕거림이나 신문 판매대의 사건들, 구내 식당이나 술집 탁자 앞에서 나누는 대화, 로비에서 오가는 잡담이 입증하듯이, 명멸하는 듯한 상반된 감정의 양립 속에 있었다. 즉 실존적 불안과 재앙에 대한 욕망이 구분할 수 없을 정도로 섞여 있는, 그런 모순적 상태가 대중 진리의 본질이었다. 뜨거운 보도 열기, 광범위한 토론, 국가와 민간의 과도한 반응 등은 지금 뒤돌아보아도, 오해의 여지없이 분명한 말을 하고 있다.

여기서 일어난 사건은 삶의 감정을 건드리는 사건이었다. 역사의 극적 전개를 바라는 이름붙이기도 힘든 열망, 올바른 전선에서 갈등이 일어나기를 학수고대하는 광적인 심리가 사람들의 정서를 뒤흔들었다. 그들은 범죄학적 내용이나 정치적 내용으로 봐서 그렇게 흥분할 가치가 없는 이 사건을 수 개월 동안 집요하게 물고 늘어졌다. 범죄의 정치적 연출로 말미암아, 또 볼 만한 구경거리를 제공한 국가와 테러 집단의 상호 대응으로 인해 이 사건은 희대의 사건이라는 자리를 차지하게 된다. 그것은 강력한 재앙 친화적인 경향에서 양분을 얻어 끝없이 오랜 날들 동안 정서를 지배하는 주제로 부풀려졌다. 사회심리적으로 이 사건은 진리의 시간을 가져다주었다. 이 사건은 무언가가 움직이는 역동적인 역사의 대용품이었다. '해방 전투'의 풍자화, 사회민주주의가 빌헬름 2세와 힌덴부르크, 히틀러 치하에서 마땅히 했어야 함에도 하지 못했던 해방 전투의 백치처럼 멍청한 범죄 패러디였다. 잘못된 전선에서, 잘못된 시기에, 잘못된 적을 상대로, 잘못된 공격자들이 저지른 범죄 말이다. 그런데 이 모든 왜곡에도 불구하고 사회는 그것을 전투의 대용품으로, 갈등의 마약으로, 정치적인 재앙 영화로 게걸스럽게 홀짝홀짝 들이마셨던 것이다.

'사건'을 둘러싼 냉소적 침묵의 열광에 대한 보편적 합의에도 한 군데 균열된 곳이 있다. 내가 말하는 것은 '메스칼레로(Mescalero)'의 서류인데, 그는 이런 대규모의 묵계를 정직성으로 깨고 애매모호한 모순

상태를 토론에 붙이고도 아무 처벌을 받지 않으리라 믿을 만큼 순진한 사람이었다. 그래서 그는 언론을 통해 수백만 수천만에게 끊임없이 되풀이해 유명해진 표현으로 자신의 '협곡처럼 깊고 은밀한 기쁨'을 말했다. 그는 이 기쁨을 부바크(Buback) 살해 사건을 전해들은 첫 순간에 느꼈으며, 그 다음 순간 도덕적으로 반성하며 그로부터 거리를 두었다는 것이다. 메스칼레로는 스스로에게 충격을 받을 만큼 놀랐으며, 이런 충격에 대해 이성적으로 이야기하고 싶어했다. 메스칼레로 폭발음과 함께 집단적 이율 배반은 거대한 거짓말 퍼레이드로 발산되었다. 그것은 역사적 학습의 순간이었다.

그 순간부터는 사회가 다시 전전(戰前) 시대에, 즉 외부와의 전쟁이 내적 현실과의 대면을 무의미하게 만드는 순간까지 삶의 감정과 연관된 모든 갈등을 연기하도록 단호하게 결심한 그런 시대에 살고 있다는 사실을 더 이상 은폐할 수 없게 되었다. 오류 수정과 입 조심, 비난과 격분이 난무하는 가운데 점잖은 사람들의 신조가, 모두는 아니더라도 많은 이들을 위해 진리의 다른 측면을 발설했던 정직성을 누르고 지상(紙上)의 승리를 거둔다. 그때부터 우리 귀에는 바스락거리는 신문 소리가 들리는 듯하다. 전쟁이 발발할 때 책임자들은 이 소리에서 언론의 당혹감, 충격과 결심을 읽어낼 것이다. 서독(B.R.D.)을 핵전쟁으로 매장하기(BRDigung) 전에 아직 그럴 시간이 남아 있다면 말이다.

9 몰염치한 행복

행복할 수 있는 권리를 기억하는 뻔뻔함에게 아직 기회가 있는가? 견유적 충동은 정말 소멸되고, 냉소주의만이 거대한 치명적 미래를 가지

〈우리는 산다, 우리는 산다〉, 1945.

고 있는가? 계몽(행복하다는 것이 이성적이라는 생각)은 우리의 암울한 현대에 다시 구체화될 수 있는가? 우리는 영원히 패배했고, 가혹한 현실과 도덕적 꿈의 냉소적 어스름이 다시 환해지는 일은 결코 없을 것인가?

이 물음들은 핵무장 문명에서 삶을 지향하는 감정과 연관된 것들이다. 이 문명은 역사상 유례가 없는 심각한 위기, 내면적 활력의 위기를 겪고 있다. 독일, 즉 양대 세계대전에서 패하고, 재앙과 재앙 사이에서 산다는 것이 어떤 것인지를 가장 민감하게 기록할 나라에서 이런 불안의 절정이 당연히 가장 날카롭게 느껴질 것이다.

현대는 생기를 잃어버린 데 이어, 위기와 안정의 구분도 상실했다. 상황에 대한 긍정적 체험은 나타나지 않는다. 실존이 지치지 않고 무한히 넓고 확고한 지평선으로 뻗어갈 것이라는 느낌도 없다. 공적이거나 사적인 모든 전략의 바탕에는 그것이 잠정적인 것이고, 탁상공론이며, 기껏해야 중단기적인 것이라는 느낌이 깔려 있다. 심지어 체질적으로 낙천적인 사람도 “내일 세상의 종말이 온다 해도 오늘 사과나무를 심겠다”는 루터의 말을 인용하기 시작한다.

고질적인 위기의 시간은 영원한 불확실성을 행복 추구 노력의 불변의 배경으로 받아들이라고 인간의 삶의 의지에 강요한다. 그 다음 견유주의의 시간이 도래한다. 그것은 위기의 생(生)철학이다. 견유주의의 기호 아래에서만 불확실성의 행복이 가능하다. 견유주의는 요구의 제한, 기민성, 재치, 순간의 제안을 경청하는 법을 가르친다. 또한 견유주의는 장기적인 경력에 대한 기대와 사회적 자산의 보호가 사람들을 ‘염려로서의’ 존재 속에 얽어 넣는다는 것을 알고 있다. 하이데거가 불안정한 바이마르 공화국 시절에 실존의 ‘염려 구조’를 밝혔다는 것은 우연이 아니다(《존재와 시간》, 1927).

염려는 행복 모티프를 모두 흡수해버린다. 따라서 행복을 붙잡고 싶은 사람은 견유주의 표본에 따라 염려의 헤게모니를 파괴하는 법을 배워야 한다. 그러나 사회화한 의식은 염려라는 주제가 끊임없이 획책하는 선동에 노출되어 있다는 사실을 알게 된다. 염려 주제들은 위기를 주관적으로 밝히는데, 그 빛 아래에서는 형편이 좋은 사람도 이미 난파선에 탄 사람들의 심리 구조를 갖게 된다. 유복한 사람들이 지금처럼 파장 분위기에 젖어 있었던 적은 한번도 없었다.

이렇게 활력 장애 현상이 만연하고 삶의 감정이 암울해지는 현상은 계몽의 탈도덕화 현상의 일반적 배경을 이룬다. ‘염려’는 너무나 지속적으로 현 존재를 먹구름으로 가려서 행복에 대한 생각 자체를 사회적으로 타당성이 없는 것으로 만들어버린다. 계몽(기분을 돋우어주는 일)이 존재할 수 있는 분위기가 마련되어 있지 않다. 에른스트 블로흐처럼 ‘희망의 원리’를 말하는 사람은 계몽의 이런 선천적인 기질, 맑은 하늘에 대한 시각을 적어도 내면에서 발견할 수 있어야 한다. 블로흐가 이를 발견한 사람이었다는 사실이 그를 지식인 주류와 구분하게 만든다. 모든 것이 암울해져도, 그는 흥을 돋울 수 있는 비밀을 혼자 알았고 삶에 대한 신뢰, 막힘 없이 샘솟는 표현, 발전에 대한 믿음을 알았다. 자신 안에 지니고 있는 '난류'를 인류 역사의 모든 구석에서 재발견한 것은 그의 힘이었다. 그 때문에 사물을 보는 그의 시선은 사물에 합당한 정도보다 더 낙관적이었다.

이 난류는 블로흐를 시대정신과 갈라놓은 장본인이다. 지식인은 보편적인 탈도덕화의 한류에 거의 무방비 상태로 내맡겨져 있었다. 패배주의와 방향 상실에서 그들은 평균을 앞서는 것 같아 보였다. 그가 이 표현을 유의미하게 만드는 경험과 동기들을 자기 내면에서 발견하지 못한다면, 이제 누구도 '유토피아 정신'이나 '희망의 원리'를 믿으라고 설득할 수 없다. 하지만 우리는 이렇게 물을 수는 있다. 유토피아와 희망은 어떤 실존적 성향을 상징하는 것인가? 많은 이들이 말하듯이 그것은 '원칙적인 불만족'인가? 블로흐 식 희망은(주장하는 것처럼) 적대감이 만들어놓은 구조물인가? 사람들이 그렇게 받아들인다면, 그들은 난류의 '소식'을 충분히 귀기울여 듣지 않은 것이다. 그가 전하는 말은 '아니오'의 원칙이 아니다. 원칙적 희망은 '생명 사랑'(프롬)을 의미한다. 그것은 삶을 향한 창조적 우애의 암호이다. 이 암호에서 살아 있는 모든 생명은 존재하고 변해도 좋다는 확실한 허락을 받는다. 이것이 지배적인 염려와 자기 억제의 심성에 대한 그의 대립을 설명해준다.

자기 억제는 계몽의 피곤한 행렬에 여전히 남아 있는 '비판적' 지식인에게 가장 많이 나타나는 징후이다. 그들은 자신들이 이중 전선의 상황에 처해 있음을 알고 있다. 체계로 응집된 후기 자본주의의 냉소주의를 거부하려 애쓰면서 한편으로는 다른 길을 찾고 협력을 중단한 중도 탈락자들과 이주자들의 급진성을 두려워한다. 이렇게 사이에 끼어 있는 상황에서는 자신의 '정체성'을 강제적인 도덕주의로 방어하려는 유혹이 크다.[9] 이런 도덕주의에 빠지게 되면, 이번에는 정말 지나치게 진지하고 우울한 기분에 압도당하기 쉽다. 그래서 비판적 지식인의 무대는 공격적이고 우울한 도덕주의자, 문제점이 많은 사람, 문제 중독자, 부드러운 엄숙주의자로 가득 차 있다. 이쪽 진영이 활력의 측면에서 잘못된 진로를 수정할 것이라고 기대하기는 어렵다.

"행복하다는 것은 놀라지 않고 자기 자신을 들여다보는 것이다"[10]는 경구는 발터 벤야민의 말이다. 놀랄 태세는 우리의 내면 어디에서 오는 것인가? 나는 경악을 도덕주의와 부정의 그림자라고 생각한다. 이것들이 모두 행복할 수 있는 능력을 마비시킨다. 도덕주의가 있는 곳에서는 필연적으로 경악이 자기 부정의 정신으로 지배한다. 경악은 행복을 배제한다. 도덕은 수천 가지 고정관념을 가지고, 우리 그리고 세계가 어떠해야 하며 어떠해서는 안 되는지 알고 있다. 좌파의 것이라 해도 도덕주의에서는 장기적으로 비현실적이고 경직된 결과만이 나온다. 아마 즐거움을 경시하는 기독교적 전통이 계몽 속에서 다시 살아나는 것인지도 모르겠다. 존재의 부정성에 대한 증거로 간주될 수 있는 것은 모두 이런 전통의 시선에 매료당한다. 이런 증거들이 주변에 널려 있으므로 도덕주의자들은 평생 재료 걱정은 하지 않아도 될 것이다.

이렇게 도덕주의와 비도덕주의[11] 사이에 형성된 전선은 기이한 방식으로 왜곡되어 있다. 전자는 비록 선의를 가졌지만 부정성의 기후를 장려하며, 후자는 비록 경박하거나 못된 척하지만 도덕을 상당한 수준으로 향상시킨다. 이 비도덕적인 좋은 기분 때문에 우리 계몽주의자들은 기독교 이전의 견유주의 영역에 끌리는 것이다. 우리의 상황은 지금 행복을 정치적으로 부적절하다고 생각하는 지경에 이르렀다. 최근 프리츠 라다츠(Fritz J. Raddatz)는 귄터 쿠네르트(Günter Kunert)의 울적한 책《사멸의 과정(Abtötungsverfahren)》(1980)에 관한 열광적인 서평에 '행복—마지막 범죄?'라는 표제를 붙였다. 하지만 '행복—마지막 몰염치!'라는 게 더 나은 것 같다. 스스로 계몽주의자라 주장하는 사람은 그렇게 뻔뻔하고 몰염치할 수 있어야 한다. 계몽이 작업해야 할 곳은 우리의 머리가 아니라 우리의 음울한 이기주의이고, 꽁꽁 언 정체성들이다.

비판적 지식인이 생명 사랑과 자기 긍정의 전체 스펙트럼을 표현할 단어로 '나르시시즘'밖에 모른다는 사실은 그들의 탈도덕적 상태를 규정하는 특징일 수도 있다. 이 나르시시즘은 그 자체만을 놓고 볼 때에도 이미 의심스러운 구조물이다. 그런데 그것이 보수주의자의 손에 들어가면, 심리화 수법을 쓰는 반대 계몽이 사회의 자기 성찰 경향을 때려부술 때 사용하는 곤봉이 된다. 병이나 무의식으로서의 나르시시즘 경향이 아무리 홍미롭고 반가운 것이라 해도, 그것을 건강한 것이라고 말한다면 심히 의심스럽다. 나르시시즘은 일반적인 병으로서 스스로에 대한 회의로 가득 찬 사람들을 필요로 하는 사회의 심리적 원동력처럼 작용한다. 이런 사람은 자기 확신에 대한 욕심이 강하고 야심만만하며 소비 욕구가 강하고 이기적이며, 다른 사람과 비교하여 더 나은 사람이 되겠다는 도덕적 열망이 강하다. 건강으로서 '나르시시즘적' 자기 긍정은 그런 까다로운 사회의 강요에 대놓고 웃을 수 있을 것이다.

회색은 내심 오래 전부터 화려한 색채의 굉음을 꿈꾸어오던 시대의 근본 색조이다. 그런 꿈들이 꼭 필요한 것, 그런 꿈들에게 영감을 주는 것은 생명의 무능력들이다. 점잖은 사회심리적 계몽은 '슬픔에 대한 무능력'에 문제가 있다고 생각한다. 그러나 그것만이 아니다. 오히려 제때에 제대로 분노할 줄 모르는 무능력, 표현하지 못하고 염려의 무거운 분위기를 깨지 못하는 무능력, 축제를 즐길 줄 모르는 무능력, 헌신하지 못하는 무능력에 더 큰 책임이 있다. 이 모든 발육부전의 상태에서도 하나의 능력이 남아 있다. 이 능력은 탈출구가 보이지 않는 삶이 마지막에 가서 자신에게 무엇을 베풀지를 예의 주시하고 있다. 그것은 여러 가지 심각한 구실을 대지만 실제로는 아무도 죄책감을 느낄 필요 없이 가능한 한 거창한 장관을 연출하면서, 이 모든 것을 공중으로 폭파해버려야 할 상태가 되도록 하는 능력이다. 재앙이 사람들을 후끈 달아오르게 만든다. 이 재앙 속에서 메마른 자아는 자신의 마지막 축제를 즐긴다. 오랫동안 그리워하던 열정과 흥분을 꺼져가는 불길 속에서 한데 녹여 없애는 축제 말이다.

최근에 영국 펑크 그룹 '스트랭글러스(The Stranglers)'의 리더가 어느 사소한 인터뷰에서 중성자 폭탄을 찬양했는데, 그것은 이 폭탄이 핵전쟁을 일으킬 수 있기 때문이라는 것이다. **"미스 중성자탄, 사랑해요."** 여기에서 그는 저항자의 견유주의와 전략가의 깨끗한 주인냉소주의가 맞아떨어지는 지점을 발견했던 것이다. 그는 도대체 무엇을 말하고자 하는가? 봐라, 내가 얼마나 나쁜 놈일 수 있는지? 그의 웃음에는 교태가 섞여 있고, 역겨우면서도 역설적으로 이기적이다. 그런 말을 하면서 그는 기자의 얼굴을 바로 보지 못했다. 마치 꿈속에서처럼, 그는 카메라를 지나쳐 조그맣고 아름답고 사악한 펑크 악마인 자신이 상상할 수 없는 말로 세상을 뒤흔드는 것을 이해할 사람들을 위해 말한다. 그것은 과거에는 그렇게 악의를 품지 않았을 의식의 언어이다. 그러나 지금은 쇼가 요구하기 때문에, 의식은 단순히 불행할 뿐만 아니라 불행하기를 원한다. 이렇게 해야 비참함을 이겨낼 수 있다. 마지막 자유는 끔찍한 것을 원하는 데 사용된다. 이 자유 속에는 거창한 동작이, 추악함의 파토스가, 절망적인 뻔뻔함이 들어 있어 독립의 조그만 불씨에 불을 붙인다. 결국 그들은 자신들에게 책임이 없고, 전쟁이라는 형편없는 짓거리는 어차피 다른 사람들의 일이라는 것을 알게 된다. 스스로를 불구로 만든 아름다운 그들은 점잖은 사람들의 묵계에 대항하여 울부짖을 수 있을 정도로 그런 사실을 잘 알고 있다. "모든 것이 엉터리야. 미스 중성자탄, 나는 너를 사랑해." 스스로 원한 자기 파괴 속에는 자신의 고유한 것, 즉 상징적인 쇼크가 들어 있다. 바로 그들에게서 즐길 수 있는 요소이다. 지식인의 싸구려 예술 속에서, 냉소적인 쇼에서, 히스테리 폭발 속에서 그리고 멋진 행렬에서 죽음의 탱크는 점잖고 거친 자아의 주변에서 느슨해진다. 〈로키 호러 픽처 쇼(Rocky Horror Picture Show)〉, 자기 자신을 갈구하는 욕망 뒤에 차갑고 뜨겁게 샘솟는 죽음의 느낌.

10 폭탄에 대한 명상

여기서 우리는 주변과 중심이 첫인상에서 드러나는 것보다 더 깊은 곳에서 서로 일치한다는 점을 전제로 하면서 미리 생각해야 한다. 펑크족의 생활양식과 기득권자의 생활양식은 표면적으로는 서로 중재할 수 없는 극단으로 보일지도 모른다. 그러나 그것들은 핵심에서 서로 만난다. 냉소적인 분출물은 재앙에 끌리는 문명화한 대중에게서 튀어나온 것들이다. 그러므로 현상에 대한 철학적 이해를 위한 접근은 주관적인 과잉 현상에 머무르지 말고, 객관적인 것에서 출발해야 한다.

객관적 과잉이란 우리의 생활양식을—그것이 만족스럽게 채워진 시기와, 전쟁과 전쟁 사이에도—특징짓는 구조적 불화의 과잉을 말한다. 제2차 세계대전이 끝날 무렵에 세계의 무기 보유량은 인류 전체를 여러 번 말살할 정도였다. 제3차 세계대전을 바로 앞에 둔 이 시점에서 인류를 말살할 수 있는 요인은 100배, 1000배로 늘어났다. 초과 살상의 분위기는 점점 농후해진다. 그 요인은 매달 증가하고, 이런 성장이 결국은 우리 역사의 결정적인 원동력이다. 초과 살상 구조는 현재 이루어지는 발전의 진정한 주체가 되었다. 제1차 세계대전이나 제2차 세계대전 중 엄청난 양의 사회적 노동이 이 구조 안으로 쏟아졌다. 지금 이 순간 새로운 확대를 위한 준비가 착착 진행되고 있지만, 그게 우리의 주제는 아니다.

이런 '가혹한 사실'들에 직면하여 어린아이와 같은 질문을 던지는 것이 철학의 과제다. 왜 인간들은 서로 잘 지내지 못할까? 상호 핵무장에 대비하도록 그들을 강요하는 것은 무엇인가? 철학자는 무뎌지고 익숙해지고 냉소적으로 노련해진 동시대인을 내심 무시하는 사람이다. 또한 철학자는 그들에게 두세 문장으로 왜 모든 일이 그렇게 되었고, 왜 선의만으로는 변화시킬 수 없는지를 명쾌하게 설명해줄 사람이다. 철학자는 자기 내면의 어린아이에게, 이 모든 것을 '아직 이해하지 못하는' 어린아이에게 기회를 주어야 한다. '아직 이해하지 못하는' 사람은 아마 올바른 질문을 제기할 수 있을 것이다.

근본적으로 모든 전쟁은, 자기 보존 원칙의 결과이다. 예로부터 전쟁은 정치 집단 간의 경쟁에서 어떤 사회의 자산, 정체성과 삶의 형식을 적의 압력에 대항하여 관철시키고 수호하기 위한 수단으로 여겨졌다. 현실주의자들은 태초부터 개인의 자기 보존에 대한 자연권과 공격당한 집단이 전쟁을 통해 정당방위를 할 수 있는 자연권을 고려해왔다. 전쟁에서 도덕 제거를 정당화할 수 있는 도덕이 자기 보존의 도덕이다. 이제까지 모든 현실주의적 심성에 따르면, 자신의 생명과 이 생명의 사회적 형태를 위해 투쟁하는 사람은 평화 윤리의 피안에 존재한다. 자신의 정체성이 위협받을 경우 살인 금지는 의미가 없다. 평화시에 근본적인 금기로 간주되던 것도 전시에는 임무가 되고, 심지어 최대한의 살상이 특별한 업적으로 경의의 대상이 된다.

그러나 현대의 모든 군사 윤리는 공격적인 영웅의 이미지가 방어를 목적으로 하는 전쟁의 근거를 침해하기 때문에 그것을 제거했다. 현대의 영웅은 모두 수비자, 즉 정당방위의 영웅이기를 원한다. 그들에게 원초적으로 나타나는 공격적 요소들은 부인되었다. 모든 군인은 스스로를 평화의 **수호자**로 이해하고 싶어하고, 공격은 단지 방어의 전략적 대안일 뿐이다. 방어는 모든 군사적 행동 양식을 지배하는 상위 규정이다. 방어는 철학적으로 자기 보존이라 부르는 것에 해당하는 군사적 개념이다. '심각한 경우'를 예상하고 냉철하고 실리적인 자유 스타일의 윤리로 무장한 모든 도덕에서 나타나는 냉소적 자기 부정은 그 배후에 자기 보존의 원칙이 조종하고 있다.

현재 세상 돌아가는 모습을 이런 시각에서 관찰하면, 끝없이 부푼 방어 원칙이 즉시 눈에 띈다. 서구와 동구는 철저하게 무장한 채 정당방위의 거인으로 대치하고 있다. 스스로를 '방어'하기 위해, 각 진영은 인간과 동물, 심지어 식물의 생명까지 싹 쓸어버리기에 충분한 파괴 도구를 생산했다. 핵무기의 그늘에서 전쟁생물학자들과 전쟁화학자들의 치명적인 미식(美食)은 대개 간과되었다. 이 파괴 연구자들의 머릿속에는 자기 보존의 관점에서 방어적이라고 위장한 모험적인 사디즘이 만개하고 있다. 고대 동방 제국의 고문 전문가들도 그들 옆에 가면 틀림없이 열등감을 느낄 것이다.

하지만 어떤 진영이나 어떤 책임자들이 상식적 수준을 벗어나는 사악한 동기에서 그렇게 했다고 혐의를 씌우고 싶지는 않다. 가능한 범위 내에서 누구나 자신이 할 수 있는 일을 할 것이다. 그러나 이 범위 자체가 간계를 드러낸다. 특수한 형태의 사실주의는 이제 내재적 한계에 가까워지고 있는 듯이 보인다. 바로 전쟁을 정치적 자기 보존의 **최후 수단**으로 고려 범위에 포함시킨 현실주의 말이다. 그러나 소급하여 이 현실주의에게 유죄 판결을 내려서는 안 된다. 현실주의도 자기 시대가 있었고, 자신이 해야 할 일을 했다. 아마 선의에서 자기의 일을 했을 수도 있지만, 악의로 그랬다는 것이 더 확실하다. 그러나 이제 이 최후 수단의 현실주의가 고갈되었음을 확인해야 한다.

오늘날의 '군축 정책'은 이런 사실을 단지 피상적 차원에서 이해했다. 이 정책의 배후에 현실적인 통찰이 있지 않다는 사실은 협상 파트너들의 이중 게임에서 확연히 드러난다. 그들은 군축을 서로 의논하면서도, 한편으로는 군비 확장에 열을 올린다. 미친 것같이 보일지 모르지만, 여기서 제기되는 질문은 근본적으로 '단지' 무장해야 할 것인지, 아니면 차라리 무장하면서 동시에 논의할 것인지 하는 것이다.[12] 이런 식으로는 해결책이 결코 나올 수 없다. 이런 노선으로 군비 경쟁을 지속한다면, 그 끝은 전쟁이 될 **수밖에** 없다. 방어 원칙의 확산은 다른 가능성을 원천적으로 배제한다.

최후 전쟁은 실제로 무장한 인류의 '내부 문제'가 되었다. 이 전쟁의 핵심 과제는 고대적이면서 현대적인 최후 수단, 즉 전쟁으로 엄격한 자기 보존의 원칙을 파괴하는 데 있다. 내부 전선에서 정치적 자기 보존이라는 치명적인 사실주의에 맞서는 예상치 못한 전투를 위해서는 가장 강한 동맹자가 필요하다. 이 전선에서는 막강한 무기, 무시무시한 전략과 간교한 작전들이 필요하다. 이런 측면에서 우리에게는 희망이 없지도 않다. 병기창은 꽉 찼다. 우리가 여기에서 논증으로 제시하

존 하트필드(John Heartfield), 〈우리의 제네바는 강한 성이다〉, 사진몽타주, 1934.

는 무기 목록에는 상상할 수 있는 모든 괴물이 다 들어 있다. 신경 가스, 미생물 부대, 가스 구름, 박테리아 편대, 환각 작용을 일으키는 수류탄, 우주 대포와 죽음의 광선 등이 준비되었다.

물론 우리가 이 무기들의 능력을 과소평가하는 것은 아니다. 그러나 예로부터 철학자들은 원자폭탄에 매료되었다. 이 무기의 핵작용 방식이 사유의 자극제로서 가장 강력하기 때문이다. 핵분열이란 어차피 명상을 권하는 현상이긴 하지만, 철학자들은 핵무기를 보고 그것이 정말 인간적인 것의 핵심을 건드리는 문제라고 느꼈다. 이렇게 핵무기는 근본적으로 가장 열성적인 최후의 계몽주의자이다. 이 계몽주의자는 분열의 본질을 가르친다. 또한 내가 너와 맞서, 우리가 그들과 맞서 서로 죽일 정도로 대립한다는 것이 무엇을 의미하는지 분명하게 보여준다. 그것은 자기 보존 원칙의 정점에서 이원론의 종말과 그 극복을 가르친다. 무기는 서구 철학의 마지막 희망이자 과제다. 그러나 철학의 수업 방식은 아직 우리에게 익숙하지 않다. 너무나 두드러지게 냉소적이고 너무나 초개인적으로 엄격하기 때문에, 그걸 보면 동방의 선사가 떠오른다. 즉 제자들이 깨달음으로 한걸음 다가가는 데 도움만 된다면, 주먹으로 그들의 얼굴을 때리는 것도 마다하지 않는 선사들 말이다.

핵무기는 서구의 진정한 부처님이다. 완벽하고 당당하며 모든 인연을 떠난 장치다. 이 가장 순수한 현실, 가장 순수한 가능성은 곡식 저장고 속에서 미동도 하지 않고 앉아 있다. 그것은 우주 에너지의 정수인 동시에 우주 에너지에 대한 인간의 관여이고, 인간 존재의 최고 업적인 동시에 업적의 파괴자이며, 기술적 합리성의 승리이면서 이 합리성이 이상(異狀) 인식론으로 변질됨을 의미한다. 핵무기와 함께 우리는 실천적 이성의 영역, 즉 적당한 수단으로 목적을 추구하는 영역을 떠나게 된다. 오래 전부터 무기는 목적을 위한 수단이 아니었다. 그것은 가능한 모든 목적을 능가하는 무제한적인 수단이기 때문이다.[13] 핵무기는 더 이상 목적을 위한 수단이 될 수 없기 때문에, 자기 경험의 매개체가 되어야 한다. 그것은 인류학적 사건이고 자기 보존 욕구의 배후에서 작용하는 권력 정신의 가장 극단적 객체화이다. 우리는 스스로를 '방어'하기 위해 핵무기를 만들었다고 하지만, 핵무기가 우리를 유례없는 무방비 상태로 몰아넣었다는 것이 진실에 가깝다. 핵무기는

'사악한' 측면에서 인간의 완성이다. 이보다 더 사악해지고, 영리해지며, 방어적이 될 수는 없다.

실제로 무기는 서구의 이성도 이해할 수 있는 유일한 부처이다. 그 고요와 아이러니는 무한하다. 자신의 임무를 어떤 식으로 완수할 것인지, 즉 조용히 기다리기만 할 것인지 아니면 불구름을 일으킬 것인지는 전혀 괘념치 않는다. 중요한 것은 집합 상태의 변화가 아니다. 부처처럼, 그 존재 자체가 해야 할 말을 이미 하고 있다. 폭탄은 현실보다 눈곱만큼이라도 더 사악하거나 우리 자신보다 더 파괴적이지 않다. 그것은 단지 우리 자신이 드러나고 펼쳐진 것이며, 우리 본질이 물질적으로 표출된 것이다. 핵무기는 이미 완벽함으로 구체화되었지만, 우리 인간은 그것에 비해 아직 분열되어 있다. 이런 기계와 직면하고 있는 상황에서 전략적 사유는 적절치 못하다. 단지 극도의 주의 집중이 필요할 뿐이다.

폭탄이 우리에게 요구하는 것은 전투도 체념도 아니고 자기 경험이다. 우리가 바로 폭탄이다. 그 안에서 서구의 '주체'는 완성된다. 외면적 무장은 우리를 무방비 상태로 몰고 가서 허약하게 만든다. 이성의 지점에 이를 정도로 허약하게 만들며, 불안의 지점에 도달할 만큼 이성적이게 한다. 여기에서 남는 유일한 문제는 우리가 외면적 길을 택하느냐 아니면 내면적 길을 택하느냐이다. 즉, 성찰을 통한 인식에 이를 것인가 또는 원자탄의 불덩어리로 지구를 덮칠 것인가 하는 것이다.

아무리 선의에서 시작했다 해도, 외면적 길들은 필연적으로 매력적인 군비 증강이라는 주류에서 합쳐진다는 것을 우리는 경험으로 알고 있다. 아무리 비현실적으로 보일지라도, 모든 '내면의 길'은 진정한 평화를 장려하는 경향으로 합류한다. 현대적 세계의 과정은 하나의 지점에 도달하게 된다. 이 지점에서부터 가장 외면적인 정치와 가장 내면적인 명상은 동일한 언어를 말하게 된다. 이 둘은 '**긴장 해소**'만이 도움이 될 뿐이라는 원칙 주위를 맴돌게 된다. 모든 비밀은 양보에 대해 무저항 상태다. 명상과 군축은 서로에게서 전략적 공통점을 발견한다. 이것이 현대성의 역설적인 결과가 아니고 무엇이겠는가!

오늘날 큰 정치는 결국 폭탄에 대한 명상이고, 깊은 명상은 우리 내면의 충동, 폭탄을 요청하는 충동을 탐색한다. 명상은 부드럽게 우리의 내면에서 이른바 정체성의 딱딱하게 굳은 겉껍질에 작용해 갑옷을 녹여버린다. 이 갑옷 속에 스스로를 '근본 가치'의 수호자로 느끼는 자아가 앉아 있다("우리는 더 나은 가치를 지니고 있다."—군비 증강의 전략가들은 이렇게 말한다). 폭탄은 '좋을' 게 하나도 없지만 가장 강력한 효과를 발휘하는, 지독하게도 역설적인 기계다. 그게 우리의 부처라 할지라도, 그 몸 안에는 빈정거리는 악마가 들어 있다. 스스로 완전히 분해되어 우주 안으로 폭발해버린다는 의미를 느끼려면, 한 번쯤 그 내면으로 이입해 들어가야 할 것이다. **그것은** 언제든지 그렇게 할 수 있다. 점화하는 폭발물의 중심부에도 태양 내부에서와 비슷한 굉음과 홍소가 지배한다. 우리가 이런 가능성을 소유하고 있다는 것을 알면 특이한 우월감을 느끼게 된다. 인간의 정신은, 내심 은밀하게는 자신이 무시무시하고 역설적인 태양 기계와 연대하고 있음을 알고 있다.

사태를 자세히 들여다보는 사람들은, 때때로 폭탄이 자신들을 조롱하듯이 비웃고 있다는 느낌을 가진다. 이런 비웃음을 지각할 정도로 우리가 깨어 있다면, 한 번도 겪은 적이 없던 일이 세상에 일어날 것이다. 세상은 두려움을 떨칠 수 있고, 긴장 완화가 방어의 고대적 경련을 풀어준다는 것을 느끼게 될 것이다. "안녕, 미스 중성자탄. 어떻게 지내세요?" 폭탄은 우리의 파괴성에 대한 야간 파수꾼이 될 것이다. 우리가 깨어나게 되면, 헤르만 브로흐(Herman Broch)의 소설 《몽유병자들(Schlafwandlern)》의 마지막에 들리는 탄원의 목소리처럼 수천 개의 폭탄이 우리에게 말할 것이다. "우리 모두 아직 여기 있으니, 너 자신에게 해를 입히지 마라! 그것은 인간과 민족의 목소리이고, 위로와 희망과 선 자체의 목소리이기 때문이다."

제2부

세계 과정에서 냉소주의

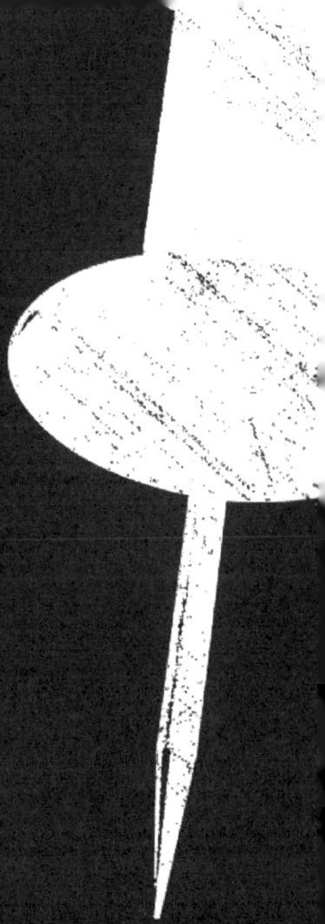

1

인상학적인 고찰

01

시대정신의 정신 · 신체 의학

너의 몸은 그 마음을 말한다.

–스탠리 켈러먼(Stanley Keleman)

철학적 인상학은 두 번째의 말이 아닌 언어라는 이념을 따른다. 이 언어는 인간의 의사소통의 역사만큼이나 오래되었고, 어쩌면 그보다 더 오래되었는지도 모른다. 그 기원은 인간 이전, 합리성 이전의 시기로, 또 동물적 직감과 방향 감각의 영역으로 거슬러올라간다. 구두 언어만이 우리에게 무언가를 말하는 것이 아니다. 사물 역시 그 감지 장치를 사용할 줄 아는 사람들에게 말을 건넨다. 세계는 형체, 표정과 얼굴들로 가득하다. 온 사방에서 형태와 색채, 분위기의 신호들이 우리의 감각으로 들어온다.

이런 인상학적 영역에는 모든 감각이 서로 긴밀하게 연관되어 있다. 감각 능력을 그대로 온전하게 가진 사람은 감각의 황폐화(문명 발전의 대가로 얻은)를 막을 수 있는 효과적인 해독제를 소유하고 있는 셈이다. 우리를 온통 기호의 홍수 속에 빠뜨리는 문화는 인상학적 인식의 분야에서는 우리를 지진아로 키운다. 그러나 우리 문화 생활에는 형체의 언어를 이해할 수 있는 총명하고 자명한 능력을 계승, 발전시킨 물결이 도도히 흐르고 있다. 그 물결이 일부는 예술에서, 일부는 인간학의 다양한 전통에서 발견된다(이 전통들은 도덕론 · 영혼학 · 심리학 · 표현 연구와 같은 다양한 이름으로 불리는데, 다른 시각에서 인간과 사물을 관찰한다).

문명의 과정이(학문이 그 핵심을 구성한다) 우리에게 인간 및 사물과 거리를 두라고 가르치기 때문에, 우리는 그것들을 '대상'으로 대한다. 반면 인상학적 감각은 우리가 주변 환경에 가까이 있다는 비밀을 은근히 누설할 모든 요소에 대한 단서를 제공한다. 이 감각의 비밀은 친밀성이지, 거리 두기가 아니다. 이 감각은 있는 그대로의 사실이 아니라 사물에 관한 공생적 지식[1]을 제공한다. 인상학적 감각은 모든 사물이 형체를 가지고 있고, 모든 형체는 여러 방식으로 우리에게 말을 건다는 사실을 안다. 피부는 들을 수 있고, 귀는 볼 능력이 있으며, 눈은 차갑고 뜨거운 정도를 구별한다. 인상학적 감각은 형태의 긴장감을 똑바로 보고, 사물의 이웃으로서 그 풍부한 표현의 속삭임을 경청한다.

지식의 물화와 객관화를 추구하는 계몽은 인상학의 세계를 침묵시켰다. 객관성은 가까움의 상실로 얻어졌다. 학문은 이웃 자격으로 세계와 관계를 맺을 수 있는 능력을 상실했다. 학문은 우정의 개념이 아닌 거리의 개념으로 사유한다. 학문은 이웃으로 지내고 싶어하지 않고, 개괄적인 조망을 추구한다. 근대 학문은 여러 세기 동안 객관화의 거리 두기, 객체에 대한 정신의 지배라는 선험적 전제와 조화를 이루지 못하는 모든 것을 자기 영역에서 분리시켰다. 즉 직관, 동감, 섬세함의 정신, 미학, 성애술 등이 분리되었다. 그런데 진정한 철학에서는 이 모든 것이 하나의 강력한 흐름이 되어 여전히 작용하고 있다. 현재도 이 진정한 철학 속으로 주연(酒宴) 정신과 세계와 육욕(肉慾)적 친밀성을 지닌 난류가 유입되고 있다. 이 흐름은 사물을 지배하기 위해 모든 것을 객체화하는 충동을 극단으로 흐르지 않도록 조정한다.

'지혜에 대한 사랑'은 어쩔 수 없이 이 지혜의 대상을 물들이고, 순전히 대상적인 지식의 냉기를 완화시킨다. 자신에게 남아 있는 철학의 마지막 잔여물을 객관화를 핑계로 모조리 제거한 학문은 자신들을 사물에 묶어주었던 이웃 감각, 친밀한 감각의 마지막 끈을 잘라버린다. 이 학문은 인상학과 연결고리를 풀어버리고, 필연적으로 '주관적'이며 계산할 수 없는 것으로 남는 섬세한 정신의 흔적들을 말끔히 지워버린다. 물론 억압된 것은 다시 돌아올 수 있지만, 계몽의 역설은 이 귀환을 비합리주의처럼 보이게 만들고자 한다. 극단적인 계몽주의자는 이런 비합리주의에 결사적으로 항거한다. 합리주의와 비합리주의가 한 세기 넘게 벌인 투쟁은 두 개의 상호 보완적인 일면성(一面性)을 상호 적대적인 과정으로 만들었다.

냉소주의에 대한 우리의 지식은 친밀성의 지식과 다르지 않다. 냉소주의란 하나의 분위기, 즉 우리 문명의 공기 속에 존재하는 도덕적 · 심리적 진동이라고 할 수 있다. 이 현상을 언급하면서 자신도 직감으로 그것을 알고 있다고 표시하지 않은 사람을 나는 한 명도 보지 못했다. 이 말을 들으면 어떤 상황에 대한, 분위기에 대한, 경험에 대한 기억들이 떠오른다. 우리가 이 개념을 진지하게 반성의 재료로 우리의 의식 앞에 세우자마자, 마치 어떤 특정한 삶의 감정이 거울을 들여다보는 것 같은 일이 일어난다.

냉소주의는 현대의 불행한 의식에게 자신의 눈을 들여다보게 만드는 범주 중 하나이다. 우리의 팔다리와 신경, 우리의 시선과 입 언저리에는 냉소적 시대정신이 스며 있고, 저 굴절되고 지나치게 복잡한, 탈도덕화한 세계 상황의 특별한 취향이 묻어 있다. 견유적이고 냉소적인 요소가 우리의 육체적 · 심리적 · 지적 인상학의 일부로서 모든 동시대적인 것 속에 모습을 드러낸다. 시대정신은 우리의 몸에 새겨져 있고, 그 암호를 해독하고 싶은 사람은 냉소주의의 정신 · 신체 의학을 연구해야 할 과제에 직면한다. 이것이 바로 통합의 철학에게 주어진 과제이다.

철학이 통합적인 까닭은 '거대한 문제들'의 꼬임에 넘어가지 않고 주제를 저 밑에서 찾아야 하기 때문이다. 즉 일상적인 것에서, 이른바 하찮은 것, 여기서 다루지 않으면 언급할 가치조차 없는 것이나 사소한 것에서 찾아야 한다. 이를 원하는 사람은, 이렇게 시각을 전환하면서 벌써 견유주의적 충동을 인식할 것이다. 이 충동에 비하면 '저급한 주제들'도 결코 저급하지 않다.

1 혀, 내밀다

예의 바른 사람들은 쉽게 '아니오'라고 말하지 못한다. 부정은 고집을 뜻하고, 어떤 사람이 올바른 행실을 내면화할수록, 그만큼 더 많은 고집이 그에게서 추방된다. 복종은 어린이가 지켜야 할 최초의 의무이고, 나중에는 시민의 의무가 된다. 그런데 아이들 싸움에서는 복종이 아무런 역할을 하지 못한다. 또 여기에서 아니오라고 말하기와 자기주장은 그리 힘든 일이 아니다. 사람들이 격렬하게 싸우다보면, 반드시 말만으로 통하지 않는 지점에 이르게 된다. 육체는 이때 어떻게 지원할지를 알고 있다. 사람들은 혀를 내밀고 상대방에 대한 생각을 분명하게 드러내는 소리를 지른다. 그 안에 온 에너지가 담겨 있다. 이 행위는 무엇보다 명료하다는 장점을 가지고 있다. 이때 그의 양미간은

험상궂게 일그러지고 눈썹 가장자리는 분출하는 에너지로 부르르 떨린다. 또 사람들은 혀를 내밀면서 거울에 비친 웃기는 얼굴처럼 눈을 크게 부릅뜨기도 한다. 혀를 내밀 수 있는 사람은 머리를 절레절레 흔들고 싶을 때 고개를 끄덕일 위험이 전혀 없다. 머리 동작에서 아니오라고 말하기는 무언가 어색하고 불안하다. 머리를 흔들고 고개를 끄덕이는 동작, 즉 '아니오'와 예가 어떤 문화에서는 우리와 정반대의 의미를 갖기 때문이다.

내민 혀는 여러 뉘앙스를 띠며 '아니오'라고 부정하는 것이다. 거기에는 공격성이 들어 있을 수 있고, 혐오나 조롱이 섞여 있을 수도 있다. 또한 수신자를 바보나 신경에 거슬리는 말썽꾼으로 생각한다는 속내를 드러내기도 한다. 여기서 부정은 악의를 품은 것일 수도, 유쾌한 것일 수도 있고, 또 두 요소가 모두 섞여 남의 불행을 고소해 하는 마음이 들어 있을 수도 있다. 이때 입에서는 가볍게 '에'나 '에취' 같은 소리가 나오는데, 이 소리는 심술궂고 고소해 하는 마음에 잘 어울린다. 많이 흥분했을 경우 '베'나 '우에'라는 소리가 나는데, 여기에는 멸시의 표현이 좀 우세하다.

특히 고소해 하는 '아니오'가 흥미로운데, 이것은 견유주의적인 풍자에 속한다. 그것은 오일렌슈피겔, 즉 다른 사람의 어리석은 짓거리에 멋진 야유를 보낼 줄 아는 공격적 광대에게서 볼 수 있는 혀 내밀기이다. 오일렌슈피겔은 견유주의자의 현대적 모델이며 몰매를 맞아도 뒤로 물러서지 않는 거친 성향의 계몽주의자이다. 그는 고소해 하는 마음을 시민 시대의 세련된 계몽주의자들이 하듯이 교양 밑에 감추지 않는다. 그에겐 바보들의 정체를 벗기고 웃음거리로 만드는 일이 무척 즐겁다. 그는 무언극의 계몽주의자이기 때문에, 섬세한 사람들이 '악한' 감정적 동요를 숨길 때 사용하는 제어 장치를 알지 못한다. 그는 자신의 충동을 검열하지 않는 억센 지성이다. 또한 모든 견유주의자들처럼 버릇없는 행동과 즉흥적인 행동, 그리고 소박함과 교활함의 가운데쯤에 자리잡고 있다. 그의 '더러운' 동의는 정직성과 음흉함 사이에서 애매모호하게 동요하기 때문에, 관습적 도덕이 그를 다루기는 쉽지 않다. 그가 증명하는 사실은 무례함을 대가로 해야만 우리가 진리를 만천하에 드러낼 수 있다는 것이다. 그렇기 때문에 우리는 문화적 불확실성의 한가운데에 놓여 있다.

진리는 때때로 모든 관습에 대항한다. 견유주의자는 도덕을 구원하려면 도덕을 위반해야 한다는 사실을 분명하게 보여주는 도덕주의자의 역할을 한다. 이것은 복잡한 시대의 기호이다. 사물들은 너무나 서로 복잡하게 얽혀 있어 도덕이 비도덕으로, 비도덕이 도덕으로 돌변한다. 어떤 사람들은 자신들에게 혀를 내미는 오일렌슈피겔을 미친놈이라 하지만, 오일렌슈피겔은 그 사람들이 돌았기 때문에 치료가 필요하다고 주장한다.

2 심술궂은 웃음을 흘리는, 비뚤어진 입

주인냉소주의자의 지식은 비뚤어진 우월성에 근거한다. 권력을 가진 자는 자신의 이익을 중히 여긴다. 설령 그 때문에 도덕적으로 의심스러운 처지에 놓일지라도 말이다. 비뚤어진 우월성에서는 비뚤어진 웃음, 교활한 동작이 나오기 쉽다. 이 웃음은 잘못된 기존 질서, 불의를 옹호한다. 다른 사람들의 권리는? 우리는 결국 어디로 갈 것인가? 굶주림? 그게 무엇일까? 주인의 입 언저리는 때때로 왼쪽이 위로 올라간다. 그의 입가에는 의식 분열의 징후가 분명하게 나타난다. 의식의 다른 반쪽은 근본적으로는 웃을 게 아무것도 없다는 사실을 알고 있다. 그런데 입의 반쪽은 안다는 듯이 위로 치켜 올라가기 때문에 다른 쪽은 무의식적으로 경멸의 표정을 띠면서 밑으로 처진다. 주인냉소주의자의 세속적 사실주의는 손이 더러운 짓을 할 동안 체면만은 유지하려는 소망에서 나온 것이다. 그래서 그것은 때때로 세련된 매너를 수반한다. 냉소적 웃음은 양식에 맞게 몰염치한 예절의 일부로 포함되어 있다. 이 몰염치한 예절은 스스로를 억제하고 통제하면서 확실하게 남들과 거리를 유지하고 싶다는 마음을 드러낸다.

고위 관료나 정치가, 편집자들에게서 볼 수 있는 이 웃음은 말하자면 권력층에서, 그리고 권력의 우울한 속성의 차원에서 나타나는 웃음이다. 로코코 시대의 궁정인의 웃음을 떠올려보는 것이 가장 좋은 방법이다. 예컨대 영화 〈경기병 판판(Fanfan der Husar)〉에 나오는 인물인 르벨, 즉 거드름 피우지만 불행한 루이 15세의 시종을 생각해보라. 그의 웃음은 '예'와 '그러나' 사이에 있는 쉼표처럼 비뚤어진 웃음이었다.

3 꼭 다문 독살스러운 입

희생자의 삶의 경험은 그 쓰라림 속에서 드러난다. 그들의 입술에는 쓰라린 침묵이 형성된다. 그들은 이제 어느 누구에게도 속아넘어가지 않는다. 그들은 사태가 어떻게 돌아가는지 잘 안다. 실망을 많이 한 사람은 아마 운명보다 한걸음 선수를 칠 것이고, 자기 주장과 자부심의 공간도 확보할 것이다. 가혹함 앞에서 꽉 다물고 가느다란 선으로 좁아진 입술은 기만당한 사람들에게 나타나는, 세상 물정에 밝은 면을 보여준다. 험한 삶을 살았던 많은 아이들도 이 씁쓸하게 꼭 다문 입을 하고 있는데, 이 입에서 좋은 일에 동의하는 말을 구슬려 얻어내기란 무척 힘들다. 불신은 피해자들의 지성이다. 하지만 피해자들이 그 쓰라림 때문에 온갖 고통 끝에 찾아온 복(福)마저 지나쳐버린다면, 불신은 다시 한번 어리석음이 된다. 행복은 늘 사기처럼 보일 것이고, 그것을 잡으려고 기울인 노력에 비하면 너무 값싸 보일 것이다. 과거의 경험에 사로잡힌, 냉소적으로 쓰라린 입술은 단 한 가지 사실만을 안다. 즉 결국 모든 것은 기만일 뿐이고, 누구도 자신들을 얼굴 붉힐 줄 아는 부드러운 사람으로 되돌리지 못할 것이며, 세상 속임수에 넘어가게 만들지도 못할 것이라는 사실을.

4 크게 벌리고 큰 소리로 웃는 입

냉소주의자가 냉철한 권력의 정점에서 아래를 내려다보며 우울한 경멸의 웃음을 짓는다면, 점잖은 사람들이 머리를 저을 정도로 큰 소리를 내며 기탄 없이 웃는 웃음은 견유주의자의 특징이다. 그들의 웃음은 내장에서 나오는 웃음이고, 동물적 차원에 기초하고 있는 웃음이며, 아무런 제약 없이 나오는 웃음이다. 현실주의자라 자처하는 사람은 원래 그렇게 웃을 수 있어야 한다. 온몸에서 우러나오는, 경직을 풀어주며, 환상과 포즈를 말끔히 지워버린 웃음을 웃을 수 있어야 한다.

위대한 풍자가 디오게네스의 웃음이 바로 그런 웃음일 거라는 생각이 든다. 그 웃음은 아시아의 떠돌이 중이 짓는 웃음과 흡사하다. 이 마을 저 마을을 떠돌아다니면서 경건한 마술을 펼치다가, 마을 사람들이 이 성자의 거룩함이 자신들의 생각과 완전히 일치하지 않는다는 것을 눈치채면 우렁찬 웃음소리와 함께 잽싸게 사라져버리는 떠돌이 중 말이다. 웃는 부처상의 표정에는 이렇게 배에서 우러나오는 동물적인 웃음, 무아경적이면서도 현실적인 웃음이 스며 있다. 툭 터지고 밀쳐 나오면서 자신을 망각할 정도로 소란스러운 웃음이어서, 그 속에 결국 남는 것은 웃고 있는 자아가 아니라 스스로 즐기고 있는 유쾌한 에너지다. 너무 문명화하여 불안을 느끼는 사람은 이런 웃음 속에 초자연적인 것과 악마적인 요소, 진지하지 못한 것이나 파괴적인 것이 들어 있을 수 있다는 인상을 받는다. 그래서 정확히 귀기울여 들으려는 노

라파엘로, 〈아테네의 학당〉. 계단에 앉아 있는 디오게네스.

력이 필요하다.

악마의 웃음은 파괴적인 에너지를 지니고 있다. 창을 덜컹덜컹 흔들고 벽을 허물어뜨리는, 폐허 위의 사악한 웃음이다. 이에 반해 긍정적인 무아경의 웃음 속에는 당황한 긍정의 에너지가 작용하고 있으며, 아무리 거칠어도 관조적이고 의식(儀式)적인 여운이 남는다. 남자보다 여자에게서, 또 맨 정신의 사람보다 술 취한 사람에게서 그런 웃음소리를 더 듣는다는 것은 우연이 아니다. 악마의 에너지는 다른 사람을 죽음의 침묵에 빠뜨리는 웃음이다.

디오게네스와 부처의 웃음을 웃으면서 모든 것을 그토록 진지하게 받아들였던 자아는 웃음으로 스스로를 소멸시킨다. 그러려면 당연히 큰 입이 있어야 한다. 거리낌없이 벌어질 때까지 벌리는 입, 거창한 말을 위해서가 아니라 강한 생명력을 위해서 벌어지는 입이 필요하다.

이 생명력 안에는 잘난 척하는 뻐김보다는 놀라움이 숨어 있다. 철학자들의 흥미를 유발하는 종류의 큰 입은 능동적인 것이 아니라 수동적인 것이다. 불꽃놀이나 산맥을 보고, 또는 '아하!' 하는 감탄사와 함께 섬광같이 영감이 떠오를 때 아아 하고 말하기와 같은 것이다. 위대한 통찰에 이르렀을 때 사람들은 소리를 지르고 싶어한다. 위대한 통찰이란 당치도 않게 복잡한 것에서 풀려나는 것이 아니고 무엇이겠는가.

5 명랑하고 고요한 입

만족스러운 얼굴에서 입술 양 끝은 눈에 띄지 않을 정도로 진동하면서 겹쳐 있다. 모든 것이 있는 모습 그대로이다. 할 말은 하나도 없다. 디오게네스는 태양 아래 묵묵히 앉아 시장의 돌계단을 바라보고 있다. 생각의 그림자는 그의 머리를 지나가지 않는다. 그의 눈은 그리스 하늘에서 비춰지는 빛의 조화로운 명멸 속에 깊이 잠겨 있다. 그는 생업에 열중하는 사람들을 보고 있다. 그들 중 한 사람이 디오게네스 앞에 앉아 마음을 열고 그의 얼굴을 들여다보겠다는 생각이 떠올랐다면, 그는 십중팔구 디오게네스가 영문도 없이 갑자기 울기 시작하거나 이유 없이 웃어대는 경험을 하게 될 것이다.

6 눈길, 눈가리개

눈은 철학의 모범이 되는 신체 기관이다. 그 수수께끼는 눈이 단지 볼 수 있을 뿐만 아니라 보고 있는 자신을 볼 수 있다는 데 있다. 그래서 눈은 육체의 인식 기관 가운데 으뜸 자리를 차지한다. 철학적 사유의 대부분은 단지 눈의 반성, 눈의 변증법, '보고 있는 자기 보기'이다. 여기 필요한 것은 반성하는 수단들, 거울, 수면, 금속들 그리고 보는 행위를 보고 있다는 사실을 보여주는 다른 눈들이다.

견유주의 시선은 가소롭고 공허한 가상을 꿰뚫는 것이라고 스스로를 이해한다. 그것은 사회를 자연의 거울 앞에 세우고 싶어한다. 이 거울을 통해 인간들은 가리지 않은, 가면을 벗은 자기 모습을 인식하게 된다. 디오게네스는 아테네인들의 부풀린 이상주의와 문화적 오만을 꿰뚫어보았다. 그의 흥미를 끌었던 것은 가면도, 이상주의적 태도도, 정당화도, 미화도 아니었다. 그는 적나라한 자연의 사실에 시선을 고정했다. 이론적 욕심을 가졌더라면, 그는 어떤 측면에서 최초의 비판적 실증주의자로 인정받았을 것이다.

견유주의 시선은 언제나 적나라한 것을 향한다. 그것은 '가공하지 않은', 동물적이고 단순한 사실들을 인정하려 한다. 고상한 것을 애호하는 사람들이 그토록 무시하는 것들을 말이다. 그렇다. 원래의 견유주의자는 벌거벗은 것, 원초적인 것을 보고 즐거워할 수 있다. 그들은 이런 것들을 통해 진리를 은폐되지 않은 어떤 것으로 경험하기 때문이다. 위와 아래, 더럽다와 깨끗하다 등의 상식적인 구분은 그에게 아무런 의미가 없다. 이 시선은 열려 있고, 사실적이며 관대하다. 벌거벗은 것을 본다고 당황하지 않는다. 그것이 자연스럽다면, 아름답든 추하든 개의치 않는다.

이에 반해 주인냉소주의자들의 시선은 불행하게 굴절되고, 반성적으로 구부러져 있다. 지배 세력은 이런 시선으로 자신의 전략을 바라본다. 그리고 법이라 자처하는 모든 것 뒤에 엄청난 양의 권력과 오만이 감추어져 있음을 인식한다. 반쯤 깬 상태에서 반 건성으로 이런 폭

르네 마그리트(René Magritte), 〈가짜 거울〉, 1928.

력과 오만을 행사하는 사람보다 이런 사실을 더 정확하게 아는 사람이 어디 있겠는가. 그래서 주인냉소적이고 우울한 반성 속에서는 때때로 사시의 경향을 나타난다.

냉소주의의 주요 인사들은 약간 사팔뜨기이고, 한쪽 눈을 안으로 돌렸다 밖으로 돌리는 습관이 있다. 사팔뜨기로 태어나서 학문이나 철학 또는 정치의 길로 뛰어든 사람은 이미 체질적으로 사물을 본질과 가상, 감추어진 것과 드러난 것의 측면에서 이중으로 바라보게 되어 있다. 거기다 눈의 신체 기관 변증법이 그를 이런 방향으로 더더욱 몰고 간다. 정상적인 것의 신화에 사로잡혀 있는 그 외의 나머지 사상가들은 자신들도 서로 다른 두 시선으로 사물을 바라보며 두 눈이 똑같은 사람은 없다는 사실을 애써 무시하려 한다. 눈 속에는 우리의 사유 구조의 일부가, 특히 오른쪽과 왼쪽, 남성성과 여성성, 똑바른 것과 비뚤어진 것의 변증법이 자리잡고 있다.

지식인들에게 때때로 눈이 무뎌지는 기이한 현상이 나타나는데, 그것은 결국 공부하는 과정에서 눈 마음대로 한다면 결코 허락하지 않았을 것들을 억지로 읽도록 강요했다는 데 그 원인이 있다. 눈들은 단순한 읽기 도구의 구실만 해야 했으므로 검은 활자에만 익숙해진 이런 사람들의 세상을 보는 시선이 현실에서 벗어난다 해도 그다지 놀랄 일은 아니다.

지식인들의 머리에 쌓이고 있는 주인냉소적 지식의 정체는 그 경직된 눈가리개와 흐리고 차가워진 시선에서 드러난다. 시선은 자신이 관통할 수 없고, 또 그 존재를 실제로는 인정하지 않는 그런 사물들을 고정시킨다. 이런 눈에는 비뚤어진 웃음과 비교할 만한 그런 표현이 들어 있다. 냉소적 시선은 사물에게 그들 자신이 실제로 존재하는 것이 아니라, 단지 현상이고 정보일 뿐이라는 것을 알려준다. 냉소적 시선은 마치 사물이 이미 과거에 속하는 것인 양 그것을 바라본다. 이 시선은 그것을 잡고 기록하고 자기 보존에 대해 깊이 사색한다. 물론 사물이 이 시선에 보복하면, 즉 자신에게 떨어지는 시선처럼 그렇게 차가운 시선으로 응답하면, 냉소적 시선은 상처를 받는다. 사물은 따뜻해질 수 없다. 세상을 평가하고 관리하고 황폐화하라는 소명을 받았다고 믿는 사람들의 눈에 들어 있는 얼음이 녹기 전에는.

7 유 방

현대의 미디어 문명과 유행 문명에는 미용, 포르노그라피, 소비자 중심주의, 환상, 중독과 매춘이 혼합된 묘한 분위기가 지배한다. 유방의 노출과 묘사는 이런 혼합의 전형적인 현상이다. 상품 세계에서는 그것 없이는 일이 되지 않는다. 사람들은 각자 냉소적으로 다른 사람들의 중독적 반응에 대해 별의별 억측을 다 한다. 삶과 유사해 보이고 소망을 일깨우는 것들이 있으면, 이것들도 늘 같이 있다. 자본주의의 보편적 장식품으로서, 죽고 쓸모 없으며 소외된 모든 것은 웃는 형태로 남의 시선을 끌고 있다. 섹스주의가 그렇게 단순하다면, 광고와 포르노그라피는 냉소주의의 특수 사례다. 이때의 냉소주의는 권력이 이상(理想)을 거쳐가야만 하며, 사람들은 자기 이익을 관철하기 위해 다른 사람들의 꿈과 병적 욕망을 자극하는 동시에 좌절시킬 수 있다는 것을 알고 있다. 정치는 가능성의 예술이라고 하지만, 꼭 그것만은 아니다. 정치는 동시에 유혹의 예술이다. 먼저 질서를 세우고, 그 다음 세상을 속이겠다는 전제에서 출발하는 권력의 초콜릿이 바로 정치다.

철학적으로 말해 현대의 상업적 유방은 단지 **그 자체로**, 즉 사물로서 존재한다. 그것은 **자신을 위해**, 다시 말하면 의식적 육체로서 존재하지는 않는다. 유방은 그저 권력이고 매력이다. 그런데 상품 시장에서 냉소적인 유방 벗기기와 무관한 유방은 자신을 위해 무엇이 될 수 있는가? 유방은 권력과 또 자신에게서 분출되는 에너지와 어떤 관계를 맺는가? 많은 사람들은 권력과 매력과 욕망의 유희와는 되도록 무관했으면 좋겠다고 생각한다. 다른 사람들은 의식적으로 그리고 무례할 정도로 이성에게 권력이나 욕망의 호소를 구체화한다. 유방의 권력 의식의 일부가 '여성의 무기'라는 진부한 속담 속에 여전히 숨어 있다. 많은 이들은 광고의 이상적인 유방처럼 보이지 않아서 불행을 느낄 것이다. 또한 지배적인 미학을 자기편으로 만들지 못한 이들도 나체로 있으면 그리 편치 않을 것이다. 그러나 많은 이들은 성숙한 배의 달콤함을 즐길 것이다. 너무나 무겁고 상냥하게 성숙하여 기회가 오면 나무에서 떨어져 사람의 손 안에서 비로소 인정받는다고 느끼게 될, 그런 배의 달콤함 말이다.

8 엉덩이

엉덩이는 우리의 신체 부분 가운데 하인으로서 어둠 속에서 생존을 이어가야 할 운명이다. 엉덩이는 가족 가운데 진짜 바보이다. 그러나 하류 계급이 때때로 윗줄에 선 사람들에게 가장 분별 있는 시선을 보내듯이, 육체의 제쳐놓은 자식도 고상한 지역에서 일어나는 일에 대해 자기 의견을 가지고 있다. 만약 머리가 정반대편 동료와 대화를 나눈다면, 이 동료는 그에게 가장 먼저 혀를 내밀 것이다. 혀가 있다면 말이다. 로텐 그뤼체(Roten Grütze : 베를린에 있는 진보적인 어린이 연극 그룹—옮긴이)의 계몽 영화 〈여기서 사랑은 무엇을 뜻하는가(Was heißt hier Liebe)〉에서처럼 엉덩이는 고귀한 영역들에게 이렇게 말할 것이다. "내가 생각하기에 우리 관계는 개똥 같아."

엉덩이는 신체들 가운데 서민이고 풀뿌리 민주주의자이며 사해동포주의자이다. 그는 한마디로 철저하게 견유주의적 기관인 것이다. 그는 탄탄한 물질적 토대를 제공한다. 세계 곳곳에 있는 화장실이 그의 집이다. 국제엉덩이연맹은 정관(定款)이나 이데올로기, 회비를 포기하는 유일한 세계적 조직이다. 그들의 연대 의식은 흔들리지 않는다. 엉덩이는 경계와 소유를 무척이나 중시하는 머리와는 달리 놀이하듯이 모든 경계를 넘어선다. 아무런 이의 없이 엉덩이는 이 의자 저 의자에 앉는다. 부패하지 않은 엉덩이라면 왕좌[2)]나 식당 의자, 등받이 없는 의자와 교황의 성좌의 구분에 특별한 감명을 받지 않는다. 지칠 대로 지친 채 서 있지 않을 수만 있다면, 땅바닥인들 어떠랴. 이렇게 기초적이고 근본적인 것에 기울어지는 경향으로 엉덩이는 특이하게도 철학적 소질을 가지고 있다.

물론 엉덩이도 미세한 차이는 기록하겠지만, 허영심 많은 머리가 의자를 차지하려고 서로 피비린내 나게 싸움질하듯이 그렇게 소란을 피울 생각은 추호도 없다. 엉덩이는 결국 가장 중요한 것, 즉 확고한 토대에서 시선을 떼지 않는다. 또한 에로틱한 측면에서도 엉덩이는 다정다감하면서도 탁월한 능력을 보인다. 그는 필요 이상으로 까다롭게 굴지 않는다. 여기서도 엉덩이는 상상이 빚어낸 경계나 배타성을 가볍게 뛰어넘는다. 사람들이 독일 점령군과 육체 관계를 맺었다고 아를레티(Arletty:프랑스의 여배우—옮긴이)를 비난했을 때, 그녀는 "내 마음은 프랑스적이고 내 엉덩이는 국제적이에요"라고 대답했다. 견유주의 원칙 자체의 (근본적인 것에만 축소하여 어디에서나 생존할 수 있는 것) 엉덩이는 결코 국유화할 수 없다. 물론 이미 많은 똥구멍들이 민족주의적 견해를 발설했다는 점을 부정할 수는 없지만.

심하게 얻어맞고 밟히고 꼬집힌 엉덩이는 밑바닥 세계관, 즉 서민적이고 일반적이며 현실적인 세계관을 가지고 있다. 수천 년간의 학대가 흔적을 남기지 않을 수는 없다. 이런 학대는 엉덩이를 물질주의자로 키웠다. 변증법적 경향의 물질주의로서 엉덩이는 사물들이 개똥 같지만 희망이 전혀 없지도 않다는 가정에서 출발한다. 환영받지 못한다는 것만큼 가슴 쓰리게 하는 감정도 없을 것이다. 그렇게 많은 무시와 경멸의 말들 가운데 가끔씩 강한 끌림을 암시하는 어조는 피억압자들에게 은밀한 권력의 감정을 부여한다. 사람들이 어떤 사물을 피할 수 없음에도 그것에 대해 완강하게 침묵한다면, 이 사물은 사람들에게 엄청난 권력을 행사하고 있음이 틀림없다. 가장 지독한 욕설 뒤에 때때로 최고의 에너지가 숨어 있다. 마치 조만간 모든 것이 엉망이 되면 복수하겠다는 듯이, 무시당한 모든 엉덩이가 그 시간이 오기만을 학수고대하고 있는 듯하다.

시간 감각은 엉덩이들이 지닌 강점들 중 하나이다. 일찍이 엉덩이는

목욕탕이 청결의 공간이라 생각하면서 일을 보고 있는 오일렌슈피겔.

무엇을 즉각 실시해야 하고, 무엇을 미룰 수 있는지, 또 어떤 경우에 엉덩이를 꾹 눌러 붙이고 앉아 세계 종말의 날까지 기다려야 하는지에 대한 뛰어난 감각을 키워왔기 때문이다. 그것은 오늘날 우리가 타이밍이라 표현하는 정치적 기술인데, 이는 어린아이들의 엉덩이에게 너무 늦지도 않고 너무 이르지도 않은 올바른 시간에 꼭 해야 할 용무를 처리하도록 습관을 길러주는 관행에서 비롯되었다.

엉덩이는 자기 없이는 아무 일도 안 된다는 것을 의식하면서 은밀한 승리감에 젖어 있다. 현 존재는 이렇게 저렇게 존재해야 한다는 당위보다 먼저이다. 우선 실존이고, 그 다음이 질이다. 일차적으로 현실이고 그 다음에 선과 악, 위와 아래가 있다. 그래서 엉덩이는 변증법적 · 물질주의적 성향만 제외한다면, 최초의 실존주의자라고도 할 수 있다. 즉 실존적 변증법을 미리 실천하고 있다. 어차피 해야 할 것을 택할 것인가? 아니면 불가피한 것에 반란을 일으킬 것인가? 일이 그저 흘러가는 대로 내버려두겠다는 쪽에 손을 든 사람은 사르트르의 말처럼 결정을 내리지 않기로 결정한 셈이다. 자유는 필연성에 헌신한다. 그러나 그는 반대로 결정할 수도 있다. 물론 그는 자신이 그렇게 해야 한다는 것을 반대하는 것이 아니라, '반드시'라는 필연성이 자신을 제멋대로 가지고 노는 것을 반대한다는 것이다. 그는 이에 대항하여 투쟁할 수 있고, 반드시 해야 할 일을 억제할 수도 있다. 그렇게 되면 그는, 카뮈의 표현대로 반란하는 인간이다. 레싱의 나탄〔레싱의 소설 《현자 나탄(Nathan der Weise)》의 등장 인물—옮긴이〕은 "어떤 인간도 반드시 해야 할 필요는 없다"고 말한다. 여기에 속담을 덧붙인다면, "사람이 반드시 해야 할 일은 죽는 일과 똥 누는 일뿐이다." 그것이 견유주의의 아프리오리이다. 다시 말하면 엉덩이는 다른 어떤 신체 기관보다 자유와 필연성의 변증법적 관계와 밀접한 기관이다.

그래서 철저하게 견유주의에서 영감을 받은 정신분석학은 엉덩이 연구에 시간을 바치고 근본적인 인류학적 단계를 엉덩이의 경험과 운명에 따라 항문기라 명명했다. 그것의 주제들은 할 수 있음과 할 수 없음, 해야 함과 해도 됨, 소유와 억제다. 업적 원칙이 여기 숨어 있다. 그러므로 엉덩이를 이해한다는 것은 철학을 위한 최고의 예비 학교이며, 체질적인 초보 지식이다. 이것을 알았더라면 우리는 그 무수한 변비 걸린 이론들을 모면할 수 있었을 텐데!

여기서 우리는 다시 디오게네스와 만나게 된다. 그는 많을 말을 지껄이는 대신 아테네 시장에서 용변을 본 최초의 유럽 철학자이다. "우리가 부끄러워해야 할 것은 자연 속에 하나도 없다(naturalia non sunt turpia)"고 그는 말한다. 우리는 정말 야수적인 것과, 도착된 정신을 도덕적 교만과 문화적 혼란이 시작되는 곳에서 발견하게 된다. 그러나 머리는 이때가 이성의 전성기며, 철학이 자연 원칙과 조화를 이룰 수 있는 길을 발견한 순간이었다는 사실을 인정하려 하지 않는다. 한순간 철학은 선악의 피안에 있었고, 코를 찌푸리는 경멸 너머에 있었다. 그러나 그 반대로 진지한 사상가들은 “그것은 단지 농담이었고 도발적인 짓거리였다”는 견해를 고집한다. 그리고 그들은 이런 선언 속에 담겨 있는 진리 생산적인 의미를 추론해내기를 거부한다.

9 방귀

이 주제는 냉혹하다. 그리고 점점 더 매정해진다. 민감한 독자들에게는 유감스럽지만, 방귀는 빼놓을 수 없는 주제다. 방귀에 대해 말하고 싶지 않은 사람은 엉덩이에 대해서도 침묵해야 했다. 상황이 이를 요구한다. 입과 관련해 말하고 난 후, 우리의 서술은 좋든 싫든 항문기를 통과해야만 한다. 생식기로 넘어가기 전에 말이다.

방귀는 사회적 상황에서 늘 무언가를 의미하는 소리라는 점에서 그것에 관해 말하기는 그리 어렵지 않다. 방귀의 증인이 된 사람은 어쩔 수 없이 이 소리에 대해 해석하게 된다. 어찌됐든 방귀의 의미론은 상당히 복잡한 문제고, 언어학자와 정보전달연구가들이 너무나 등한시했던 주제다. 의미의 등급은 곤혹에서 경멸까지, 농담 의도에서 불경에 이르기까지 다양하다. 선생, 교수, 연사나 학회 참가자들은 밀고 나오는 가스 소리가 크게 새어나가지 않게 하려고 한다. 그들은 이런 소리가 실제로 말하고 싶지 않은 어떤 것을 표현하기 때문에, 고통스럽게 참으려고 애쓴다. 우리는 때때로 정치가의 연설을 들을 때 그가 연설을 중단시키려고 작정한 방귀를 막는 데 정신이 팔려 있는 것은 아닐까 하고 생각할 필요가 있다. 그러면 정치가들의 입장이 되어, 그들을 이해하는 데 한층 도움이 될 수도 있지 않을까. 얼렁뚱땅 표현한 예술은 적당한 바람의 예술과 관계 있다. 두 가지 모두 외교인 것이다.

기호학적으로 방귀는 신호, 즉 어떤 것도 상징하거나 모사하지 않지만 하나의 정황을 가리키는 신호로 분류된다. 기관차가 기적을 울리면, 그것은 자신의 접근과 잠재적인 위험을 경고하는 것이다. 신호로 파악된 방귀는 하체가 왕성하게 활동 중이며, 이런 활동이 어떤 암시도 절대 사절인 그런 상황에서 치명적 결과를 낳을 수도 있다는 것을 말해준다.

에른스트 융거(Ernst Jünger)는 《파리의 일기(Pariser Tagebuch)》에서 역사가 플라비우스 요세푸스(Flavius Josephus)의 《유대 전쟁사(Bellum Judaicum)》를 읽은 감상을 이렇게 썼다.

> "여기서 나는 다시 쿠마누스 치하의 예루살렘에서 발생한 소요가 어떻게 시작되었는지를 기술하는 구절과 마주하게 된다(II, 12). 유대인들이 효모를 넣지 않은 빵의 축제를 위해 모여드는 동안, 로마인들은 군중을 관찰하기 위해 신전의 주랑 현관에 1개 보병대를 배치했다. 이들 중 한 병사가 외투를 위로 치켜올리더니, 조롱조로 절을 하면서 유대인들을 향해 엉덩이를 치켜들고 '그 신체에 상응하는 무례한 소리를 냈다'. 그것이 1만여 명의 아까운 목숨이 희생된 충돌의 계기가 되었고, 그 결과 사람들은 세계사에서 가장 불행한 방귀에 관해 말할 수 있게 되었다" (*Strahlungen* II, p. 188~189).

정치적 도발과 '신성모독'을 의도[3]로 사원에서 방귀를 낀 로마 병사의 냉소주의는, 이론적인 냉소주의의 영역으로 넘어가는 융거의 주석

에서 동등한 상대 짝을 발견한다.[4]

10 똥, 쓰레기

여기서는 다시 전체가 문제가 된다. 항문 문화의 자식으로서 우리 모두는 우리 자신의 똥과 다소 불편한 관계에 있다. 심층적 질서 교육의 결과, 우리의 의식은 자신의 똥에서 분리되었다. 질서 교육은 베일하에서 은밀하게 사적으로 처리되어야 하는 것이 무엇인지를 말해준다. 인간이 자신의 배설물과 어떤 식으로 관계 맺어야 할지에 대해 주입된 방식은, 생활에서 나오는 전체 쓰레기들을 대하는 태도의 모델이 된다. 그러나 사람들은 이제까지 보통 그것을 무시했다.

현대의 생태학적 사유의 기호 아래에서 비로소 우리는 우리의 쓰레기를 의식 속에 재수용하지 않을 수 없는 상황에 처했다. 높은 이론은 똥이라는 범주를 발견함으로써 자연철학의 새로운 단계, 즉 과잉 생산하고 똥을 축적하는 산업동물이라고 인간을 비판하는 단계에 이른 것이다. 디오게네스는 의식적으로, 그리고 공개적으로 자신의 동물적 용무를 처리했던 유일한 유럽 철학자이다. 또한 이런 행위를 무언극 이론의 일부로 해석할 만한 충분한 근거도 있다. 무언극 이론은 인간의 동물적 측면을 긍정적으로 평가하고, 저급하거나 당혹스러운 것의 분리를 허락하지 않는 자연 의식을 암시한다. 자신이 쓰레기 생산자이고 다른 선택의 여지가 없다는 점을 인정하려 들지 않는 사람은 언젠가 자기 똥에 질식사할 위험을 무릅쓰는 셈이다. 모든 정황으로 볼 때, 시노페의 디오게네스를 생태학적 의식의 조상들을 모신 초상화 갤러리에 받아들여야 한다.

철학, 윤리학과 정치학에까지 빛을 비추고 있는 생태학의 정신사적 업적은 쓰레기 현상을 '고상한' 주제로 만들었다는 데 있다. 그때부터 쓰레기는 귀찮은 부차 현상이 아니라 근본 원칙으로 인정받는다. 그로써 이상주의와 이원론의 마지막 은신처가 억지로 열렸다. 우리는 다른 방식으로 이 똥과 만나야 한다. 이제 불필요한 것의 필요성을, 비생산적인 것의 생산성을 새롭게 탐구해야 한다. 철학적 용어로 표현하면, 부정적인 것의 긍정성을 개진하고 비의도적인 것도 우리의 소관 사항임을 인식해야 한다는 것이다. 견유주의 철학자는 역겨워하지 않는 사람이다.[5] 이런 점에서 그는 자기 쓰레기의 부정성을 전혀 알지 못하는 어린아이와 닮았다.

11 생식기

생식기는 신체 아랫부분의 기관들 가운데 천재다. 생식기가 충분한 경험을 쌓을 경우, 세상사가 어떻게 돌아가는지 멋진 책이라도 한 권 쓸 수 있을 것이다. 그것은 꼭두각시 줄을 잡고 있는 막후 조종자들과 비슷하다. 《서푼짜리 오페라(Dreigroschenoper)》에서 포주의 노래는 이들이 보이지 않는다고 말한다. 하지만 결국 모든 줄은 그들에게로 모아진다. 사람들은 프로이트의 정신분석학을 여러모로 비판하면서 처음에는 냉소주의의 혐의를 씌우는데, 그것은 정신분석학이 인간을 움직이게 하는 모든 원동력 중에서 결국 성적 충동과 이 충동의 왜곡된 변형이 가장 중요하다고 가르치기 때문이다. 이런 비난에 한 점 진리가 없는 것도 아니지만, 그것은 전체적으로 악의적인 오해다. 실제로 정신분석학은 견유주의 충동의 일부를 자신의 이론적 대응 방식 속에(문

왕홀(王笏). 아무것도 보이지 않는 곳에서는 추측이 세상을 지배한다.

화적 가장 뒤에 숨어 있는 적나라한 진리를 결코 놓치지 않겠다는 저 단호한 결심 속에) 수용했기 때문이다.

섹슈얼리티 속에서 비천하고 더러운 것을 보는 것이 관례인 한, 정신분석학의 견유주의적 진리 욕망과 모든 '고귀한 것'을 가장 비천한 공통 분모로 축소하고자 하는 냉소주의를 혼동할 수밖에 없을 것이다. 그렇다면 냉소주의는 허무주의의 한 변형에 불과할 것이며, 프로이트는 인간 속의 동물을 부당하게 강조하는 물질주의를 설파한 셈이 된다.[6] 그러나 정신분석학이 인간적이고 생명친화적 이론인 한, 그것은 냉소적이 아니다. 특히 정신분석학은 디오게네스와 에피쿠로스의 정신에서 이상주의적 금기가 육체적 쾌락 속에 만든 상처를 치유하려 애쓰는 이론이다. 오늘날 프로이트란 인물이 그의 작품과 인격에 대한 이의와 회의로 뒤덮여 있다 하더라도, 어떤 해방의 힘이 그에게서 비롯되었다는 점만은 결코 잊어서는 안 된다.

그러나 '섹스 혁명' 이후 사태가 더 단순해지지는 않았다. 또한 계몽된 생식기 역시 불행한 의식을 가지고 있다. 그것은 이제 자유의 어스름 속에서 살고 있으며, 성적 행위와 사랑의 기술은 동일하지 않다는 경험을 얻었다. 임마누엘 칸트가 계몽적으로 혼인 계약을 서술하고 있듯이, '성적 기관을 상호 사용'하고 난 후, 때때로 이런 의문이 제기된다. "이게 전부야? 이게 전부라면, 왜 이 난리 법석을 떨어야 하는 거지?"

자유분방한 성적 유랑에서는 모든 게 상관없다는 냉소주의가 쉽게 탄생한다. 게임을 길게 할수록, 이 세상에서는 우리가 원래 찾았던 것을 구할 수 없다는 인상만 깊어진다. 자의성의 학교를 거친 다음, 생식기는 현대병인 '자유의 동상(凍傷)'을 알게 된다. 생식기는 과장을 두려워하기 시작한다. 점잖다는 것이 합리성과 냉소주의와 체념의 혼합물을 의미한다면, 생식기는 이제 정도를 걷는 것처럼 점잖아 보이고 싶어한다.

계몽은 환상에서 깨어난다. 환상이 깨지는 곳에서 무아경적 도취의 경험은 죽어간다. 우리가 정말 누구일 수 있다는 것을 명철한 어느 한 순간에 보여주는 무아경 말이다. 이것은 진보한 문명에서 가장 민감한 부분이다. 우리는 이상이 몰락하고 '위'에서부터 의미 설정이 실패할수록, 우리를 지탱하는 삶의 에너지에 귀기울일 수밖에 없다. 그것이 우리를 지탱할 수 있을지가 문제다. 삶의 에너지는 거침없이 흐를 수 있을 때에만 그렇게 할 수 있기 때문이다. 삶의 에너지는 흐르고 있는가? 삶이 살고 있는가? 진정 오르가슴이 우리를 저 '대양의 느낌'에 이르게 하는 이정표인가? 로맹 롤랑(Romain Rolland)이 종교적 의식의 토대로 서술하고, 리비도의 위대한 이론가 프로이트가 직접 경험하지 않았기 때문에 인정하기를 거부했던 그런 느낌으로 말이다.

02

냉소주의자의 진열장

냉소주의자의 진열장에는 인물 개개인이 아니라 유형들이, 즉 사회적 성격과 어떤 시대의 성격들이 등장한다. 역사적 인물들이 서로 회합하는 인형 박물관의 밀랍 인형들이라고 상상해도 그다지 해롭지는 않을 것이다. 진열장을 돌면서 만날 인물 가운데에는 냉소적 의식의 원형적 특성이 드러나는 그런 문학적 인물도 있을 것이다.

이 진열장에 서 있는 인물 가운데 처음 두 사람만이(모두 고대의 인물이다) 실존했던 인물이다. 즉, 이 장르의 조상인 시노페의 디오게네스와 유프라테스 강 근처 사모사타의 조롱꾼 루키아노스이다. 반대로 근대적 인물 두 명, 즉 괴테의 메피스토펠레스와 도스토예프스키의 종교재판관은 작가들이 냉소적 경험의 자료를 바탕으로 창조했다. 그러나 그 입체성이 역사적 인물에 결코 뒤지지 않는다. 순수한 유형으로서 그들은 비(非)개인적인 면과 불멸적인 요소를 지니고 있고, 이런 점에서 디오게네스와 루키아노스를 닮았다. 디오게네스와 루키아노스에 대해서도 단지 실루엣만 있을 뿐, 실제 인물과 그 유형을 구분해주는 세부 사항은 없다. 마지막 진열장에서 우리는 현대의 대표자로 얼굴 없는 인물을 발견하는데, 이 인물은 아무와도 닮지 않았고 동시에 그 누구와도 비슷한 인물이다. 그는 세인(世人)으로 마르틴 하이데거가 다듬고 추상화했다. 그것은 화가 조르조 데 키리코(Giorgio de Chirico)의 그림에 나오는 사람을 연상시킨다. 텅 빈 둥근 머리와 의수나 의족 같은 사지에 기하학적 형태를 하고 있다. 인간처럼 보이지만, 단지 '그렇게 보일' 뿐이다. 그들에게는 '진정성'이 없기 때문이다.

우리는 역사적 진열장을 가능한 한 짧은 시간에 관람할 것이다. 첫째, 박물관에서는 쉽게 피로해지기 때문이다. 둘째로 원칙적인 측면은 몇몇 사례들로 충분히 설명되기 때문이다. 이번 관람에서 당연히 많은 다른 얼굴도 등장할 것이다. 안티스테네스, 크라테스, 아리스토파네스, 프랑수아 비용, 라블레, 마키아벨리, 오일렌슈피겔, 카스트루치오 카스트라카네, 산초 판사, 라모의 조카, 프로이센의 프리드리히 2세, 드 사드,[1] 탈레랑, 나폴레옹, 뷔히너, 그라베, 하이네, 플로베르, 니체, 시오랑(Cioran) 등을 볼 수 있을 것이다. 이 가운데 많은 이들은 책의 다른 부분에서도 언급했다. 2권 전체를, 간접적으로 20세기 초의 독일 견유주의자와 냉소주의자들에게 할애하고 있다.

우리는 박물관 가이드를 따라 관람할 것이다. 그런데 이 가이드는 인물마다 그 모형 신사의 역사적 의미에 대해 교양이 듬뿍 밴 해설을 하겠다고 고집을 피우는 사람이다. 따라서 그의 열정은 철학이며, 그가 자기 교양을 과시하고 싶어하는 부류라는 사실을 눈치챌 수 있을 것이다. 이 인간은 정말 우리에게 무언가를 가르쳐주고 싶어한다. 하지만 방문객들에게 진지하게 교훈을 주겠다는 박물관 가이드보다 더

칠레(Zille). 1900년 무렵 베를린 놀이공원의 개 공연장.

끔찍한 가이드는 없을 것이다. 이 아마추어에게는 철학에 대한 전문 철학자의 불안 같은 것은 아예 없다. 하지만 용기를 내시라. 우리를 똑똑하게 만들겠다고 덤빈 다른 시도들을 털 끝 하나 다치지 않고 이겨낸 우리가 아닌가. 자, 앞으로!

1 시노페의 디오게네스 - 개차반, 철학자, 백수 건달

어느날 그가 크게 소리쳤다. “이보시오, 사람들!” 사람들이 몰려들었다. 그러자 막대기로 그들을 때리면서 이렇게 말했다. “사람을 불렀지, 똥을 부른 게 아니야!”

‘이해심에 가득 찬’ 웃음을 지으면서 그에게 가까이 간다면, 그건 벌써 그를 오해한 것이다. 우리가 여기서 보고 있는 디오게네스는 통 안에 들어앉아 꿈을 꾸는 목가적인 몽상가가 아니다. 그는 마음 내키면 물기도 하는 개다.[2)] 그는 짖는 동시에 물기도 한다. 그가 아테네 문명의 가장 소중한 가치들을 물어버린 이빨 자국이 너무나 깊어, 그때부터 어떤 풍자가도 그를 신뢰하지 않았다. 디오게네스의 이빨 자국에 대한 기억은 아테네의 유산으로 남아 있는 인상들 가운데 가장 생생하다. 그러므로 빈정대고 싶은 많은 시민들이 이 철학자의 익살에 동의하는 것은 대개 그를 과소평가한 데서 나오는 오해에서 비롯된 행동이다.

시민 속에 갇힌 늑대는 이빨로 무는 철학자에게 호감을 느낄 것이다. 그러나 이 철학자는 자신의 심정적 지지자에게서 일차적으로는 시민을 볼 것이고, 그 역시 물 것이다. 이론과 실천은 그의 철학에서는 종잡을 수 없이 서로 얽혀 있고, 그래서 단순히 이론적인 동의의 여지는 없다. 또한 단순히 실천적인 모방도 그의 마음에 들지 않을 것이고, 그는 이를 어리석은 짓거리로 생각할 것이다. 그에게 깊은 인상을 심어주는 것은 기지와 재치, 방심하지 않는 민첩성, 삶에 대한 독립적인 감정에서 그와 대적할 수 있는 성격들이다. 많은 것을 암시하는 그의 성공은 특히 그가 선생이면서도 자신을 모방하는 제자는 원치 않았다는 데에서 기인한다. 이런 점에서 그는 일본의 선사와 비슷하다. 선사의 영향은 가르치지 않는 가르침에 토대를 두고 있다.

우리가 오늘날 히피나 기인들, 세계일주 여행가나 도시 인디언들에 대한 현장학습을 하지 않았더라면, 그의 외모나 아테네에 미쳤던 그의 영향력에 대해서 아무런 이미지도 떠올리지 못했을 것이다. 그는 거칠고, 익살맞고, 교활한 유형의 사람이다.

견유주의자는 무산자여야 한다는 것이 견유주의자의 표준 이미지다. 대개는 비의도적으로 태어날 때부터 그렇고, 자의적으로 무산자가 된 사람도 있기 때문에, 그들은 당당한 인상을 풍긴다. 그들은 재산을 모두 몸에 지니고 다닌다. 디오게네스와 그의 일행이 가진 재산이라고는 사계절용 비옷, 지팡이, 이쑤시개와 같은 자질구레한 소지품들을

세바스티안 브란트(Sebastian Brant), 《바보의 배(Narrenschiff)》, 1497. 디오게네스, 데모크리토스, 두 명의 어릿광대와 지구의.

넣은 배낭, 목욕할 때 필요한 속돌, 나무로 된 물통 같은 것들이다. 신발은 샌들이다. 그가 활동하던 시대에 자유로운 시민들이 이런 차림을 했다면, 더구나 노예를 대동하지 않는 모습을 남에게 보였다면 그것은 아테네인에게 치욕으로 여겨졌다. 디오게네스의 행색은 한마디로 충격이었을 것이다. 디오게네스가 수염을 길렀음은 자명한 이치다. 그것이 비록 단정하게 손질한 수염이라기보다는 수십 년 동안 면도하지 않고 내버려둔 상태라는 게 정확하지만.[3)]

그러나 디오게네스가 동시대인들에게 미친 영향은 미학의 문제가 아니었다. 더군다나 아테네의 고급 창녀들은 머리칼이 덥수룩한 이 철학

카라글리오(G. J. Caraglio), 〈'플라톤적 인간'과 디오게네스〉, 1530~1940년경. 한 일화집(Hahn-Anekdoten), 207쪽 참조.

자에게 다른 불쌍한 건달들이 꿈도 꾸지 못할 특별한 호의를 무료로 베풀었다고 한다. 외모는 아무것도 말해주지 않는다. 아테네의 스타 매춘부인 라이스(Laïs)나 프리네(Phryne)와 디오게네스 사이에는 기브앤드테이크의 법칙이 유효했던 것 같다. 현금을 지불해야만 모든 것을 얻을 수 있던 평범한 시민들에게는 도무지 이해가 가지 않는 법칙이었다.

디오게네스를 금욕주의자라 부른다면, 천년의 마조히즘적 오해로 말미암아 금욕주의란 말에 붙은 그릇된 어조 때문에라도 그것은 정확한 표현이 아니다. 단어의 근본 의미를 재발견하려면 단어의 기독교적 측면을 잠시 떼놓고 생각해야 한다. 무욕(無慾)의 인간처럼 보이는 디오게네스를 오히려 자조(自助) 사상의 선조로 간주해도 괜찮다. 다시 말해 스스로 욕망과 거리를 두고 그것을 아이러니하게 만든다는 의미에서 금욕주의자 말이다. 그런데 대부분의 사람들은 욕망의 충족을 위해 자유를 대가로 지불한다.

견유주의에 동력을 제공한 디오게네스는 행복, 욕망, 지성의 원초적 결합이라는 주제를 서구 철학에 제공한 장본인이었다. 이것은 세계 문화의 단순한 삶의 운동에서 발견되는 주제다. 디오게네스는 원조 히피이자, 최초의 보헤미안으로서 유럽 전통의 지성적 삶에 커다란 족적을 남겼다. 우리는 사람들의 이목을 끌었던 그의 빈곤이 자유의 대가였음을 이해해야 한다. 그가 넉넉하게 살면서 독립성을 잃지 않을 수 있었다면, 그는 이런 삶 역시 마다하지 않았을 것이다. 그러나 어떤 현자도 이른바 욕망들에 질질 끌려다니는 바보가 되도록 스스로를 내버려두지는 않을 것이다. 현자는 케이크 없이도 잘 지낼 수 있을 때에만 케이크를 먹는다는 것을 디오게네스는 가르쳐준다.

빈곤의 도그마는 고려 대상이 아니다. 가르침의 골자는 '활동을 제한하는 잘못된 중량은 버리라'는 것이다. 디오게네스에게 자기 학대는 분명 어리석은 짓이었을 것이다. 물론 그의 눈에 더 어리석게 비치는 사람은 이미 소유한 것을 평생 뒤쫓아가는 자들이다. 시민은 야망이 빚어내는 망상과 싸우면서 부를 추구한다. 그러나 그들은 결국 이 부를 가지고 견유주의 철학자들이 매일 되풀이하여 향유하는 기초적인 쾌락 이상의 것을 즐길 수 없다. 즉 태양 아래 누워, 돌아가는 세상사를 바라보고 몸을 닦고 즐기며 아무것도 기다리지 않는 일 말이다.

디오게네스는 저술보다 삶을 더 중요하게 생각하는 생철학자이기 때문에, 그가 썼다고 인정되는 단 한 줄의 글도 남아 있지 않은 것은 당연한 일이다. 대신 그의 영향에 대해 어떤 저서보다 더 많은 것을 말해주는 일화들의 화환이 그의 주변에 아직 생생하게 살아 숨쉰다. 그가 정말 전해지는 대로 정치에 관한 책 한 권과 비극 패러디(극시, 진지한 예술 작품, 역설 등에서 형식을 모방하고 내용은 익살스럽게 고친 것—옮긴이) 일곱 편을 썼는가 하는 문제는 잠시 제쳐두자.

디오게네스의 의미는 결코 저서 속에 들어 있지 않다. 그의 실존은 일화들 속에 고스란히 담겨 있다. 이 일화들에서 그는 신화의 인물이 되었다. 익살맞고 교훈적인 이야기들이 그의 주변을 둘러싸고 있다. 수피교의 풍자시에 묘사된 그의 동료 물라 나스루딘처럼 말이다. 바로 이런 점이 그가 실존했음을 증명한다. 활력으로 넘쳤던 그들은 동시대인과 후세인에게 스스로의 모습을 비춰볼 수 있는 인물로 강렬한 인상을 남겼고, 특정한 방향의 환상과 사유를 끌어들이는 매력을 지니고 있었다. 그들은 사람들의 호기심을 자극하여 이런 철학자가 된다면 어떨지 알고 싶다는 충동을 불러일으켰다. 그렇게 하여 그들은 제자를 얻었을 뿐 아니라, 자신들의 삶의 자극을 전달하는 사람들을 끌어들였다. 디오게네스의 삶과 관련된 이런 호기심은 고대의 위대한 군사 영웅인 마케도니아의 알렉산더 대왕을 사로잡았다. 그는 자신이 알렉산더가 아니었다면 디오게네스가 되었을 것이라고 말했다고 한다. 이는 이 철학자가 정치적으로, 실존적으로 어떤 높이까지 영향을 미쳤는지를 말해준다.[4)]

디오게네스의 의도를 현대 언어로 표현하려다보면, 때때로 본의 아니게 실존철학에 가까이 다가가게 된다. 그러나 그는 현 존재, 결단, 부조리, 무신론이나 이와 유사한 현대 실존주의의 표어를 말하지는 않는다. 고대의 디오게네스는 동료 철학자들이 문제를 이리 굴리고 저리

굴린다고, 또 개념을 맹신한다고 희롱하고 놀린다. 그의 실존주의는 일차적으로 머리를 통하는 것이 아니다. 그것은 세계가 비극적이라고 느끼지도 않고 부조리하다고 느끼지도 않는다. 그의 실존주의에는 모든 근대적 실존주의를 따라다니는 우울증의 흔적이 전혀 없다. 그의 무기는 분석이라기보다 홍소이다.

디오게네스는 철학적 역량을 진지한 동료들을 조롱하는 데 사용한다. 반이론가, 반교조주의자, 반스콜라 학파로서 그는 자극을 보내고, 이 자극은 사상가들이 학파의 강요에서 벗어나서 '자유로운 인간을 위한 인식'을 얻으려고 노력하는 곳에서 다시 울려퍼진다. 그렇게 함으로써 그는 하나의 사상적 흐름을 전개하는데, 이 흐름 속에는 몽테뉴, 볼테르, 니체, 파이어아벤트 등의 이름이 등장한다. 그것은 진지한 정신을 지양하는 사상적 노선이다.

디오게네스의 실존주의를 어떤 식으로 이해할지는 일화들에서 가장 잘 드러난다. 이런 방법을 사용할 경우, 물론 견유주의의 철학적 내용을 과소평가할 위험이 늘 도사리고 있다. 견유주의가 '단지' 일화를 통해서만 전승되었기 때문이다. 헤겔이나 쇼펜하우어 같은 위인들조차 이런 위험한 함정에 빠졌다는 것을 우리는 그들의 철학적 서술에서 확인할 수 있다. 삶의 결정적인 문제들을 위한 이론을 가지지 않고 실존의 모험을 의식적으로 유쾌하게 받아들이라는 가르침이 이 철학이 발견한 궁극적 지혜이다.[5] 특히 헤겔은 이런 철학의 이론적 내용에 대해서는 너무나 무지했다.

1. 전설에 의하면 어느 날 마케도니아의 젊은 알렉산더가 디오게네스를 찾아왔다. 그 철학자의 명성이 알렉산더의 호기심을 불러일으켰던 것이다. 그는 아마 아테네의 경기장 근처에서 게으르게 누워 일광욕을

즐기는 디오게네스를 발견했던 것 같다. 다른 일설에 의하면 디오게네스는 책을 제본하고 있었다고 한다. 젊은 군주는 관대함을 증명하려 애쓰면서 철학자에게 소원 하나를 들어주겠다고 했다. 그러자 그의 대답은 "태양을 가리니 비켜주시오!" 였다는 것이다.[6] 이것은 그리스 고대로부터 전해지는 일화 가운데 가장 유명한 철학적 일화이다.

이 이야기는 단번에 고대가 무엇을 철학적 지혜라 생각했는지를 알려준다. 그것은 이론적 지식이 아니라, 유혹할 수 없는 당당한 정신이었다. 과거의 현자는 이론의 중독성 속에 들어 있는 지식의 위험을 가장 잘 알고 있었다. 지식은 지식인들을 위험한 길로 유인하여 자족을 실천하기보다 지적 반성의 유혹에 넘어가게 만든다. 이 이야기의 매력은 철학자가 정치가에게서 해방되어 있음을 보여준다는 데 있다. 여기서 현자는 현대의 지식인들과 달리 권력자의 공범자가 아니라 주관적인 권력 원칙, 야망과 영향력에 대한 욕구에서 등을 돌리는 사람이다.[7] 그는 제후에게 진실을 말할 만큼 자유로웠던 최초의 인물이다. 디오게네스의 대답은 권력에 대한 열정을 부인할 뿐 아니라 소망하는 권력 자체를 부인한다. 우리는 그것을 사회적 욕구 이론의 개요로 해석할 수 있다. 사회화한 인간은 자유를 상실한 인간이다. 교육자들이 그의 내면에 소망, 투사, 야망들을 심어놓는 데 성공한 이후부터 말이다. 이것들은 오직 현재만을 아는 그의 내면 시간에서 그를 분리해 기대와 기억 속으로 끌어당긴다.

권력에 대한 굶주림으로 인도의 국경까지 진출했던 알렉산더는 눈에 띄지 않는, 초라하기 그지없는 외모의 철학자에게서 스승을 발견했던 것이다. 실제로 삶은 활동가들에게 있지도 않고 염려의 심성 구조를 가진 자들에게 있지도 않다. 여기에서 알렉산더 이야기는 하늘 아래의 새들, 즉 씨를 뿌리지도 수확하지도 않지만 신의 하늘 아래에서

요한 플라트네르(Joh. Platner), 〈디오게네스와 알렉산더〉, 1780.

가장 자유로운 창조물인 새에 대한 예수의 비유와 접점을 이룬다. 필요한 정도를 넘어서는, 또 단순한 권력 확장에 이바지하는 사회 노동에 대한 아이러니에서 예수와 디오게네스는 일치한다. 새들이 예수에게 가르쳐준 것을 디오게네스에게는 쥐가 가르쳐준다. 쥐는 분수를 지키는 절제의 모델이 된다.[8)]

2. 알렉산더 이야기가 권력자와 만족할 줄 모르는 사람에 대한 철학자의 태도를 밝혀준다면, 유명한 등불 이야기는 아테네 시민들에 대한 그의 태도를 보여준다. 어느 날 이 철학자가 밝은 대낮에 등불을 밝히고 거리를 걷자, 사람들이 그에게 왜 그러느냐고 물었다. 그의 대답은 "나는 인간을 찾고 있소" 였다. 이 에피소드는 그의 무언극적 철학의

지오반니 카스틸리오네(Giovanni Castiglione), 〈인간을 찾고 있는 디오게네스〉.

걸작이다. 등불을 든 인간 탐색자는 자신의 가르침을 복잡한 교양인의 언어로 치장하지 않는다. 이렇게 볼 때 디오게네스는 분명 우리의 전통에서 가장 인간에게 우호적인 철학자일 것이다. 그는 대중적이며 감각적이고 개방적이며 서민적인, 어떤 의미에서는 고대의 위대한 그로크(Grock : 20세기의 위대한 독일 광대—옮긴이)라 할 수 있다. 그러나 아무리 디오게네스가 자신의 실존을 통해 사람들에게 가르침을 주는 과정에서 친근감을 느끼게 하더라도 그의 윤리는 폴리스 주민들을 향해 신랄하고 인간을 멸시하는 듯한 태도를 보인다.

라에르티우스도 디오게네스가 경멸을 표시하는 데 특별한 재능을 가졌다는 점을 강조했다. 이는 강한 도덕 비판적인 감수성의 확실한 기호일 것이다. 그는 어떤 인간성의 이념을 추구했고, 이것이 동시대인들에게서 실현되지 않고 있다고 생각했다. 진정한 인간이 욕망을 다스릴 줄 알고 자연과 조화 속에서 이성적으로 사는 사람이라면, 도시화한 사회 인간이 비이성적이고, 비인간적으로 행동한다는 것은 불을 보듯 뻔하다. 이런 인간에게는 훤한 대낮에도 세상에서 방향을 잃지 않기 위해 철학자의 등불이 반드시 필요하다. 도덕주의자로서 디오게네스는 사회의 의사로 등장한다. 그의 엄격하고 거친 행동은 예로부터 이중적 측면에서 해석되었다. 즉 한편으로는 독으로, 다른 한편으로는 치료약으로. 치료 전문가가 되는 곳에서 철학자는 도움을 거절할 뿐만 아니라, 오히려 자신을 말썽꾼이나 치료받아야 할 사람으로 단죄하는 사람들의 저항에 부딪히게 된다.

이는 오늘날에도 치료 전문가들이 병을 유발하는 사회 관계와 대립하는 곳이면 어디에서나 관찰할 수 있는 구조이다. 불가피하게 루소를 상기시키는 방식으로 등불을 든 이 철학자는 시민들을 사회적 불구자, 교육을 잘못 받아 망친 존재, 중독된 존재로 천명한다. 즉 이들은 철학자가 이상으로 생각하는 자족적이고, 자기 절제가 강한 자유로운 인간상과는 전혀 맞지 않는 존재다. 철학자 역시 이런 이상적인 인간상을 가지고 자신의 생활양식을 해석하려고 시도한다. 이것이 사회적 무분별의 반대, 그것을 치유했을 때 나타날 수 있는 상태다. 그의 과장에는 분명 인간 혐오의 측면이 들어 있다. 설령 실제로는 이를 다소 상쇄하여 인간적으로 비치게 한다 하더라도 말이다. 이러한 애매모호한 불투명성은 이론적으로 해결될 수 없다. 디오게네스 개인이 박애주의자라기보다 인간 혐오자였는지, 또는 그의 풍자 속에는 유머보다 냉소주의가, 유쾌함보다 공격성이 더 들어 있는지 역사적 원거리에서는 어차피 명쾌한 결정을 내릴 수 없다. 나의 견해로는 모든 정황이 디오게네스라는 인물을 당당하고 익살스러운 생철학자라는 쪽으로 편들어주는 것 같다. 즉 에리히 프롬의 말을 빌리자면, 생명을 사랑하는 태도가 인간의 어리석음을 조롱거리로 삼도록 만들었던 것이다. 고대의 계몽은 그릇된 삶의 광경에 거칠게 반응할 줄 아는 호전적인 형상으로 구체화할 때가 많다.

〈인간을 찾다(Quaero homines)〉, 쇤펠트(J. H. Schönfeld)에 따르면 에잉거(G. Ehinger)의 작품이라고 한다. 18세기 초.

디오게네스의 등장은 아테네 도시 공동체가 타락하던 시기와 일치한다. 또한 마케도니아 지배의 전야(前夜)를 표시하기도 한다. 마케도니아 지배와 더불어 헬레니즘으로 이행이 시작된다. 과거 작은 공간에서 이루어지던 폴리스의 애국적 윤리는 해체 과정에 있었다. 그 때문에 시민 공동체에 대한 개인의 결속도 느슨해졌다.

예전에 의미 있는 삶이 이루어지는 유일한 장소였던 곳이 이제 그 이면을 드러낸다. 도시는 부조리한 풍속과 공허한 정치적 메커니즘의 용광로가 되었다. 이제 사람들은 이 메커니즘이 어떻게 작동하는지 갑자기 환히 들여다볼 수 있게 된 것이다. 장님이 아닌 다음에는 누구라도 이제 새로운 윤리, 새로운 인간학이 나타나야 할 시기가 되었다는 것을 인식할 수 있었다. 사람들은 우연히 구성된 도시 공동체의 편협한 시민이 아니라, 자신을 확장된 우주의 개인으로 파악해야만 했다. 지리학적으로는 막 예고되던 마케도니아 제국의 확장된 새로운 교류 공간에 상응했다. 문화적으로는 동쪽 지중해를 둘러싼 헬레니즘의 거대 문명, 또 실존적으로는 타지로의 이민과 거처 이동의 경험, 국외자 존재로서의 체험 등이었다.

디오게네스 본인은 "그의 고향을 묻는 말에 '나는 세계 시민이오!'라고 말했다"(*Diogenes Laertius*, VI, 63)고 한다. 이렇게 거창한 신조어는 고대가 겪은 가장 불안한 경험에 대해, 사회적 세계에서 이성이 고향을 상실하게 되고 진정한 삶의 이념이 경험적 공동체에서 격리되는 경험에 대해 고대가 제시한 가장 대담한 대답이다. 철학자가 인간의 사회화를 우연적인 자기 문화의 부분 이성에 만족하고 자기 사회의 집단적 비합리성에 동참해야 한다는 강요라고 생각하는 곳에서 견유주의의 거부는 유토피아적 의미를 지니게 된다. 거부하는 자는 이성적인 활력을 요구하면서 객관적인 도착 현상에 맞서 자신만의 성을 쌓아 칩거한다. 이렇게 견유주의자는 사회적 정체성을 희생하고 하나의 정치 집단에 의심 없이 소속될 때 갖는 심리적 편안함을 포기한다. 자신의 실존적·우주적 정체성을 구하기 위해서 말이다. 그는 우리가 국가와 사회라 부르는 특수한 것, 기껏해야 반쯤 합리적인 집단적 특수성에 맞서 개인주의적으로 보편성을 수호한다. 세계 시민이라는 개념으로 고대의 견유주의는 가장 소중한 선물을 세계 문화에 건네준 셈이다. "나는 오로지 우주 속에서만 유일하게 진실한 국가 질서를 발견한다"

(*Diogenes Laertius*, VI, 72). 세계 시민적인 현자는 살아 있는 이성의 소유자로서, 이 사회가 세계 폴리스가 될 경우에만 아무런 조건 없이 이 사회의 일원이 될 것이다. 그때까지 그가 맡은 역할은 훼방꾼이다. 그는 지배자의 자기 만족에는 양심이 되고, 지방적인 편협화에는 두통거리로 남을 것이다.

3. 갖가지 우스꽝스러운 그림을 제공해주는 디오게네스 전설은, 동화처럼 들릴지는 모르지만 우리의 철학자가 자신의 자족을 증명하기 위해 '나무통'이나 함지를 거처로 삼았다고 전한다. 그런데 그것이 현재 이 단어의 뜻인 나무통이 아니라 빗물 탱크나 사방이 막힌, 물이나 곡식용 용기였다는 설명도 이 이야기의 의미를 약화시키지 못한다. 이 험악한 통이 어떤 형태든 결정적인 것은 구체적인 모양이 아니라, 세계 도시 아테네 한가운데에서 현자라는 사람이 그 안에서 '살기로' 결심했다는 사실이다. (그는 제우스 신전의 처마 밑에서도 잠을 자곤 했다. 그러면서 그는 아테네인들이 자신의 거처로 이 건물을 세웠다는 아이러니컬한 평을 했다고 한다.) 알렉산더 대왕은 철학자가 살고 있는 통 앞에서 감탄하며 "오, 지혜로 가득한 통이구나!" 하고 소리쳤다고 한다.

디오게네스는 삶의 경험을 통해 동시대 시민들에게 근대적 표현 양식으로 '동물적 수준으로 후퇴'라 할 수 있는 것을 보여주고자 했다. 디오게네스는 자신의 요구를 가축의 수준으로까지 끌어내렸기 때문에 아테네인들(또는 코린트인들)은 그에게 개라는 모욕적인 별명을 붙여주었다. 그렇게 함으로써 그는 문명적 욕구의 사슬을 스스로 풀어버린 것이다. 그는 아테네인들의 조롱을 입에서 한 바퀴 굴려 그들에게 되돌려주었으며 그들의 욕설을 자신의 철학적 방향의 이름으로 수용했다.[9)]

디오게네스가 자신의 학설에서 도출했다는 결론을 들으면서 잠시 생각해보자. "철학이 어떤 이득을 가져다주었느냐는 질문에 그는 적어도 이것 하나, 즉 모든 운명의 변화에 대비해야 한다는 것은 가르쳐 주었다고 말했다"(*Diogenes Laertius*, VI, 63). 현자는 말 그대로 어디에서나 살 수 있다. 그것은 그가 **모든 장소에서** 자신과 그리고 '자연의 법칙'과 조화를 이루기 때문이다. 이것은 오늘날까지 아름다운 주거와 편안한 소외의 이데올로기에 대한 결정적인 공격으로 간주된다. 그렇다고 해서 디오게네스가 안락함과 쾌적한 집에 적대감을 품었다고 결론내려서는 안 된다. 그러나 '모든 운명의 변화에 대비'하려는 사람은 안락함 역시 다른 상황과 마찬가지로 일시적인 에피소드로 생각했을 것이다. 철학자가 자신의 이런 견해가 진지하다는 것을 동시대 시민들에게 증명할 수 있는 방법은 통 속에 사는 일뿐이었다. 편안하게 사는 디오게네스는 건축 양식의 밑바닥에서 사는, 스스로 계급을 낮춘 이 가난한 현자만큼 강력한 인상을 심어주지 못했을 것이다.

후기 스토아 철학은 소유의 문제에서만은 견유주의 원칙을 지주로 삼았는데(habere ut non:가지지 않은 것처럼 가져라), 사람들은 실제로 현실에서 무엇을 어떻게 하라는 소리인지 그 의도를 때때로 이해하지 못했다. 그것은 사람들이 실제로 소유하고 있었고, 스토아 철학은 전체적으로 편안함의 철학이었기 때문이다. 그러나 디오게네스는 정말 무소유였고, 그래서 그는 후세에 기독교적 토대에서 프란체스코수도회 수도사들이 그랬던 것처럼 동시대인들의 의식을 흔들 수 있었다. 동시대인들이 디오게네스에게서 특히 못마땅해 한 것을 현대어로 표현할 수 있다. '상부 구조 거부.'[10] 여기서 상부 구조란 문명이 인간을 꾀어내 자기 목적을 위해 봉사하게 만들 작정으로 편안한 유혹거리들을 제공하는 것, 즉 이상 · 의무의 이념 · 구원의 약속 · 불멸성에 대한 희망 · 야망의 목표 · 권직 · 출세 · 예술 · 재산 등을 말한다. 견유주의의

고야, 〈너는 그를 찾을 수 없을 거야〉.

관점에서 이 모든 것은 디오게네스 같은 인물이라면 결코 빼앗기지 않을 것, 즉 자유 · 의식 · 삶에 대한 기쁨 등의 대용품에 불과하다.

견유주의 생활양식의 매력은 기이하고도 불가사의한 명랑성이다. '사실의 원칙'에 예속된 사람은 당혹과 함께 분노를 느끼면서도 다른 한편으로 그들, 즉 '아무것도 필요하지 않다는 것은 신적이고 단지 조금만 소유한다는 것은 신과 비슷하다고 말하곤 했던 디오게네스처럼'

진정한 삶으로 가는 지름길을 택하고 욕구의 충족을 위해 문화라는 긴 우회로를 피하는 사람들에게 매료되어 그들의 행위를 쳐다본다.

현자들에게서도 쾌락의 원칙은 평범한 속인들에게서와 비슷한 기능을 한다. 그러나 현자들은 객체의 소유에서 쾌락을 끌어내지 않고 객체가 없어도 된다는 것을 인식하며 이를 통해 활기찬 만족감이 지속되는 상태에서 살 수 있다. 디오게네스에게서는 높은 형태의 쾌락을 위해 낮은 형태의 쾌락은 포기하는 쾌락의 피라미드가 분명하게 나타난다. 동시에 견유주의 윤리에서 오해의 소지가 많은 논점이 여기에 들어 있다.[11] 견유주의 추종자는 금욕주의를 통해 살아 있는 것에 대한 적대감을 발산할 기회를 얻는 마조히즘적 성향의 사람들에게서 쉽게 발견된다. 이러한 이중성은 견유주의 분파들이 걸어가야 할 노선을 결정할 것이다. 디오게네스에게서 견유주의의 명랑성은 따로 설명할 필요가 없다. 이러한 명랑성은 익히 알려진 현상, '문화 속 불편함'에 고통받는 사람들, 특히 프로이트 같은 사람들이 고민했던 수수께끼다. 프로이트는 원래 행복은 창조의 계획 속에 들어 있지 않았다고 주장할 정도였다. 원조 견유주의자인 디오게네스는 이 위대한 심리학자의 체념에 저항하는 산 증인으로(냉소주의의 부드러운 변형인가) 가장 적합한 인물이 아닐까.

4. 견유주의 공격의 정치적 칼날은 몰염치한 사람 디오게네스, 즉 '정치적 동물' 디오게네스에 대한 마지막 일화에서 비로소 분명히 드러난다. 여기서 정치적 동물이란 아리스토텔레스가 정치적 동물(zoon politikon)이란 개념으로 이해하는 것, 즉 사회와 관련해서만 자신의 개성을 경험할 수 있는 사회적 존재로서의 인간이 아니다. '동물'이란 단어는 생명체라는 'zoon'의 번역어가 허용하는 것보다 더 문자 그대로 이해해

야 한다. 이 단어에서는 동물적인 것, 인간 실존 속에 들어 있는 동물적 측면과 동물적 토대가 강조된다. '정치적 동물'이란 말은 실존적인 반(反)정치[12]의 강령을 약술한다.

염치를 모르는 정치적 동물 디오게네스는 삶을 사랑한다. 그는 동물적인 것에 자연적이고 과장되지 않은, 그러나 명예로운 위치를 달라고 요구한다. 동물적인 것이 억압받지도 않고 지나치게 찬양받지도 않는 곳에서는 '문화 속 불편함'이 발생할 가능성은 없다. 삶의 에너지는 아래에서 올라와야 하고, 방해받지 않고 흘러야 한다. 이는 현자에게서도 마찬가지다. 디오게네스처럼 삶을 사랑하는 사람에게서 이른바 '현실 원칙'은 다른 형태를 획득한다. 보통의 사실주의는 '욕망의 체계'가 사회화된 생물에게 제시하는 필연성을 언짢아하면서도 감수하는 태도와 불안에서 발생한다. 전승에 따르면 디오게네스는 아주 오래, 90세 이상까지 살았다고 한다. 윤리학자였고 오로지 구체화된 것에만 타당성을 부여했던 철학자에게 이런 사실은 마치 그에게 유리한 증거와 같다.[13]

디오게네스가 황소 뼈를 날 것으로 뜯어먹다가 식중독에 걸려 죽었다는 이야기가 있다. 이 이야기는 단순한 삶이 지닌 위험을 고소해 하면서 강조하는 사람들이 지어낸 일화임이 분명하다. 이들이 여기서 밝히고 있는 사실은 디오게네스가 문명 비판적 불꽃을 식사 풍습에까지 확장했고, 따라서 현대의 생식주의자와 자연식주의자의 선조였을 수도 있다는 것이다. 그의 제자들이 퍼뜨린 설에 따르면 디오게네스는 호흡을 억제하여 죽었다고 하는데, 이는 삶에서와 마찬가지로 죽음에서도 그가 다른 사람들보다 뛰어났음을 증명하는 훌륭한 증거가 된다.

디오게네스의 몰염치는 자연철학적으로 설명할 수 있다 하더라도, 한눈에 이해할 수 있는 것은 아니다. 몰염치의 주안점은 실제로 정치적이고 사회 이론적인 영역에 있다. 염치는 가장 내밀한 사회적 족쇄로서, 모든 구체적인 양심의 규칙들보다 **앞서** 우리를 보편적인 행동 기준으로 묶는다. 이 실존철학자는 현존의 사회적인 수치 교육에 만족할 수 없었다. 그는 이 과정이 시작하던 출발점으로 다시 한번 돌아간다. 특히 이 사회 자체가 도착과 무분별에 기초하고 있다는 혐의를 받는 마당에, 인간이 무엇을 부끄러워해야 할지를 사회 관습이 정할 수는 없다.[14] 견유주의자는 우리 몸 속 깊이 새겨진 수치의 명령이 내리는 자의적인 조종을 거부하겠다고 통고한다. 수치의 관습을 비롯한 풍속 전체가 뒤바뀐 것일 수 있다는 것이다. 먼저 자연의 원칙과 이성의 원칙을 검토한 후에야 확고한 토대가 마련될 수 있다.

정치적 동물은 수치심의 정치를 돌파한다. 그것은 인간들이 대개 부끄러워하지 않아도 될 것들, 즉 실제로는 아무런 죄 없이 무고한 자신들의 **신체**나 동물적인 측면을 부끄러워하는 반면, 비이성적이고 추악한 생활 · 탐욕 · 불의 · 잔인성 · 허영심 · 편견 · 현혹은 아무렇지도 않게 생각한다는 것을 보여주고자 한다. 디오게네스는 자신이 당한 것과 똑같은 수법으로 공격한다. 문자 그대로 그는 전도된 규범 위에 똥을 싼다. 아테네의 시장 사람들이 보는 앞에서 그는 때때로 '데메테르(농업의 신)뿐만 아니라 아프로디테와 연관된'(*Diogenes Laertius*, VI, 69) 일들을 태연히 처리했다. 한마디로 그는 똥 누고 오줌 싸고 자위하는(여자와 동침도 했을 것이다) 일들을 아무렇지도 않게 했다. 육체를 수치심으로 질식시켰던 후기의 플라톤 전통과 기독교 전통은 이런 행위를 스캔들로만 보았다.

우리가 그런 제스처의 철학적 의미에 접근하는 데에는 수백 년간의 세속화 과정이 필요했다. 정신분석학은 공적으로 항문과 생식기의 '현상들'을 말할 수 있는 언어를 발명함으로써, 이 의미의 재발견에 나름대로 기여했다. 바로 이것을 무언극의 차원에서 디오게네스가 최초로 시범을 보인 것이다. 현자가 해방된 존재라면, 그는 억압의 내면적 기관을 스스로 해체해야만 한다. 수치는 사회적 순응주의의 주요 요소이며, 외부 조종을 내부 조종으로 전환하는 스위치다. 디오게네스는 공개적으로 자위함으로써 몰염치한 짓을 저지르고, 이 때문에 그는 모든 체제의 정치적 미덕 훈련에 적대적인 위치에 서게 된다. 그것은 모든 가족 정책, 즉 보수주의의 핵심에 대한 전면적 공격이었다. 그는 자위를 했고, 따라서 성적 욕구 때문에 결혼할 필요는 없었다. 디오게네스는 실습을 통해 자위가 동물적인 수준으로 후퇴하는 것이 아니라 문화적 진보라고 가르쳤다. 현자에 따르면 동물이 인간의 조건인 한, 인간은 우리 안의 동물을 살게 해야 한다는 것이다. 자위를 하는 명랑한 철학자는("이런 식으로 배를 문질러서 배고픔을 몰아낼 수 있다면") 활력을 잃지 않고도 보수적인 성경제학을 파괴한다. 성적 자율은 해방의 가장 중요한 조건 가운데 하나이다.[15)]

정치적 동물인 디오게네스는 실존적인 태연자약을 원칙의 반열에 올린다. 이 원칙은 '모든 것에 대비한다'는 공식에서 가장 간략하게 드러난다. 우연과 변화가 계획을 어그러뜨리고, 구질서는 새 사건들에 대처할 능력이 없는 세상에서, 예측 불가능한 위험이 판치는 세상에서, 생명을 사랑하는 인간에게는 이러한 공기역학적인 공식 외에 다른 출구는 없을 것이다. 정치는 우리가 모든 것에 대비해야만 할 그런 활동이다. 사회적 삶은 안전한 은신처가 아니라 온갖 위험의 원천이다. 그렇게 되면 태연자약은 생존의 비밀이 된다. 거의 아무것도 필요 없는 사람이 정치가 운명을 의미하는 시대를 살아야 하더라도, 그는 이런 정치적 운명을 유연하게 헤쳐나갈 수 있다. 또한 정치는, 없어도 되는 비본질적인 것 때문에 사람들이 머리가 터지도록 경쟁하는 그런 영역이다. 위기의 시대에 비로소 견유주의적 반(反)정치의 전체 파급 효과가 나타난다.

우리가 이제 냉소주의자의 진열장에서 다음 인물로 넘어가면 철학자들이, 아니 지성인들이 견유주의의 절제는 지키지 않고 시민적 안락만을 찾는 것을 보게 될 것이다. 그리고 그들이 자신들만을 위해 철학자의 명망을 확보하려 하자마자 사태가 어떤 식으로 꼬이는지도 보게 될 것이다. 자신의 이론을 스스로 구현했던 디오게네스는 아직 고대적 인물이다. '현대'는 분열 · 모순 · 아이러니와 함께 시작된다.

2 익살꾼 루키아노스, 또는 비판은 진영을 바꾼다

> 고대가 있다고 믿는다면 그건 엄청난 착각이다.
> 고대는 지금 비로소 생겨나기 시작한다.
>
> -노발리스(Novalis)

시리아의 유프라테스 강 근처 사모사타에서 태어난 이 남자는 악담의 역사에서 상석을 차지한다. 우리는 이 남자를 약 500년 후에 철저하게 변화된 문화 현장에서 만나게 된다. 그의 전기를 약술해보자.

> 루키아노스(120년 출생)는 조각가가 되려 했지만 실패하고 난 후, 웅변가(수사학자)가 된다. 우리 시대에는 이에 상응하는 직업이 없어서 콘서트 진행자로 번역하는데, 아주 부적절하지는 않다. 그는 포세이도니오스와 파울루스 같은 위대한 여행가들처럼 여러 나라를, 그리고 지중해 지역 전체를 돌아다니다가 갈리아 지역(로마인들이 부른 고대 프랑스의 명칭—옮긴이)에 이르러 허세와 화려한 수사로 가득 찬 연설을 한다. 비록 그리

스어를 완벽하게 구사하지 못했지만, 그는 엄청난 성공을 거두었다. 그러나 연단에서 성공한 것과 우아한 세계의 박수로 만족하기에 그는 너무 영리했고, 정신적으로 겸손하지 못한 조바심내는 성격의 소유자였다. 그래서 그는 40세가 되던 해 풍자적인 글(도덕주의 에세이라 하는 편이 더 나을 것이다)을 쓰는 방향으로 전환했다. 그 일은 그의 명성을 오랫동안 지속하도록 만들었다. 말년에 그는 이집트에서 로마제국의 공복이 되었다. 말하자면 자신이 과거 적잖이 조롱했던 일, 즉 확실한 봉급과 정착을 추구하게 된 셈이었다. 그의 생애에서 확인할 수 있는 마지막 날짜는 마르쿠스 아우렐리우스 황제가 죽은 날(180년 3월 17일)이었다. 정확히 알 수는 없지만, 그는 그후 곧 세상을 떠난 것 같다(Otto Seel, Nachtwort zu: *Lukian, Gespräche der Götter und Meergötter, der Toten und der Hetären*, Stuttgart 1967, p. 241~242).

원조 견유주의자가 뿌린 씨가 루키아노스의 시대에 놀라울 정도로 자랐다고 할 수 있다. 로마제국 시대 중반기에 스토아주의를 신봉했던 황제 마르쿠스 아우렐리우스[16]와 동시대인이었던 그는 서구 철학에 가장 강력한 영향을 미친 자극들 중 하나가 견유주의의 문명 논쟁을 다룬 사티로스 극(고대 그리스에서 비극 다음에 상연되는 익살극, 사티로스 모습의 합창대가 나옴—옮긴이)에서 나왔음을 입증하는 가장 유력하고도 심술궂은 증인이다. 그렇다. 500여 년이 지난 후, 견유주의는 로마제국의 영토 안에서 가장 이상적인 토양을 발견했다. 즉 풍요 속에서 소외가 나타나는 상황이었는데, 거기서 견유주의는 필연적으로 확산될 수밖에 없었다. '개들'은 한 패거리로 몰려다니면서 짖기 시작했고, 제국의 사회적 · 인간적 상태에 대한 도덕주의적 거부는 강력한 정신적 흐름으로 팽창했다.

황제 시대의 견유주의는 고대의 히피 및 도피주의자 운동으로 간주되기도 한다(빌리 호흐케펠). 제국이 거대한 관료 장치로 변하여 내적으로나 외적으로 일개 개인으로서는 그 깊이나 넓이를 측정할 수도 그것에 영향을 미칠 수도 없게 되는 정도에 따라, 제국의 이데올로기적 통합력, 시민 의식과 국가를 위한 참여 의식을 일깨울 수 있는 능력은 점점 더 상실해간다. '시민과 동떨어진' 행정, 군인이나 민간인 몰록(Moloch: 페니키아 사람이 받들던 소의 모습을 한 화신의 이름. 사람을 제물로 바치고 섬긴 신—옮긴이)들이 자행하는 세금 강탈, 군복무를 꺼리는 시민들, 이런 것들은 무르익은 사회 비판의 뚜렷한 징후였다.

오래 전부터 로마의 세계 질서는 한때 사회의 삶에서 자연스럽게 발생한 그 공화정이 아니었다. 오히려 제국의 국가 기구가 마치 납으로 된 이물질처럼 시민들을 무겁게 짓누르고 있었다. 이런 시대에는 자연스러운 현상이지만, 원래 소수의 영역인 철학 학파들은 몰려드는 사람들로 문전성시를 이루었고, 이런 인파는 어떤 징후를 나타낼 정도가 되었다. 강압 사회에 맞서 개인주의적인 자기 주장을 개진하고 싶은 욕구는 가장 중요한 정치심리적 현실이 되었다. 어느 누구도 이 국가 안에서 자기 '자신의' 삶을 영위한다는 환상을 품을 수 없었기 때문에, 수많은 사람들이 자신의 고유성을 국가가 아닌 공간에서, 바로 생철학이나 신흥 종교의 형태 속에서 재발견하고픈 충동을 느끼고 있었다. 대개 그리스에서 유래한 철학적 종파나(여기에 견유주의자도 속한다) 소아시아계의 종교적인 의식이 거둔 대단한 성공의 해답이 여기에 들어 있다.

기독교도 처음에는 후기 로마의 이국적인 취미나 오리엔탈리즘의 여러 형태 가운데 하나에 불과했다. 당시 동방에서는 빛만이 아니라 신비주의의 매혹적 어둠도 함께 전래되었다. 로마인은 그리스인에게서 문화적인 장식과 인본주의 원칙을 수용했다. 그뿐만 아니라 아테네를 원천으로 하는 비판적이고 개인주의적인 세력들을 수용했다. 이들은 그리스의 폴리스가 해체될 때 '도덕적인 선동가'로 활동했던 세력이다. 이런 개인주의적인 발효 작용에서 다시 한번 에너지가 방출된다. 그런데 이 에너지는 로마 관료 국가의 소외로 인해 대량 분출되었기 때문에, 개인주의적 충동은 질적인 변화를 일으킬 수밖에 없었다. 수많은 개인적 사례는 질적으로 새로운 대중화 현상으로 귀결된다. 우리는 로마의 교육 계층이 수백 년 동안 황제 시대의 이미지를 결정하는 유랑자, 설교자, 도덕주의자, 숭배 의식, 공동체들과 같은 여러 종파에 대해 혐오감을 느낀다는 것을 관찰할 수 있다.[17] 로마 교육 계층의 오래되고 고상한 휴머니즘적 개인주의는 일부 반사회적으로 행동하는 이 신흥 개인주의자들의 짓거리를 경멸의 눈초리로 바라보았다. 당시 사람들은 기독교인에게도 견유주의자에게 했듯이 경멸의 표시로 코를 실룩거렸다.

이처럼 아이러니컬하고 보수적인 구교육 계층의 목소리 가운데 하나가 바로 루키아노스의 목소리다. 프로테우스라고도 불렸던 견유주의 종파의 지도자 페레그리누스의 자살에 대한 무자비한 풍자에서 우리는 그의 음성을 들을 수 있다. 우리는 이 텍스트에만 초점을 맞추려 한다. 그것은 발전을 이룩한 시대의 지식인들이, 누군가 자신들의 경멸감을 자극하면 드러내는 신견유주의 억양의 걸작이라 할 수 있다. 현대와 너무나 유사하기 때문에 이 주제를 계속해서 다룰 필요는 없다. 그러나 루키아노스가 가진 고대 견유주의자의 거울 안에서 냉소적인 현대를 재발견하는 것도 해볼 만한 일이다.

루키아노스는 풍자시에서 세인의 이목을 끌었던 극적인 사건을 다루고 있다. 이 사건은 올림피아 축제 기간에 수많은 관중이 보는 앞에서 일어났다고 전해진다. 방금 언급한 견유주의 종파의 지도자인 페레그리누스는 자기 종파의 위신을 높이고, 또 루키아노스가 강조하듯이 스스로의 명예심을 만족시키기 위해, 비극적이고 영웅적인 자살이라는 볼 만한 구경거리를 세상에 보여주고자 했다. 즉, 그는 공개적으로 거대한 장작더미 위에서 분신 자살하겠다고 결심한다. 충분한 반향을 얻기 위해 주인공이 미리 공표한 이 계획은 실제로 실행에 옮겨졌다. 공개적 제스처는 의도된 것이었고, 대중에게 인상을 심어주기 위한 것이었다. 모범이 되는 모델로는 소크라테스가 있다. 그는 자살함으로써 철학적 확고함에서 가장 위대한 선례를 남겼다. 또 당시 인도의 브라만들에게서도 찾아볼 수 있는데, 알렉산더 대왕의 원정 이래 서구 사람들도 그들의 분신에 대해서 익히 들어 알고 있었다.

루키아노스는 이 과정을 직접 목격했다고 주장한다. 하지만 묘사가 조롱조여서 객관적 보도라기보다 증인의 비판적 관점이 반영된 기록으로 읽는 것이 좋다. 어느 정도 확실하다고 믿을 수 있는 유일한 사실은, 페레그리누스의 견유주의와 디오게네스의 견유주의의 공통점이 이름과 몇 가지 금욕적인 외관뿐이었다는 것이다. 페레그리누스와 루키아노스가 맡은 역할이 서로 바뀐 것처럼 보인다. 디오게네스라면 그런 영웅적 자살 같은 장엄한 제스처는 상상할 수도 없는 일이기 때문이다. 확신하건대 디오게네스는 그런 행동을 미친 짓이라 천명했을 것이고, 이 점에서 루키아노스와 같은 생각이었다. 문학적으로 말해서 견유주의자의 전공은 비극이 아니라 희극이고, 심각한 신화가 아니라 풍자이기 때문이다.

여기서 견유주의가 심각한 구조 변동을 겪었다는 사실이 드러난다. 디오게네스의 실존은 아테네의 희극과 관계를 맺으면서 그것에서 많은 자극을 받는다. 희극은 위트, 재치, 조롱과 어리석음 등 건강한 경멸에 대해 개방적인 정신이 부양하는 도시의 웃음 문화에서 기원한다. 희극의 실존주의는 풍자적 토대 위에 서 있다.

그런데 로마의 후기 견유주의는 이와 전혀 달랐다. 견유주의 자극은 그 안에서 실존주의적 방향과 풍자적 · 지적 방향으로 분열된다. 삶은 늘 진지한 사안인 반면, 웃음은 문학의 기능이 된다.[18] 견유주의 종파들은 열성을 다하여 무욕의 삶, 모든 것에 대비한 존재와 자족의 강령에 헌신했지만, 때때로 도덕주의자 역할에 너무 진지하게 몰두했다. 아테네의 견유주의를 탄생시킨 웃음 모티프는 후기 로마의 견유주의에서는 사라져버렸다. 종파 주변으로 모여드는 사람들은 정신적으로 불안정한 상태의 사람, 적대감에 가득 찬 사람, 부랑자와 도덕 열성주의자, 아웃사이더와 나르시시즘에 빠져서 기댈 곳이 필요한 사람이지 웃는 개인이 아니었다.

그들 가운데 그래도 가장 나은 사람이 금욕주의적이고 완고한 방향의 도덕주의자와 부드러운 삶의 예술가들이었다. 이들은 도덕적인 정신요법 의사로서 온 나라를 돌아다녔는데, 무언가 새로운 것을 경험하려는 사람들에게는 늘 환영받았다. 따라서 자기 확신에 찬 보수주의자들이 이들을 미워하지는 않았다 하더라도 미심쩍게 생각한 것은 분명하다.

이런 사람들과의 관계에서 원래 견유주의자로 여겨졌던 풍자가나 익살꾼의 위치를 차지하는 사람이 루키아노스이다. 그러나 그의 조롱은 무지한 현자가 공허한 지식의 대표자들에게 보내는 견유주의 조롱은 아니다. 그것은 교양 없는 걸인 도덕주의자와 불평자에 대한 교육계층의 공격이며, 그래서 그 시대의 단순한 지성인에 대한 일종의 주인 풍자라 할 수 있다. 아마 고대의 철학적 · 도덕적 대결에서는 집단역학적 측면이 '이론'보다 더 큰 역할을 했던 것 같다.[19] 또한 루키아노스가 견유주의자를 그토록 심하게 두들겨팬 것은, 그들이 **그것**을 원했기 때문이라는 관점을 뒷받침하는 증거도 있다. 그들은 비슷한 청중을 대상으로 했고 동일한 지역을 경작했다. 그들 역시 공적인 관심에 의존하는 방랑자나 거리 웅변가였고, 일종의 정신적 구호품 수령자였다. 이런 유사점 때문에 루키아노스는 그들 안에 있는 자신을 미워했을지도 모른다. 견유주의자가 세상을 경멸하는 사람들이었다면, 루키아노스는 경멸하는 사람들을 경멸하는 자, 도덕주의자의 도덕주의자였다. 그는 경쟁자들에게서 오만하고 순진하며 더 잘 아는 척하는 자기 도취의 경향(여기에서는 허영심과 마조히즘)을 발견했다. 그런 경향을 드러내는 데 순교자적인 특성들이 크게 기여했다. 그리고 루키아노스 자신이 그런 일에 숙달되어 있었다. 이것이 루키아노스 풍자시의 심리적 배경이다. 죽고 싶어 안달인 견유주의자 페레그리누스가 죽음을 경멸하는 영웅적 자세와 지혜의 귀감으로 스스로를 사람들에게 드러내고자 하는 것도, 루키아노스의 눈에는 우스꽝스러운 명예욕의 기형으로 보일 뿐이다.

페레그리누스가 추종자들과 동시대인들의 눈앞에서 스스로를 신격화하고자 했다면, 루키아노스는 당연히 이 의도를 허영심으로 폭로해야 한다. 그러나 인간은 다른 사람을 평가하면서 자기 자신의 관련 체계를 척도로 삼으며, 그래서 다른 사람을 평가하면서 '자기 자신'에 관해 말하게 된다는 사실을 유념해야 한다. 루키아노스 인생의 중요한 부분을 움직였던 관련 체계가 명예욕이었다는 것은, 그에 관해 알려진 모든 사실로 미루어볼 때 의심의 여지가 없다. 그러나 그것이 견유주의 운동을 가장 잘 이해할 수 있도록 해주는 관련 체계인지는 의심스럽다. 이제 루키아노스의 묘사를 따라가보자.

희생자에게서 쓸 만한 점이라고는 하나도 없다. 먼저 루키아노스는 페레그리누스를 칭송하는 연사의 등장을 본다. 루키아노스는 칭송의 대상인 스승을 꼭 닮은 이 사람에 대해 땀을 흘리면서 멋진 말들을 늘어놓고 거짓 감동의 눈물을 쏟아내는 허풍선이, 익살꾼, 온갖 미덕을 다 갖춘 것처럼 폼잡는 야바위꾼, 감상적인 어릿광대로 묘사한다. 그에 반해 그 다음 연사는 페레그리누스의 이력을 펼쳐 보이면서 지금 분신 자살을 시도하려는 남자를 끔찍하고 무시무시한 인물로 묘사한다. 루키아노스는 그의 입을 빌려 자신의 견해를 밝힌다. 여기에서 스승은 범죄자, 사기꾼, 명예욕에 미친 사람이 된다. 페레그리누스의 인생은 시절 시절마다 극악무도한 범죄들로 가득 찬 범인의 전기처럼 읽힌다. 간통 후 현장에서 그를 덮쳤을 때 그는 수치스럽게도 항문에 무를 하나 박고 있었다고 한다. 남색과 뇌물 수수를 거쳐 추행의 극치인 부친 살해에 이르기까지, 그가 저지른 잘못은 한두 가지가 아니다. 그 후 그는 고향인 파리움에서 도망갈 수밖에 없었고, 그 다음 떠돌이 사기꾼으로서 경력을 쌓을 만반의 준비를 갖춘다. 페레그리누스는 곧 기독교 공동체에 가담하는데, 여기서 그는 수사학적 예술 작품으로 출세하게 된다. 그의 작품에서 팔레스타인 출생의 '십자가에 못 박힌 지혜론자'의 추종자들은 순박한 사람들로 묘사되어 있는데, 교활한 인간은 이들에게 온갖 거짓 환상을 심어줄 수 있었다.

페레그리누스는 마침내 기독교인을 떠나 견유주의자에게로 자리를 옮긴다. 그는 긴 철학자 수염을 기르고, 떠돌이 설교자의 가방을 메고, 지팡이와 외투를 걸치며 여행길에 올라 이집트에 도착한다. 여기서 그는 대중 앞에서 자신의 몸을 채찍질하고 머리의 반을 밀어버리는 행위로 주목을 끈다. 그의 표현에 따르면, 이것은 완전히 새로운, 감탄할 만한 종류의 미덕 실행이었다. 이탈리아에서 그는 황제를 통렬히 비난하는 연설을 하고 그 때문에 로마에서 추방되는데, 이런 일로 그는 부당한 박해자라는 명성을 얻게 된다. 그는 한껏 부푼 허영심에서 마침내 올림픽 경기에 즈음하여 화려하게 분신 자살을 하겠다는 망상에 빠지게 된다.

주인공을 이렇게 소개한 뒤, 루키아노스는 분신에 대한 비판으로 넘어간다. 그는 연극비평가가 나쁜 연극을 평하듯이 이 행위를 평가한다.

> "내 생각으로는 달아나는 노예처럼 죽음에서 도망치느니 차라리 느긋한 마음으로 죽음을 기다리는 게 더 합당한 것 같다. 그가 정말 그렇게 단호하게 죽을 작정이라면, 왜 불에 타 죽는 식으로 비극적인 치장을 하고 죽어야 하는 걸까? 수천 가지 다른 선택을 할 수 있는데, 무엇 때문에 하필이면 **이런** 죽음의 방식을?"(Lukian, *Werke in drei Bänden*, Berlin und Weimar 1974, 제2권, p. 37~38.)

루키아노스에 따르면 분신 자살을 통해 그는 스스로에게 완전한 정의를 실행하는 셈이라는 것이다. 그는 마땅히 받아야 할 벌을 스스로에게 내리는 것인데, 단지 시점이 잘못되었다는 것이다. 페레그리누스는 훨씬 전에 자살했어야 한다는 것이다. 그 밖에도 조소하는 비평가 루키아노스는 더 불편한 방식의 죽음이 적합했을 것이라고, 이 연극에 이의를 제기한다. 불에 타 죽을 경우, 입을 한번 벌린 후 그 자리에서 즉사한다. 게다가 연사는 페레그리누스의 모든 추종자에게 스승을 따라 가능한 한 빨리 불 속으로 뛰어들라고 권하고 있다. 그러면 견유주의의 야단법석은 끝날 테니까.

이 인용 구절은 '비판이 진영을 바꾸었다'는 표현이 무엇을 의미하는지 분명하게 밝혀준다. 앞에서 냉소주의는 편을 바꾼 뻔뻔함이라고 정의했다. 여기서 루키아노스는 냉소적 이데올로기의 창시자로서 말하고 있다. 이 이데올로기는 권력자와 교육받은 사람들의 권력을 비판하는 사람은 야심만만한 광인이라고 고발한다. 그의 비판주의는 자신들을 비판하는 실존주의 비판가들을 조롱하고자 하는 권력자들의 아이러니를 노린 기회주의로 변질된다. 그렇기 때문에 루키아노스의 연사는 죽음을 멸시하는 견유주의자의 태도가 사형의 위협 효과를 떨어뜨려 흉악한 범죄의 마지막 걸림돌을 제거하기 때문에 국가를 위협하는 요소가 된다는 발상을 할 수 있었을 것이다.

불 속으로 뛰어들어 집단 자살을 하라고 도덕주의자 종파의 구성원 전체를 부추기면서 웃는 웃음은 기분 나쁘다. 수만, 수십만의 종교적 '이단자들'이 여전히 로마제국의 투기장에서, 그리고 화형대 위에서 죽어가던 시점에 말이다.

루키아노스가 분신 행위를 논평할 때 보이는 냉소적이고 대담한 태도는 경악을 불러일으킨다. 페레그리누스 본인이 일종의 조사를 낭독하고도 분신의 마지막 시점을 '명예욕 때문에' 재차 뒤로 미룬 다음, 드디어 두 제자가 장작더미에 불을 붙이고 스승이 어머니와 아버지의 영혼을 부르면서 그 안으로 뛰어드는 순간이 다가왔다. 이런 행동이 다시 루키아노스의 웃음을 자극하는데, 그것은 이때 부친 살해의 이야기가 떠올랐기 때문이다. 그는 주변에 서 있는 사람들에게 이 음침한 장소를 떠나라고 요구한다. "……불에 탄 늙은 남자의 시체를 보고 역겨운 비계 증기를 들이마시는 것은 정말 유쾌한 광경이 아니다." 〔나는 여기서 베르나이스(Jacob Bernays)의 《루키아노스와 견유주의자들(Lucian und die Kyniker, 1879)》에 실린 좀더 노골적인 번역을 인용하고 있다.〕

물론 우리는 이 장면만 가지고 루키아노스를 평가해서는 안 된다. 우리가 그를 만난 시점은 그가 경멸하던 경쟁자들과 집단 역학적인 언쟁의 와중에서 가장 약했던 순간일지도 모른다.[20] 그런데 이 장면이 중요한 것은 우리가 여기에서 견유주의 충동이 서민적이고 익살스러운 문화 비판에서 냉소적인 주인 풍자로 비약하는 순간을 관찰할 수 있기 때문이다. 루키아노스의 홍소는 유쾌하다고 하기에는 너무 날카로운 뉘앙스를 지니고 있다. 그것은 주체성보다는 증오를 드러낸다. 그 안에는 스스로가 문제시되고 있다고 느끼는 어떤 사람의 신랄함이 들어 있다. 견유주의자들이 로마인의 국가와 그리스인의 문명 그리고 의욕적이고 마음 편한 시민들의 심리학을 공격한다면, 그들은 높은 교양을 가진 풍자가의 실존을 지탱하는 사회적 토대를 흔들어대는 셈이다.

3 메피스토펠레스, 또는 늘 부정하는 정신과 지식에 대한 의지

주님:	나는 너 같은 사람을 미워한 적이 없다. 나는 부정하는 인물들 가운데 악한이 가장 부담스럽지 않다.
메피스토펠레스:	대단한 사형 집행인이구려! 물론 손과 발, 그리고 머리와 엉덩이, 그것들은 당신 것이니.

루키아노스가 견유주의 종파를 조롱하는 냉소적 풍자가로 등장한 이래 1500년이 흘렀다. 서로마제국의 몰락, 서구의 기독교화, 봉건주의의 성장, 기사 시대, 종교 개혁, 르네상스, 절대주의, 시민의 부상과 같은 세계사의 모든 변화에도 불구하고 견유주의의 자극은 처음부터 끝까지 다양한 굴절과 위장을 거듭하며 계승되어왔다. 괴테의 유명한 극 중 악마를 만나게 되는 시점은 계몽이 절정에 달했던 세기, 즉 시민의 문화적 각성의 질풍노도가 가장 큰 폭발력을 발휘했던 18세기의 어느 시점이었다.

메피스토펠레스는 기독교의 천년 유산이 청산되기 시작하며 세속화하던 파란만장한 시기에 나타난다. 시대의 가장 위대한 시인이 18세기의 시민적 문화 혁명을 악마의 형상으로, 즉 '사물들의 실상'을 말할 수 있는 자유를 가진 사탄의 형상으로 구체화했다는 사실이, 이 혁명의 본질을 가장 잘 말해준다. 악마는 그리스도 탄생 이후에 최초의 현실주의자이다. 그가 누리는 표현의 자유는 연배 높은 동시대인들에게는 여전히 악마적으로 보일 것이다. 악마가 입을 열어 세상의 상황이 실제로 어떠한지 말하는 곳에서 옛 기독교 형이상학, 즉 신학은 봉건도덕을 빗자루로 쓸어내버렸다. 뿔과 갈퀴를 뽑아버리면 메피스토펠레스에게 남는 것은 시민 철학밖에 없다. 현실주의자, 반형이상학자, 경험주의자, 실증주의자. 파우스트가 16세기에서 19세기까지 그런 악마와 계약을 체결한 현대적 연구자의 전형으로 여겨지는 것도 우연이 아니다. 우리는 악마에게서만 '실정이 어떤지'를 배울 수 있다. 우리가 종교적 안경을 벗고 우리 자신의 눈으로 세상을 보는 것에 관심을 가지는 이는 악마뿐이다. 이런 식으로 계속하다보면 '아버지 신, 아들 주식회사'에 대한 사상은 저절로 무용지물이 될 것이다.

메피스토펠레스는 변신하면서 살아가는 형광성 존재다. 그는 개의 모습에서 출현한다. 악마는 첫 무대를 위해 견유주의 철학 종파의 상징을 선택했던 것이다. 그 내용을 한번 기억해보자. 파우스트는 '이론적인 절망'의 바닥에서 자살하기로 결심한다. 독약이 든 병을 막 입에 대려했을 때 부활절 밤의 성가대가 그의 의도를 알고 만류한다. 그는 다시 살게 된다. 부활절 산책에서 그는 자기 영혼의 이중성에 대해 깊이 명상한다. 우리는 그의 생각을 어느 시민 계급 학자의 자기 반성으로 읽을 수 있다. 그 안에서는 사실주의**와** 만족할 줄 모르는 탐욕, 삶의 충동**과** 죽음에 대한 동경, '밤에 대한 의지'**와** 권력을 향한 의지, 가능한 것에 대한 감각**과** (아직) 불가능한 것에 대한 충동이 서로 투쟁을 벌이고 있다. 먼동이 틀 무렵 파우스트는 '검은 개 한 마리가 이삭과 그루터기 주변을 배회하고' 있는 것을 본다. 이 개는 넓은 나선형을 그리면서 산책하는 사람들 주변을 맴돈다. 파우스트는 동물 뒤에서 지옥의 불 회오리를 본 것 같다고 생각하지만, 바그너는 마술 현상을 보지 못한다. 마침내 검은 푸들이 학자 앞에 배를 깔고 앉아서 꼬리를 흔든다. 이 개는 길이 잘 들어 순한 것처럼 보인다. 연구실에서 이 사색가가 요한복음을 독일어로 번역하려는 순간, 개는 사탄의 원래 형태로 돌아가기 시작한다. 파우스트가 로고스(logos)라는 그리스 개념의 적합한 번역 용어(Tat)를 발견했을 때, 개는 짖기 시작한다. 기이한 형태들로 변신이 시작된다. "내 푸들의 몸이 얼마나 커지는지." '여행 중인 수학(修學) 수도사'의 모습 끝에 '푸들의 정체'가 드러난다. 수도사는 점점 악마의 갈퀴를 드러낸다. 이어지는 장면들은 주인과 종의 변증법에 대한 생생하고 구체적인 묘사를 제공한다. 악마는 학자의 영혼을 완전히 지배하려면 우선 개의 역할로, 그 다음 하인의 역할로 자신을 비굴하게 낮추어야 한다고 생각한다.

개에서 괴물로 변신하고 괴물에서 여행하는 수도사로 변신하는 것은 긴 변신 시리즈의 시작에 불과하다. 메피스토펠레스는 사기꾼이나 스파이에 비견할 만한 변장의 대가이다.[21] 그리스도 탄생 이후에 악의 조건은 사회적으로도 인정받는 최신 유행의 무해한 가면 뒤로 자신의 정체를 감추는 데 있기 때문이다. 중세에는 '악'이 살아 있는 사탄으로 의인화했지만, 이런 경향은 괴테의 아이러니컬한 연극에서는 어느 정도 제거되었다.

괴테 식 연극에 등장하는 악마의 재치는, 말하자면 처세에 능한 대영주로 자신의 모습을 근대화했다는 데 있다. 이런 경향은 토마스 만의 《파우스트 박사(Doktor Faustus)》에서 지속된다. 악마는 내재성의 인물이 되고 악은 심지어 정중한 태도로 호감을 얻는다. 괴테의 연극에서 마녀들조차 방탕한 시골 대지주 리덜리히의 정체를 알려면 두 번 쳐다봐야 한다. 먼저 그는 짧은 저고리와 깃털 장식을 한 세속적 궁정인으로 등장한다. 대학생들이 등장하는 다음 장면에서는 훌륭한 학자로 분장하여 지식에 대한 냉소적인 풍자시로 그의 학식을 패러디한다. 니체 이전의 즐거운 학문으로서 가장 악의적인 즉흥시이다. 곧 이어 그는 우아한 신사로, 그리고 익살스럽게 매춘부들과 이야기할 줄 아는 마술사로 등장하고, 펜싱 대가로서 파우스트를 성가시게 하는 애인의 오빠를 죽일 수 있는 방법을 가르쳐준다. 뻔뻔함과 차가운 조롱은 사해동포주의나 능변, 교양이나 법률적 이해(계약은 문서로 체결해야 한다)와 마찬가지로 어쩔 수 없이 현대의 '내재적' 악마의 속성에 속한다.

이와 같은 악의 현대화는 시인의 기분에서 비롯된 것은 아니다. 악의 현대화가 시적이고 아이러니컬한 모습을 보여도, 그것은 확고한 논리적 토대에 근거한다. 예술은 근대의 의식 형태들의 구조 속에서 '단순히' 아름다움과 즐거움의 장소는 아니다. 그것은 전통이 진리라 부르는 것(전체에 대한 관점이라는 의미에서 진리, 세상의 본질에 대한 이해로서 진리)에 이를 수 있는 가장 중요한 연구 통로 가운데 하나이다. '위대한 예술'은 항상 '세계의 연극'을 포착하려 했던 복마전(마귀가 숨어 있는 전당이라는 뜻에서 번지르르한 명목 아래 끊임없이 음모가 꾸며지고 있는 악의 근거지—옮긴이)의 예술이다.[22] **《파우스트》** 같은 예술 작품의 철학적 탁월성은 바로 여기에 근거한다. 전래의 형이상학이, 그 기독교적 배경과 구원낙관주의가 빛이 바랬기 때문에 세상에 존재하는 악의 해석에서 실패하는 곳에 예술이 그 틈새로 뛰어든다. 정신사적으로 고찰하면, 내가 현대 미학의 중심 인물로 생각하는 메피스토펠레스는 **발달** 사상의 적자이다. 이 사상을 통해 변신론(辯神論)과 현상의 소멸성에 관한 태곳적 질문들이 18세기에 들어 새로운 형태로 제기되고 새로운 논리로 대답을 찾을 수 있었던 것이다. 이 시기부터 죽음, 파괴와 온갖 종류의 부정성과 같은 세계악은 기독교의 수백 년 역사에서처럼 신이 벌을 내리고 시험하면서 인간사에 개입한 결과라고 해석할 수 없게 되었다. 세계 이해의 세속화 · 자연화 · 객관화는 신학적 답변으로 만족하기에는 너무 앞서버렸다. 성숙한 이성에게 신학적 답변은 논리적으로 지탱하기 어려울 뿐만 아니라, 더욱 중요한 것은 실존적으로 그럴듯해 보이지 않게 되었다는 것이다. 신, 악마와 전체 신학적 전문어 체계는 상징적으로 받아들이는 것이 고작이었다.

괴테의 파우스트 연극은 바로 이 점을 노린다. 그것은 신학적 인물들을 등장시켜 '시적 자유' 속에서 전개되는 연극이다. 이 연극의 아이러니는 침몰한 타당성의 체계를 붙잡아 과거의 인물들로 새로운 논리를, 새로운 의미 체계를 수립하려 한다. 사태의 본질상 그 논리는 헤겔의 세계 사상과 역사 사상을 받치고 있는 논리와 다르지 않다. 그것은 진화의 논리이고, 건설적인 파괴를 약속하는 긍정적인 변증법의 논리다. 이런 사유 체계는 형이상학적 사색의 새로운 시대를 보장한다. 이 사유 체계를 뒷받침하는 것은 현대의 유력한 증거, 즉 세계는 움직이고 그 운동은 앞으로, 위로 움직인다는 것이다.[23] 이런 관점에서 보면 세계의 고통은 발전의, 즉 어두운 시원(始原)에서 빛나는 목적지로 이어지는 발전의 필연적인 대가(代價)로 보인다. 계몽은 단순히 빛의 이론이 아니라 빛을 향해 가는 운동에 관한 이론이다. 예를 들어 광학, 역학, 기관학, 진화론 같은 것이다. 괴테의 악마는 이미 이렇듯 새롭게 보는 방법을 실행에 옮기고 있다. 이 시각은 냉소주의의 유혹을 받은 현대의 모든 거대 이론의 토대를 구성한다.

진화론 속에는 거대한 지배자의 시선을 현실에 던지는 이론화한 냉

괴테의 《파우스트》에서 메피스토펠레스 역을 맡은 구스타프 그륀드겐스(Gustav Grüendgens).

소주의의 논리적 뿌리가 들어 있다. 진화 이론은 학문에서 형이상학적 유산을 상속받는다. 오로지 그것만이 악과 몰락, 죽음과 고통 등 살아 있는 생명에게 가해지는 전체 부정성을 포괄적인 시선으로 통합할 수 있는 논리적 힘을 충분히 보유하고 있다. '발전'을 말하고 발전의 목표를 수긍하는 사람은 발전에 이바지하는 것을 **정당화**할 수 있는 하나의 관점을 발견했다. 따라서 '진화'(진보)는 현대의 변신론이다. 이것이 부정적인 것에 마지막 논리적 지주를 제공한다. 고통을 당하고 몰락하는 것을 바라보는 진화론자들의 시선으로 현대의 지적 냉소주의는 불가피한 게임을 하고 있다. 그에게 죽은 자들은 미래의 거름이다. 다른 사람들의 죽음은 '자기 문제'의 성공을 위한 존재론적이고 논리적인 전제처럼 보인다. 괴테는 비할 데 없는 방식으로 방금 고안해낸 변증법에 들어 있는 삶에 대한 신뢰, 형이상학의 입김이 스며든 신뢰를 악마의 입으로 표현하게 한다.

"파우스트 : ……그런데, 도대체 너는 누구냐?

메피스토펠레스 : 늘 악을 원하지만, 항상 선을 만들어내는 저 힘의 일부지.

파우스트 : 수수께끼 같은 그 말은 무슨 뜻인가?

메피스토펠레스 : 나는 늘 부정하는 정신이오. 그것도 정당하게. 모든 생겨나는 것은 소멸해야 할 만한 가치가 있으니까! 그러니까 아무것도 생겨나지 않는 것이 더 나을 게야. 그래서 너희가 죄나 파괴, 간단히 말해 악이라 부르는 모든 것은 나의 고유한 요소이지."[24]

여기서 추적하고 있는 견유주의 충동의 역사와 관련해보면, 메피스토펠레스는 애매모호한 입장을 취한다. 대영주의 측면이나 대이론가적 경향으로 볼 때 그는 냉소주의자이다. 그러나 서민적이고 현실적이며 감각적인 측면을 고려하면, 그는 견유주의를 지향한다. 오일렌슈피겔을 흉내낼 줄도 아는 이 세속적이고 평범한 진화 악마의 모순에는 그가 파우스트 박사와의 관계에서 진정한 계몽주의자의 역할을 한다는 정황도 한몫을 한다. 학자는 우리가 오늘날 즉각 반(反)계몽적이라 부를 수 있는 일련의 특성을 가지고 있다. 그 특성은 저승의 영혼들과 교통하려는 비교(秘敎)적 충동, 마술에 대한 관심과 인간 이성의 한계를 넘고자 하며 인간 이성을 과도하게 혹사하는 의심스러운 취향이다. 인간 지식의 빈약한 합리주의와 경험주의로 충분해 하지 않는 사람은 실제로 마지막에 가서 이렇게 말할 것이다. "여기 내가 서 있다. 이 불쌍한 바보, 지금이나 예전이나 알고 있는 것은 똑같잖아." 지식을 향한 거대한 의지의 마지막에는 부득이하게 '이론적 절망'이 있을 수밖에 없다.

사상가가 '원래' 알고자 했던 것을 알 수 없다는 사실을 깨달을 때,

그의 가슴은 타는 듯하다. 파우스트는 근본적으로 지독한 칸트주의자이다. 그는 마법의 뒷문을 통해 자기 절제의 강요를 피하려 한다. 경계를 넘어서려는 충동은 우리 인식의 한계성에 대한 인식보다 더 강렬하다. 니체와 그후 실용주의가 강조했던 것이 이미 파우스트에서 드러난다. 권력을 향한 의지는 지식을 향한 의지를 부양한다. 그러므로 지식을 향한 의지는 지식 자체 안에서 진정될 수 없다. 그 충동은 근본적으로 무제한적이며, 모든 인식 뒤에는 새로운 의문이 솟아오르기 때문이다. 지식은 **선천적으로** 더 알려고 한다. "우리가 알지 못하는 것이 바로 필요한 것이다. 우리가 알고 있는 것은 필요 없다." 알고자 하는 의지는 권력욕의 자식이고, 발전과 실존, 성과 쾌락, 향락을 얻고 죽음의 필연성에 마취되고자 하는 노력의 산물이다. 이론적 계몽과 연구라 자처하는 것은 무엇이든, 본질상 결코 원래 추측한 목표에 도달할 수 없다. 이 목표는 이론적 영역에 속하는 것이 아니기 때문이다.

이런 사실을 깨달은 사람에게 학문적 자극은 미학적 자극으로 변한다. 예술은 진정한 의미에서 즐거운 학문이다. 예술은 종교와 학문 사이에 있는, 주체적이고 사실적인 의식의 마지막 보증인이다. 그러나 예술은 종교와 달리 믿음에 호소할 필요가 없다. 예술은 경험과 생생한 감각의 활력을 자기편으로 두고 있다. 또 예술은 경험적인 것을 다루면서 학문처럼 그렇게 엄격하게 축소할 필요도 없다. 괴테에게서 도덕적 제한이 없는 경험의 원칙을 보장하는 악마는 절망에 빠진 계몽주의자 파우스트를 삶의 넓은 영역으로 유혹한다. "그리하여 네가, 어떤 것에도 매이지 않고 자유롭게 삶이 무엇인지 경험하도록."

예술의 비도덕주의라는 것, 즉 모든 것을 보고 모든 것을 말할 수 있는 예술의 경향은 실제로 이 새로운, 총체적인 경험주의의 이면일 뿐이다. 지식을 향한 불가능한 의지에 절망을 느낀 사람은 의식적 삶의 모험을 자유롭게 시도할 수 있을 것이다. 철저한 합리주의자들이 가정하는 것과 달리 경험은 결코 이론 속에 완전히 녹아들지 않는다.

삶이 무엇인지 **경험하는 것**! 경험 원칙은 결국 학문적 방법론의 도덕주의를 비롯한 모든 도덕주의를 파괴한다. 연구자는 이론적 태도를 가지고는 삶이 무엇인지 이해하지 못한다. 오로지 삶[25] 속에 뛰어들어야만 그것을 포착할 수 있다. 메피스토펠레스는 이론을 넘어서려고 발걸음을 떼는 사람에게 마기스터 루디(Magister Ludi: 유희의 명인—옮긴이)로서 도움을 준다. 그는 그 사람을 견유적이고 냉소적인 경험주의의 과정으로 이끈다. 삶의 경험은 오로지 이 과정에서 산출된다. 도덕적으로 좋은 것이든 나쁜 것이든 올 테면 와라. 그것은 더 이상 문제가 되지 않는다. 권력을 향한 의지를 스스로에게도 감추고 경험을 '대상'에 대한 지식으로만 이해하는 학자는 사물로 다가가는 여행의 형태로 경험을 수집하는 사람들이 얻는 지식에 도달할 수 없다. 경험적인 비도덕주의자에게 삶은 대상이 아니라 매개자, 여행, 실용적인 에세이, 깨어 있는 현 존재의 기획이다.[26]

견유적 경험주의자는 자신의 운명이 다른 사람들의 운명과 얽혀 있음을 의식하게 되면서 어쩔 수 없이 흔히 악이라 부르는 것과 대면하게 된다. 그러나 그는 '소위 말하는 악'에서 불가피한 측면을 경험한다. 그것이 그를 문명의 한가운데 세우면서 동시에 문명을 넘어서게 만든다. 악은 그에게 본질상 그 외에 다른 어떤 것도 될 수 없는 것처럼 보인다. 악이 있어서는 **안 된다고** 요구만 하는 도덕보다 더 강한 '악'의 기본형은 자유로운 성, 공격성과 무의식이다(이것이 숙명적인 얽힘에 책임이 있는 한 그렇다. 무의식적 행동의 표본적 비극 《오이디푸스 왕》을 참조할 것).

모든 도덕적인 몰염치 가운데 가장 심하고 가장 불가피한 몰염치는 생존자로 산다는 것이다. 짧든 길든 인과의 고리 위에서 살아가는 자는 모두 생존자이며, 그의 행위와 무위는 다른 사람의 몰락과 연결된다. 이 인과 고리가 짧고 직접적인 경우에 우리는 책임을 이야기한다. 그것이 매개되어 있고 간접적이며 일반적인 경우, 우리는 양심의 가책, 불쾌감, 비극적 삶의 느낌을 말한다.[27)]

파우스트 역시 이런 경험을 면할 수 없었다. 그는 그레첸을 유혹하여 애인으로 삼은 자일 뿐 아니라, 그녀보다 오래 산 사람이었기 때문이다. 그녀는 그의 아이를 임신하자 절망에 빠져 이 사랑의 자식을 살해한다. 그녀의 경우 선에서 악이, 성적 헌신에서 사회적 치욕이 탄생한다. 도덕적 메커니즘에서 발생하는 운명의 인과성이 그녀에게서는 가혹한 결말을 향해 전개된다. 절망, 혼란, 살인, 사형. 우리는 비극을 도덕적 의식의 확장을 위한 열정적이고 시적인 변론으로 읽을 수 있다. 소박하고 기계적이며 반동적인 의식에 대한 비판이 예술이다. 소박성의 전제 조건하에서는 인간의 감정과 도덕, 동일시와 정열로부터는 무참한 결과가 나올 수밖에 없다. 오로지 순박성과 무의식 속에서만 기계적 · 도덕적 인과성은 개인들을 가지고 제 맘대로 장난칠 수 있다. 그러나 '비극적' 메커니즘에 파멸하는 그레첸과 달리 파우스트에게는 맹목적이고 순진한 절망의 가능한 인과성에 개입하지 않도록 도와주는 스승이 있다.

> "다른 점에서는 너도 이제 상당히 악마같이 되었는데.
> 세상에서 절망하는 악마보다 더 지독한 몰취미는 보지 못했어."

파우스트는 악마의 고통을 경험하게 하는 스승을 저주하지만, 소용이 없다. 할 수만 있다면 그를 다시 견유적 개나 뱀의 형태로 되돌리고 싶다. 그러나 소박성으로 돌아가는 길은 차단되어 있다. 그는 메피스토펠레스의 의식을 얻게 되었고, 그 의식은 이렇게 요구한다. 인간이 자신에 대해 알 수 있는 것은 그 역시 알아야 한다고. 바로 이것이 무의식의 마력을 깨버렸다. 위대한 예술의 미학적 비도덕주의는 의식화의 한 학파를 의미한다. 도덕은 소박한 의식 속에서는 무의식의 일부처럼 작용한다. 우리의 행동에 들어 있는 무의식적인 것, 기계적인 것, 자유롭지 못한 것이 실제로 악이다.

이미 말했듯이 메피스토펠레스는 견유적 계몽주의자의 면모를 지니고 있다. 그는 도덕이 배제된 시선으로 사물을 보겠다는 위험을 감수한 사람만이 획득할 수 있는 지식을 과시한다.[28] 성의 영역만큼 이런 점이 잘 드러나는 곳은 없다. 성의 영역에서는 실제로 파우스트처럼 '아무 데도 얽매이지 않고 자유롭게' 삶을 경험하기 위해 도덕적 장애를 넘어야 한다. 메피스토펠레스는 우리 문학에 등장하는 최초의 성적 실증주의자이다. 그의 관점은 성적 견유주의자의 그것이다. "아이는 아이이고, 게임은 게임이다." 파우스트와 같은 남자에게 어떻게 활력을 불어넣는가 하는 문제는 메피스토펠레스에겐 비밀도 아니다. 그것은 시계의 태엽을 감는 것처럼 단순한 일이다. 그의 마음에 '단지' 벌거벗은 여자의 환영, 좀더 현대적으로 표현하면 성적 환상 · 이상형의 영상 · 추구하는 이미지 · 성적 도식을 떠오르게 하면 된다. 회춘의 영약이 성적 충동을 일깨우고, 이 충동은 어떤 여성이든 헬레나처럼 매혹적으로 보이게 만든다.

괴테의 아이러니는 사랑에 빠지는 사람을 사실은 화학 반응의 희생자라고 암시한다. 현대적 냉소주의자 또는 익살꾼은 사랑이 호르몬 이상에 불과하다는 사실을 확인시켜준다.[29] 문학적으로 풍자에 속하고 실존적으로 허무주의에, 인식론적으로 환원주의에, 형이상학적으로

(통속적) 물질주의에 속하는 '불과하다'에 냉소적으로 찌르는 묘미가 들어 있다. 명랑한 물질주의자로서 메피스토펠레스는 사랑의 동물적 불가피성을 가르친다. "관습이든 아니든, 그것은 사라진다." 사랑에 빠진 바보가 어떤 고상한 열정을 품고 있는지는 그가 진짜 악마로서 오로지 '순결한 마음에 없어서는 안 되는 것' 하나만을 생각하는 한 중요치 않다.

비판적인 악마가 학문을 대하는 태도도 존경심의 부족이라는 측면에서는 결코 덜하지 않다. 활기 없고 논리적으로 경직되고 개념들을 주워 담기만 하는 학자들의 잡동사니가 전혀 마음에 들지 않는다. 경험주의, 그것도 견유주의적이고 활기찬 형태의 경험주의가 악무의 프로그램이다. 즉, 머리를 곧추들고 충만한 삶 속으로 직접 들어가서, 자기 자신의 경험이 가장 중요한 준거가 되게 하라. 그의 강연은 경험의 위험에 뛰어들도록 권유한다. 또한 그는 회색 이론과 녹색 삶을 분명하게 구분하기 때문에 어떤 학술적 수업 형태에도 끌리지 않는다. 교수들은 자신의 이론적 구조에 갇힌 바보이다. 현대식으로 표현하면 그들은 '담론'의 부속물에 불과하다. 학부마다 허영심 강한 수다쟁이들이 설치고 다니면서 가장 단순한 사물조차 식별 불가능할 정도로 비비 꼬아놓는다. 이런 점에서 법학자는 철학자 못지않고, 신학자는 어차피 늘 그래왔으며, 의학자는 더더욱 철저하다.

메피스토펠레스는 냉소적인 산부인과 의사로서 모든 여자의 고통은 '한 가지만 알면' 고칠 수 있다는 이롭지 못한 옛 지혜를 들먹인다. 우리의 이론 악마가 의미론적 냉소주의를 무기로 (오늘날의 언어 비판) 학부의 사이비 논리와 오만한 전문 용어들과 한판 전쟁을 치른다. 몰상식은 말 속으로 도피하기 좋아하고, 무식은 전문 용어를 장악해서 장기간 연명할 수 있다는 것을 안다. 악마는 학생들이 어떻게 느끼는지를 표현한다. 대학은 '박사학위를 가진 바보'(플로베르)의 것이고, 이 바보는 발각될 걱정 없이 뽐내면서 스스로를 재생산하고 있다는 것이다. 악마가 논리학 강의에서 철학자와 신학자의 언어에 관해 강연하는 내용은, 더 엄격한 논리적 재구성에도 끄떡 없는 명목론의 개략이다.

결론을 말하자면, 괴테의 메피스토펠레스는 모든 상징적인 양보에도 불구하고 근본적으로 기독교적 악마가 아니다. 그는 기독교 이전의 특성을 지닌 그리스도 탄생 이후의 인물이다. 그의 현대적 측면은 재활성화한 고대와 일맥 상통한다. 메피스토펠레스의 변증법적 진화론(긍정적 해체, 선한 악)과 철학적 자연관은 칸트와 뉴턴보다 밀레토스의 탈레스나 헤라클레이토스와 더 가깝다.

4 종교재판관 또는 예수 사냥꾼인 기독교 정치가와 냉소주의 정신으로부터 제도 이론의 탄생

> 바로 그렇다네, '그러나'…… 이반이 소리쳤다. 그렇게 해서 무의미한 일도 모두 이 지상에서 필요하다는 것을 당신이 알게 되길 바라네, 예비 신부. 세상은 무의미한 것들을 기반으로 서 있다네, 그게 없다면 이 세상에는 아마 아무 일도 일어나지 않을 걸세. 나는 내가 무엇을 알고 있는지 알고 있어! ……보잘것없고 세속적이고 유클리드적인 오성에 따라 내가 알고 있는 것은 고통은 있지만 죄인은 없으며, 모든 것이 직접적으로, 단순하게 하나하나 차례대로 일어나고, 모든 것이 흘러가고 균형을 이루게 된다는 것이지. 그러나 이 모든 것은 유클리드적 난센스라네. ……죄 있는 자는 아무도 없고 모든 것이 직접적으로 단순하게 차례차례 이어지고 그리고 내가 그걸 안다고 해도 다 무슨 소용이 있는가. 나에겐 응보가 필요해. 그렇지 않으면 내가 나 스스로를 파멸시킬 거야. 내 말을 들어보게. 모두가 고통을 당하고 이 고통으로 영원한 조화를 얻는다 해도, 어린아이들이 이 일과 무슨 상관이 있는가? 그들은 무엇 때문에 걸려들어 누군가의 미래의 조화를 위한 거름이 되어야 하는가……?
>
> **-도스토예프스키, 《카라마조프 가의 형제들》**

괴테의 메피스토펠레스가 겉으로만 기독교적 악마이듯이 도스토예프스키의 침울한 종교재판관도 외양으로만 기독교적 중세의 인물이다. 실제로 이 두 인물은 19세기의 현대성에 속한다. 한 인물은 미학자와 진화론자로, 다른 이는 새로운 냉소적인 정치적 보수주의의 대표자로서 말이다. 파우스트처럼 종교재판관도 19세기의 진보한 이데올로기적 갈등이 과거 16세기로 투사되어 나타난 인물이다. 정신적으로나 시간적으로 그는 에스파냐의 종교재판관보다는 히틀러나 괴벨스, 스탈린이나 베리야와 더 가깝다. 하지만 존경받는 추기경을 그런 사람들 옆에 세운다는 것은 좀 뻔뻔스럽지 않은가? 비방은 무겁고 그래서 강한 증거를 통해 정당화해야 한다. 이반 카라마조프가 말하는 종교재판관의 이야기가 이 증거를 제공한다.[30]

세비야의 추기경, 즉 종교재판관은 90세의 금욕적인 노인으로, 어두운 불꽃이 눈에서 번득인다는 점을 제외하면 생명의 빛은 모두 꺼진 것처럼 보였다. 그런데 그가 어느 날(이반은 '환상적인 시'에서 말하고 있다) 그리스도 재림의 증인이 된다. 성당 앞에서 예수는 옛날의 기적을 반복하면서 부드러운 말로 죽은 아이를 소생시킨다. 그런데 이 과정의 의미를 즉각 이해한 것처럼 보이는 노인의 반응이 역설적이다. 재림한 주님에게 경의를 표하는 대신 뼈만 앙상한 손가락으로 그를 가리키면서 경호원에게 체포해 성스러운 법정의 지하 감옥에 가두라고 명령한다. 노인은 한밤중에 지하 감옥에 갇힌 예수에게로 내려가 이렇게 말한다.

> "'당신이 그분이야, 당신이?' 답변을 듣기도 전에 그는 곧 덧붙인다. '대답하지 마, 침묵해. 당신이 무엇을 말할 수 있겠어? 당신이 무얼 말할지 나는 훤히 알고 있어. 당신이 이전에 말했던 것에 덧붙일 자격은 당신에게도 없어. 우리를 왜 혼란에 빠뜨리려고 하지? 당신은 우리를 혼란에 빠뜨리려고 왔고 당신도 그걸 잘 알고 있어. 내일 무슨 일이 일어날지 알아? 나는 당신이 누군지 몰라. 그리고 당신이 정말 그분인지 또는 그를

닮은 사람인지 알고 싶지도 않아. 하지만 내일 당장 나는 가장 흉악한 이단자인 당신을 장작더미 위에서 화형에 처할 거야. 그러면 오늘 당신의 발에 입을 맞춘 그 사람들이 내일 내 눈짓 하나에 몰려와 당신의 장작더미에 석탄을 얹을 거야. 당신도 알고 있나? 그래, 아마 알고 있을 거야…….'"

종교재판관의 행동에 놀라는 사람은 문제의 결정적 핵심을 분명하게 인식하고 난 후에는 더욱 놀라 사건의 의미를 물을 것이다. 노인의 사유와 행동에는 한 점의 불확실함도, 현혹도, 오류도, 오해도 없다. 예수가 자신을 십자가에 못 박은 사람들을 용서한 근거로 가정했던 사실, 즉 "그들은 자신들이 무슨 짓을 하는지 모른다"는 사실은 이 성직자에게는 전혀 해당되지 않는다! 그는 자신이 무엇을 하는지 알고 있고, 더 나아가 충격적으로 명료하게 그것을 알고 있다. 남은 의문은 우리가 그것을 비극적이라 할지, 또는 냉소적이라 부를지의 여부이다. 종교재판관이 스스로 무엇을 하는지 안다면, 또한 그는 정말 중요한 이유 때문에 그렇게 행동해야만 한다. 그 자신이 외부적으로 대변하는 종교적 신앙을 일변할 수 있을 만큼 강력한 이유에서 말이다. 노인은 실제로 예수에게 자신의 근거를 조목조목 댄다. 간략하게 말해서 그의 말은 종교 창시자에 대한 정치가의 답변이다. 좀더 깊이 들여다보면, 그것은 인류학이 신학과, 행정이 해방과 그리고 제도가 개인과 담판을 짓는 것이다.

우리는 방금 재림한 자에 대한 주요 비난을 들었다. 그는 우리를 '방해하기' 위해 온 것이다. 무슨 일 때문에? 종교재판관은 구세주가 하필이면 지금 이 순간에 재림했다는 사실을 비난한다. 즉 가톨릭교회가 종교 재판의 테러에 힘입어 기독교적 자유의 마지막 불씨를 짓밟아 끄고 자신의 과업('진정한 종교'를 통한 지배)을 달성했다는 믿음에 거의 안심하려는 순간에 재림했다는 사실 말이다. 전혀 자유롭지 못하면서도 (종교 정치적 의미에서) 당시 사람들은 자신이 자유롭다는 사실을 어느 때보다 확신하고 있었다. 그들은 진리를 소유하지 못했는가? 그리스도는 진리가 우리를 자유롭게 하리라 약속하지 않았는가? 종교재판관은 이런 기만을 간파하고 있었다. 그는 자신의 현실주의를 자랑한다. 승리를 거둔 교회의 대표자로서 그는 예수의 과업을 완성했을 뿐만 아니라 한걸음 더 나아가 개선했다고 주장한다. 그가 생각하기에 예수는 정치적으로 생각할 줄 몰랐고 정치적 측면에서 인간의 본성이 어떠한지, 다시 말하면 **지배가 필요하다는 것**을 깨닫지 못했다는 것이다. 우리는 도스토예프스키의 추기경이 침묵하는 수감자에게 한 일장 연설에서 현대적 제도주의의 기원 가운데 하나를 발견한다. 제도주의는 이곳에서, 아마 이곳에서만 필연성에 호소하는 의식적인 기만 속에 들어 있는 자신의 냉소적인 근본 구조를 솔직한 방식으로 고백하고 있다. 도스토예프스키의 심오하고 현기증 나는 성찰에 따르면, 권력을 가진 자들은 다음과 같은 계산을 한다.

소수만이 자유를 향한 용기를 가진다. 예수는 황야에서 악마의 질문에 (왜 굶주리면서도 돌을 빵으로 만들지 않는지) "인간은 빵만으로 살 수 없다"고 대답하면서 이를 증명했다. 오로지 소수만이 배고픔을 극복할 수 있는 힘이 있다. 다수는 어느 시대든 빵 때문에 자유의 제안을 거절할 것이다. 달리 말하면 인간은 일반적으로 부담의 경감, 편의와 편안함, 틀에 박힌 일과와 안전을 추구한다. 권력자들이 어느 시대이든 확신할 수 있는 전제는 대다수의 사람들이 자유를 무서워하고 자유를 스스로 포기하며 자기 주변에 감옥을 세우고 갖가지 낡고 새로운 우상들 앞에 무릎을 꿇으려는 충동에 무작정 이끌린다는 것이다. 이런 상황에서 주인 기독교인들(자유 종교의 대표자들)에게 무슨 할 일이 남아 있는가? 종교재판관은 자신의 통치권 수락을 일종의 자기 희생으로 이해한다.

> "그러나 우리는 당신에게 복종하여 당신의 이름으로 통치한다고 말할 것이다. 우리는 그들을 다시 속일 것이다. 당신을 이제 우리 가까이 둘 수 없기 때문이다. 우리는 거짓말을 할 수밖에 없기 때문에, 이 기만이 우리의 고통이 될 것이다."

우리는 여기서 유일무이한, 기이하게 뒤얽힌 사유 실험의 증인이 된다. 이 실험 속에서 현대적 보수주의의 역설들이 부화하고 있다. 성직자는 종교 창시자가 남겨준 자유의 강요에 인류학적으로 항변한다. 인간의 삶은 연약한 탓에 습관과 확실성, 법과 전통이라는 사회 제도들로 이루어진 틀, 질서를 잡아주는 틀이 필요하기 때문이다. 종교재판관은 손에 땀을 쥐게 하는 냉소주의로 예수가 자유의 불편을 제거하지 않고 오히려 심화했다고 비난한다. 예수는 인간을 있는 그대로 받아들이지 않고 인간에 대한 사랑으로 그에게 무리한 것을 요구한다.

이런 점에서 후세의 교회 지도자들은 철저하게 경멸과 현실주의가 배어든 그들 나름의 방식으로 인간을 사랑한다는 점에서 그리스도를 능가한다. 그들은 인간을 있는 그대로 받아들이기 때문이다. 천진하고 유치하며, 게으르고 약한 모습으로. 그러나 지배적인 교회 제도는 의식적인 기만의 도덕적 부담을 스스로 지는 인간의 어깨 위에서 성립할 수 있었다. 다시 말하면 그리스도의 진정한 가르침을 가장 정확히 이해했지만, 의도적으로 그 반대를 설교하는 사제들의 어깨 위에서 말이다. 그들은 자유의 기독교적 언어를 말하지만 인간을 순종하게 만드는 욕구의 체계(빵, 질서, 권력, 법)에 봉사한다. 자유 개념은, 종교재판관이 알고 있듯이 억압 체계에서 지렛대 구실을 한다. 그것이 탄압적일수록(종교 재판 등) 자유의 수사학은 그만큼 더 격렬하게 머릿속으로 깊이 파고들어간다. 바로 이것이 동구에서든 서구에서든 모든 현대적 보수주의의 이데올로기적 날인이다. 현대적 보수주의는 모두 염세적인 인류학을 토대로 삼는다. 이 인류학에 따르면 자유의 추구는 위험한 환상이고, 그 자체로는 실체 없는 단순한 충동이다. 즉 인간의 삶이 지닌 필연적이고 불가피한 속성, 제도적으로 '묶인' 속성을 윤이 나게 꾸미는 충동에 불과한 것이다. 오늘날 세상 어느 한 곳에서 자유와 해방의 이론이 목청을 높이면, 그에 대한 반론도 나타난다. 이에 대해 종교재판관은 다음과 같이 말한다.

> "……이 점에서 당신은 인간들을 너무 높이 평가하고 있어. 설령 그들이 천성적으로 반항아라 하더라도 그들은 노예야. 당신 주변을 둘러보고 판단해. 1500년이 흘러갔어. 가서 인간들을 살펴봐. 당신이 당신과 같은 수준으로 이끌어올린 사람이 있는지. 맹세하건대, 인간은 당신이 생각하는 것보다 더 약하고 천해. ……인간을 그렇게 높이 평가하면서 당신은 마치 인간에 대해 아무런 동정심을 느끼지 못하는 것처럼 행동했지……."

도덕 조항으로 표현하면, 이것은 '인류학적' 토대를 가진 이론적 보수주의의 마그나카르타(대헌장)이다. 아르놀트 겔렌이라면 서슴없이 거기에 서명했을 것이다. 심지어 이렇게 정화된 염세주의의 계산 속에 인간에게 내재한 반역적 요소도 자연의 상수로서 이미 포함되어 있다. 도스토예프스키의 종교재판관은 19세기의 보수적 정치가와 이데올로기 창시자로서 말하고 있다. 그는 1789년 이후 파란만장한 유럽 역사를 회고한다.

> "……그들은 교회를 허물어버리고 대지를 피로 넘치게 할 것이다. 그러나 이 모든 바보짓에도 불구하고 그들은 결국 자신들이 반역자이긴 하지만 약한 반역자이고, 자신들의 반역을 견딜 수 없다는 것을 깨닫게 될 것이다. ……동요, 혼란과 불행, 이것이 현재 인간의 운명이다……."[31]

이로써 충분치 않다. 종교재판관이 가장 극단적인 고백에 이르게 되면, 또 권력이 가장 몰염치하고 대담한 방식으로 자신의 비밀을 누설하면, 철저하게 냉소적인 발상에서 나온 보수 정치가 '하품하면서 입을 크게 벌리고 있는 높이'로 올라가야 할 일만 남는다. 버릇이 된 거짓말이 진리에 이르는 길을 재발견할 수 있게 만드는 더 높은 수준의 몰염치가 등장하는 순간이다. 종교재판관의 입을 통해 도스토예프스키의 성찰은 냉소적인 경계를 넘어간다. 이 경계 뒤에는 더 이상 소박성을 상실한 의식이 돌아갈 곳은 없다. 그는 오래 전부터 교회가 의식적으로 악마와 계약을 체결했다는 사실을 고백한다. 광야의 저 악마, 예수는 받아들이지 않았으나 그에게 세상을 지배하라고 제안했던 그 악마 말이다. 교회는 추기경의 승인에 따라 두 눈을 뻔히 뜨고 악마 진영으로 넘어간 것이다. 당시, 교회가 스스로 세속 권력의 칼을 손에 쥐기로 결정했을 때(카를 대제의 시대에), 교회는 불행한 의식과 만성적으로 분열된 양심으로 그 대가를 톡톡히 치렀다. 그러나 모든 일에도 불구하고 이 교회 정치가는 교회가 반드시 그렇게 해야만 했다는 것을, 변함없이 확신한다. 그는 자신이 엄청나게 희생했음을 알고 있는 사람처럼 말한다. 그 희생은 미래의 제단에 바쳐진 희생으로 '유토피아 정신'에서 양분을 섭취한다. 그것은 유토피아 사상의 탄생 일자를 19세기로 확정하는 기호이며, 또한 '선한 목적'에 이바지한다면 어떤 형태의 악도 가능하다는 기호이다. 종교재판관은 기독교를 통해 통일된 인류, 권력과 종교 재판을 통해 하나로 결합된 인류라는 환영에 황홀해 한다. 이 환영이 그가 기댈 유일한 지주이고, 그의 냉소주의를 감추어주는 베일이다. 아니, 차라리 그를 고귀한 희생자로 만들어준다고 하는 편이 낫다. 수백만, 수천만의 사람들이 모든 죄에서 벗어나 행복한 삶을 누렸지만, 자신을 희생하고 냉소적인 권력을 행사해야 하는 권력자는 최후의 불행한 사람이 될 것이다.

> "비밀을 간직하고 있는 우리만이, 우리만이 불행할 것이다. 수십억의 행복한 아이들이 존재하는 동시에, 선과 악을 인식해야 하는 저주를 스스로 짊어진 십만의 수난자들이 있을 것이다."

여기서 우리는 괴테와 도스토에프스키의 놀라운 유사점을 볼 수 있다. 두 사람 모두 악마의 계약에 대해 이야기한다. 그들은 모두 악을 내재성으로 생각하고, 사탄을 복권시켜 그 필연성을 인정한다. 도스토예프스키의 악마(간략히 말해서 권력 원칙과 세속적 지배)는 악을 원하지만, '선'을 산출하는 권력의 일부로 구상에 포함되어 있다. 종교재판관의 음울한 작업에서도 그 궁극적 유토피아가 증명하듯이, 결국 선이 발생할 것이라고 전제하기 때문이다. 이 두 경우 악마와 계약을 맺는다는 것은 현실주의자가 되는 것, 즉 세상과 인간을 있는 그대로 받아들이는 것 이상도 이하도 아니다. 그리고 이 두 경우에 모두 요점은 **권력**이다. 이런 식의 현실주의와 타협하는 사람은 곧 권력과 관계를 맺게 될 것이다. 그것은 파우스트에게서는 지식 권력이고 종교재판관의

모스크바에서 공연 여행 중인 함부르크 파우스트 앙상블. 메피스토펠레스 역의 구스타프 그륀드겐스가 보리스 파스테르나크를 만나고 있다.

경우에는 권력 지식이다.

지식과 권력은 인간이 선과 악의 현대적 피안에 이를 수 있는 양대 수단이다. 우리의 의식이 이 피안으로 들어서는 순간, 불가피하게 냉소주의가 등장한다. 괴테에게서는 미학적으로, 도스토예프스키에게서는 도덕적 · 정치적으로, 마르크스에게서는 역사철학적으로, 니체에게서는 심리학적 · 활력론적으로, 프로이트에게서는 성(性)심리학적으로. 여기서 우리는 냉소주의와 계몽이 서로 접촉하는 지점에 접근하게 된다. 계몽이 경험적 · 사실적 태도를 장려하고 이 태도가 저지당하지 않고 전진할 수 있는 곳에서 도덕은 필연적으로 장애물을 넘어서게 되기 때문이다. '현실주의적' 사유가 명료성을 얻기 위해서는 지속적으로 비도덕적 자유를 사용해야 한다. 말하자면 현실 학문이 발을 딛고 설 수 있는 곳은 형이상학적 이원론이 파괴된 곳, 탐구 정신이 선과 악의 피안에서 의식을 구축한 곳이며, 이 정신이 형이상학적이고 도덕적인 편견 없이 중립적으로 냉철하게 사태의 진상을 탐사하는 곳이다.[32)]

이렇게 볼 때 종교재판관은 '인간들'을 경험적으로 수용하고 그의 특성에서 그 자신의 생존에 필요한 정치 제도를 도출해내는 실증주의적 정치학의 공동 창시자인 셈이다. 도스토예프스키에게 교회 제도는 사회적 삶을 규제하는 강제 제도(국가와 군대가 그 정상을 차지하고 있는 강제 제도)의 대리일 뿐이다. **이 제도**의 정신은 위대한 초기 교회의 자유에 대한 기억을 끔찍하게 혐오한다. 종교로서 종교는 재림한 예수를 화형에 처하지 않는다. 그것은 교회로서 종교, 국가의 유사물로서, 제도로서 종교이다. 국가는 종교의 능력에 속하는 시민적 불복종을 두려워하는 제도이다. 군대는 기독교적 평화주의의 정신을 비난하는 제도이다. 노동 세계의 지배자는 사랑이나 삶을 찬양하고, 창의성을 국가와 부자와 군대를 위한 중노동보다 더 존중하는 사람들을 보면 소름이 돋는다. 그렇다면 도스토예프스키의 소설에서 종교재판관은 예수, 즉 훼방꾼을 마음먹은 대로 화형에 처해야만 할까? 이 이야기가 이반 카라마조프의 입에서 어떤 결론을 맺게 될지 한번 들어보자.

> "나는 이렇게 끝맺으려고 했다. 종교재판관이 말을 마치자, 그는 수감자의 답변을 한동안 기다렸다. 수감자의 침묵이 그에게 중압감을 주었다. 그는 수감자가 내내 자신의 이야기를 경청했고, 자신의 눈을 조용히 뚫어지게 쳐다봤으며, 분명 자신에게 말대꾸할 마음이 없다는 것을 알아차렸다. 노인은 예수가 신랄하고 끔찍한 말이라도 좋으니 무언가 자신에게 말했으면 했다. 그러나 그는 묵묵히 노인에게 다가와 조용히 그의 핏기 없는 90세의 입술에 입을 맞추었다. 그게 전부였다. 노인은 두려워 떨었다. 그의 입 한쪽이 부르르 경련을 일으켰고, 그는 문으로 달려가 열어젖히고는 예수에게 말했다. '가라, 그리고 다시 돌아오지 마. 절대, 절대 다시 오지 마. 절대, 절대!' 그는 예수를 어두운 거리로, 도시의 골목길로

내보냈다. 죄수는 떠나갔다."

도스토예프스키는 분명 명확한 해결책을 제시하려 하지 않는다. 아마 어차피 게임이 끝났다는 것을 인식했기 때문일 것이다. 교회 정치가는 한순간 패배한 것처럼 보인다. 찰나 동안 그는 '다른 것', 그 자신도 포함하는 무한한 긍정, 심판하지도 비난하지도 않는 무한한 긍정을 본다. 도스토예프스키의 예수는 원수만을 사랑하는 것이 아니라, 더욱 복잡하게도 자신을 속이고 곡해하는 이들도 사랑한다.[33] 우리가 이 드라마의 열린 결말을 어떻게 해석하든, 그것은 도스토예프스키가 서로 평형을 이루는, 또는 더 정확하게는 서로를 중립화하는 두 원칙 간의 갈등이나 힘들 간의 갈등을 인식하고 있었다는 것을 입증한다. 도스토예프스키는 결정을 보류함으로써 사실상 선악의 피안으로, 다시 말하면 사실과 현실을 있는 그대로 '실증적으로' 받아들이는 것 외에 달리 할 일이 없는 영역으로 넘어간다.

제도는 그 자체의 논리를 따르고, 종교는 다른 논리를 따른다. 사실주의자는 어느 한편의 결정을 따르지 않고, 이 둘을 모두 진지하게 고려하는 게 상책일 것이다. 종교재판관의 냉소적인 추리가 가져다준 진정한 결과는 교회 정치가의 자기 폭로가 아니라 선과 악, 목적과 수단이 서로 교환될 수 있음을 발견했다는 것이다. 이 결론은 강조되어 마땅하다. 이 결론과 함께 우리는 피할 수 없이 냉소적인 영역으로 미끄러져 들어간다. 이는 더도 덜도 아니고 정치가 종교의 도구가 될 수 있는 것과 마찬가지로 종교도 정치의 도구가 될 수 있다는 의미이기 때문이다. 그렇기 때문에 절대적이라고 간주되는 모든 것은 상대적인 관점에서 보여진다. 모든 것은 조명, 관점, 투사, 목적 설정의 문제가 된다. 절대적인 근거를 제시하던 시대는 지나갔다. 도덕적 동요의 시대가 시작된 것이다. 선과 악의 저편에서 우리가 발견하는 것은 결코 니체가 가정한 것처럼 찬란한 활력으로 넘치는 비도덕주의가 아니라, 끝없는 불투명성과 근본적인 모순이다. 우리가 어떤 악을 선을 위한 수단으로 생각하자마자, 그것은 소위 말하는 악이 된다. 제도의 의미에서 선이 파괴하고 방해하는 것(훼방꾼으로서 예수)으로 보이는 순간, 소위 말하는 선이 된다. 형이상학적 견지에서 고찰하면, 선과 악은 확고하게 서로 형태를 바꾼다. 사물을 이런 식으로 보게 된 사람은 비극적 시각을 얻는다. 여기서 보듯이, 이 비극적 시각은 실제로는 냉소적 시각이다.[34]

선과 악의 형이상학적 구분이 시대에 뒤떨어지고, 존재하는 모든 것이 형이상학적 의미에서 중립적으로 보이는 순간에야 비로소 현대성이 시작되기 때문이다. 현대는 이제 초월적인 도덕을 더 이상 생각할 수 없는 시대이고, 따라서 수단과 방법을 깨끗하게 구분할 수 없게 된 시대다. 이때부터 목적(특히 마지막 목적에 관한)에 관한 모든 진술은 '이데올로기'로 보이고, 과거에 이상과 도덕론이었던 것은 이제 투명하여 속을 들여다볼 수 있고 사용할 수 있는 '정신적' 기구가 된다. 도덕이나 가치 의식은 이제 사물처럼 주관적인 실체로 연구 대상이 된다.[35] 이제 의식(좀더 후기의 학술어는 그 대신 '주관적 요소'라는 개념을 선택할 것이다)은 외적 존재와의 관계에서 더 이상 전적으로 다르거나 상반되는 원칙이 아니라 그 자체가 존재의 일부이고 현실의 일부가 된다. 우리는 그것을 연구하고 역사적으로 서술하고 분석적으로 분해할 수 있다. 그리고 정치적 · 경제적으로 이용할 수도 있다. 이 순간부터 새로운 위계 질서가 생겨난다. 한편에는 순진한 사람, 가치를 믿는 사람, 이데올로기화한 사람, 기만당한 사람, '스스로의' 표상에 희생당한 사람, 한마디로 '허위 의식'을 가진 사람, 조작되고 조작의 대상이 될 수 있는 사람들이 있다. 이들이 대중이고, '정신적인 동물 세계'이며, 자유롭지 못한 허위 의식의 영역이다. 위대하고 자유로운 '바른 의식'을 소유하지 못한 사람은 모두 이 영역으로 떨어진다.

그런데 누가 '바른 의식'을 가지고 있는가? 바른 의식을 가진 자는 더 이상 가치를 믿지 않고 이데올로기를 극복했고 눈을 멀게 하는 허상을 없애버린 순진하지 않은 사람들로 이루어진 소수의 반성 엘리트에게서 발견된다. 그들은 더 이상 조작할 수 없는 사람, 선과 악의 피안에서 사유하는 사람이다. 이제 중요한 문제는 이 지적 위계 질서가 동시에 정치적 위계 질서인가 하는 문제다. 즉, 순진하지 않은 사람들이 순진한 사람들과의 관계에서 지배자인가 하는 문제다. 이 문제는 종교재판관에게서 분명한 대답을 얻을 수 있다. 그런데 계몽된 모든 사람, 모든 사실주의자, 순진하지 않은 모든 사람이 의미상 종교재판관인가? 다시 말하면 사물에 대한 지식을 다른 사람을 지배하는 데 이용하는(설령 다른 사람들의 이익을 위해 그랬다 하더라도) 이데올로기 조작자이고 도덕적 사기꾼인가? 그런데 이 질문에 대해 성급한 대답을 요구하지 않는 것이 우리 자신에게도 이로울 것이다.

종교재판관은 현대의 정치적 냉소주의자의 전형이라고 말했다. 그의 가혹한 인류학은 '인간은 기만당해야 하고 기만당하기를 원한다'고 속삭인다. 인간에겐 질서가 필요하고 질서를 위해서는 지배가, 지배를 위해 거짓이 필요하다. 지배하려는 자는 종교나 이상, 유혹이나 (비상시) 폭력을 의식적으로 사용해야만 한다. 그에게는 모든 것이, 목적의 영역조차 수단이 된다. 현대의 대정치가는 완벽한 '도구주의자'이고 가치 처리자이다.[36]

그러나 이 모든 것에도 불구하고 우리는 도스토예프스키를 몽매주의자라고 할 수는 없다. 그의 이야기 틀 안에서, **그에게는** 자신의 인식을 양보하는 현실주의자의 역할이 주어진다. 그래서 그의 수다스러운 냉소주의는 진리의 과정에서 빼놓을 수 없는 요소로 남는다. 그가 정말 사기꾼에 **불과**했다면, 오히려 침묵했을 것이다. 그러나 결국 그 역시, 설령 그가 뒤바뀐 수단을 투입한다 하더라도 올바른 일을 한다고 생각한다. 그의 좌우명은 클로델(P. Claudel)의 모토와 비슷하다. "신은 비뚤비뚤한 선 위에도 똑바로 글을 쓴다."

도스토예프스키는 '궁극적으로' '선'에 대한 지향을 포기하지 않았다. 고백할 수밖에 없는 상황이 되자, 그는 자신의 동기에 관해 낱낱이 해명한다. 그의 고백은 현기증이 날 정도이지만, 진리를 찾는 데 더할 나위 없이 소중한 공헌을 한다. 이 냉소주의자는 구부러진 길을 통해서도 계몽에 대해 자기 몫을 한다. 더군다나 볼 만한 광경을 연출한 그의 비도덕적이고 교활한 자기 폭로가 없었다면, 이 전체 영역은 불가해한 것으로 남았을 것이다. '적나라한' 현실에 대한 인상은 선과 악의 저편에 있는 관점에서만 얻을 수 있기 때문에, 우리는 진리를 발견하기 위해 그런 관점을 가진 사람들의 '비도덕적'인 자기 진술에 의존할 수밖에 없다.

루소에서 프로이트에 이르기까지 실존적으로 중요한 인식들은 **고백**[37]의 형식으로 진술되었다. 사건의 진상을 알려면, 겉으로 드러난 모습의 배후를 들여다봐야 한다. 냉소주의는 겉모습 뒤에 감추어진 속에 관해 말한다. 그것은 수치심이 끝나는 곳에서 비로소 가능해진다. 개인이 혼자서 걸음을 내디뎌 선과 악을 넘어선 연후에야, 비로소 그는 생산적인 고백을 할 수 있다. 그러나 그는 '**나는** 그래' 라고 말하면서도 실제로는 '**그건** 그래'라고 생각한다. 나의 '죄들'은 결국 내게로 돌아오지 않고, 내 안에 있는 **그것**의 책임으로 떨어진다. 그것들은 단지 죄가 있는 가상일 뿐이다. 실제로 나의 악은, 선과 악이 거대한 중립성으로 사라지는 일반적인 현실의 한 부분일 뿐이다. 진리는 도덕 이상을 의미하기 때문에, 비도덕주의자들은 자신을 반드시 나쁘다고 생각하지 않는다. 그리고 이는 어느 정도 타당하다. 그들은 도덕보다 더 높은 권위에 봉사하고 있는 것이다.

이런 시각에서 볼 때, 종교재판관은 시대의 전형적인 인물이다. 상반된 두 동기가 그의 사유를 지배하고 있는데, 이 두 동기는 서로 갈등하면서 동시에 서로 의존한다. 현실주의자(실증주의자)로서 그는 선과 악[38]의 이원론을 극복했다. 유토피아의 인간으로서 그는 더욱더 완강하게 현실주의에 집착한다. 반은 비도덕주의자이고, 나머지 반은 초도덕주의자이다. 한편으로 냉소주의자이고, 다른 한편으로 몽상가이다. 한쪽에서는 모든 양심의 가책에서 자유롭고, 다른 곳에서는 마지막 선이라는 이념을 고수한다. 실천할 때 그는 어떤 잔인함도, 어떤 불명예도, 어떤 기만도 마다하지 않는다. 이론에서는 지고의 이상이 그를 지배한다. 현실은 그를 냉소주의자, 실용주의자, 전략가로 키웠다. 그러나 그는 자신의 의도 때문에 자신이 선 자체라고 느낀다. 이러한 분열과 일구이언에서 우리는 19세기의 '사실주의적' 거대 이론의 근본 구조를 인식한다. 이 거대 이론들은 사실주의(비도덕주의)의 증대를 유토피아와 대체도덕의 촉진으로 보상해야 한다는 강요에 굴복한다. '극히 선한' 목적이 정당화하지 않는다면 많은 지식 권력과 권력 지식의 축적은 참을 수 없는 일이라는 듯이 말이다. 종교재판관의 연설은 우리가 어디에서 이 극히 선한(이 모든 것을 정당화하는) 목적을 가져올 수 있는지를 동시에 알려준다. 우리는 그것을 역사적인 미래에서 가져올 수 있다. '역사'가 끝나면 '수십억의 행복한 아이들이' 지구 위에 살 것이다. 이들은 몇몇 지배자가 행복을 강요했고, 낙원으로 유혹해 들어가게 된 것이다. 그때까지 걸어야 할 길은 멀고, 이 길에 수많은 장작더미들이 늘어서 있을 것이다. 그러나 목적은 절대적으로 옳다고 여겨지기 때문에, 그것을 달성하는 데 어떤 대가를 치르더라도 아깝지 않다. 목적이 절대적으로 선하다면, 그 선함이 그것을 이루기 위해 투입되는 가장 추악한 수단까지도 선하게 물들일 것이 틀림없다. 여기에 총체적인 도구주의가 있다면, 저기에 유토피아가 있다. 이런 상황이 새롭고, 냉소적인 변신론을 산출한다. 인간의 고통은 여기서 하나의 역사적 방향을 할당받는다. 고통은 바로 진보의 불가피한 기능이 된다. 고통은 전략이다. 고통받게 내버려두는 형태의 고통을 명심하라. 전략가가 받는 유일한 고통은 자신이 의식적으로 속이는 것을 안다는 것이다.

종교재판관을 소개하는 이유는 이제 분명하게 드러난다. 그는 실제로는 러시아정교적 면모를 지닌 시민 역사철학자이며, 비극적으로 말 참견하는 비밀당원 헤겔주의자이다. 가장 나쁜 결과를 상상하려 한다면, 종교재판관 타입의 러시아 정치가와 19세기의 가장 강력하고 '사실주의적'인 역사철학, 즉 마르크스주의가 직접 만날 때 무슨 일이 일어날지 상상해보면 될 것이다. 그러나 상상할 필요는 없다. 실제로 종교재판관과 마르크스주의의 만남이 일어났고, 마르크스주의자-종교재판관 타입, 즉 유토피아주의자-대(大)냉소주의자의 잡종, 그러니까 실물보다 더 큰 잡종 둘을 만나려면 금세기 동구 역사를 들춰보면 된다. 이 만남이 필연적이었는지, 아니면 오해에 근거한 만남이었는지는 중요한 문제가 아니다. 역사적 측면에서 마르크스 이데올로기와 종교재판관의 융합은 철회할 수 없는 사실이다. 설령 마르크스주의의 러시아화가 왜 '원래' 하나의 진기한 현상이며 무모하고 부당한 전도 현상인지, 다시 말해 해방 이론이 가장 가혹한 억압의 도구로 변질된 전도 현상인지를 입증하는 타당한 근거들을 제시할 수 있다 하더라도 말이다. 이 과정은 도스토예프스키의 작품에 나오는 종교재판관의 냉소적으로 전도된 시각을 통해서 비로소 이해할 수 있다. 그것만이 현상의 해석에 논리적으로 명백한 기준을 제공한다.

지배하려는 자는 거짓말하기 위해 진리를 사용한다. 진리의 이름으로(마르크스주의도 진리의 요소가 강함은 부정할 수 없다) 대중을 기만하는 자는 적어도 이론상으로는 어떤 반박을 받을 위험에 처하지 않는다. 그러나 종교재판관처럼 현대의 권력자들은 재림한 마르크스에게 말해야 할 것이다. 우리는 당신을 우리 곁에 두지 않을 것이다. 당신이 '결코, 결코' 다시 오지 않는다는 취소 불가능한 조건하에서만 우리는 당신에게 의거할 것이다! 누가 오든지(신인 '그'이든 아니면 그의 '닮은꼴'이든) 그는 어쩔 수 없이 **훼방꾼**이고, 그에게 어떤 일이 일어날지 우리는 너무나 잘 알고 있다.

종교재판관의 추론에서 '진리'의 정신과 '제도'의 정신 사이에는 근본적인 모순이 있다는 사실이 폭로되었는가? '진리'를 '국가 종교'로 만들고자 하면 진리는 정반대로 변한다는 것이 보편적인 '법칙'이어야 하는가? 모든 정황으로 미루어볼 때 종교재판관의 논리가 승리했고, 그 때문에 재림한 예수는 종교 재판의 장작더미 위에서 화형에 처해지고, 재림한 니체는 가스실에서 죽고, 재림한 마르크스는 시베리아 수용소에서 살이 썩어갈 것이라는 추측은 가능하지 않은가? 이런 냉소적 · 비극적인 전도를 조종하는 법칙이 있는가?

19세기는 선과 악을 개의치 않으며, 역사 · 국가 · 권력 · 계급 투쟁 · 이데올로기 · 자연력 · 성 · 가족처럼 인간과 관련 있는 가치들에 '객관적인' 시선을 던지는 위대한 사실주의 이론의 시대라고 한다. 이 모든 인식은 이제 거대한 이론적 병기창, 실천적 이해관계의 연장 창고 속에 정렬되어 있다.

"지식은 권력이다"고 노동 운동은 말한다. 그러나 한편으로 도구가 쌓이는 만큼 다른 곳에서는 계획도 무성해진다. 한 곳에서 사태에 중립적인 수단이, 다른 곳에서는 거대하고 유토피아적이고 선한 목적이 쌓여간다. 여기에는 사실이, 저기에는 가치가 있다. 이것이 현대적 도구주의나 실용주의가 스스로를 어떻게 이해하는지를 요약한 내용이다. 한 다리는 선과 악의 저편에 걸쳐놓고, 다른 다리는 유토피아적 도덕에서 확고하게 설 자리를 찾는다. 하나의 공식으로 표현하면, 19세기는 가장 초기 형태의 현대적 냉소 의식을 발전시켰다. 이 의식은 엄격한 **수단냉소주의**를 경직된 **목적도덕주의**와 연결한다. 목적과 관련하여 어떤 사람도 감히 사실적인 선악의 피안을 상상하려 하지 않기 때문이다. 그렇다면 그것은 '허무주의'인 것이다.

허무주의 방어가 현대성의 이데올로기 전쟁이다. 파시즘과 공산주의가 공동 전선을 펼친다면, 그것은 사람들이 한목소리로 '시민적 퇴폐'의 죄를 씌우는 허무주의에 대항하기 위해서이다. 이 둘의 공통점은 '허무적' 경향에 절대적인 가치로 대항하겠다는 확고한 결의이다. 한쪽에서는 민족의 유토피아로, 다른 곳에서는 공산주의 유토피아로.[39] 이 둘은 모든 수단을 신성하게 만들고, 실존에 의미를 약속하는 마지막 목적을 보장한다. 그러나 극단적인 수단냉소주의가 단호한 목적도덕주의와 만나는 곳에서는 수단에 대한 마지막 도덕적 감정도 말라죽는다. 현대의 중무장한 도덕주의는 전대미문의 파괴적 소용돌이로 가열되며, 선한 의도의 지옥을 극단으로 치닫게 한다.

우리는 이것을 이론적 연역으로 이해해서는 안 된다. 우리가 비록 현대의 정치적 대재앙을 묘사하려고 시도했지만, 실제 대재앙은 이런 이론적 시도보다 늘 먼저 일어난다. 어떤 사상도 단순히 '진리 탐구'의 의도에서 그런 결과에 도달할 만큼 뻔뻔하지도 절망적이지도 않다. 그렇다. 사건이 실제로 일어나지 않았더라면, 경험자들이 직접 겪었던 정도만큼 그렇게 엄청난 파괴를 상상할 수 있는 사람은 근본적으로 없다. 사람들은 차후에 비로소 정치적 재난의 정신적 조건들을 주목하게 된다. 뒤돌아보는 시점에서 비로소 자신이 만든 지옥의 조건들을 묻는다.

사유가 수치심과 나태를 극복하고 재앙의 문법을 연구하기 시작하기 전에, 지옥이 실제 눈앞에서 벌어져야 한다. 유일하게 대재앙의 논리를 미리 선취했던 니체와 도스토예프스키도 고통스러운 사유 실험을 수행하면서 자신들이 얼마나 자주 정치에 대해 말했는지를 당시에는 잘 깨닫지 못했다. 그래서 그들은 주로 도덕적 · 심리학적 개념을 가지고 얘기했고, 자신들을 천년 전통 종교의 마지막 세대로 이해했다. 그들이 쓴 글은 종교적 특징을 지닌, 심리학적으로 분열된 내면성 속에서 부화한 것들이었다. 두 사람 모두 자신을 기독교 전통의 파괴로, 종래의 종교 역사가 끝나는 시점에 나타난 혜성(암울한 현대로 건네주는)으로 생각했다. 그러나 두 세대가 채 지나기도 전에 그들의 환영은 모두 정치적으로 실현된다.

니체와 도스토예프스키는 이런 구조의 내적 본질을 미리 사유하고 서술했지만, 그 완성은 가장 잔혹한 모습으로 이루어진다. 실제로 20세기의 러시아 종교재판관이 있었고, 마찬가지로 독일 민족의 초인이 나타났다. 이 둘 모두 웅장한 양식의 도구주의자였고, 수단에서 극도로 냉소적이었으며, 목적과 관련하여 순박하고 '도덕적'인 것처럼 보였을 뿐이다.

우리는 지금 출발점에서 너무나 멀리 와 있어 원조 견유주의자 디오게네스와 현대의 냉소주의자인 종교재판관 사이에는 전혀 아무런 연관성도 없는 것처럼 보인다. 단지 개념의 역사의 변덕스러운 기분 때문에 현대의 냉소주의가 고대의 한 철학 학파를 지시하고 있는 것처럼 보인다. 그러나 이런 변덕스럽게 보이는 기분 속에서 하나의 방법이 드러난다. 즉, 전혀 다른 현상들을 수천 년의 세월을 거슬러 서로 연결하는 연쇄 고리가 보인다. 이러한 접점은 두 가지 형식적인 공통점에서 찾을 수 있다. 첫 번째 공통점은 위기의 시대에 나타나는 **자기 보존**의 모티프이고, 두 번째는 관습적이고 도덕적인 억압을 고려하지 않고 '사태의 진상'을 신봉하는, 일종의 몰염치하고 '더러운' 사실주의다. 그러나 고대 견유주의의 실존적 사실주의와 비교하면 현대의 냉소주의는 단지 반쪽에 불과하다. 이미 서술했듯이, 냉소주의의 사실적 감각은 목적에 대하여 수단이 될 수 있는 모든 것을 거리낌없이 객관적으로 취급하려는 방향에 맞추어져 있지, **목적 자체를 지향하지는 않기 때문이다.**

종교재판관처럼 현대적이며, 이론적으로 반성하는 대(大)냉소주의자들은 결코 디오게네스의 후손이 아니다. 그들의 마음속에 들끓는 것은 오히려 디오게네스가 퇴짜놓았던 알렉산더의 야심, 물론 형태가 망가진 야심이다.[40] 디오게네스가 햇빛을 가리지 말라는 '소망'을 표현할 때, 현대적 냉소주의의 전문가들은 '태양이 비치는 장소'를 얻으려고 기를 쓴다. 그들의 머릿속에 들어 있는 생각은 냉소적으로 디오게네스가 무시했던 지상의 재물들을 냉소적으로(무자비하게 드러낸다는 의미에서) 긁어모으는 것뿐이다. 그러기 위해 부친 살해나 지구 약탈, 땅과 바다의 황폐화, 동물군의 멸종 등 말 그대로 어떤 수단이라도 괜찮다면, 이는 그들이 도구적인 면에서 실제로 선악의 피안으로 넘어간 것을 의미한다.

그렇다면 **견유주의** 충동은 어디에 있는가? 냉소주의가 현대적 사실주의의 불가피한 측면이라면, 왜 이 사실주의는 목적을 포함하지 않는가? 우리의 '도구적 이성'(호르크하이머)의 특징인 **수단냉소주의**는 오로지 **목적견유주의**로 회귀할 때만 균형을 이룰 수 있다. 이는 장기적인 목적의 정신과 결별하고, 삶의 원초적인 무목적성을 통찰하며, 권력 욕망과 욕망 권력을 제한하는 것을 의미한다. 한마디로 디오게네스의 유산을 이해한다는 뜻이다. 그것은 쓰레기통 낭만주의도 아니고, '단순한 삶'에 대한 과장된 열광도 아니다.

견유주의의 핵심은 이른바 욕망에 대한 비판적이고 아이러니컬한 철학에, 욕망의 근본적인 무절제와 부조리의 해명에 있다. 견유주의 충동이 디오게네스에서 스토아주의에 이르는 시기에만 생생하게 살아 있었던 것은 아니다. 그것은 예수에게, 즉 **가장 탁월한** 훼방꾼에게서도, 그리고 그처럼 존재의 무목적성을 깨달은 스승의 모든 진정한 제자들에게서도 여전히 작용했다.

서구인들을 매료시킨 고대 아시아의 지혜론이 말하는 오묘한 광채는 바로 이런 깨달음에 근거하고 있다. 즉 지혜론은 탐욕의 이데올로기와 모든 합리화에게 냉담하게 등을 돌리기 때문인 것이다. 존재는 지상에서 자기 자신 외에는 "찾아야 할 것이 아무것도 없다." 그러나 냉소주의가 지배하는 곳에서 사람들은 존재를 제외하고 다른 모든 것을 찾는다. 사람들은 '진정으로 살기' 전에 늘 다른 일을 처리해야만 한다. 아직 하나의 전제 조건을 성취해야 하고, 잠정적으로 더 중요한 소망을 충족해야 하며, 셈을 지불해야 한다. 이 '아직, 아직, 아직'과 함께 무제한적인 생산 체계를 유지시키는 간접적인 삶, 연기(延期)의 구조가 생겨난다. 물론 이 구조는 늘 절대적으로 '선한 목표'처럼 보이게 할 줄 안다. 그것은 진정한 목적인 것처럼 도깨비불로 우리를 유인하지만, 가까이 다가가면 다시 멀리 사라진다.

견유주의 이성은 허무주의로 비난받은 인식, 즉 거대한 목적은 퇴짜맞아야 한다는 인식에서 정점을 이룬다. 이런 측면에서 우리는 충분히 허무적이다. 이른바 모든 목적과 가치를 견유주의의 의미에서 거부한 사람은 '선한' 목적을 '악한' 수단으로 추구하는 도구적 이성의 순환 고리를 깰 수 있다. 수단은 우리의 손에 놓여 있고, 엄청난 파급 효과를 지녔기 때문에 (모든 측면에서, 즉 생산 · 조직 · 파괴의 측면에서), 수단이 봉사하는 목표가 아직 더 있을 수 있는가 하는 의문이 생기기 시작한다.

어떤 선을 위해 그런 무절제한 수단이 필요할까? 우리의 의식이 하나의 **목적**으로서 선의 이념을 버리고, **이미 거기** 있는 것에 전념할 만큼 성숙하는 순간, 해방은 가능해지고, 항상 멀리 있는 상상 속의 목적을 위해 수단을 축적할 필요가 저절로 없어지게 될 것이다. 오로지 견유주의로만 냉소주의를 막을 수 있다. 도덕으로는 역부족이다. 명랑한 목적견유주의는 삶이 그 자신 외에는 잃을 것이 없다는 사실을 잊으라는 유혹에 빠지지 않을 것이다.

이 장에서는 재림한 위대한 인물들의 이야기를 많이 했기 때문에, 마지막으로 **다시 돌아온 디오게네스**를 상상해봐도 좋을 것 같다. 이 철학자가 아테네에 있는 자신의 통에서 나와 20세기에 나타난다. 양대 세계대전을 겪고, 자본주의와 공산주의의 주요 도시들을 돌아다니면서 동서 갈등에 관한 정보를 얻고 핵무기 전략, 잉여 이론과 부가가치세에 관한 강연을 듣기도 한다. TV 방송국도 참관하고, 고속도로의 휴가 여행객의 물결에 휩쓸리기도 하고, 눈을 굴리며 헤겔 세미나에 앉아 있기도 한다. 디오게네스는 우리를 방해하기 위해 왔는가? 오히려 그 자신이 상당히 방해받은 듯한 인상이다. 그는 모든 것에 대비하라고 가르쳤는데, 그가 구경한 것들은 그에게조차 너무 지나치다. 그는 과거에 아테네인들이 머리가 좀 돈 사람이라고 생각했는데, 그가 현재 발견하는 것들은 어떤 분류도 불가능해 보인다. 스탈린그라드, 아우슈비츠, 히로시마. 그는 차라리 페르시아전쟁이 그립다. 디오게네스는 대낮에 등불을 들고 거리를 나다니는 일도 정신병원에 갇히게 될까봐 포기했다.[41] 철학적 무언극이 실패한다면, 그 역시 무슨 말로 어떻게 이 사람들에게 이야기해야 할지 알 수가 없다. 그는 이들이 복잡한 사안은 이해하지만, 단순한 사안은 이해하지 못하도록 훈련받았다는 것을 깨닫다. 뒤바뀐 것이 그들에게 정상으로 보인다는 사실도 꿰뚫게 된다.

무엇을 할 것인가? 갑자기 당시 아테네에서는 결코 느껴보지 못한 무언가 중요한 것을 말해야 한다는 감정을 느끼게 된다. 당시에는 모든 것이 놀이와 같았지만, 이제 진지하게 말해야 한다는 생각이 든다. 디오게네스는 한숨을 쉬면서 게임을 같이 하는 데 동의한다. 즉 이제부터 그는 가능한 한 심각한 척할 것이고, 새로운 철학 용어들도 배울 것이며, 사람들이 어지러워할 때까지 말로 장난도 칠 것이다. 그리고 신중하게, 혁명적으로, 진지한 표정을 지으며, 자신이 말하고자 하는 우스꽝스러울 정도로 단순한 사실을 동시대인들에게 전파하기 위해 노력할 것이다. 그는 수단냉소주의라는 의미에서 사유가 자신의 잠재적인 제자들을 교활하게 만들었고, 그들의 비판적 오성이 탁월하게 활동하고 있다는 것을 안다. 목적견유주의를 가르치는 철학자는 이런 오성과 겨루어야만 한다. 이것이 현대성에 대한 디오게네스의 양보이다. 학문과 기술에서 사용되는 현대적 오성의 토대를 침식할 수 있는 방법은 두 가지다. 존재론적 방법과 변증법적 방법이 그것이다. 디오게네스는 익명으로 이 두 방법을 모두 시도한다. 그 흔적의 암호를 해독하는 일은 우리에게 달려 있다.

5 세인 또는 현대의 산만한 냉소주의의 가장 사실적인 주체

> 일상적인 존재 방식과 관련하여 우리의 해석은 순전히 존재론적 의도를 가지고 있으며, 일상적인 존재의 도덕적인 비판이나 '문화철학적' 포부와는 아무런 상관이 없다는 말을 해두어야 할 것이다.
>
> —마르틴 하이데거, 《존재와 시간》

> '삶'은 비용을 받아내든 받아내지 못하든 일종의 '사업'이다.
>
> —《존재와 시간》

> 당신이 10달러에 매장될 수 있다면, 무엇 때문에 사는 겁니까?
>
> —미국의 광고 슬로건

세인, 즉 우리의 냉소주의자 진열장에서 사람 취급을 못 받는 인간은 빈약한 모습으로 손발을 움직이는 꼭두각시 인형을 상기시킨다. 그래픽 예술가들이 위치를 연구하거나 해부학적 스케치를 할 때 이용하는 인형 말이다. 그러나 하이데거가 눈여겨보는 위치는 특정한 위치가 아니다. 그는 일상적인 존재 방식의 진부성 속에서 '주체'의 말을 엿듣는다. 세인과 일상 속의 현 존재를 다루는 실존존재론은 과거 철학이 꿈에도 생각하지 못했을 일, 즉 진부성을 '고상한' 이론의 대상으로 높이는 일을 시도한다. 이런 제스처 때문에 하이데거는 불가피하게 견유주의 혐의를 받게 된 것이다. 비판가들이 하이데거 식 실존존재론에서 '실수'라고 비판한 것이 바로 실존존재론의 중요한 핵심일 것이다. 그의 실존존재론은 진부성의 예술을 명시적인 개념의 높은 반열에 세운다. 높은 것을 끌어내리지 않고 그 대신 낮은 것을 높이는 전도된 풍자로 읽을 수도 있다. 실존존재론은 자명한 것을 너무나 명시적으로 자세히 말하려 하기 때문에 지식인들조차 그것을 '진정으로' 이해할 것이다.

어떤 점에서 하이데거의 담론 속에는, 기이할 정도로 섬세한 여러 개념적 뉘앙스들로 말미암아, 웅대한 양식으로 전개된 논리적인 오일렌슈피겔 식 사유의 요소가 숨겨져 있다. 그것은 '있는 그대로'의 단순한 삶에 대한 신비스럽게도 단순한 지식을 가장 진보한 형태의 유럽적 사유 전통으로 번역하는 작업이다. 기꺼이 세상에서 물러나 오두막에 은거하면서 끝이 뾰족한 모자를 머리에 쓰고 골똘히 생각하는 슈바르츠발트의 농부 같은 하이데거의 태도는 단지 외면적인 모습에만 국한되지 않는다. 그는 근본적으로 이런 종류의 사유를 하는 사람이다. 거기에는 야심에 가까운 소박성이 숨어 있다. 또한 현대의 조건하에서 여전히 그렇게 단순한 것과 '원시적인 것'을 말함으로써 '계몽된' 의식의 복잡한 회선에 대항하여 스스로를 관철시킬 수 있으려면 얼마나 많은 장난기가 필요한지 보여준다.

우리는 세인, 일상성 속의 현 존재, 잡담, 애매함, 빠져 있음과 내던져짐에 관한 하이데거의 진술을 앞서 묘사한 메피스토펠레스와 종교재판관의 초상화를 배경으로 읽을 수 있다. 즉, 이 초상화는 철학이 '사태의 진상' 속으로 더듬어 들어갈 때 사용할 수 있는 좀더 일상적인 습작들이다. 하이데거의 실존주의적 · 해석학적 분석은 객관성의 신화를 제거하면서 동시에 가장 단단한 '심층실증주의'를 만들어낸다. 이렇게 냉철하고 세속화하고 기술화한 시대정신에 상반된 감정으로 참여하는 철학이 등장한다. 이 철학은 선악의 저편에서, 형이상학의 이편에서 사유한다. 이 철학은 단지 이 좁은 선 위에서만 움직일 수 있다.

금세기의 이론적 신견유주의, 즉 실존철학은 자신의 사유 형태로 진부성의 모험을 과시한다. 그것은 스스로를 이해하기 시작한 무의미성의 불꽃놀이를 보여준다. 하이데거는 위에서 인용한 표어에서 경멸 섞인 표현들로 모든 '도덕적 비판'에서 자신의 작업을 멀리 떼어놓는다. 마치 동시대의 사유는 단번에 도덕주의의 늪을 뒤로 했고, '문화철학'

과는 더 이상 공통점이 없다는 점을 강조하기라도 하듯이 말이다. 우리는 우리 자신을 위해 그 경멸 섞인 표현들을 좀더 명료하게 설명해야 한다. 문화철학은 '발상' 이상은 될 수 없다. 문화철학은 끝나지 않을 듯이 지루한 19세기 양식의 헛된 요구이며, 거창한 투의 사유와 세계관이다. 그에 반해 '순수하게 존재론적인 의도' 속에는 실질적인 현대성의 타는 듯한 차가움이 작용하고 있다.

모든 가능한 분석적인 비판을 이미 '거친' 현대성은 단순한 계몽이 필요하지 않다. 주체-객체-용어를 피하기 위해 하이데거는 언어적인 장난기를 발동하여 대안적인 은어들을 가지고 자신의 목적을 향해 돌진한다. 즉 존재론적으로 사유하고 긍정적으로 말하면서 실존의 구조를 발굴하자는 목적으로 말이다. 이 은어들은 멀리서 볼 때, 분명 하이데거가 피하고자 했던 용어들보다 더 적절하지는 않다. 그러나 그 참신성은 현대적이며 동시에 원시적인 것을 시도하려는 모험심을 약간 내비치고 있다. 그것은 고대와 현대의 연결이며 후기 속에 반영된 초기이다. 하이데거 식 말의 '명백성' 속에는 철학이 보통 말할 가치가 없다고 생각하는 것이 표현된다. 사유(분명히 '허무주의적'으로)가 무의미성을, 가능한 모든 의미 진술이나 의미 부여를 돋보이게 하기 위한 장식품으로 생각하는 순간, 무의미성의 의미를 철학적으로 표현하기 위해 고도로 발전한 해석학, 즉 의미 이해의 기술이 필요하다. 독자의 전제 조건에 따라 해석학은 고무적일 수도 있고, 좌절을 줄 수도 있다. 그것은 개념적 진공 속에서 맴돌기이고, 이성의 그림자놀이다.

하이데거가 세인이란 이름으로 소개하는 이 기이한 존재는 누구인가? 첫눈에 현대 조각과 비슷해 보인다. 어떤 특정한 사물을 묘사하지도 않고, 윤나는 표면에서는 어떤 '특별한' 의미도 읽어낼 수 없다. 그럼에도 불구하고 그것은 직접적으로 실재하며 만질 수 있을 정도로 구체적이다. 이런 의미에서 세인이 추상('모든 자아'를 포함하는 보편 개념)이 아니라, 실재(ens realismum)로서 우리 각자 속에 존재하는 어떤 것과 관련 있는 것이라고 하이데거는 강조한다. 그러나 세인은 인격적인 면, 즉 개인적인 목적과 실존적으로 단호한 의미에 대한 기대를 충족시키지 못한다. 그것은 존재하지만, "그 배후에 아무것도 없다." 그것은 뚜렷한 형체가 없는 현대의 조각처럼 거기 있다. 매일매일, 현실적으로 세계의 구체적인 일부이지만, 어느 순간에도 결코 현실의 인격, '실재적' 의미를 지시하지 않는다.

세인은 중성적 자아이다. 그것은 이상적 자아이지만, '자기 자신'은 아니다. 그것은 일정 정도 나의 공적인 측면을, 나의 범용성을 나타낸다. 다른 모든 사람들처럼 나에게도 세인이 있고, 그것은 나의 공적인 자아이며, 그것과 관련하여 평균치는 늘 타당하다. 비본래적인 자아인 세인은 지극히 개인적인 결단성의 부담을 지지 않는다. 특성상 세인은 모든 것을 쉽게 생각하고, 모든 사물에 대해 겉으로 드러난 면만을 보며, 관습적인 외양에만 의지한다. 어떤 면에서 세인은 자기 자신에게도 그런 식의 태도를 보인다. 세인은 '자신'을 주어진 것들 가운데에서 발견한 어떤 것처럼 받아들이기 때문이다. 이렇게 세인은 자립적이지 못하며 자기 자신의 어떤 측면도 자기 혼자만 소유하고 있지 않은 사람으로 이해할 수 있다. 그것이 무엇인지는 언제나 다른 사람들이 그에게 말해주고 알려준다. 이는 근본적으로 그의 산만함을 말해준다. 그렇다. 그는 자신에게 가장 먼저 다가오는 세계를 상실한 것이다. 이에 대해 하이데거는 다음과 같이 말한다.

> "우선 '나'는 자아의 의미에서가 아니라 세인의 방식으로 '존재한다'. 이 세인으로부터, 그리고 이 세인으로 나는 나 '자신'에게 우선 '주어진다'.

우선 현 존재 세인이 있고, 대개 그렇게 남는다"(《존재와 시간》, p. 129). "세인으로서 나는 이미 눈에 띄지 않는 타인들의 지배하에서 살아왔다." "우리 각자는 모두 남이고, 어떤 이도 자기 자신이 아니다. 세인은 아무도 아니다……"(《존재와 시간》, p. 128).

하이데거는 이런 식의 세인 서술로 주체-객체-철학의 양식을 벗어나 철학적으로 자아에 관해 말할 수 있는 가능성을 쟁취한다. 이 세인 서술은 주체라는 표현을 일상어로, 즉 주체가 '종속된 것'을 의미하는[42] 일상어로 다시 번역된 것처럼 보인다. '종속된' 사람은 자기 '자신'을 더 이상 소유하지 않는다고 생각한다. 세인의 언어조차 고유한 것을 말하지 않고 일반적인 '잡담'에 참여할 뿐이다. 잡담의 방식으로 사물을 말하면서 세인은 자신의 현 존재에 대한 진정한 이해뿐 아니라 말해진 사물에 대한 이해를 스스로 차단한다.

이러한 잡담 속에서 일상적인 현 존재의 '뿌리 뽑힘'과 '비본래성'이 드러난다. 잡담과 일치하는 것이 호기심이다. 순간적으로 '머무르지 않고', 그때그때 가장 새로운 뉴스에 몰두하는 호기심 말이다. 호기심 많은 세인이 '대화를 하기라도' 한다면, 그에게 중요한 문제는 진정한 이해가 아니라 그 반대, 즉 통찰을 회피하고 현 존재에 대한 '진정한' 관점을 기피하는 것이다. 이러한 기피를 하이데거는 '흩어짐'이라는 개념으로 표현한다. 귀를 솔깃하게 하는 표현이다. 이제까지 한 말이 시간을 초월하여 보편타당하게 들릴지 모르지만, 이 단어를 들으면서 단번에 현대 역사의 어느 지점에 우리가 서 있는지를 깨닫게 된다. 어떤 단어도 이처럼 1920년대(광범위하게 전개된 최초의 독일적 현대) 중반의 특수한 취향을 완전히 담고 있는 단어는 없다.

결국 바이마르 공화국과 그 분주한 전후의 삶이 지닌 감정, 매스미

데 키리코(De Chirico), 〈위대한 형이상학자〉, 1917.

디어, 미국식 가치관, 문화 및 오락 산업, 가장 진보적인 기분 전환 시스템 등의 현실적 전제 조건이 없었다면 우리가 세인에 대해 들었던 모든 것은 생각할 수도 없었을 것이다. 오로지 냉소적이고 탈도덕화한, 그리고 탈도덕화하는 전후 사회의 분위기 속에서, 사자(死者)들도 자신들의 몰락에서 정치적 이득을 챙겨야 하기 때문에 죽지도 못하는 그런 분위기에서만 '시대정신'에서 자극이 나와 철학으로 전환될 수 있다. 즉 현 존재를 '실존적으로' 고찰하고, 의식적으로 결단한 '진정한' 현 존재, 그러니까 '죽음을 향한 존재'와 일상성을 대립시키려는 철학으로 전환될 수 있다.

군사적인 '신들의 황혼'이 지나간 후, 또 '가치의 붕괴'가 있은 후, 물질 전쟁의 전선에서 '선'과 '악'이 서로를 죽인 **대립의 일치** 이후에 비로소 '본래적인 존재'에 대한 '성찰'이 가능하다. 극단적인 방식으로 내적인 사회화에 주목한 시대는 이 시대가 처음이다. 이 시대는 유령, 모방자, 외부 조종으로 움직이는 자아 기계들이 현실을 지배하리라는 점을 감지한다. 누구나 자기 자신의 대역이 될 수도 있다. 그러나 그걸 어떻게 인식할 수 있는가? 누구에게서 그가 '그 자신'인지, 또는 단지 세인인지를 깨달을 수 있는가? 이런 질문은 실존주의자들에게 중요하지만 할 수 없는 구분, 즉 진짜와 가짜, 본래적인 것과 비본래적인 것, 말해진 것과 말해지지 않은 것, 결정된 것과 결정되지 않은 것(그냥 '단지 그런' 것)을 어떻게 구분할지를 영원히 걱정하게 만든다.

> "모든 것은 정말 이해되고 파악되고 말해진 것처럼 보이지만, 실제로는 그렇지 않거나 또는 그렇게 보이지 않지만 실제로는 그렇다"(《존재와 시간》, p. 173).

언어는 너무나 힘겹게 '그렇게 보이는' 것과 정말 '그런 것'을 구분하는 것 같다. 그러나 경험은 모든 경계가 지워진다는 것을 보여준다. **모든 것은 마치 그런 것처럼 보인다.** 철학자는 이 '~인 것처럼'을 물고 놓지 않는다.

실증주의자에게 모든 것은 있는 그대로일 것이다. 본질과 현상의 차

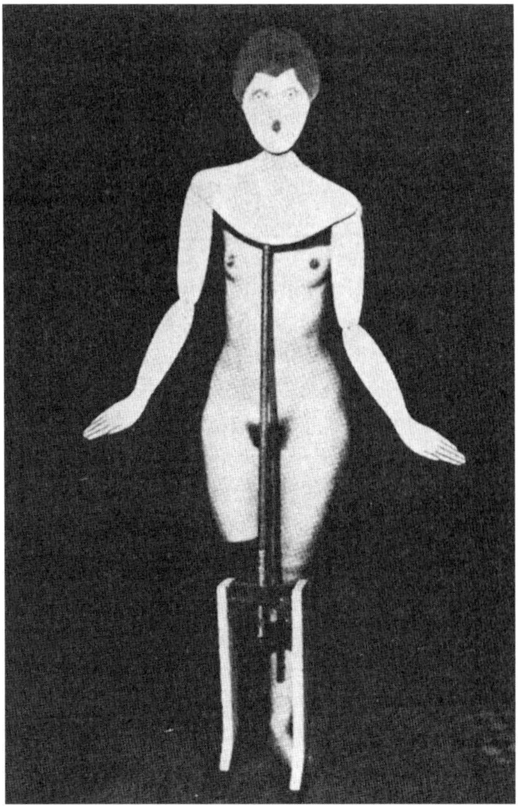

만 레이(Man Ray), 〈옷걸이〉, 1920.

이야말로 이제 끝내고 싶은 해묵은 형이상학적 도깨비짓일 것이다. 그러나 하이데거는 그 차이를 고집하면서 단지 '~인 것처럼'이 아니라, 본질적인 것, 진짜, 그 자체 본래성을 지닌 타자를 고수한다. 하이데거에게 남아 있는 형이상학적 잔류물과 순전한 실증주의에 대한 그의 저항은 **'본래성을 향한 의지'**에서 드러난다. 그런데 또 '다른 차원'이 있다. 이 차원은 제시할 수 있는 '사물'에 속하지 않기 때문에, 제시하려는 손길을 벗어난다. 타자(das Andere)는 우선 자신도 일자(das Eine)처럼 보인다는 확신이 있어야만 자신의 권리를 주장할 수 있다. 바깥에서 보아서는 '본래적인 것'과 '비본래적인 것'이 구분되지 않는다.

이 기이한 사유 형태 속에는 1920년대 최고로 민감한 정신의 맥박이 뛰고 있다. 그것은 구분을 요구한다. 어떤 식으로도 확인될 수 없는 구분이긴 하지만, 우리가 반드시 '해야만' 하는 구분을 요구한다. 적어도 애매모호성이 실존의 기본적인 정황이라고 **주장할** 수 있는 한, 형식적으로 '다른 차원'의 가능성은 보존된다. 이로써 하이데거의 사유 운동은 '비본래적인 것'과 똑같아 보이는 본래적인 것의 형식적인 구원에서 이미 다 고갈된 것 같다. 그러나 단순한 주장으로 만사가 해결되지는 않는다. 수없이 불러낸 본래적인 현 존재가 어떻게든 구분되기 위해서는 '그 자신만의 특별한 것'[43)]을 지니고 있어야 한다. 그리고 그것을 어떻게 발견할 것인지가 우리의 당면 문제다.

하이데거는 사태를 더욱 흥미진진하게 만들 작정으로, 세인으로서의 현 존재가 세상에 '빠져 있는 상태'는 더 높고 더 근원적인 '원상태'에서 떨어져나왔다는 의미가 아니라, 예로부터 현 존재는 '늘 이미' 빠져 있었다고 강조한다. 사람들은 흘러가는 세상사에 전적으로 매진할 때, 자신이 정말로 충만한 삶을 영위하고 있다는 생각을 한다고 그는 역설적으로 말한다. 반대로 하이데거는 바로 그것이 빠져 있는 상태라고 생각한다. 우리는《존재와 시간》의 저자가 '본래적인 것'을 안달하며 기대하는 독자들을 어떻게 고문해야 할지를, 좀더 솔직하게 이야기하면 '밖으로 표출된' '깊은 범용성'의 고문을 가할 줄 안다는 점을 인정해야 한다. 그는 분명히 긍정적인 부정성의 미로 속으로 우리를 이끌고 다닌다. 그는 세인과 그의 잡담에 관해, 호기심과 돌아가는 일에 빠져 있는 상태에 관해, 한마디로 '소외'에 관해 말한다. 하지만 그는 곧 이어 이 모든 것을 한 점의 '도덕적 비판' 없이 확인했음을 약속한다. 이 모든 것은 '존재론적 의도'에서 이루어진 분석이며,

사람들에 관해 말하는 자는 몰락한 자아가 아니라 본래의 자기 존재와 동일한 근원에서 나온 실존의 특성을 서술한다는 것이다. 자아는 처음부터 이러하다. 기이하게도 소외라는 표현은 **과거로 돌아가** 더 고상하고 근본적인 원래 존재, 낯선 것이 없는 원래 존재를 지시하지 않는다. 소외는 현 존재가 '자신'을 빼앗긴 상태가 아니다. 소외의 비본래성이야말로 처음부터 현 존재의 가장 강력한, 가장 원초적인 존재 방식이라는 것을 알게 된다. 광의에서 나쁘고 부정적이고 또는 허위라고 말할 수 있는 것은 현 존재에게서 전혀 발견되지 않는다. 소외는 세인의 존재 방식일 뿐이다.

사유에서 이런 비약의 독특한 무도법(舞蹈法)을 좀더 명료하게 설명해보자. 하이데거는 사실주의적 냉철함을 지향하는 사유 작업을 19세기의 가장 진보적인 견해들을 넘어설 정도까지 몰고 간다. 종래의 거대 이론들이 사실주의를 수용할 여력을 보인 경우는 사실주의와 균형을 이룰 수 있는 유토피아적이고 도덕적인 반대 힘들을 보유할 때뿐이었다면, 하이데거는 '허무주의'를 이 유토피아적 · 도덕적 영역에까지 확대한다. 19세기의 전형적인 쌍두마차가 이론적 학문과 실천적인 이상주의, 사실주의와 유토피아주의, 객관주의와 신화의 결합이었다면, 하이데거는 이제 형이상학의 제거에 착수한다. 즉, 그는 목적의 극단적인 세속화로 넘어간다. 그는 간단명료하게 본래성 속에 있는 삶의 확실한 무목적성에 주의를 기울인다. 우리는 찬란하게 빛나는 목적을 향해 가는 것이 아니며, 어떤 기관에게서도 위대한 내일을 위해 오늘 고통받아야 한다는 임무를 위임받지 않았다.[44] 목적에서도 선과 악의 저편을 생각해야 한다는 것이다.

본래-비본래의 구분은 그 실제 모습보다 더 난해한 것처럼 보인다. 이것이 어떤 '사물'의 구분은 될 수 없다(아름다운-추한, 진실한-허위의,

좋은-나쁜, 큰-작은, 중요한-하찮은)는 사실은 처음부터 확실했다. 실존주의적 분석은 이러한 차이들 **앞에서** 활동하기 때문이다. 그래서 마지막으로 생각할 수 있는 차이는 결단을 내린 현 존재와 결단을 내리지 못한 현 존재의 차이다. 나는 의식적인 그리고 무의식적인 현 존재라고 말하고 싶다. 그러나 의식-무의식의 대립을 심리학적인 계몽의 의미로 생각해서는 안 된다('결단을 내린-결단을 내리지 못한'의 차이가 오히려 의도한 방향을 가리킨다). 여기서 '의식'과 '무의식'의 차이는 인식의 대립도 아니고, 정보 · 지식 · 학문의 대립도 아니다. 그것은 실존적인 질의 대립이다. 그렇지 않다면 하이데거 식 '본래성'의 열정은 가능하지 않았을 것이다.

결국 본래성의 구조는 하이데거 비판가들에게 가장 하찮은 분노의 빌미를 제공한 '죽음을 향한 존재'라는 논리적 명제로 귀결된다. 시민철학이 온 힘을 기울여도 이제 이것보다 더 병적인 죽음의 사상을 만들지는 못할 것이다! 기생적인 머리들 속에 들어 있는 재의 수요일과 같은 환상이라니! 이렇게 하이데거 비판가들은 불평했다. 우리가 이런 비판에서 진리의 요소를 수용한다면, 하이데거의 작품에는 그의 의도와는 달리 역사적 · 사회적 순간이 반영되어 있다고 인정할 수 있다. 아무리 존재론적 분석이라고 맹세해도, 하이데거의 작품은 비의도적인 현재 이론이다. 그것이 본의 아니게 그런 이론이라면, 비판가는 이 작품에서 자유롭지 못한, 가려진 측면을 밝힐 권리가 있다. 하지만 그렇다고 해서 비판가가 밝혀진 측면을 존중해야 할 의무를 면제받는 것은 아니다.

어떤 사상도 죽음을 향한 존재의 사상만큼 친밀하게 자기 시대와 관계를 맺고 있는 사상은 없다. 이 사상은 제국주의적 · 파시즘적 세계전쟁의 시대에 나타난 철학적 단서이다. 하이데거의 이론은 제1차 세계대전과 제2차 세계대전 사이, 대량 학살의 1차 근대화와 2차 근대화 사이 잠깐 숨을 돌리던 시기에 나타났다. 그것은 파괴 산업의 처음 3인조인 플랑드르(Flandre), 타넨베르크(Tannenberg), 베르됭(Verdun)과 두 번째 3인조인 스탈린그라드, 아우슈비츠, 히로시마의 중간쯤에 위치한다.

죽음의 산업 없이는 오락 산업도 없다. 《존재와 시간》을 '단순히' 실존존재론으로 읽지 않고 현대의 암호화한 사회심리학으로 읽는다면, 구조적 연관성에 대한 통찰, 원대한 전망을 제공하는 통찰이 열릴 것이다. 하이데거는 실존의 현대적인 '비본래성'과 현대적인 죽음 제조간의 연관성을 포착한다. 그 포착 방식은 오로지 산업적인 세계전쟁을 겪은 동시대인들만 이해할 수 있다. 파시즘 혐의가 하이데거의 작품에 걸었던 주문을 우리가 푼다면, '죽음을 향한 존재'의 공식 속에 자리하고 있던 폭발적인 비판의 잠재력이 모습을 드러낸다. 그렇게 되면 하이데거의 죽음 이론이 19세기에 대한 20세기의 가장 강력한 비판이라는 점이 이해될 것이다. 말하자면 19세기는 사실주의적 거대 이론을 통해 **다른 사람들의 죽음**을 상상할 수 있게 하는 작업에 이론적 최대 에너지를 투입했다.[45] 세계악이 다른 사람들에게 악영향을 미치는 한, 거대한 진화론적 구상은 그것을 거두어서 모든 것이 실현된 먼 나중 시대의 높은 단계 위로 올려놓는다. 이런 점에서 진화의 이념, 혁명 개념, 도태 개념, 생존 투쟁과 적자 생존, 진보의 이념과 인종의 신화 사이에는 형식적 등가성이 있다. 이 모든 구상은 다른 사람들의 몰락을 객관화하는 관점을 실험했다.

하이데거의 죽음 이론과 더불어 20세기의 사상은 19세기의 이 잡식성의, 이론적으로 중립적인 냉소주의에게 등을 돌린다. 겉으로 봐서는 단지 인칭대명사만 바뀌었을 뿐이다. 즉 '사람은 죽는다'가 '나는 죽는다'가 된다. 죽음을 향한 의식적인 존재 속에서 하이데거의 실존은

'끊임없이 죽음에 대해 안심시키려는' 경향에 반항한다. 과도하게 파괴적인 사회는 이런 경향에 절대적으로 의존하고 있다. 산업 전쟁의 총체적 군사주의는 일상 생활에서 가능한 한 완벽한 마취를 통해 죽음을 억압하도록 강요한다. 이것이 현대적인 정신 산만의 법칙이다. 사람들이 주의를 기울인다면, 세계의 상태는 그들에게 이렇게 속삭일 것이다. "너희의 파멸은 이제 순전히 시간 문제고, 파멸이 너희에게 닥칠 때까지 필요한 시간이 동시에 너희가 정신 산만하게 지낼 수 있는 시간이다. 다가올 파멸은 너희의 산만, 삶에 대한 너희의 비결단적 태도를 전제로 한다."

산만한 세인은 우리의 실존 양식이다. 이 양식을 통해 **우리는 스스로** 보편적인 죽음의 맥락 속으로 빠져 들어가며 죽음의 산업과 협력하게 된다. 나는 하이데거가 군비 증강의 철학에 이르는 실마리를 손에 쥐고 있다고 주장하고 싶다. 군비 증강이란 세인의 법칙에 따른다는 것을 뜻하기 때문이다. 《존재와 시간》 가운데 가장 인상적인 문장은 다음과 같다. "세인은 죽음에 대한 불안에 직면할 수 있는 용기를 불어넣어주지 않는다"(254). 군비를 증강하는 사람은 '죽음에 대한 불안에 직면할 수 있는 용기'를 군사적 활동으로 대체한다. 군대는 내가 '나의 고유한 죽음'을 죽지 않도록 보장하는 최대의 보증인이다. 그것은 '내가 죽는다'를 억압하려는 노력에 도움을 주겠다고 약속하며, 또한 세인의 죽음, **부재 중**의 죽음, 정치적인 비본래성 속에서 마취 중에 죽는 죽음을 얻게 해주겠다고 약속한다. 사람은 무장하고 산만하게 흩어지고 죽는다.

나는 하이데거의 '나는 죽는다' 속에 새로워진 견유주의의 사실철학의 핵심이 들어 있다고 생각한다. 어떤 세계 목적도 이 견유주의의 선험적 토대, '나는 죽는다'에서 멀리 이탈하여 죽음이 목적의 수단이 되게 해서는 안 된다. 삶의 무의미성(이를 둘러싸고 허무주의 험담이 무성하다)이 실제로 삶의 소중함을 정당화한다. 절망과 고통에 짓눌린 현 존재의 악몽만이 무의미함의 속성으로 분류되는 것은 아니다. 의미를 생성하는 삶의 축제도, 지금 그리고 여기, 대양의 향연에서 활동하는 힘찬 의식도 무의미함의 속성이다.

하이데거 본인에게도 상황은 더 암울해졌고, 그의 실존적 풍경은 일상성의 회색 뉘앙스와 불안과 사색(死色)의 눈부신 섬광 사이에서 전개되었음은 이미 잘 알려진 사실이다. 또한 그것이 그의 저서가 자아내는 우울한 분위기를 설명해준다. 그러나 죽음을 향한 존재의 열정 속에서도 한 점의 견유적 물질이 발견된다. 그것은 **금욕**의 열정이다. 20세기의 언어로 표현하면, 목적견유주의가 이 열정 속에서 발언한다. 사회가 활동 과정에서 우리에게 목적이라고 내미는 것은, 우리를 늘 비본래적 현 존재에 묶어 놓곤 했다. 세계의 과정은 죽음을 억압하기 위해 온갖 짓을 다 한다.

반면, '본래적인' 실존은 내가 이 세상에서 어떤 식으로 서 있는지를 분명하게 인식하는 데에서, 또 내 시간의 끝에서 죽음이 바로 나를 기다린다는 사실을 미리 철저하게 사유할 때, 절실히 느껴지는 죽음의 불안을 내가 똑바로 직시하는 데에서 비로소 불붙어 타오른다. 여기에서 하이데거는 집의 아늑함을 느끼지 못하는 현 존재의 원초적인 무시무시함을 도출한다. 세계는 결코 인간에게 보호를 제공하는 안전한 집이 될 수 없다. 현 존재는 원래 집이 없기 때문에(unheimlich), '정주(定住)하지 않는 인간(특히 제2차 세계대전 이후 폭탄으로 파괴된 나라의 철학에서 때때로 출몰하는 인간형이다)'은 인위적인 거주지와 고향으로 도피하고, 불안 때문에 습관과 주택 안으로 숨어든다.

물론 이런 명제는 보편성을 지향한다 해도, 역사적 순간의 현상들과

게오르게 그로스(George Grosz), 〈공화주의 자동기계들〉, 1920.

구체적인 관계[46]를 맺고 있다. 그래서 하이데거가 바우하우스의 동시대인이며, 새로운 주거의 초기 도시 생활과 사회복지 주택의 동시대인이라는 사실은 헛되지 않았다. 그의 철학적 담론은 주거 감정과 집의 신화, 도시 신화를 현대적으로 문제화하는 데 은밀하게 참여한다. 그가 이야기하는 인간의 무(無)주거성은 태생적 시골뜨기가 현대적인 대도시의 생활양식을 보고 느끼는 공포심에서 자양분을 취하고 자라난 것이다. 무주거성은 집을 짓고 도시를 건설하는 우리 문명의 유토피아에 대한 거부이다.

산업에 긍정적인 태도를 취하는 것이 분명하다면, 실제로 사회주의는 유토피아의 도시적 '정신'이 연장된 것임이 틀림없다. 사회주의는 도시적인 수단으로 '도시의 불모성'에서 벗어나게 해주겠다고 약속하면서 새로운 도시, 최후의 인간 도시와 고향을 상상한다. 이런 유형의 사회주의 속에는 도시의 빈곤에서 자라난 꿈이 들이 있다. 그런데 하이데거의 지방주의는 이를 전혀 이해하지 못한다. 그는 시골보다 더 좋은 것이 들어설 수 있다는 말로도 설득할 수 없는 '영원한 지방'의 눈으로 도시를 본다. 선의의 해석자는 하이데거가, 도시는 시골을 꿈꾸고 시골은 도시를 꿈꾸는 식의 현대적 공간 환상들을 파괴했다고 말할 수도 있다. 두 환상은 똑같이 제한적이며 왜곡되었다. 하이데거는 은유적 의미에서 그리고 문자 그대로의 의미에서 시골로 '탈역사적' 귀향을 실행한다.

근대화가 가장 황폐한 형태로 진행되던 시절(이른바 황금의 1920년대에) 한때 유토피아의 장소였던 도시는 그 마력을 상실했으며, 특히 20세기 초 수도였던 베를린은 대도시 열광을 가라앉히는 데 나름대로 기여했다. 베를린은 산업, 생산과 소비, 대중 빈곤의 초점이었지만, 동시에 소외의 위험에 가장 적나라하게 노출되어 있었다. 도시들보다 현대성의 대가를 더 비싸게 치른 곳도 없었다. 하이데거 식 세인 분석은 도시의 교육 계층이 자신의 생활양식에 대한 불쾌함을 표현하는 데 안성맞춤처럼 보였다. 정신 산만의 문화, 잡담, 호기심, 무주거성, 빠져 있음(우리는 여기서 가능한 모든 악덕을 생각할 수 있다), 노숙, 불안, 죽음을 향한 존재, 이 모든 것은 흐릿하기도 하고 섬세하기도 한 거울에 비친 대도시의 비참한 고통처럼 보인다.

하이데거의 지방견유주의는 강한 문화 비판적 경향을 띠고 있다. 그러나 그만한 위치에 있는 철학자가 시민적 도시의 유토피아와 사회주의적 유토피아를 등진다는 것이 반드시 그가 절망적인 지방주의에 빠져 있다는 증거는 되지 않는다. 그것은 견유주의적 방향 전환, 도시의 사회적 꿈에 내재한 거대한 목적과 기획을 무효화한다는 의미에서의 방향 전환을 암시한다. 지방으로 전회하는 것은 사실적인 거시 역사학, 즉 종래 산업 세계의 이미지가 할 수 있던 것보다 더욱 세심하게 자연과 농업과 생태학의 틀 안에서 조절되는 삶에 주의를 기울이는 거시 역사학으로 전회함을 의미한다. 산업역사학자가 쓰는 역사는 불가피하게 미시 역사학이 된다. 지방의 역사는 훨씬 더 큰 시간성의 맥박이 뛰고 있음을 안다. 간단하게 표현하면, 도시는 실존의 충만한 실현이 아니다. 또한 산업 자본주의의 목표도 아니다. 학문적 진보 역시 아니다. 더 많은 문명, 더 많은 극장, 아름다운 주거, 더 오래 자동차 타기, 더 맛있는 음식, 이 모든 것이 실존의 충만을 의미하지 않는다. '본래성'은 늘 무언가 다른 것이다. 너는 네가 누구인지 알아야만 한다. 의식적으로 너는 네가 가진 가능성의 최고 단계인 죽음을 향한 존재를 경험해야 한다. 네가 불안에 떨 때 본래성이 너에게 엄습한다. 커다란 두려움을 견딜 용기를 낼 때, 너의 순간은 올 것이다.

"본래적인 불안은…… 빠져 있는 상황과 공공성이 지배하는 상황에서는 드물다"(《존재와 시간》, p. 190). 희귀한 것을 선택한 사람은 엘리트의 선택을 한 것이다. 다시 말해 본래성은 소수의 문제다. 여기서 우리는 무엇을 연상하는가? 우리는 여기서 위대한 자유의 짐을 견디는 소수와 반항적인 노예로 살기를 원하며 진정한 자유, 진정한 불안, 진정한 존재와 대면할 자세를 갖추지 못한 다수를 구분하는 종교재판관의 말을 다시 듣고 있는 것은 아닌가? 실제로 존재하는 자들로 이루어진 엘리트 집단을 가정하는 엘리트주의, 즉 완전히 비정치적인 엘리트주의는 불가피하게 사회 속으로 들어가 정치적인 선택을 해야 한다.

이런 점에서 종교재판관은 냉철하고 냉소적인 정치 의식이라는 이점을 가지고 있다.

그에 반해 하이데거는 순진했다. 학술적인 비(非)정치주의, 엘리트 의식과 영웅적 기분이 섞이면 필연적으로 이해할 수 없는 정치적 결정이 나올 수밖에 없다는 점을 분명하게 의식하지 못했다. 한동안 그는 민족적 종교재판관의 냉소주의에 빠진 적도 있었다. 그의 분석은 본의 아니게 그 자신에게서 진리임이 입증된다. 모든 것은 **그렇게 보인다**. "진정으로 이해하고 파악하고 말한 것처럼 들리지만, 근본적으로 그렇지 않았다." 마치 파시즘이 '빠져 있음'에서 부활한 본래성처럼 보이는 것과 마찬가지로 현대성에 대한 현대적 반란이 자신을 찾기로 결단한 실존의 현실적인 증거처럼 보이는 것과 마찬가지로, 나치의 민족적 사회주의('운동', '봉기', '결정')는 본래성 · 결단 · 죽음을 향한 영웅적 존재에 대한 하이데거의 환영과 비슷해 보였다. 제3제국의 지식인들에 대한 한나 아렌트의 자신만만한 논평, 즉 그들이 파시스트는 아니었지만 민족적 사회주의에 관해 '어떤 착상이 떠올랐던' 사람들이었다는 논평을 인용할 때 우리는 하이데거를 생각해야만 한다. 실제로 하이데거는 온갖 종류의 착상을 떠올렸다. 그러나 결국 이 정치 운동이 '본래' 무엇을 의미하는지를 눈치챌 때까지 기만은 오래 지속될 수 없었다. 바로 나치 운동은 대중적 세인이 무엇을 **가슴속에** 감추고 있는지 분명하게 보여주어야만 했다. 즉 지배자 인간으로서 세인, 나르시시즘적이며 동시에 권위적인 대중으로서 세인, 쾌락 때문에 살인하는 사람, 그리고 살인의 의무를 가진 관료로서 세인을 보여주어야 했다. 파시즘의 유일한 '본래성'은 잠재적인 파괴성을 표명된 파괴성으로 변화시켰다는 데에 있으며, 그렇게 함으로써 아무것도 감추지 않고 밖으로 드러낸 '명백성'의 냉소주의 시대에 극히 적합한 방식으로 참여했다는 데 있다.

파시즘, 특히 독일적으로 변형된 파시즘에서 정치적 파괴성의 '노출'은 적나라한 형태를 띠며 '권력을 향한 의지'라는 표현으로 한층 고무된다. 니체가 신경정신과 의사의 방식으로 자본주의 사회에 말했음직한 일이 일어났다. "근본적으로 너희는 모두 권력을 향한 의지에게 잡아먹힐 것이니, 이번에 다 털어놓고 너희의 본 모습을 인정해라!"[47] 그후 곧 나치는 '이드(id)'를 방출한다. 그것도 치료의 조건하에서가 아니라 정치적 현실의 한가운데에서 말이다. 아마 니체가 철학은 (진지하게 치료에 대해 생각하지 말고) 도발적인 진단으로 그쳐야 한다고 믿었던 것은 자신의 이론적인 경박함 때문이었을 것이다. 악마의 이름을 부를 수 있는 사람은 그에 대한 해독제를 알고 있는 사람이어야 한다. 악마를 부르는 것은(그것이 권력을 향한 의지든, 공격성이든) 그의 실재를 인정한다는 것이며, 실재를 인정하는 것은 악마를 '사슬에서 풀어주는 것'이다.

하이데거 이래 고대의 견유주의 충동의 후예가, 어려운 암호로 되어 있지만 그래도 해독할 만한 후예가, 다시 문명 비판적으로 사회적 사건에 개입하고 있다. 그는 결국 현대 기술과 지배 의식의 **불합리성**을 논증한다. 우리가 실존존재론을 철학적 오일렌슈피겔 식 짓거리라고 생각한다면, 아마 그것의 불손하기까지 한 음산함을 조금은 덜어낼 수 있을 것이다. 실존존재론은 사람들에게 온갖 시범을 다 보여주었다. 그래서 결국 그들이 더 이상 속지 않게 한다. 실존존재론은 가장 단순한 것을 전달할 때에도 무척 강직한 태도를 취한다. 나는 이를 목적견유주의라 부른다. 수단냉소주의에게서 조작 · 지배 · 파괴의 차가움을 배웠던 삶은 목적견유주의의 영감을 받아 다시 따뜻해질 것이다.

도구적 이성 비판은 냉소적 이성 비판이 되어 임무를 완성하라고 스스로에게 압박을 가한다. 냉소적 이성 비판의 과제는 하이데거의 열정을 조금 부드럽게 만들고, 그 열정을 단순한 죽음의 의식에 대한 집착에서 해방시키는 것이다. '본래성'이라는 표현이 의미를 지니려면, 그것을 사랑과 성적 도취에서, 아이러니와 홍소에서, 창의성과 책임에서, 명상과 무아경에서 경험해야 한다. 이렇게 경직이 풀리면서 자신의 죽음을 자신의 가장 고유한 소유물이라고 생각하는 저 실존주의적 유일자는 사라질 것이다. 존재 가능(Seinkönnen)의 정점에서 우리는 고독한 죽음 속의 세계 몰락을 경험할 뿐 아니라 공동 세계에 대한 헌신을 통한 자아 몰락을 체험하게 될 것이다.

죽음은 분명 양대 대전 사이에서 철학적 환상을 그늘지게 했고, 목적견유주의와 **초야**를 치를 권리를 적어도 철학 안에서 주장했다. 그러나 실존철학이 현실적인 삶에 대해 무슨 말을 할 것인가 하는 질문을 받았을 때, '자신의 죽음'만 머리에 떠오른다면, 이것도 실존철학과 실제 실존의 관계에 그다지 좋은 영향을 미치지 못할 것이다. 실제로 실존철학은 아무 할 말도 없다고 말한다. 그런 의미를 표현하려면 실존철학은 아무 할 말도 없다는 'nichts'를 'Nichts'로 표기해야 한다. 이런 역설이 《존재와 시간》의 거대한 사유 운동의 특징이다. 신비스러울 정도로 '빈약한' 내용을 전달하기 위해 그토록 방대한 개념을 투입한 적은 없었다. 작품은 독자들에게 본래적 실존을 살라고 열정적인 호소를 하지만, '그러면 어떻게?'라는 질문을 받으면 정작 침묵의 베일 뒤에 숨어버린다. 거기서 얻어낼 수 있는 가장 기본적이고 유일한 대답은, (앞에서 말한 의미로) 해독하자면 **'의식적으로'**이다. 그것은 해야 할 것과 하지 않아야 할 것에 대한 지시를 담고 있는 구체적인 도덕이 아니다. 그러나 철학자가 지령할 것이 아무것도 없다면, 본래성을 찾으라는 강렬한 제안을 할 수도 있을 것이다. 다시 말하면, 너는 네가 원하는 것을 할 수 있고, 네가 해야만 할 일을 할 수도 있다. 그러나 그 일을 하더라도 네가 하는 일이 무엇인지를 강하게 의식하면서 해야 한다.

도덕적인 비도덕주의, 이것은 실존존재론이 윤리학에게 할 수 있는 최후의 말인가? 의식적 삶의 윤리는 현대의 허무주의 흐름 속에서 견지될 수 있는 유일한 윤리처럼 보인다. 근본적으로 아무 윤리도 아니기 때문이다. 의식적 삶의 윤리는 대체도덕(선을 미래로 투사하고, 선에 이르는 과정에서 악을 상대적인 것으로 만들도록 도와주는 유토피아와 같은 종류)의 기능조차 수행하지 못한다. 정말 선악의 피안에서 사유하는 사람은 삶에 유의미한 유일한 대립을 알고 있다. 그것은 우리가 이상주의적으로 과도하게 노력할 필요 없이 우리 자신의 현 존재로 지배할 수 있는 유일한 대립, 즉 의식적인 행위와 무의식적인 행위의 대립이다.

프로이트가 "이드가 있던 곳에서 자아가 형성될 것이다"는 명제를 세웠다면, 하이데거는 "세인이 있던 곳에서 본래성이 자랄 것이다" 하고 말할 것이다. 자유롭게 해석하면, 본래성은 우리가 현 존재 속에서 **의식의 연속성**을 만들어낼 때 도달하는 상태다.[48] 오로지 그것만이 인간의 삶의 조건하에서, 특히 사회화한 삶의 조건하에서 무의식의 마법을 깰 수 있다. 세인의 산만한 의식은 비연속적이고, 충동적 · 반작용적이며, 자동적이고 자유롭지 못한 상태에 머물러 있어야 한다는 형벌을 선고받았다. 세인은 강제이다. 그에 반해 의식적인 본래성(우리는 잠정적으로 이 표현을 수용한다)은 높은 수준의 자각을 얻기 위해 노력한다. 의식적 본래성은 자신의 행위에 단호함과 활력의 힘을 실어준다. 이에 관해 불교는 비교 가능한 표현으로 말하고 있다. 세인 자아(Man-Ich)가 잠든 사이, 본래적 자기(Selbst)의 현 존재는 깨어 있다. 끊임없이 깨어 있으면서 자기 자신을 탐구하는 사람은 도덕의 피안에서 자신을 위해 무엇을 할 것인지를 찾아낸다.

하이데거의 체계적인 비도덕주의[49]가 어느 정도의 깊이를 가지고 있는지, '양심' 개념의 재해석에서 분명하게 드러난다. 그는 조심스럽게, 그리고 동시에 혁명적으로 '양심 없는 양심'을 구축한다. 양심이 유럽의 천년 도덕 역사에서 무엇이 선이고 악인지를 스스로에게 말하는 내면의 기관으로 여겨져왔다면, 하이데거는 그것을 어떤 발언도 하지 않는 **텅 빈** 양심으로 이해한다. "양심은 오로지 그리고 늘 침묵의 양식으로 말한다"(《존재와 시간》, p. 273). 하이데거의 특징적인 사유 형태, 즉 아무것도 말하지 않는 강렬함이 다시 등장한다. 선과 악의 저편에는 오로지 '시끄러운' 침묵이 있을 뿐이다. 이 침묵은 깨어 있으면서 사건의 진상을 주시하는 일만 하는, 판단하지 않는 강력한 의식이다. 한때 내용을 가진 도덕적 기관으로 이해되었던 양심은 이제 순수한 의식 존재의 영역으로 근접한다. 사회적 관습과 원칙에 관여하는 도덕은 오로지 세인의 행동에만 관계한다. 본래적 자아의 영역에 남는 것은 단지 결단을 내린 순수한 의식, 즉 진동하는 현존뿐이다.

하이데거는 장중한 의식의 과정에서 이 '비양심적 양심'이 우리에게 호소하고 있음을 발견한다. '유죄에 대한 호소' 말이다. 무엇에 죄가 있다는 것인가? 대답이 없다. '본래적' 삶이 어떤 점에서 **선험적으로** 유죄인가? 여기서 기독교적 원죄설이 비밀리에 뒷문으로 다시 들어온 것인가? 그렇다면 우리는 도덕주의를 단지 겉으로 버리는 척했던 셈이다. 그러나 본래적 자기 존재가 죽음을 향한 존재로 서술된다면, 이 '유죄의 호소'가 아직 살아 있는 존재와 다른 사람의 죽음 사이에 하나의 실존적 관계를 만들어낼 것이라는 생각이 설득력을 얻는다. '죽게 내버려 둠'으로서의 삶, 즉 원래 살고 있는 사람은 자신을 생존자로 이해하는 사람이다. 또한 죽음이 자신을 스쳐지나갔을 뿐이며 죽음과 최종적으로 만날 때까지 시간을 **연기했다**고 생각하는 사람이다.

하이데거는 의미상 비도덕적 성찰의 극단적인 한계까지 분석을 감행한다. 그가 스스로 언제 폭발할지 모를 땅 위에 서 있음을 의식하고 있다는 사실은 "유죄의 호소는 악의의 호소를 말하는 것이 아닌가?" 하는 질문에서 드러난다. '본래성' 속에 살면서 악의 결정적 실행자의 모습을 보이는 그런 본래성이 가능한가? 파시스트들이 이 세상에서 악을 행하기 위해 니체의 《**선악의 피안**》을 근거로 끌어들였듯이 말이다. 하이데거는 이런 결과에 놀라 뒷걸음친다. 하이데거는 '비양심적 양심'의 비도덕주의는 악의에 대한 호소가 아니었음을 분명히 한다. 어쨌든 1927년 하이데거는 불분명한 예감으로 걱정하지만, 정작 1933년 진리의 순간을 놓치고 만다. 그래서 그는 히틀러 운동의 능동적이고 단호하며 영웅적인 빈 말에 속아넘어갔던 것이다. 정치적으로 순진했던 철학자는 파시즘에서 '본래성의 정치'를 발견했다고 믿었다. 그리고 독일의 대학 교수만이 유독 그렇게 할 수 있는 것처럼 영문도 모른 채, 자신의 철학적 명제를 국가적 운동에 반영하도록 허락한다.

그러나 여기서 유념할 점은, 중요한 사유 업적을 보더라도 하이데거는 결코 우파 인물이 아니라는 것이다. 비록 그가 정치적으로 어리둥절하게 만드는 말을 많이 했다 하더라도 말이다. 그는 목적견유주의(나는 이렇게 부른다)로 19세기의 유토피아적 · 도덕주의적 거대 이론들을 파괴한 최초의 철학자이기 때문이다. 그는 이런 업적으로 새롭고 다른 좌파의 계보학에서 가장 먼저 등장한다.

이 좌파는 19세기의 잡종 역사철학의 구조에 매달리지 않는 좌파이고, 교조 마르크스주의의 거대 이론(나는 세계관이라는 말보다 이 개념을 선호한다) 투로 스스로를 세계 정신의 공범자라고 생각하지 않는 좌파, 무조건적으로 산업 발전의 교의를 맹세하지 않는 좌파이며, 부담이 되는 편협한 물질주의적 전통을 수정하는 좌파이고, '자신의 문제'를 관철하기 위해 다른 사람들이 죽어야 한다고 가정하지 않고 살아 있는 자에게는 오로지 자기 자신이 가장 중요하다는 인식을 가지고 살아가는 좌파이며, 사회화만이 현대성의 폐해를 치유할 수 있는 만병통치약이라는 순진한 믿음에 집착하지 않는 좌파이다. 대개는 알려고 하지도 않지만 자기도 모르게(이 나라에서는 그것을 지각조차 하지 않겠다고 맹렬히 결의한다) 신좌파는 실존주의적 좌파, 신견유주의 좌파, 과감하게 표현하면 **하이데거 식 좌파**이다. 이는 '파쇼적' 존재론자에게 뚫을 수 없는 금기를 걸어놓았던 비판 이론의 나라에서는 상당히 자극적인 소견이다. 하지만 누가 실존주의적 방향과 헤겔 좌파적인 비판적 사회 연구 사이에 전개되어온 상호 배척의 과정을 철저하고 치밀하게 연구했는가? 아도르노와 하이데거 사이에는 은밀한 유사점과 유추들이 무수히 많지 않은가? 그들은 왜 서로 대화를 거부하는가?[50] 그들 가운데 누가 '더 비극적인 학문'을 공식화했다고 감히 말할 수 있겠는가?

그리고 디오게네스는? 실존존재론적 모험은 그에게 보람 있는 일이었는가? 그의 등불은 인간을 발견했는가? 말할 수 없이 단순한 것을 머릿속에 서서히 주입하는 데 성공했는가? 그 스스로도 그 일에 대해서는 의심스러워할 것이다. 그는 아마 철학이라는 전체 사업을 중단해야 하는 것은 아닌지 고민하고 있을지도 모른다. 철학은 상황의 비극적인 복잡함에 필적하지 못한다. '변화시키기 위해 동참한다'는 전략은 변화시키는 사람을 집단 우울증에 빠지게 할 것이다. 더 활력 있게 산 사람이 결국 더 슬픈 사람이 되고 마는 것이다. 달리 어쩔 도리가 없을 것이다. 디오게네스는 필경 교수직을 사임하고, 우리는 게시판에서 X 교수의 강의가 다음 공고 때까지 휴강될 것이라는 소식을 읽는다. 소문에 의하면 미국 상점에서 침낭을 사는 그를 보았다고 한다. 마침내 우리는 쓰레기통 위에 앉아 있는 디오게네스를, 머리가 약간 돈 사람처럼 거나하게 취해 앞을 쳐다보며 낄낄 웃고 있는 그를 보게 될 것이다.

주

서문

1. '제5예비 숙고'에서 이 문제를 다시 다룰 것이다.
2. H. Heine, *Sämtliche Schriften*, hg. v. Klaus Briegleb, München 1969, Bd. II, p. 466.

제1부 조감–다섯 가지 예비 숙고

01

1. 이 정의의 1차 '지양'은 '제5예비 숙고'에서 이루어지고, 2차 '지양'은 '현상학적 주요부'에 나온다.
2. 이 책의 '현상학적 주요부'의 '여섯 가지 주요 냉소주의'를 참조할 것(2권).

02

1. 나는 이 책에서 줄곧 지배하는 권력을 지배 세력(Vormacht)이라 표현한다. 이로써 이 세력이 혼자 권력이거나 권력을 가진 것이 아니라, 늘 이른바 반대 세력 위에 '걸터앉아' 있다는 사실을 표현할 수 있다. 현실주의적 권력 이론에서는 전능(全能)과 무력(無力)이 단지 '수학적' 권력 이념인 것처럼, 무한히 큰 권력과 무한히 작은 권력으로 등장한다. 전능과 무력은 서로 대치할 수 없지만 지배 세력과 반대 세력은 그렇게 할 수 있다. '거기' 있는 것은 권력을 가지고 있다. 그것은 양(+)의 에너지로서 의식체 속에 집중적으로 모여 있으며, 의식체의 도구와 무기들로 외연을 넓힌다. 그러므로 '전부 아니면 무' 논리는 정치 영역에서는 위험할 뿐 아니

라 치명적일 수 있다. "제3신분이 무엇인가? 아무것도 아니다. 그것은 무엇이 되려고 하는가? 모든 것"에는 "반대 권력의 치명적인 자기 표현이 되려고 한다"는 시에예스(Emmanuel Joseph Sieyés)의 명제, 정치 투쟁의 그릇된 논리화, 이를 통해 부분을 전체로 만들고자 하는 논리화가 실행되고 있다. 의미상으로는 이 잘못된 '전부 아니면 무' 논리는 프롤레타리아를 '전부'로 만들려는 마르크스주의에서도 되풀이된다. 이 전도된 권력 개념은 좌파 야당의 보편적인 유산인가? 바로 이 문제에서 프랑스의 신(新)철학이 좌초됐다. 즉 낡은 선로 위를 거닐면서 전능과 지배 세력을 혼동하는 신철학, 악한 국가 권력의 마니교적 존재론에 고착되어 있는 신철학이 무너진 것이다.

03

1. Bruno Bauers, *Theologische Schamlosigkeiten*, 1841, in: B. B., *Feldzüge der reinen Kritik*, hg. v. H. M. Saß, Ffm, 1968.
2. 이 이론의 선구자는 크리티아스(Kritias)처럼 그리스의 궤변론자 중에도 있었다.
3. 칸트 비판의 확장은 항상 물리학적 경향을 가진 경험 개념의 편협함에 달려 있는 문제였다. 칸트를 넘어서고자 하는 사람은 항상 역사적 · 문화적 · 상징적 · 정서적 · 성찰적 현상에까지 외연을 넓힌 풍부한 경험 개념을 구실로 든다.
4. 무장 평화 정책의 현실적이고 심각한 냉소주의가 제3차 세계대전과 어떤 관계에 있는지 '제5예비숙고'의 한 부분에서 드러날 것이다.
5. 나는 '여섯 번째 주요 냉소주의'에서 프로이트를 견유주의 이론의 선구자로 기술할 것이다. '세 번째 주요 냉소주의'를 참조할 것(2권).
6. 이는 모든 신보수주의의 문화 전략이다. 이에 관해서는 '전선(戰線)과 무', '유언장 없이 죽은 자들' 그리고 부록 '정치적 쿠에 요법'(프랑스의 심리학자 에밀 쿠에가 창시한 자기 암시법—옮긴이)(2권) 참조.
7. 초기 민족주의의 극적인 사건에 관해서는 최근에 장 플뤼미엔느(Jean Plumyène) 인상적으로 서술했다. *Les nations romantiques, Histoire du nationalisme,* T. 1, Paris, 1979.
8. 우리는 이 경향의 발전 과정을 슈티르너의 영향으로 시작된 '개인주의적' 무정부

주의의 사례에서 연구할 수 있다.

04

1. "인류를 계몽하겠다는 것은 헛수고이다. 할 수만 있다면 스스로 현명해지는 것으로 만족하면 된다. 그러나 평민은 실수를 저지르게 내버려두고, 단지 그들을 사회질서의 혼란을 야기하는 범죄자들에게서 떼어놓으면 된다"〔프로이센의 프리드리히 2세가 달랑베르(d'Alembert)에게 보낸 편지에서, 1770〕.
2. 격식을 덜 차리고 말한다면, 거대한 뒤죽박죽, 사실의 애매모호성.
3. 그 외에 마르크스적 대안의 역사적 치욕(p. 184ff)과 사회심리적인 분위기 전반의 흐림 현상(p. 245ff)을 들 수 있다.
4. Peter Jirak, *Zukunft als Provinz,* in: *Frankfurter Hefte*, 33, Jg., Heft 4, 1978, 4.

05

1. 나는 디오게네스를 그 밖의 견유주의적이고 냉소적인 인물들처럼 역사적 · 비판적인 방식이 아니라 현재의 관점에서 다룬다. 현재의 관점에서 다루는 방식은 견유주의적이고 냉소주의적인 모티프의 보편적 유형화를 가능하게 한다.
2. 디오게네스 초상화. '개인간-철학자'를 볼 것. 나는 여기에서도 견유주의 충동의 사회비판적 · 정치적 측면을 지적할 수 있다. 이런 측면은 왜 견유주의가 현재의 사회적 저항 역량들에게 안성맞춤인지를 설명해준다.
3. Willy Hochkeppel, *Mit zynischem Lächeln. Über die Hippies der Antike*. In: gehört gelesen, 1980, 12, p. 89ff.
4. 특히 스토아 학파를 거치면서 억제되고 유도된 형태로.
5. Peter Sloterdijk, *Literatur und Lebenserfahrung. Autobiographien der 20er Jahre*, München 1978 (Hanser). 특히 다음의 제목이 붙은 장을 참조할 것. "Zur Logik der Repräsentation. Selbstdarstellung als Tateinheit von Publizieren und Verallgemeinern", p. 305ff.

6. 클라우스 하인리히의 아름다운 책 《아니라고 말하는 어려움에 관한 습작(Versuch über die Schwierigkeit Nein zu sagen)》을 참조할 것. 하인리히는 고대 견유주의의 폭발력을 표현했다. Klaus Heinrich, *Parmenides und Jona*, Ffm, 1966.
7. 일차적으로 냉소주의를 사회철학적으로 전개하기 위해 냉소주의 심리학을 먼저 다루지 않을 생각이다. 주관적인 냉소주의와 그것의 심리 역학은 '바이마르 징후(2권)'라는 장에서 논의할 것이다.
8. Erich Kästner, *Fabian. Geschichte eines Moralisten*, 1931/1976, pp. 64~65.
9. 이링 페처(Iring Fetscher, *Reflexionen über den Zynismus als Krankheit unserer Zeit*, in: *Denken im Schatten des Nihilismus*, hg. v. A. Schwan, Darmstadt 1975)도 지식인들이 냉소주의를 피하려고 하면서 지나친 도덕적 긴장에 빠질 수 있음을 지적했다.
10. Walter Benjamin, *Einbahnstraße*, Ffm. 1969, p. 59.
11. 비도적주의 문제는 '냉소주의자의 진열장'에서 체계적으로 다룬다. 여기에서는 메피스토펠레스, 종교재판관과 하이데거의 세인에 관해 언급할 것이다.
12. 이러한 무장과 논의는 서구의 청년들 사이에 만연한—이들이 정신분열증적인 사실주의의 초대에 응하지 않는 한—탈도덕화 현상의 원천이다. 그래서 그들은 '이중 결의'와 이중 사고에 저항하는 것이다.
13. 4반세기 전에 이미 귄터 안더스(Günther Anders)도 이런 생각을 했다. *Die Antiquiertheit des Menschen. Über die Seele im Zeitalter der zweiten industriellen Revolution*, München 1956.

제2부 세계 과정에서 냉소주의

1. 인상학적인 고찰

01

1. 이반 일리치(Ivan Illich)에게서 빌려온 이 개념을 나는 인식론적 영역에서 사용했다.
2. 많은 사람들이 나폴레옹의 현실주의적 냉소주의를 경탄해마지 않았는데(2권 '역

사적 고찰'을 볼 것) 1814년 설날, 그는 연설에서 비꼬듯 이렇게 물었다. "왕좌란 도대체 무엇인가? 금을 입힌 나뭇조각 네 개와 우단 한 조각인가? 아니다. 왕좌는 한 남자이고, 그 남자가 나다……." 제례 의식(하찮은 말)과 정당성(문서)에 대해 벼락 출세한 사람의 태도를 취하는 냉소주의자의 언어이다. 즉, 부자연스럽고 사무적이다.

3. 나는 신성 모독을 '종교냉소주의의 주변 현상'이라고 설명할 것이다.
4. 이에 대해 '여섯 번째 주요 냉소주의'(2권)를 참조할 것.
5. 여기서 우리는 냉소주의가 견유주의의 전극 교환으로 나왔다는 점을 알게 된다. 냉소주의자는 근본적으로 역겨워하는 사람이다. 그에게 모든 것은 개똥이며, 너무 실망한 그의 초자아는 똥의 장점을 보지 못한다. 그래서 그는 구역질을 한다.
6. 정신분석학과 냉소주의의 관계는 이 책 세 군데, 즉 '세 번째, 여섯 번째 주요 냉소주의'와 '역사적 주요부'의 두 번째 부록〔얼음 개들, 냉소주의자들의 정신분석학(Die Eishunde, Zur Psychoanalyse des Zynikers)〕(2권)에서 다룬다.

02

1. 드 사드가 지식인들에게서 엄청난 관심을 불러일으킨다는 사실은 시민적 냉소주의가 후기 귀족주의적 냉소주의에서 자신을 재발견하기 시작했다는 점을 시사한다. 플로베르가 미래에 드 사드의 자리를 차지할 수도 있다.
2. "나에게 선물을 내미는 자에게 꼬리를 흔들 것이고, 아무것도 주지 않는 자에겐 짖을 것이며, 악당은 물 것이다." *Diogenes Laertius*, VI, 60.
3. 면도는 마케도니아 군대의 풍속이었다. 이것이 그리스와 로마 사회로 전해졌다. 그때부터 수염은 철학자의 지위에 대한 상징이 되었고, 비순응주의의 표식이었다.
4. 현대적인 반대 견본. "어느 누구도 로마클럽의 학자들에게 감염되어서는 안 된다. 로마클럽은 우리 모두가 단순한 삶으로 돌아가야 한다고 말한다. 우리는 추호도 그럴 생각이 없고 그것을 위해 노력하지도 않을 것이다. 디오게네스는 통 속에서 살 수 있었고 그것으로 만족했다. 그러나 그는 철학자였고, 우리 대부분은 철학자가 아니다." 이렇게 독일 수상 헬무트 슈미트는 1976년 견유주의자에 대해 경고하는 냉소주의자로서 말하고 있다.

5. *Vorlesungen über die Geschichte der Philosophie*, Werke Bd. 18, Ffm. 1971, p. 551ff 참조.

6. 다른 전승은 이 이야기의 장소를 코린트로 옮기고 있다. 출전은 빈약하고 단편적이다. 그래서 우리는 작은 부분이라도 남아 있는 것은 모두 철학의 황금 저울에 올려놓고 모든 철자를 진지하게 조사한다. 하지만 궁극적 지혜는 때때로 우리가 전승된 이야기들을 너무 문자 그대로 받아들여서는 안 된다는 것이다. 바로 여기에 탁월한 해석학적 기회가 들어 있으며, 우리는 이 기회를 거침없이 사용할 것이다.

7. 학문의 권리를 주장하는 문화사는 원래 야망의 사회학 위에 세워져야 한다는 점을 인식한 레지 드브레(Regis Debray)를 참조하라. *Le pouvoir intellectuel en France*, Paris 1979.

8. "……휴식처를 찾지도 않고 어둠을 마다하지 않는다. 이른바 미식에 대한 욕구도 보이지 않는다. 그것이 그의 곤궁한 처지에 유익한 조언을 준다." *Diogenes Laertius*, VI, 22.

9. 견유주의의 한 어원은 kyon, 그리스어로 '개'고, 다른 어원은 고등학교를 뜻하는 Kynosarges인데, 디오게네스의 스승이라는 안티스테네스가 이 학교에서 가르쳤다고 한다.

10. 드롭아웃(drop out)이나 낙오(Aussteigen) 등은 동일한 방향을 지시한다.

11. "쾌락을 느끼느니 차라리 미쳤으면 좋겠다"는 안티스테네스의 말이 정확하다면, 역사적으로 견유주의는 심지어 가짜 쾌락 적대감으로 시작한다. 그러나 자기 절제가 자기 고통은 아니다.

12. 라에르티오스는 국가(Politeia)에 관한 디오게네스의 저서가 있다고 주장한다. 이 책 역시 다른 책들처럼 분실되었다. 하지만 이 책의 내용은 충분히 미루어 짐작할 수 있다. 후세의 스토아주의 정치학의 정점을 이루는 세계 국가 이념은 바로 견유주의에 기원을 두고 있다.

13. 여기서 중국 노장 철학의 장수론(長壽論)과 비교해보면 재미있을 것이다. 마이너의 라에르티오스 판(Meinersche Laertius Ausgabe)은 디오게네스의 생몰 연대를 기원전 404~기원전 323년으로 명시하고 있는데, 그렇다면 81세까지 살았던 셈이다.

14. 신견유주의자 니체에게서 '모든 가치의 전도'는 **화폐의 개주**(改鑄)라는 공식하에 디오게네스에게서 처음 시작되었다. 즉, '적나라한 진실'의 문화 혁명이 시작되었던 것이다. 물론 니체는 요점을 훼손했다. 그의 전도는 견유주의적 권력을 향

한 무의지를 권력을 향한 의지로 만든다. 그렇게 함으로써 그는 진영을 바꾸어 권력자들에게 억제 중단의 철학을 제공한다.

15. 그러므로 페미니즘은 원래 견유적 요소를 지니고 있다. 페미니즘은 신견유주의의 실질적 핵심이라고도 할 수 있다. 예컨대 페미니즘은 결혼해야 할 강제적 필연성에서 벗어나려면 자신들만을 위한 자위 방법을 발견해야 한다고 여성들에게 권한다.

16. 헬무트 슈미트는 그의 윤리학을 자기 주장의 근거로 삼는다.

17. 이런 이미지는 네로 시대부터 보편화된다. 키케로의 시대에는 100년 후에 이데올로기 무대의 일원이 되는 종파들에 대해서는 아무런 언급이 없다.

18. 고대 후기의 삶의 불안—기독교의 전제 조건 가운데 하나이다—을 해석하는 일은 심리역사학에 대한 도전이다.

19. 현대의 유사한 사례로 경쟁하는 심층심리학적 분파들〔프로이트 추종자, 융 추종자, 라이히 추종자, 아들러 추종자, 자노브(Janovianer) 추종자, 펄스(Perls) 추종자, 라캉 추종자 등〕이 있다.

20. 18세기 독일에서 최고의 견유주의 전문가이며 루키아노스 번역가인 바란트도 페레그리누스에 대한 루키아노스의 경멸에 무언가 석연치 않은 점이 있다는 것을 감지했다. 그래서 그는 자신의 소설 《페레그리누스 프로테우스의 비밀 이야기(Die geheime Geschichte des Peregrinus Proteus)》(1788/1989)에서 이 철학자의 모습을 조금 친절하게 그렸다.

21. '역사적 주요부' '독일의 사기꾼-공화국'과 논리적 주요부에서 '전쟁의 지식과 스파이 활동'에 관한 절을 참조할 것(2권).

22. '제5예비 숙고'에서 예술을 시민적 신견유주의의 표현 형식으로 설정한 명제를 상기하기 바란다. 예술은 부정성을 처리할 수 있는 탁월한 능력을 보유하고 있다. '사실주의'라는 개념은 예술의 연구 능력과 관련된 개념이다.

23. 우리는 마르크스 이래 근대를 진보처럼 보이는 역사성 속으로 몰아넣은 원동력이 자본과 학문의 동맹 관계에 있다는 것을 안다. 따라서 우리는 지속과 진보를 더욱 예리하게 구분할 수밖에 없다.

24. '……악이라 부르는 것', 악마는 진화론자일 뿐 아니라 명목론자이다. '악'은 스스로를 다르게 이해한다. '힘'으로, 에너지 현상으로, 자연의 양극성 속의 한 위치로 말이다. 아직도 진화론적 도식으로 논증하는 콘라트 로렌츠(Konrad Lorenz)

는 오늘날 공격성이라는 현상을 이런 시각에서 취급한다. “소위 말하는 ‘악’(Das Sogennnte Böse).”

25. 행동주의가 아니라, ‘관조적 실천’, 의식을 가지려는 행위다.

26. 니체는 최초로 스스로를 철학적 · 미학적 ‘냉소주의자’라 표현했는데, ‘위험하게 산다’는 말도 그에게서 나온다. 그것은 파우스트가 지향하는 견유적 경험주의의 좌우명이다.

27. 제2차 세계대전 이후 독일 철학의 도덕 비판적 주요 저서인 아도르노의《미니마 모랄리아(Minima Moralia)》는 가장 날카로운 표현을 삼가지 않으면서 생존자의 치욕을 말한다. 이를 그 시절 유대인들이 겪었던 경험의 반영으로만 생각하는 것은 지나친 단견이다. 생존의 도덕에 관하여 엘리아스 카네티(Elias Canetti)의《군중과 권력(Mass und Macht)》(München 1976)을 참조할 것.

28. ‘논리적 주요부’(2권)에서 계몽주의 학문의 ‘어두운 경험’을 불러오는 광학을 논의할 것이다.

29. ‘호르몬의 부기우기’(아서 밀러).

30. 여기서는 소설의 맥락을 고려하지 않고 읽을 것이다.

31. 서구의 좌파 전통에서는 이제까지 유례가 없는 심각한 수준에서 ‘(기독교적) 유토피아 정신’과 결별한 이래, 지식인이 권력 원칙과 ‘국가 이성’의 불가피성을 절실하게 자신들의 책임이라고 느낀 이후, 도스토예프스키가 집필한 지 100년이 지난 지금, 이 성찰과 그것이 함축한 의미는 모두 실제 현실에서 전개되고 있는 것처럼 보인다. 정치 권력을 장악한 좌파와 함께 도덕적 · 정치적 · 심리적으로 분란의 소지가 있는 문제들이 새로운 복잡성의 차원에서 시작된다.

32. “사태의 진상 모두가 세상이다”고 나중에 실증주의는 말할 것이다. “사태의 진상이다”이라는 표현을 좀더 관대하게 수용하면 19세기의 위대한 사실주의자는 모두 실증주의자이다. 또는 적어도 실증주의로 가는 ‘도중’에 있는 사람들이다. 마르크스에게는 계급 투쟁이 (설령 이것이 보편적 개념이라 하더라도) 사태의 진상이고, 니체에게는 권력을 향한 의지가, 프로이트에게는 본능이 사태의 진상이다.

33. 그것은 분명 성경의 예수가 아니라 유다의 관점에서 본 예수이다. 마음의 짐을 벗고자 하는 유다, 그의 비극적 냉소주의는 견딜 수 없는 죄를 모면한다. 정신분석학적으로 이는 아마 부친을 살해한 아들의 심리적 역학에 속할 것이다. 자신이 왜 부친을 살해했는지 이유를 발견하면, 그는 자신의 죄에 질식당하지 않고 계속

살 수 있는 것이다.

34. 우리는 여기서 냉소주의 개념의 발전에서 세 번째 단계에 근접하는데, 그것은 '현상학적 주요부'(2권)에서 논의할 것이다.

35. 여기서 역사주의는 결정적으로 기여한다. 역사주의는 모든 의식 현상을 '시대의 산물'로 생각하라고 가르친다. 역사주의는 쉽게 심리학주의나 사회학주의와 결합될 수 있다.

36. 그래서 보수주의자들은 때때로 '의미론'을 분명히 의식하고 있다.

37. '미니마 아모랄리아'(2권)를 참조할 것.

38. (교회) 정치적인 영역에 적용하면 이 이원론은 '권력과 정신'이 된다.

39. 허무주의의 극복? "극복은…… 극복된 것보다 늘 더 나쁘다"(Adorno, *Negative Dialektik*, Ffm. 1966, p. 371).

40. 기독교적 대체물. 다른 사람들을 위해 그렇게 한다.

41. 단 한번 이런 모습의 디오게네스를 현대에서 본 적이 있다. 니체의 형이상학적 해프닝, '미친 남자'가 등불을 들고 '신은 죽었다'고 크게 외치는 해프닝은 신견유주의의 봉화이다.

42. 논리적 부분에서 나는 이 '번역' 문제를 계속 추적하면서, '지배함'과 '지배당함'이 인식 이론에 어떤 의미가 있는지 조사할 것이다.

43. 메피스토펠레스. "내가 불을 남겨두지 않았더라면 나만의 특별한 것이 없을 뻔했다."

44. 허무주의? 마르크스주의의 비판은 오랫동안 하이데거를 미래를 향한 의지에서도 버림받은 퇴폐적인 부르주아지의 후렴으로 이해하려고 했다. 파쇼적 허무주의와 죽음 숭배의 대변자로서 하이데거? 아마 그렇지 않을 것이다. 오히려 '위대한 내일'의 사회주의, 끝없는 희생의 유토피아에 대항하라는 자극을 준 사람이라고 할 수 있다.

45. 여기서 나는 미셸 푸코의 주제 하나를 수용하고 있다.

46. 구체성은 애매함을 배제하지 않는다.

47. 니체에 대한 긍정적 평가는 보통 '권력을 향한 의지'를 어떻게 이해하는가에 달려 있다. 제국적 냉소주의를 권했다고? 카타르시스를 위한 고백? 미학적 모토? 병적으로 억제된 사람의 자기 수정? 활력주의의 표어? 나르시시즘의 형이상학? 탈억제의 선동?

48. 이는 델포이의 신전에 새겨진 '너 자신을 알라'의 현대판이다. 프로이트의 자아는 오히려 세인과 맞아떨어진다. 정신적으로 분석된 사람은 적응자인가, 동일한 평균 수준으로 떨어진 사람인가?

49. 역설적이게도 진정한 윤리적 삶에 대한 약속을 묵묵히 담고 있는 이 성찰적 비도덕주의는, 사회주의적 도덕주의에서 적을 발견했다. 또한 최근의 비판 이론은 아도르노의 '미학적 이론'의 민감한 사이비 비도덕주의와 결별하면서 직접적인 논증을 통해 긍정적인 윤리를 정초하려는 방향으로 나아가고 있다. 이는 분명 어떤 측면에서는 진보를 뜻한다. 단지 실존주의적이고 미학적인 비도덕주의의 극단적 현대성의 뒤로 떨어지지 않는다면 말이다.

미학적 비도덕주의는 이미 온갖 도덕과 모든 정언명법으로 현대적 경험을 설명하려고 했다. 이런 '당위' 형식들은 과도하게 이상주의적인 노력으로 귀결되기 때문에 정언적 윤리는 자신의 무덤을 파는 것들, 회의, 체념, 냉소주의를 동시에 잉태하고 있다. 도덕주의는 '너는 해야만 한다'로 우리를 불가피하게 '나는 할 수 없다'로 몰고 간다. '너는 할 수 있다'로부터 출발하는 비도덕주의는 그에 반해 '내가 할 수 있는' 것은 결국에 가서 올바른 것이 될 가능성을 현실적으로 고려한다. 실천철학으로의 전환은 반갑게도 오늘날 반쯤은 세계사에 정통한 모든 기초 사유의 특징이라 할 수 있는데, 우리가 이런 전환의 유혹에 빠져 다시 정언명법을 가지고 존재를 향해 돌진하려 해서는 안 된다. 그러므로 견유적 이성은 비(非)명법적인 윤리, 당위라는 우울하고 복잡한 사안 속에 우리를 다시 얽어매는 대신에, 할 수 있다고 격려하는 윤리를 발전시켜야 한다.

50. 최근에 헤르만 뫼르헨(Hermann Mörchen)은 하이데거와 아도르노에 관한 대작에서 이 질문을 제기했다.